Meninos
de poucas palavras

Adam J. Cox, Ph.D.

Meninos
de poucas palavras

Quebre as barreiras da comunicação que
impedem seu filho de se relacionar melhor

Tradução de
Clóvis Marques

CIP-BRASIL. CATALOGAÇÃO-NA-FONTE
SINDICATO NACIONAL DOS EDITORES DE LIVROS, RJ

C916m   Cox, Adam J.
     Meninos de poucas palavras: quebre as barreiras da comunicação que impedem
seu filho de se relacionar melhor / Adam J. Cox; tradução Clóvis Marques. - Rio
de Janeiro: Best*Seller*, 2008.

     Tradução de: Boys of few words: raising our sons to communicate and connect
Inclui bibliografia
ISBN 978-85-7684-099-2

     1. Educação de crianças. 2. Meninos - Psicologia. 2. Crianças - Formação. 4.
Comunicação na família. I. Título.

08-0223.   CDD: 649.123
                                        CDU: 649.1-055.1

Título original
BOYS OF FEW WORDS
Copyright © 2006 by Adam J. Cox

Capa: Mello e Mayer
Editoração eletrônica: Abreu's System

Todos os direitos reservados. Proibida a reprodução,
no todo ou em parte, sem autorização prévia por escrito da editora,
sejam quais forem os meios empregados.

Direitos exclusivos de publicação em língua portuguesa para o Brasil
adquiridos pela
EDITORA BEST SELLER LTDA.
Rua Argentina, 171, parte, São Cristóvão
Rio de Janeiro, RJ – 20921-380
que se reserva a propriedade literária desta tradução

Impresso no Brasil

ISBN 978-85-7684-099-2

*Para Addison, cuja alegria transformou
minha vida numa canção.*

Sumário

■ ■ ■

Agradecimentos	9
Prólogo	13

Parte I
A barreira da comunicação
■

1	Seu filho é um menino de poucas palavras?	21
2	Por que as palavras são importantes	47
3	Por que ele não fala comigo?	71
4	Sem palavras para expressar a emoção	95

Parte II
Meninos particularmente difíceis
■

5	Estimule os meninos tímidos e retraídos	125
6	Reduza a resistência dos meninos raivosos e anti-sociais	153
7	Explore os desafios do aprendizado e dos problemas de atenção	181

Parte III

Como influir de maneira duradoura

8 Dez compromissos com a comunicação
    dos meninos   219

9 Leve os meninos a vencer a barreira:
    Construindo pontes para a comunicação
    social   245

10 Trabalhe com a escola   279

11 Quando a ajuda profissional faz sentido   307

    Epílogo: Os homens que virão a ser   331

    Fontes de consulta   337

    Bibliografia   341

    Sobre o autor   345

    Sites/endereços úteis   347

    Índice remissivo   351

Agradecimentos

■ ■ ■

Muitas pessoas contribuíram para o nascimento deste livro. As mais importantes, contudo, são os meninos que o inspiraram. Agradeço-lhes de coração pelo que me ensinaram sobre si mesmos, e também a suas famílias, por confiarem em meus cuidados. Foi um privilégio para mim. Também quero expressar meu reconhecimento às muitas escolas que me convidaram a participar de trabalhos de consultoria sobre os desafios de seus alunos. Sob muitos aspectos, os professores, administradores e conselheiros pedagógicos com os quais trabalhei foram importantes aliados. Na Hillside School, em especial, pude ver o quanto os educadores podem ser criativos e dedicados, e eu me sinto muito agradecido por ter seguido na companhia deles, ao encontro das necessidades de aprendizado social das crianças de minha comunidade.

Várias pessoas, entre elas George Bartlett, Chuck Canfield e Sue Straeter, foram de particular ajuda no entendimento da relação família-escola. Agradeço-lhes pela disposição de compartilhar sua sabedoria e seus conselhos.

Pude contar com a colaboração de muitos pediatras, médicos de família e outros profissionais de saúde que compartilham a paixão pelo cuidado com a saúde e o bem-estar emocional das crianças. Sou grato àqueles que demonstraram confiança em minha capacidade de ajudar seus pacientes, e agradeço particularmente ao Dr. John Heid, à Dra. Carol Hunter e à sua excelente equipe, por uma relação de trabalho de produtivo coleguismo.

Quando "ouvi o chamado" para escrever este livro, Trish Boppert pôs-me em contato com Margot Maley Hutchison, agente literária na Waterside Productions, que imediatamente ofereceu apoio incondicional a um projeto que, à época, não passava de um esboço em e-mail. Margot acreditou no projeto e, desse modo, pude chegar à Guilford Press, onde tive a sorte de trabalhar com uma equipe editorial estelar, da qual fazem parte Kitty Moore, Chris Benton e Sarah Lavender Smith. Seu constante entusiasmo e percepção ajudaram-me a "levar este livro à etapa seguinte". Não poderia imaginar melhor relação de trabalho do que aquela que tive com a Guilford.

Em meu escritório, contei com a competente ajuda de Laura Walker, que transcreveu diligentemente o manuscrito ao longo do ano e meio que levou para ser concluído. Também desfrutei da ajuda de Dianne Gehman e Nanette Balliet-Exley, que tão solicitamente cuidaram de minha prática clínica, permitindo-me voltar a atenção para atividades como a redação de um livro. Também quero expressar minha gratidão aos outros clínicos de meu consultório, Daniel Werner, Doutor em Psicologia, Kimberly Katz-Napolitano, Mestre em Assistência Social, Danielle Goodwin, Doutora em Psicologia e Meredith Mitstifer, Mestre em Psicologia, por compartilharem o compromisso com o desenvolvimento saudável de indivíduos e famílias, e também pelas perspectivas que descortinaram muitos casos interessantes e complexos ao longo dos últimos anos.

Por mais que minha educação e meu treinamento tenham informado minhas idéias e atuação profissional, não resta dúvida de que boa parte do que penso advém de lembranças de uma infância incrível. Agradeço calorosamente a meus pais, Larry e Gail Cox, por me terem dotado de bases que me capacitaram e motivaram a nutrir os outros. Não menos substancial é a contribuição de minha própria família. Addison me deu o grande prazer da paternidade e ofereceu com satisfação suas próprias percepções sobre os meninos, embora eu saiba que ficou feliz quando o livro do papai finalmente chegou ao fim!

À minha mulher, Jacquelyne, expresso meu mais profundo agradecimento. Seu amor e sua fé em mim são tão importantes para a minha vida quanto o oxigênio, e tenho com ela uma dívida irresgatável pelas incontáveis leituras que fez do manuscrito. Nossas muitas conversas sobre cuidados paternos e as idéias criativas que delas resultaram constituem a essência do espírito deste livro.

MENINOS DE POUCAS PALAVRAS
ADAM J. COX, Ph.D

Prólogo

■ ■ ■

Este livro trata da psicologia dos meninos. É resultado de meu trabalho clínico nos últimos dez anos com meninos de idades entre 4 anos e o fim da adolescência. Eu o escrevi tendo em mente pais que querem ter um relacionamento íntimo e amoroso com seus filhos e conhecer profundamente seus corações e mentes. Meu objetivo era oferecer um guia para ajudar seu filho a estabelecer relacionamentos saudáveis, sem medos ou limitações.

Os meninos de que trataremos constituem um grupo diferente, caracterizado por desafios de comunicação que ameaçam limitar seu desenvolvimento social e emocional. Em sua maioria, lutam para encontrar as palavras de que precisam para definir seus sentimentos e idéias, e, em conseqüência, perdem oportunidades importantes de participar de tudo aquilo que a vida tem a oferecer. Refiro-me a eles como "meninos de poucas palavras", remetendo à expressão "homem de poucas palavras", tão freqüentemente usada em relação a pessoas que se expressam com mais facilidade pelos atos do que pela fala ou que sejam conhecidas por uma atitude de austera reserva. A questão a ser considerada — que está no próprio cerne deste livro — consiste em saber se esse tipo de disposição social pode ser considerada viável e vantajosa para quem deseja ter êxito na vida deste século XXI. Dada a relevância dessa preocupação, exploraremos as possibilidades de promover influência significativa na vida de nossos filhos e os meios de ajudá-los a se tornar homens capazes de ser "fortes" de diferentes maneiras.

Na formação dos meninos de poucas palavras, propiciar suas capacitações sociais e de comunicação pode ser a melhor maneira de ajudá-los

14 ■ Prólogo

a atravessar a barreira da comunicação. Essa barreira equivale à diferença entre ir tropeçando pela vida com um grau minimamente eficiente de comunicação e forjar as capacitações expressivas e sociais necessárias para participar com êxito da vida em família, da escola e da comunidade. Para os pais empenhados em entender seus filhos, este livro examina a relação entre o "cérebro masculino" e os desafios de aprendizado verbal e social com que se defrontam os meninos. Aqui, você encontrará estratégias que podem ter influência decisiva nessa diferença entre criar um menino que fique relegado ao isolamento social ou rejeite os outros em irritada frustração e um outro que se sinta capaz de desabrochar como uma pessoa competente, confiante e equilibrada. O que está em jogo não é pouca coisa. Superar essa defasagem não é apenas uma questão de melhorar a capacitação no uso da linguagem. Estão em jogo também melhores perspectivas de ser feliz, emocionalmente saudável e socialmente competente. Os meninos que se revelarem capazes de dar esse salto crítico estarão em melhores condições de assumir posições de liderança em nossa sociedade, pois terão capacidade de entender, inspirar e se relacionar com os outros.

Meu trabalho com meninos nem sempre seguiu um caminho claro. Mas pude aprender que, se dermos ouvido à vozinha que vem de dentro de nós, muitas vezes ela nos dirá quando estamos no bom caminho. Pode ser apenas um sussurro, mas a mensagem pode ser tão importante que nos leve a nos repensar, modificando o propósito em si mesmo ou o chamado de nossa vida.

Na década de 1980, eu trabalhava como artista num estúdio em Hoboken, Nova Jersey, na esperança de encontrar meu destino nos museus e galerias de arte de Nova York. As janelas do estúdio tinham uma persiana que podia ser aberta para permitir a entrada da luz solar, e havia uma porta que, quando deixada aberta, aumentava o arejamento. A rua em frente era muito movimentada, cheia de ruídos da vida urbana. Eu vivia e trabalhava nesse bairro, tentando equilibrar os riscos de invasão com os de isolamento. Cheguei à conclusão de que, na qualidade de forasteiro, de "convidado" daquele bairro, devia manter a porta aberta. Além do grande gato negro que adotei, eu era visitado pelas crianças que viviam nos prédios do quarteirão. Elas se mostravam curiosas e naturalmente receptivas ao aprendizado do que vem a ser a atividade de um artista. Não tardou para que estivessem mexendo nos armários, tocando as pinturas com os dedos e fazendo perguntas sobre os quadros em que eu trabalhava. Como não tinha outros mecenas, seu interesse era bem-vindo, e eu lhes explicava minha intenção de criar obras de arte sobre o funcionamento da mente humana. Minhas conversas com essas crianças pareciam estimular seu interesse de se expressar, e dentro de algum tempo eu já estava distribuindo papel e tinta pastel. Surpreendiam-me sua disposição para se relacionar e a facilidade com que apreendiam a idéia de arte. Com divertida curiosidade, pude observar que minhas aulas de arte — concebidas em parte como um aceno de paz destinado a manter intactas as vidraças de meu estúdio — constituíam uma fonte de inspiração. Mais importante ainda é o fato de eu ter descoberto a recompensa de trabalhar com crianças — a profunda satisfação da criatividade necessária para entender e educar.

Em última instância, descobri que o tempo destinado a ensinar e ajudar aquelas crianças combinava mais com meu temperamento e meus objetivos de vida que os hábitos solitários de um artista. Não tinha ainda idéia da jornada que estava por empreender, tampouco de que haviam sido lançadas as sementes de meu trabalho como psicólogo na área de família. Mas sei que aqueles dias foram momentos decisivos de minha vida, e sou grato àquelas crianças por me terem ajudado a ver que minha educação ainda não estava completa e que minha vocação não era aquela que originalmente imaginara.

Por ter atendido ao chamado do trabalho com crianças, estou ansioso para compartilhar com você o que pude aprender sobre a criação de meninos. Na qualidade de pai, continuo aprendendo muita coisa com a educação de meu próprio filho, mas a orientação que aqui ofereço decorre de minha experiência auxiliando pais e escolas em relação aos complexos desafios apresentados pelos meninos. Meus pontos de vista formaram-se por intermédio da análise do desenvolvimento das crianças sob diferentes perspectivas: no trabalho em escolas e colégios, numa unidade de internação psiquiátrica para adolescentes e como diretor clínico de minha própria clínica de trabalho de grupo em saúde mental, especializado no desenvolvimento social e emocional das crianças.

Para entender por que seu filho pode ser um "menino de poucas palavras", você precisa mergulhar na realidade psicológica da meninice, e é este o objetivo da primeira seção deste livro. A Parte I o ajuda a olhar mais de perto a capacidade de comunicação de seu filho, especialmente em relação ao seu desenvolvimento social e emocional, utilizando questionários para identificar áreas específicas de cuidado. Explico por que, com muito mais freqüência, os meninos são afetados por problemas de comunicação que as meninas e por que precisamos fazer todo o possível para ajudá-los a alcançar seu pleno potencial de comunicação. No fim das contas, é a linguagem que ajuda os meninos a entender os próprios sentimentos e se identificar com os dos outros, e essa capacidade é fundamental para o estabelecimento de relações bem-sucedidas ao longo da vida. Por que eles *não* falam tanto quanto esperaríamos? Os meninos, não raras vezes, parecem empenhados em fazer exatamente o oposto, limitando sua comunicação a um dar de ombros ou a respostas sucintas, ou se irritando quando pressionamos por mais informações. Variadas e interligadas, as razões desse comportamento são exploradas no Capítulo 3, e, como veremos no Capítulo 4, se não os ajudarmos a desenvolver uma linguagem adequada para a emoção e a interação social, eles podem crescer sem empatia e preparo emocional, características que são absolutamente essenciais para o sucesso em nosso mundo cada vez mais movido pela comunicação.

Mas as convenções sociais nos dizem que é característico dos meninos se sentirem menos confortáveis socialmente que as meninas, o que deixa muitos pais confusos quando se trata de saber em que situações a reticência de seus filhos constitui problema. Você travará conhecimento, nesses capítulos, com dezenas de meninos que podem lembrar-lhe seu próprio filho ou outros meninos que você conhece. Suas palavras e as palavras de seus pais refletem as percepções e lutas das respectivas famílias, e são extraídas das muitas horas que dediquei a conversar com pais e mães sobre meios de apoiar e orientar o desenvolvimento de seus filhos. Espero que sirvam para mostrar a você as diferentes facetas dos meninos de poucas palavras, proporcionando-lhe um novo entendimento do que está por trás das máscaras com tanta freqüência usadas pelos meninos.

Os meninos apresentam características intrínsecas que tornam a capacidade de comunicação um pouco mais difícil (mas de modo algum impossível!) que no caso das meninas. Além disso, estão sujeitos a pressões sociais que desestimulam a auto-expressão. Mas certos meninos enfrentam ainda outros desafios, que serão analisados na Parte II. Seu filho é tão tímido que se afasta dos colegas e mesmo da família? Eu o ajudarei a entender o que o pode estar levando a se retirar para sua concha e como você poderá tirá-lo de lá. Seu filho se expressa sobretudo por intermédio da raiva? Para certos meninos, a raiva e a agressão são tijolos para a construção de muros de separação social. Exploramos no Capítulo 6 a maneira como os meninos muitas vezes recorrem à raiva para afirmar poder ou negar a autoconscientização inerente ao crescimento. O terceiro grupo de meninos de que tratamos é aquele composto pelos afetados por deficiências de aprendizado e problemas correlatos na escola. No Capítulo 7, examinamos a importante relação entre aptidão para a leitura e compreensão social, avaliando em que medida o déficit de atenção determina a qualidade da interação social dos meninos. Muitos meninos de poucas palavras e talvez seu próprio filho apresentam características de mais de um desses três grupos.

O que você pode fazer para ajudar um menino de poucas palavras? Criar um filho social e emocionalmente competente requer muita atenção e dedi-

Prólogo ■ 17

cação, mas existe muita coisa que você pode fazer para ajudar um menino com determinado problema a superá-lo ou para ajudar um menino menos comprometido a concretizar seu pleno potencial de comunicação social. Na Parte III, apresentamos dez princípios para orientar a família centrada no filho, assim como toda uma série de sugestões práticas em relação às preocupações que você acaso tenha sobre a capacidade de comunicação de seu filho. Você encontra recomendações para meninos de todas as idades, ilustrando claramente o que pode ser feito para ajudar seu filho em casa e na escola. Como os professores podem contribuir muito para a autoconsciência de seu filho e sua capacidade de comunicação social, e como a escola é o centro do universo de seu filho por boa parte da infância, discutimos como você pode trabalhar estrategicamente com as escolas em benefício dele. Finalmente, examinamos situações em que seu filho pode beneficiar-se de ajuda profissional. Caso você se pergunte se a intervenção de um profissional iria ao encontro do interesse de seu filho, encontrará no Capítulo 11 ajuda para responder a essa pergunta, detalhes sobre as diferentes formas de ajuda disponíveis e o que será necessário para uma avaliação a respeito. Espero que esses capítulos sirvam como uma fonte de consulta à qual você possa voltar muitas vezes.

Suponho que você esteja lendo este livro porque se preocupa com um menino muito importante em sua vida. Motivado por seu amor e apoiado em sua intuição, você pode usar as ferramentas deste livro para ajudá-lo a brilhar. À medida que formos explorando as maneiras de construir os relacionamentos profundos e recíprocos que são a verdadeira recompensa da vida, lembre-se de ouvir aquela vozinha bem lá em seu interior. As experiências de sua própria vida, tanto as boas quanto as ruins, as vivências, os acidentes, desvios e surpresas que constituem a *sua* história de vida pessoal haverão de informá-lo e orientá-lo. Qualquer que seja o caminho que tenha tomado ou aquilo que o trouxe a este ponto, seu interesse e sua preocupação são evidentes. Deste ponto, podemos encontrar uma maneira de tocar o menino que hoje o preocupa.

Percorreremos juntos este caminho.

Parte I

A barreira da comunicação

■ ■ ■

1

Seu filho é um menino de poucas palavras?

■ ■ ■

Aos 5 anos, Jeremy é um menino pequeno e agitado, de cabelos escuros e expressão travessa. Interessa-se muito por super-heróis e corridas de automóvel. Apesar de sua energia e entusiasmo, no momento luta para se adaptar ao jardim-de-infância. A professora encontra dificuldades para prender sua atenção, e ele resiste às atividades de grupo. No primeiro mês na escola, empurrou três vezes um coleguinha. Quando a professora indagava o motivo, ele se limitava a repetir, com ar desafiador: "Não é minha culpa." Quando seus pais faziam questionamento idêntico, ele "amarrava a cara", como diz a mãe, e se recusava a responder. Os pais reconhecem que Jeremy "fica exaltado" com pequenas coisas e temem que a agressão seja sua forma básica de se expressar. E ficam imaginando se ele será capaz de superar isso ou se existe algo que possam fazer — até o momento, as tentativas de impor disciplina, com suspensões, por exemplo, parecem contribuir apenas para diminuir a pouca disposição que acaso tenha de cooperar ou se comunicar com eles.

Aaron é um menino de 8 anos, magro e sério, com extraordinários dotes intelectuais. Como lê vorazmente histórias de ficção científica e tem um bom vocabulário relacionado à astronomia e às partes de um "cyborg", seu pai o denomina "professorzinho". Apesar de suas habilidades, ele muitas vezes parece perdido no próprio mundo. Os pais se perguntam se ele nota a presença dos outros e se os outros notam a sua. Aaron raramente conversa com os colegas e se queixa de que ninguém gosta dele. E parece espantado quando lhe pedem para explicar a diferença entre tristeza e raiva. "Ele parece um menino 'invisível'. Compartilha suas idéias, mas não seu coração", explica a mãe. "Quando converso com ele sobre as amizades na escola ou pergunto como se sente, ele imediatamente muda de assunto. Só conseguimos conversar sobre fatos — qual a causa da erupção de um vulcão, como prever um furacão, coisas desse tipo. Orgulho-me de vê-lo se informar sobre tudo isso, mas ele não se liga a assuntos que interessam as outras pessoas. Será que não deveria querer ter mais amigos?"

22 ■ A BARREIRA DA COMUNICAÇÃO

Morgan, menino alto e corpulento de 11 anos, adora jogos de ficção no computador, especialmente quando pode jogar com alguém. Mas os pais se queixam de que os outros meninos não querem vir à sua casa porque Morgan fica tão entusiasmado com os jogos que começa a "dar ordens", insistindo para que os colegas joguem como ele mandar. Quando as outras crianças resistem ou perdem o interesse, Morgan fica desproporcionalmente contrariado. Às vezes, entra numa espécie de delírio, apagando qualquer distinção entre os personagens dos jogos e seus colegas. A própria mãe reconhece discretamente que às vezes ela mesma fica um pouco preocupada com Morgan. "Acho que ele fica exaltado demais com os jogos. Ele já tem idade para se dar conta de que o jogo é só um jogo e as pessoas são mais importantes, mas, sinceramente, nem sei como ele poderia reagir se lhe tirássemos o computador."

Aos 14 anos, Zachary evita a interação em família. Sente-se excessivamente incomodado quando lhe perguntam como foi seu dia ou qualquer outra coisa remotamente pessoal. Quando os pais tentam demonstrar sua preocupação, ele simplesmente dá de ombros e diz: "Não sei. Não há nada errado. Me deixem em paz." Zachary é obcecado com a construção de carros de controle remoto, e passa horas com eles. Embora o pai tivesse a esperança de que esse hobby contribuísse para melhorar a relação entre os dois, Zachary trabalha, sobretudo, em silêncio, falando apenas quando precisa de ajuda ou a respeito dos carros. "Quando não está trabalhando nos carros, ele não sai do quarto", queixa-se a mãe. "Quando pergunto 'Que está fazendo?', ele solta uma espécie de grunhido. Quando pergunto 'Que fez hoje na escola?', ele responde: 'Nada.' Às vezes parece que somos estranhos para ele. Não sei como isso aconteceu."

Esses são apenas alguns exemplos da maneira como a dificuldade de comunicação dos meninos se manifesta em sua vida cotidiana. A coisa pode tomar a forma de isolamento, indiferença, raiva, depressão, uma mistura de tudo isso ou algo que lhe pareça completamente diferente. Seus instintos paternos indicam que algo pode estar errado. Mas o quê? Você pode estar certo apenas de que seu filho tornou-se inesperadamente distante ou sua comunicação tornou-se infrequente tratando-se de alguém de que você se sente tão próximo.

Quantas vezes você já não se perguntou o que passa pela cabeça de seu filho ou se sentiu confuso ou frustrado por sua aparente incapacidade de se expressar? Talvez tenha sentido a ferroada de seu desinteresse em se relacionar com você. Mesmo nas relações pai-filho mais amorosas, ligar-se a um menino pode ser uma tarefa difícil e às vezes ingrata. Mas o fato é que ajudar seu filho a superar a barreira da comunicação é uma expressão de seu compromisso com o desenvolvimento social dele, representando uma das coisas mais importantes que você jamais poderá dar-lhe.

Sua preocupação demonstra que você já está empenhado nesse compromisso. Um de meus principais objetivos é oferecer intervenções específicas — maneiras de se comunicar com seu filho, de dar forma à sua auto-expressão e criar um clima familiar propiciador — que você possa usar para ajudar seu filho a atravessar a barreira da comunicação. Mas seu empenho no sentido de aplicá-las será bem-sucedido, sobretudo, se houver também o entendimento da importância dessa tarefa e daquilo que se passa com seu filho.

Por que é tão importante estimular a comunicação nos meninos?

As aptidões de comunicação ajudam os meninos a ir além da utilização da fala apenas para pedidos funcionais ("Posso ver televisão?") ou obtenção de informação ("Podemos comprar?"). Nossos filhos atravessam a barreira da comunicação quando começam a usar a comunicação para a autodefinição ("Eu sinto... eu acho... eu espero... eu sou..."). Aprender a utilizar formas expressivas de comunicação ajuda a abrir caminho para uma vida de relacionamentos mutuamente satisfatórios, preparando o terreno para maiores oportunidades pessoais e profissionais na vida adulta. Eis o que está em jogo quando se fala das aptidões de *comunicação social* nos meninos.

O sucesso na escola e no trabalho depende mais do que nunca da comunicação

Embora hoje em dia os meninos tenham um vocabulário mais rico e oportunidades sociais mais variadas que em gerações anteriores, *as dificuldades de comunicação dos meninos hoje são mais evidentes que nunca.* Isso ocorre porque as exigências sociais de comunicação e relacionamento efetivamente se tornam cada vez mais intensas — e mais rápidas que o ritmo em que se desenvolvem as aptidões de comunicação dos meninos. Essa discrepância serve apenas para chamar a atenção para a barreira da comunicação, a crescente defasagem entre as atuais capacidades sociais e de comunicação de muitos meninos e o grau de capacitação necessário para uma plena participação na vida social e vocacional do século XXI.

A visibilidade dos meninos socialmente desligados tem aumentado constantemente nos últimos cem anos por conta do número cada vez menor de opções não-verbais e associais de estilo de vida e realização vocacional. Infelizmente, as pessoas do sexo masculino socialmente acuadas estão fadadas a chamar a atenção ou parecer deslocadas se não agirmos para inverter essa tendência. Já começamos a constatar de que maneira a barreira da comunicação contribuiu para caracterizar as estruturas de classe de nossa época. Neste século, é estatisticamente improvável que seu filho seja um solitário caubói ou se dedique a cultivar a terra. O sucesso acadêmico, que se baseia pura e simplesmente na pressuposição de que a linguagem é a base do aprendizado, constitui a expectativa em que insistem a sociedade e a maioria dos pais. São poucas as alternativas vocacionais que não se escoram maciçamente na percepção e na comunicação sociais. Na verdade, a comunidade de negócios adotou decididamente o conceito de "inteligência emocional" (QE) — uma nova forma de dar ênfase ao valor da consciência emocional, capaz de promover a saúde pessoal e relacionamentos bem-sucedidos. O mundo dos negócios aprendeu que, literalmente, não pode ignorar a contribuição dessas aptidões para a vida organizacional. Vivemos em sistemas cada vez mais complexos, interativos e sobrecarrega-

> ■ ■ ■
> Na vida adulta, é mais provável que seu filho tenha de negociar um contrato do que um salvo-conduto na montanha, de trabalhar pelo telefone do que trabalhar a terra. Será que ele estará preparado?

dos. Seja em casa ou na escola, os meninos são desafiados a expressar aquilo que sentem e pensam, especialmente quando desejam que seus pensamentos e sentimentos sejam levados em conta — especialmente quando querem ser ouvidos.

Será que nossa sociedade está disposta a aceitar que os "empregos técnicos" e a comunicação eletrônica venham a eliminar a necessidade de administrar obrigações sociais básicas como a vida em família, a amizade, o namoro e a paternidade? A base da gestão dessas obrigações é a capacidade de usar a linguagem como ferramenta de expressão pessoal e conexão social. E até mesmo os empregos tecnológicos que parecem isolar os trabalhadores de qualquer contato pessoal direto exigem capacidade de comunicação. Quantas vezes você já não viu um e-mail precipitado, confuso ou mal escrito provocar uma crise no escritório?

Até certo ponto, os desafios de comunicação dos meninos tornaram-se mais visíveis em conseqüência de mudanças sociais drásticas na maneira como as pessoas interagem. Na educação, na carreira e nos relacionamentos que desenvolverá no século XXI, seu filho deverá participar de redes de caráter intensivamente social. Seu sucesso dependerá da maneira como souber abrir caminho e integrar-se nessas redes. E não podemos esperar que nossos filhos já sejam adultos para nos preocupar com essa realidade. A exigência de se comunicar e se envolver socialmente já acontece neste preciso momento, hoje mesmo, tenha seu filho apenas começado o pré-escolar ou já esteja se formando na faculdade.

A autêntica auto-expressão é limitada pela erosão da linguagem

Sob certos aspectos, a dificuldade de se tornar um comunicador social eficaz deriva da gradual erosão da linguagem, à medida que vai sendo submetida a crescentes níveis de fragmentação. A sintaxe gramatical (o fluxo organizacional) foi reinventada pela cultura eletrônica e pelos meios de comunicação de massa — que vem a ser, nada surpreendentemente, a fonte preferida de informação de muitos meninos. Embora possa ser extraordinária a criatividade que remodela a maneira como utilizamos a linguagem, o fato é que praticamente tem levado ao caos. Os pais podem ficar irritados quando os filhos usam seus jargões, mas essas influências lingüísticas têm eco na mente de seu filho porque se tornaram altamente comercializadas e exercem forte apelo sobre as emoções e o horizonte auto-referencial da cultura jovem. As frases com início, meio e fim aparentemente se tornaram uma espécie em extinção. O jeito desembaraçado e atrevido da comunicação comercial contribui para a hesitação dos meninos em se comunicar e se expressar com mais autenticidade. Sua necessidade de utilizar formas autênticas de comunicação não é menor, mas efetivamente reduziram-se as oportunidades de fazê-lo em segurança. Ironicamente, a Internet tornou-se um dos poucos lugares em que os indivíduos do sexo masculino, inclusive os meninos, não têm problemas para se sentir vulneráveis. Infelizmente, esse tipo de condicionamento é contraproducente quando se trata de um desenvolvimento social saudável, e não ajuda muito racionalizar afirmando que "conversar pela Internet é melhor que nada".

A maioria dos meninos não sabe o que está perdendo

É este o segredo. É improvável que os meninos identifiquem as extraordinárias vantagens que uma boa aptidão para a comunicação traz para a vida — pelo menos quando ainda são crianças. A maioria dos meninos provavelmente daria um risinho diante da idéia de que as habilidades de comunicação constituem um "dom", mesmo que alguém conseguisse prender sua atenção o suficiente para que examinassem a proposta. Existem muitas razões pelas quais os meninos geralmente não estão preparados para avaliar os benefícios da comunicação social.

26 ■ A BARREIRA DA COMUNICAÇÃO

Para início de conversa, com muita freqüência eles estão em movimento, seja física ou psicologicamente. Como seu olhar raramente cruza com o nosso, podemos nos perguntar: "Será que ele me ouviu?"; "Será que estou me fazendo entender?"; "O que ele pensa sobre o que estou dizendo?"; "Quando foi que ele aprendeu a agir assim, e com quem?"

Outro motivo é que os meninos nitidamente são diferentes das meninas. Não estou dizendo "piores" nem "melhores", de modo algum. Mas minha experiência clínica, reforçada por amplos dados de pesquisa e investigação sobre o tema, demonstra que há claras diferenças nos caminhos pelos quais os indivíduos do sexo masculino adquirem suas aptidões de comunicação. O cérebro dos meninos funciona de modo diferente sob certos aspectos importantes, e as idéias e preocupações que ocupam suas mentes são tipicamente masculinas. Embora essas diferenças possam às vezes parecer sutis, podem também exercer um forte impacto no comportamento dos meninos, especialmente em matéria de comunicação. (E a comunicação *é*, sim, uma forma de comportamento.)

Às vezes *ouvimos* as diferenças entre meninos e meninas antes de poder *vê-las*. Adrienne, mãe de dois meninos e duas meninas, resume o tema: "As meninas estão sempre atentas ao que me acontece, ao que acontece a cada uma delas e a toda a família. Estão sempre conversando e se mostram muito sociáveis. Os meninos invadem a casa, atacam as guloseimas e metem a cara nos jogos de vídeo. Deixam passar ao largo boa parte da vida em família — como são esquecidos! Quando eu preciso da atenção de um dos meninos ou fazer-lhe uma pergunta, às vezes tenho de literalmente me postar à sua frente, repetir seu nome e balançar os braços. Mesmo assim, o máximo que consigo de resposta é um balbucio, 'Hein?' ou 'Não sei'. Não é que eles não sejam inteligentes, mas às vezes parece que estamos falando com uma parede. Se as meninas não reagissem de maneira tão diferente, eu acharia que o problema era meu."

E há, também, o mundo em que vivemos. Na década de 1980, quando os computadores se implantaram na vida diária das pessoas, e ao longo da década seguinte, à medida que o acesso à Internet se banalizava nas residências, ouvimos falar muito da era da informação, uma época em que a eficiência na troca de informações seria de capital importância. Não é mera coincidência que essa visão das coisas e o entusiasmo por ela suscitado proviessem, em grande medida, dos indivíduos do sexo masculino. Isso ocorre porque, *para muitos homens, o conteúdo da comunicação é muito mais importante que sua forma*. Com efeito, esse é um dos aspectos em que homens e mulheres tendem a diferir. Para muitas mulheres, embora não para todas, a comunicação é uma parte fundamental da vida, intrinsecamente interessante e gratificante.

Em contraste, os homens muitas vezes encaram a comunicação como algo mais funcional. No pólo oposto, para certos homens, a comunicação não é em absoluto um processo relacional ou criativo, mas um ato utilitário destinado a obter algo que querem ou de que precisam — informação. Embora a troca eficiente de informações por e-mail, transmissão imediata de mensagens eletrônicas e outras inovações tenha suas vantagens, não deixa de ser preocupante certa degradação recíproca de nossas aptidões expressivas. No trabalho com os meninos, contudo, tenho observado a freqüência com que seus padrões de comunicação imitam a funcionalidade econômica da comunicação mecânica. Em conseqüência, a capacidade de refletir sobre as próprias emoções, de jogar com idéias opostas simultaneamente e os centros sociais que orientam nossas relações realmente "não computam".

Ao adotar esse tipo de abordagem utilitária da comunicação, os meninos saem perdendo. Por isso é tão importante reconhecer e adaptar a complexidade dos desafios de comunicação de um menino antes que suas possibilidades se tornem desnecessariamente limitadas. Temos de aceitar o fato de que vivemos num mundo cada vez mais dependente da necessidade de comunicação e relação com os outros. Por intermédio da comunicação, podemos atravessar o labirinto de experiências e relacionamentos que constituem uma vida — em casa, na escola e, por fim, no trabalho. A comunicação nos ajuda a definir e conhecer o nosso eu emocional, tornando-nos mais completos e mais preparados para participar plenamente do mundo.

■ ■ ■

É fácil — especialmente para uma mãe ou uma irmã — considerar um menino indiferente ou grosseiro quando sua conversa parece monossilábica ou negligente: "Passa o leite." "O espaguete da tia Ellen está com um gosto estranho! Que foi que ela pôs nele?" "Vamos, vamos, não agüento mais este jogo." "Não diga besteiras quando meus amigos vierem, está bem?" Mas o fato é que certos meninos entendem a comunicação como uma atividade puramente funcional, com a finalidade de obter ou fornecer informações necessárias.

A capacidade de entender que seu filho talvez não tenha consciência da maneira como suas palavras são recebidas pode ajudá-lo a transformar essas interações numa oportunidade de aprendizado sobre o impacto das formas de comunicação por ele adotadas. Será que ele sabe que a maneira como diz algo é tão importante quanto o que está dizendo?

Infelizmente, a experiência de vida relativamente limitada dos meninos não lhes dá acesso a essas informações privilegiadas. Como pais empenhados em seu bem-estar, devemos entender o valor da comunicação como um elemento do autodesenvolvimento que enriquece a vida e contribui para um maior grau de adequação psicológica. Mesmo estimulados por nossas convicções quanto ao valor de uma boa capacitação para a comunicação, pode ser um desafio ensinar-lhes. Em certa medida, isso ocorre porque freqüentemente os meninos relutam em se esforçar quando as coisas não parecem fáceis, especialmente se não forem capazes de perceber naturalmente a profunda interligação entre comunicação e relacionamento. A capacitação para a comunicação social começa com a disposição de ser expressivo e compartilhar algo de si mesmo com os outros. A auto-expressão invariavelmente requer certo grau de vulnerabilidade, e, como veremos, essa perspectiva parece assustadora para muitos meninos.

É muito fácil deixar de perceber os indícios de problemas

Seja em casa ou na escola, raramente se espera dos meninos que verbalizem tanto quanto as meninas. Como os meninos freqüentemente parecem apresentar uma preferência inata por se expressar por meio da ação, e não da linguagem verbal, pode ser fácil deixar passar ou ignorar sinais de problemas com a linguagem expressiva. Embora a maioria de nós provavelmente concorde que é bom que os meninos se comuniquem, o déficit social e expressivo pode passar despercebido em famílias nas quais os meninos são mais festejados por seu desenvolvimento físico, capacidade atlética ou habilidade no desempenho de tarefas mais técnicas. Em nossa cultura, a imagem de um menininho feliz mostra um garoto correndo agitado, brincando, pulando, atirando coisas e talvez cometendo alguma travessura. Se é este o seu menininho, é possível que ele não diminua o ritmo por tempo suficiente para que você perceba se está atrasado em suas capacidades de expressão. À medida que esses meninos vão crescendo, contudo, o déficit de linguagem que ninguém notava pode "se enraizar", passando a integrar seu perfil psicológico. Os problemas de expressão levam ao surgimento de dificuldades sociais e emocionais: os meninos apresentam um vocabulário empobrecido no que diz respeito às emoções e não são capazes de "botar o dedo na ferida" dos próprios sentimentos. Em conseqüência, lutam para administrar ou controlar sentimentos difíceis e podem ter enorme dificuldade para entender as emoções alheias. Por sua vez, esse tipo de despreparo emocional limita a capacidade do menino de iniciar ou sustentar relacionamentos. Parece incrível, mas o fato é que muitos meninos, antes mesmo de deixar o ensino fundamental, já concluíram com seus botões que são socialmente incompetentes. Esses, como tantas vezes ocorre com meninos, uma vez que tenham decidido que não são bons em alguma coisa, perdem o interesse. Descrita de modo sucinto, essa seqüência de acontecimentos permite dar conta da maneira como as dificuldades de comunicação levam os meninos a projetar uma atitude de indiferença social. Quando vemos surgir a máscara da indiferença, podemos presumir, com boa chance de acertar, que ela está sendo usada para ocultar insegurança e queda da auto-estima, pelo menos no que diz respeito à comunicação social.

São poucos os meninos dispostos a demonstrar que se sentem afetados pelos desafios de comunicação, mas o fato é que, apesar da expressão impenetrável no rosto e do dar de ombros, a ferida e a frustração são perfeitamente palpáveis. Imagine como pode ser exasperante ter tantas emoções quanto qualquer pessoa, sem a necessária capacidade de transmitir ou explorar verbalmente essas emoções. Se olhar e ouvir com atenção, você perceberá que a fachada endurecida e impassível ostentada por muitos meninos é uma camuflagem para um mundo de sentimentos não-expressos. Lembre-se agora do número de vezes em que já viu meninos (e também homens) usando roupas de camuflagem para brincar ou jogar! Os meninos ficam fascinados com a possibilidade de não serem vistos ou percebidos e de utilizar essa capacidade como elemento de poder ou para levar vantagem. Seja por meio da vestimenta ou da limitação da linguagem corporal, os meninos costumam explorar as possibilidades da camuflagem nas brincadeiras e no encaminhamento das relações, quando se sentem vulneráveis.

As autodefesas não são a única maneira de ocultar o déficit de comunicação social dos meninos. Problemas de comportamento como desobediência, ansiedade social e distúrbio de hiperatividade e déficit de atenção (DHDA), assim como os problemas de aprendizado — todos eles afetando desproporcionalmente os indivíduos do sexo masculino —, também mascaram problemas de expressão e recepção na comunicação. Demarcar a relação entre os problemas comportamentais e de aprendizado e o déficit de comunicação constitui uma clássica questão do tipo "o ovo ou a galinha", que pode deixar perplexos os pais e profissionais mais empenhados.

Considero que precisamos detectar os problemas de comunicação muito mais cedo na vida dos meninos e agir para prevenir as situações de distanciamento social deles resultantes à medida que os meninos crescem. Como veremos, a inibição associada a um baixo nível de capacitação social se agrava na adolescência, à medida que os meninos passam a se preocupar mais com a comparação de si mesmos com os outros. É muito mais difícil para um pai ou uma mãe se aproximar de meninos adolescentes que se isolaram por medo ou repetidas frustrações.

O que se passa com seu filho: diferenças neuropsicológicas entre meninos e meninas

As pesquisas têm demonstrado nas últimas décadas que a neuropsicologia — a interação entre o cérebro e a psicologia de uma pessoa — é uma área de grande relevância no que diz respeito à maneira como os meninos encaram seu meio social e se relacionam com ele. Desse modo, aprender certos elementos básicos de neuropsicologia o ajudará a entender as características próprias dos meninos e a orientá-los na superação da barreira da comunicação. Tenha em mente, todavia, que biologia não é sinônimo de destino; o fato de existirem diferenças nos cérebros de meninos e meninas não nos autoriza a ignorar as necessidades de comunicação dos meninos nem nos conformar com o fato de que "meninos são meninos". Semelhante perspectiva anula o próprio objetivo de explorar esse tipo de informação. Não existe um único ser humano que não tenha algum tipo de condicionamento comportamental derivado de elementos da personalidade, do desenvolvimento ou da genética. A verdadeira diferença está na maneira como conseguimos administrar esses condicionamentos. No que diz respeito às crianças, boa parte dessa possibilidade de administração decorre das decisões tomadas pelos pais sobre a maneira como reagir às necessidades dos filhos.

Atenção, meninos: maior risco de distúrbios neurológicos

■ ■ ■

A qualidade da comunicação de um menino pode ajudá-lo a entender sua realidade psicológica e emocional. Antes de presumir que a falta de comunicação decorre da ausência de empenho, examine a possibilidade de que seja reflexo de alguma diferença neurológica que esteja a exigir atenção.

Uma das primeiras coisas a ter em mente no que diz respeito às tendências dos meninos é o fato de que são muito mais vulneráveis que as meninas (numa razão de aproximadamente 4-5:1) para uma série de distúrbios neurológicos, entre eles dificuldades de aprendizado, DHDA, autismo e muitas variantes dessas síndromes. É interessante observar que *todas essas síndromes costumam abranger algum tipo de problema de comunicação*. Reiteradas vezes, constataremos que a qualidade da comunicação de um menino é uma janela que se abre de modo revelador para seu bem-estar psicológico, social e emocional.

Várias teorias têm tentado explicar por que os indivíduos do sexo masculino parecem tão mais vulneráveis a problemas de neurodesenvolvimento,

Seu filho é um menino de poucas palavras? ■ 31

recorrendo a dados como diferenças na anatomia do cérebro entre os gêneros, papel da testosterona no desenvolvimento pré-natal, diferenças qualita-
tivas na maneira como meninos e meninas são socializados e educados e a
fascinação dos meninos por jogos e aparelhos eletrônicos de comunicação,
que muito caracteristicamente começa na primeira infância. Todas essas
teorias parecem ter pelo menos um fundo de verdade, embora não se tenha
"atestado" uma única explicação como resposta definitiva. Os cientistas já
rastrearam fortes elementos genéticos em algumas das síndromes mencionadas, mas essas questões continuam a ser intensamente debatidas. Felizmente, alguns dos melhores epidemiologistas do mundo estão trabalhando
na solução desse enigma clínico, e certamente poderão contribuir nos próximos anos para a nossa compreensão da vulnerabilidade dos meninos frente
a esses problemas. Em outras partes deste livro, especialmente o Capítulo
7, poderei ajudá-lo a distinguir se algum desses problemas de neurodesenvolvimento estaria desempenhando um papel relevante nas dificuldades de
comunicação de seu filho.

Como ocorre com a maioria dos fe-
nômenos psicológicos, os problemas de comunicação têm múltiplas causas e efeitos.
Isso decorre em parte pelo fato de que
o desenvolvimento do cérebro de uma
criança é extraordinariamente complexo
e sutil. Assim como a vida social de cada
criança é única, moldada por variáveis
como a vida em família, questões de classe ou identidade cultural, o neurodesenvolvimento também é único, influenciado pela qualidade das oportunidades de
aprendizado de uma criança e suas idiossincrasias biológicas.

> ■ ■ ■
> Os cientistas trabalham com afinco para
> entender as causas das diferenças de
> neurodesenvolvimento nos meninos.
> Mas mesmo quando tivermos mais
> respostas a nosso alcance, teremos
> de aceitar o fato de que as diferenças
> cerebrais relativas aos gêneros
> dificilmente mudarão em breve e
> os meninos precisarão de ajuda
> para desenvolver as capacidades de
> comunicação de que precisam.

Seu filho está "ligado"?

Embora o cérebro tenha muitas partes, algumas delas com funções relativamente bem definidas, cada uma está em certa medida ligada a todas
as outras por intermédio de uma complexa rede de comunicação de células
cerebrais chamadas *neurônios*. Isso torna as diferentes áreas e sistemas do cérebro bastante interdependentes, exatamente como o som de uma sinfonia
depende dos diferentes instrumentos e músicos que os tocam. A comunica-

32 ■ A BARREIRA DA COMUNICAÇÃO

ção é um bom exemplo de comportamento que depende de uma complexa combinação de atividades cerebrais. Na verdade, não há como superestimar a importância da plena integração entre a capacidade de percepção (a maneira como os sentidos detectam informações novas) e a capacidade de processamento (como essa informação é organizada e compreendida) para que o menino se torne eficiente em matéria de comunicação. Por exemplo, se as partes de seu cérebro que processam a percepção estão comprometidas ou não se desenvolveram bem, ele pode não ser capaz de traduzir ou processar muito bem as informações. Quando se retira um instrumento da execução de uma partitura musical, a sonoridade e a impressão causada também serão nitidamente diferentes.

Em matéria de recepção da comunicação, nossa capacidade de detectar sinais visuais pode ser tão importante quanto aquilo que ouvimos. Veja-se, por exemplo, a maneira como a linguagem corporal das pessoas, sua expressão e os movimentos da mão podem ajudar a entender seus sentimentos ou o que estão tentando dizer. Na verdade, nosso cérebro é capaz de processar grandes quantidades de informação visual com muito maior eficiência do que processamos grandes quantidades de informações auditivas. Por exemplo, suponhamos que você vai comparecer a uma entrevista para se candidatar a um emprego. Antes mesmo que o entrevistador diga uma única palavra, em questão de segundos você já notou que ele o olha com ar cético, recostado na cadeira, tem os cabelos bem cortados, olhos azuis e se veste com apuro. Imagine agora como seria difícil ouvir ao mesmo tempo até mesmo duas coisas apenas. Você provavelmente fica um pouco irritado quando está tentando dar atenção a alguém e outra pessoa começa a falar com você ao mesmo tempo. Isso acontece porque processamos as informações auditivas de um modo mais linear e seqüencial do que as informações visuais. Um dos motivos pelos quais freqüentemente ouvimos dizer que "a maior parte da comunicação não é verbal" talvez seja porque, de maneira geral, nosso cérebro é mais eficiente no processamento de quantidades elevadas de informação não-verbal. O que quero dizer é que, para que os meninos se tornem eficientes na comunicação social, é necessário estabelecer importantes elos entre o que ouvem *e* o que vêem. É por meio da combinação desses dois elementos fundamentais da percepção que uma pessoa terá mais chances de entender os outros e manter-se vinculada. Se quisermos influenciar significativamente a comunicação de nossos filhos, temos de ensinar-lhes como perceber e interpretar os sinais visuais que enriquecem a interação social.

Você está me ouvindo?

Em geral, as meninas são mais eficientes no processamento da linguagem que os meninos. Por si só, esse fato já explica, em grande parte, por que as meninas têm em geral mais aptidões de comunicação que os meninos. Em certo sentido, as meninas ouvem mais profundamente a linguagem, usando mais o cérebro para processá-la e entendê-la que os meninos. Essa capacidade ampliada de processamento resulta em percepção social adicional e em versatilidade no uso desse conhecimento para a comunicação social.

As vantagens das meninas em matéria de processamento auditivo também se fazem sentir na sala de aula, onde elas geralmente desenvolvem um vocabulário mais rico e aprendem a ler com mais rapidez que os meninos. Uma regra que se aplica à natureza humana de maneira geral é que, quando temos determinado talento, tendemos a usá-lo. Por extensão, a maioria das meninas aprende a desfrutar das aptidões expressivas da linguagem precisamente por serem muito eficazes em sua utilização. A comunicação simplesmente se dá com maior facilidade para a maioria das meninas.

> ■ ■ ■
>
> Ao processar a linguagem, as meninas são mais capazes de fazer ligações que determinam o significado do que foi dito. Na manhã do casamento de Vivian, sua irmã Theresa abraçou-a, sorriu e disse: "Meu Deus, vou chorar." Vivian imediatamente entendeu que Theresa estava expressando alegria, mas seu irmão perguntou: "Que houve com a Theresa?" Nessas situações, os indivíduos do sexo masculino, de todas as idades, tendem a pensar em termos mais literais, o que às vezes compromete sua capacidade de perceber todo o significado da comunicação de uma pessoa.

Embora as aptidões de processamento auditivo das meninas geralmente superem as dos meninos, devemos reconhecer que certos meninos são bons no aprendizado auditivo. É fácil perceber quem são esses meninos, pois se nota que eles se valem das aptidões auditivas como fonte primordial de aprendizado. Por exemplo, se você quiser ensinar a um desses meninos como se apresentar, ele se mostrará mais capaz de aprender ouvindo o que você diz e repetindo as frases e palavras. Em contraste, os meninos mais aptos ao aprendizado visual observarão com mais atenção a maneira como se apresentar e tratarão de memorizar uma seqüência de imagens relativas à apresentação.

Embora os meninos de orientação predominantemente visual possam enfrentar certos desafios no aprendizado auditivo, não são em geral aqueles que apresentam mais problemas de aptidão auditiva. Isso acontece com os meninos que tendem a recorrer à cinestesia (movimento e toque) para processar e absorver novas informações. Esses meninos adoram ser ativos, explorar e aprender sobre o meio ambiente por intermédio do contato físico e da movimentação do corpo no espaço. Com certeza, você já encontrou meninos que querem tocar e manusear tudo — aprendendo com as pontas dos dedos — ou que imediatamente tratam de se posicionar e mapear o lugar aonde chegam, investigando seu perímetro. Os meninos com essa orientação de aprendizado gostam da vida ao ar livre e se sentem no auge da felicidade quando têm um novo território para explorar. (São também aqueles que mais provavelmente ampliarão as fronteiras desse território, por exemplo, indo com a bicicleta além dos limites que você estabeleceu.)

Como as palavras são uma fonte de absorção de informação menos relevante para os meninos de orientação cinestésica, você pode imaginar o que acontece quando eles vão para a escola. Quase tudo é auditivo ou visual, e existem em geral regras estritas sobre o que pode ser tocado, manuseado ou escalado. Em conseqüência, esses meninos freqüentemente se sentem como peixes fora d'água. O processamento verbal é secundário para muitos deles, e com isso eles freqüentemente se mostram desinteressados no processo de aprendizado. Essa situação infelizmente resulta em todo tipo de erros de diagnóstico. Por exemplo, se o aprendizado verbal não parecer natural para o menino, é bem provável que ele encontre dificuldade para focar a atenção, parecendo ao professor, em conseqüência, distraído. Um fenômeno semelhante pode ocorrer em casa, mostrando-se desligados dos comentários de pais e irmãos. Não é que o fato de estar centrado no aprendizado cinestésico exima o menino de se esforçar pelo êxito em matéria de comunicação. As exigências de nossa sociedade tornam inaceitável essa alternativa. Ainda

---

■ ■ ■

Você conhece algum menino que precise manusear tudo, não se sinta à vontade com o contato visual, goste de se espalhar e se instalar confortavelmente em cadeiras e poltronas, explore um novo espaço caminhando ou correndo por ele ou precise demonstrar sua raiva pelo contato físico, e não pelas palavras? Será que não é um aprendiz cinestésico capaz de aprender melhor fazendo do que observando ou ouvindo? Muitas vezes, os meninos cinestésicos se mostram menos inclinados para a comunicação verbal, mas ainda assim têm coisas importantes a dizer. Os pais terão mais êxito na solicitação de sua participação verbal quando utilizarem palavras que tenham ressonância nesses meninos. Em vez de perguntar "*Ouviu* o que eu disse?" ou "Está *vendo* o que quero dizer?", tente "Como você se *sentiria* à vontade?" ou "Sua observação realmente *acertou em cheio*".

Seu filho é um menino de poucas palavras? ■ 35

assim, não poderemos ajudar efetivamente esses meninos se não reconhecermos os desafios especiais por eles enfrentados e incorporarmos esse entendimento à maneira como tratamos de ajudá-los

Curiosamente, também parece haver uma diferença entre meninas e meninos no que diz respeito aos *tipos* de sons que ouvem com mais clareza. Em seu fascinante livro *Brain Sex* [Sexo cerebral], Anne Moir e David Jessel observam que, enquanto as meninas são melhores na imitação dos sons da fala humana, os meninos se sobressaem na imitação de sons animais e de máquinas. Essa discrepância parece falar do caminho evolutivo de cada um dos gêneros, tendo os homens e as mulheres sintonizados particularmente com os sons que dominavam suas respectivas atividades e responsabilidades cotidianas. No caso dos homens, essas atividades centravam-se freqüentemente na caça, na confecção de ferramentas e na construção. Elementos dessas atividades estão nitidamente presentes nas brincadeiras dos meninos hoje em dia. Creio que muitos pais de meninos concordariam que um dos elementos de destaque em suas brincadeiras é o fascínio pelo funcionamento dos objetos, característica que pode ser observada nos meninos desde a mais tenra idade.

Pelo menos um eminente pesquisador já levantou a teoria de que os meninos sentem fascínio pelo funcionamento das coisas porque são "sistematizadores". Em seu livro *The Essential Difference* [A Diferença essencial], o Dr. Simon Baron-Cohen, psicólogo e destacado pesquisador do autismo, considera que os homens e as mulheres podem ser classificados de maneira geral pela "sistematização" e "empatia", respectivamente. Em seu instigante livro, ele analisa a maneira como essas tendências explicam muitas das diferenças sociais que constatamos entre homens e mulheres, especialmente o fato de os homens serem menos sintonizados com as trocas interpessoais. Para Baron-Cohen, essas diferenças também explicam por que o autismo ocorre com maior freqüência nos homens, dando a entender que pode ser entendido como uma forma extrema de masculinidade! Embora essa teoria deva ser melhor investigada, minha experiência pessoal tem demonstrado que, enquanto meninas de apenas 7 anos são capazes de participar de terapias breves baseadas na troca verbal, meninos da mesma idade só se sentem à vontade se a conversa tiver como pano de fundo algum jogo ou atividade.

Vencendo o abismo

O que se constata é que, em certa medida, as meninas adquirem aptidões de linguagem com mais facilidade que os meninos porque estão capacitadas

36 ■ A BARREIRA DA COMUNICAÇÃO

a utilizar uma parte muito maior do cérebro para processar a linguagem. Se os estudos de imagens do cérebro demonstram por um lado que os meninos processam a linguagem quase exclusivamente com o hemisfério esquerdo, as meninas, por outro, são capazes de implicar ambos os hemisférios mais efetivamente no processamento da linguagem. Além disso, podem partilhar informações entre os dois hemisférios, por conta de uma parte do cérebro chamada *corpus callosum*. Essa estrutura consiste basicamente em um feixe de fibras que abarca os dois hemisférios, funcionando como uma ponte pela qual é possível transferir informações entre o hemisfério esquerdo e o direito. Embora pesquisas recentes tenham demonstrado que as diferenças talvez não sejam tão grandes quanto se chegou a pensar em certa época, o *corpus callosum* é nitidamente maior (mais bulboso) nas meninas que nos meninos, propiciando uma troca mais eficiente de informações entre os hemisférios — exatamente como uma ponte mais larga permite a passagem mais rápida do trânsito de um lado a outro. O resultado é que, nos meninos, o processamento da linguagem tem mais probabilidade de ficar limitado à capacidade de processamento do hemisfério esquerdo, ao passo que as meninas em geral estão mais aptas a aplicar as aptidões do hemisfério direito à sua sinfonia de talentos para a comunicação.

Que vantagens são auferidas pelas meninas em função disso? O hemisfério esquerdo do cérebro é onde processamos a linguagem falada e escrita. É também a parte do cérebro responsável primordialmente pelo raciocínio, solução de problemas e aptidões de que precisamos para entender a maioria das questões de ciências e matemática. Em contraste, o hemisfério direito tem mais a ver com nossa criatividade, percepção e sensibilidade a informações que não sejam de caráter verbal — essencialmente, o hemisfério direito funciona como combustível de nossa intuição social. Essas aptidões perceptivas do hemisfério direito estão mais ao alcance das meninas, ajudando-as a complementar o processamento funcional da linguagem efetuado pelo hemisfério esquerdo com a percepção e a capacidade de compreensão social do hemisfério direito.

Isso não quer dizer que os meninos não tenham ou não possam ter uma boa capacitação nas funções comandadas pelo hemisfério direito. A capacidade de mapear um espaço, em grande medida determinada pelo hemisfério direito, é algo, por exemplo, em que os indivíduos do sexo masculino se destacam. Ainda assim, se é fato, como continuam indicando as pesquisas, que os meninos utilizam menos seus cérebros no processamento da linguagem, eles estarão em nítida desvantagem em matéria de aprendizado e utilização das aptidões de comunicação. Outra desvantagem dos meninos nessa questão do processamento pelo hemisfério direito ou esquerdo é que eles

■ ■ ■

Em sua pressa de resolver um problema, os meninos freqüentemente dão excessiva ênfase a aspectos técnicos e subestimam as considerações de ordem social. Uma colega da classe de Galen queixou-se de que ninguém nunca sentava a seu lado. Galen propôs, então, à professora que montasse um esquema de rotatividade dos assentos, para que essa aluna pudesse sentar-se ao lado de cada um dos colegas em pelo menos um dia de aula. Galen não entendeu que a preocupação da colega era que ninguém parecia disposto a sentar-se a seu lado, o que a havia magoado. Você conhece meninos como Galen, tão ansiosos por encontrar uma solução que deixam de captar mensagens importantes?

tendem a atacar a solução de problemas do ponto de vista do hemisfério esquerdo (sistematização). Embora a orientação para o pensamento sistematizado possa ajudar os indivíduos do sexo masculino a centrar-se em soluções, de uma maneira voltada à consecução de metas, tende também a inibir a conscientização das informações mais sutis que enriquecem a percepção e a comunicação sociais. Essa situação provavelmente não será surpresa para muitas mulheres — que podem estar enfrentando esse dilema há décadas.

"Você nunca me disse isso!"

No que diz respeito à memória, as meninas estão mais capacitadas que os meninos a reter informações aleatórias na memória de curto prazo, ao passo que os meninos se destacam na retenção de informações de impor-

■ ■ ■

Em comparação com as meninas, a maioria dos meninos apresenta diferenças cerebrais que podem dificultar o aprendizado de aptidões de comunicação social. Entre esses fatores estão:

- Menor tamanho e menor eficiência do *corpus callosum*, a ponte que transfere informações entre os dois hemisférios cerebrais;
- Mais desafios em matéria de capacidade de processamento auditivo;
- Maior dificuldade de reter informações aleatórias na memória de curto prazo (uma diferença particularmente importante quando chegarmos à análise da questão do DHDA no Capítulo 7).

Lembre-se de que essas são tendências genéricas. Devemos avaliar os sucessos obtidos com os meninos em função de seu êxito na realização de seus potenciais individuais.

38 ■ A BARREIRA DA COMUNICAÇÃO

tância pessoal. Por exemplo, datas de aniversário, o lugar onde algo foi deixado, um comentário casual e até o que comprar numa loja são dados com freqüência lembrados com mais facilidade pelas mulheres. Em geral, acredito que isso ajuda a explicar o aparente ensimesmamento de muitos indivíduos do sexo masculino ao longo da vida. Desculpem-nos, mas nós, homens, simplesmente estamos mais capacitados a nos interessar e a lembrar de coisas que reforçam tendências que consideramos o nosso forte. Talvez isso explique por que os meninos se saem muito melhor quando se trata de lembrar como vencer num jogo de vídeogame do que na hora de lembrar-se do cumprimento de tarefas domésticas depois da escola, da importância de acenar para um vizinho idoso ou de pôr o dever de casa na mochila.

Desvantagens demais a superar?

Se você está se perguntando como é que seu filho terá a mínima chance de se tornar um bom comunicador com tantos possíveis obstáculos neuro-psicológicos a serem superados, peço-lhe que se lembre de dois pontos.

Primeiro, devemos avaliar os sucessos obtidos com os meninos em função do êxito de cada um na realização de seu potencial individual. Não se apresse a aplicar as tendências estatísticas globais do gênero masculino a um indivíduo único e sem igual como seu filho! As variações entre os diferentes indivíduos do sexo masculino são suficientes para gerar brilhantes oradores, escritores e comunicadores sociais.

Segundo, ainda não encontrei um menino cujas aptidões de comunicação não pudessem ser aperfeiçoadas mediante um firme compromisso dos pais no sentido de influenciar seu desenvolvimento social. É essa a contribuição que está ao alcance dos pais, e ela pode ser duradoura, à medida que as sucessivas gerações recebem o legado de amor, paciência e tempo que você investe em seu filho.

Uma perspectiva familiar

Uma mensagem importante deste livro é que os problemas de comunicação dos meninos constituem em todos os sentidos um problema de família. Para ilustrar a influência que os desafios de comunicação e desenvolvimento social podem ter nos meninos e suas famílias, quero relatar o caso de uma família que me procurou em busca de ajuda para seu filho. Sob muitos aspectos, essa família é como muitas outras com as quais trabalhei. Não considero que seria possível distinguir esse menino dos outros, pelo menos em certas situações. Mas o fato é que os pequenos problemas acabam se transformando em problemas maiores quando não há a atenção e a intervenção adequadas.

Jared

Jared, de 8 anos, vivia com os pais e o irmão menor, Payne. Jared tinha a sorte de ter pais amorosos que se haviam empenhado seriamente na construção de uma família voltada para os filhos. A vida em família fluíra com naturalidade até o momento em que ele entrou no jardim-de-infância. Para surpresa dos pais, os boletins sobre seus progressos continham eventuais comentários negativos sobre sua "expressão verbal" e sua "aptidão para a amizade". Os pais de Jared não deram muita importância ao fato, presumindo que ele estivesse apenas se adaptando à vida escolar e que os problemas haveriam de se encaminhar por si mesmos. Embora o mesmo tipo de comentário persistisse nos boletins da primeira série, os pais de Jared continuaram sem levá-los muito a sério.

Mas os informes seguiram no mesmo tom, e na segunda série Jared já era considerado "elemento de perturbação para os outros alunos", conforme dizia uma enérgica nota da professora. Para piorar a situação, os problemas de Jared na escola levaram a uma boa dose de tensão entre os pais. Eles não entravam em acordo sobre a melhor maneira de tratar das dificuldades do filho. Sua mãe começara a constatar problemas afins em casa, sentindo que ele precisava ser disciplinado com mais firmeza ou talvez encaminhado a um terapeuta: "Consigo lidar com ele nos dias em que está fora de casa, correndo e brincando, mas, quando ele está em casa e é obrigado a seguir certas regras, é simplesmente o caos." O pai considerava que Jared "simplesmente se comportava como um menino" e que era preciso "deixá-lo em paz". Lembrava que seu próprio comportamento era assim quando tinha a idade de Jared e não entendia por que toda aquela preocupação. "Se Jared está com algum problema, a escola é que tem de tratar disso; é para isso que são pagos." A mãe de Jared franzia as sobrancelhas e sacudia a cabeça ao ouvir o pai.

Enquanto os pais de Jared tentavam entrar em acordo sobre a maneira de lidar com ele, sua professora solicitara que fosse avaliado na escola por um psicólogo. Além de observar os problemas de Jared com a linguagem expressiva, o psicólogo considerou que o menino podia ter DHDA. Quando os resultados da avaliação foram conhecidos em casa, as coisas realmente esquentaram entre os pais de Jared. Mais uma vez, sua mãe sentia suas con-

40 ■ A BARREIRA DA COMUNICAÇÃO

vicções corroboradas, enquanto o pai ficou apenas mais furioso. "Ele é um menino cheio de energia! Que há de errado nisso?", explodiu.

As divergências a respeito de Jared evoluíram para um considerável grau de tensão conjugal, pois a mãe de Jared passava a enxergar também no filho muitas das características que mais a deixavam frustrada a respeito do marido. Quando Jared dava de ombros e limitava sua comunicação a eventuais grunhidos e respostas como "Não sei", a mãe revirava os olhos e pensava: "Farinha do mesmo saco." Ela estava furiosa com o marido por considerar que ele tentava minimizar suas justificadas preocupações, e ao mesmo tempo se sentia sobrecarregada com aquele desafio de ajudar Jared em suas aptidões de comunicação e problemas comportamentais. Antes de uma das seções, ela pediu para conversar comigo em particular e se queixou: "Ele é igualzinho ao pai. Sei que fico parecendo ranheta, mas tenho de estar constantemente lembrando os dois sobre coisas essenciais. Quero ajudar Jared com seus problemas na escola, mas ele nunca fala a esse respeito. Cheguei a um ponto em que nem quero mais sair com ele, por ser tão difícil de lidar. Tento não julgá-lo, mas é difícil quando a criança não age de acordo com o que está acontecendo a seu redor, nem com o que eu digo." A mãe tinha perguntas muito sérias a me fazer: como cuidar de uma criança incapaz de focar a atenção o suficiente para receber instruções, estímulos ou conseqüências? E o que fazer quando isso é agravado pela incapacidade dessa criança de expressar seus sentimentos? Embora continuasse achando que a mulher se precipitava ao aceitar a avaliação da escola, o próprio pai de Jared reconhecia que o menino era "osso duro de roer".

Os pais de Jared haviam levantado uma questão que freqüentemente se manifesta quando as famílias enfrentam desafios comportamentais das crianças. Com muita freqüência, os pais são aconselhados por observadores críticos e bem-intencionados. Como muitos de nós consideramos que nossos filhos são um reflexo de nós mesmos, a situação pode ser dolorosa, embaraçosa e levar a muitos autoquestionamentos quando eles se comportam de maneira insatisfatória. A urgência de certas situações pode tornar difícil determinar se nossas decisões se baseiam no interesse da criança ou constituem apenas uma reação à situação extremamente estressante. O pai de Jared mostrava-se muito sensível a essa questão, temendo que as pessoas estivessem reagindo com exagero ao comportamento do filho. Queria certificar-se de que quaisquer decisões que viessem a ser tomadas não teriam um caráter reativo, mas atendessem ao interesse do filho. A mãe, que estava diariamente "na frente de batalha" com Jared, desejava que ele recebesse o apoio e o tratamento que considerava necessários.

Quando as crianças aparentemente não seguem um padrão normal de desenvolvimento na comunicação ou no comportamento, os pais precisam

Seu filho é um menino de poucas palavras? ■ 41

saber se suas preocupações são justificadas. Para muitos, é um grande alívio saber que até os melhores pais do mundo ficariam desorientados com os desafios apresentados pelos filhos. Existem, para isso, alguns motivos importantes. Em primeiro lugar, a culpa será sempre o recurso favorito dos pais. Quando um filho parece deficiente no desenvolvimento ou se comporta de maneira preocupante, tendemos a nos culpar (embora às vezes desviemos a culpa para um cônjuge ou outra pessoa encarregada de cuidar da criança). Além disso, pode parecer-nos difícil comparar o comportamento de nossos filhos com o de outras crianças. É possível que você não tenha criado outros meninos nem tenha convivido muito com eles ao longo da vida. Ouvi certa vez de um desses pais: "Eu achava que o problema era comigo, mas o fato é que minha mãe, que criou meus irmãos, costumava me dizer: 'Ele é um bom menino, mas nunca sei se está ouvindo ou se entende o que eu digo. Ele conversa com você?' Foi incrível ouvir alguém reconhecendo algo com que tenho de lidar diariamente."

Quando os pais de Jared decidiram buscar ajuda, foi porque a professora estava pressionando muito nesse sentido. Ela reconhecia que provavelmente Jared estivesse sofrendo, mas precisava cuidar de uma classe inteira. Em minha avaliação do caso, examinamos o impacto dos desafios enfrentados por Jared em toda a família. Além das questões conjugais, a mãe comentou que era muito mais fácil para ela sentir-se próxima de Payne, o irmão menor. Embora fosse vários anos mais moço, Payne apresentava aptidões de comunicação mais avançadas em importantes aspectos. À medida que conversávamos, a mãe de Jared se dava conta de que, como era mais fácil lidar com Payne, o relacionamento com ele era mais afetuoso. "Quando a gente sorri para ele, ele fica radiante. É inconsciente, mas acho que sorrio muito mais para ele." O fato de Payne se mostrar receptivo à comunicação levava sua mãe a puxar mais conversa, brincar mais e de maneira geral aprovar mais tudo que ele fazia. Mais uma vez ela pensou com seus botões: "Jared é como o pai, e o irmão é mais como eu."

A dinâmica da família provavelmente contribuiu para a intensa rivalidade entre Payne e Jared. Quando era menor, Payne tendia a idolatrar o irmão mais velho e Jared gostava de se sentir como uma espécie de mentor, o "menino grande" que podia mostrar ao irmão como fazer as coisas. À medida que ia crescendo, contudo, Payne notou que Jared freqüentemente estava em conflito com a mãe e começou a assumir o papel do "bom menino". Também usava sua melhor aptidão verbal para provocar e censurar Jared, que, incapaz de retaliar com palavras, às vezes se enfurecia fisicamente. Esse ciclo agravava a frustração da mãe.

Os pais de Jared chegaram à conclusão de que precisavam passar a cuidar com urgência da dinâmica de comunicação da família, que estava influen-

42 ■ A BARREIRA DA COMUNICAÇÃO

ciando negativamente a vida de todos. Ficou claro, também, que Jared precisava de apoio individual para ajudá-lo a entender o que poderia fazer para atender às expectativas e começar a se sentir melhor na escola. Para tentar acabar com seus acessos de raiva, trabalhamos no desenvolvimento de um vocabulário emocional (com o apoio de imagens, pois ele era um aprendiz visual), para ajudá-lo a entender o que estava sentindo e desenvolver estratégias para lidar com esses sentimentos. Jared precisava encontrar maneiras eficazes de se conscientizar de sua própria vida emocional.

Tratando-se de meninos da idade de Jared, os jogos são quase sempre o ponto focal de qualquer intervenção, seja na terapia ou em casa. Os jogos proporcionam oportunidades praticamente ilimitadas de explorar idéias e sentimentos, além de facilitar o desenvolvimento de novas aptidões, como aprender a cumprir regras, adquirir consciência social e se comunicar. Os pais de Jared e eu conversamos sobre as possíveis maneiras de modelar sua capacidade de comunicação por meio dos jogos. As horas que passamos interagindo com ele nos ensinaram a ser pacientes e atentos a sutis indícios de progresso em seu desenvolvimento social e expressivo.

Como muitos outros meninos de poucas palavras, Jared é excepcionalmente vulnerável a um sentimento de inadequação com respeito à sua capacidade expressiva. Tivemos de perseverar muito no fortalecimento de seu domínio de outras aptidões, para que pudesse ver que acreditávamos nele e mesmo o admirávamos sob certos aspectos. Felizmente, a habilidade de Jared com enigmas e sua boa coordenação motora permitiram fornecer-lhe o apoio e o feedback por que tanto ansiava. Pudemos constatar que, mantendo em diapasão mais tranqüilo nossas expectativas em relação a ele e ao mesmo tempo manifestando nosso reconhecimento de seus talentos naturais, Jared foi compelido a reagir, tentando surpreender-nos com uma série de gestos sociais e de comunicação que suspeitava pudessem agradar — no que estava certo.

As famílias conseguem abrandar os problemas sociais e de comunicação quando reconhecem sua existência e possíveis conseqüências. Ver seu filho com um olhar aberto e franco é fundamental para conseguir qualquer mudança positiva. No caso de Jared, a sincera preocupação e o empenho dos pais fizeram uma enorme diferença. Até mesmo suas divergências quanto ao caminho que deveríamos seguir em conjunto contribuíram para que pudéssemos encontrá-lo. Em qualquer dessas situações, a dedicação e o trabalho duro são fundamentais. Famílias, escolas e terapeutas devem trabalhar conjuntamente. Não há "pílula mágica" nem um atalho que permita contornar.

Breve Avaliação

Se minha análise dos desafios de comunicação dos meninos segue o mesmo sentido de sua preocupação com seu próprio filho ou algum outro menino, utilize os três questionários que se seguem para proceder a uma avaliação mais focada. Cada um deles reflete uma esfera distinta de comunicação, responsável pelo encaminhamento do desenvolvimento social. Esses questionários não servem de substituto para testes psicológicos, visando apenas ajudá-lo a esclarecer suas preocupações. A bem da simplicidade, cada um deles é limitado a 12 perguntas. De maneira geral, se você marcar mais que alguns poucos itens em qualquer deles, é grande a probabilidade de que o menino em questão possa estar precisando de alguma forma de intervenção da família ou da escola para melhorar suas aptidões de comunicação e de outras naturezas no relacionamento social.

As dificuldades de comunicação estão comprometendo o desenvolvimento social e emocional de meu filho?

Ele se sente desconfortável com perguntas difíceis ou quando lhe é pedida a opinião? ☐

Teme "oportunidades" de auto-expressão? ☐

Recorre à raiva para se esquivar de questões pessoais? ☐

Comunica-se visivelmente menos que os outros meninos na interação de grupo? ☐

Nitidamente evita falar na frente dos outros? ☐

Fala tão baixo que sua voz é inaudível ou parece monótona? ☐

Sua comunicação verbal (gestos e expressões) não parece sincronizada com as palavras? ☐

Sente-se embaraçado com os próprios sentimentos, mesmo no contexto seguro da comunicação com os pais? ☐

Opta com constância por se expressar fisicamente, e não-verbalmente? ☐

Evita contato visual? ☐

44 ■ A BARREIRA DA COMUNICAÇÃO

Precisa estar de bom humor para se comunicar? ☐

Atribui as próprias dificuldades de comunicação ao fato de ser "burro"? ☐

■ ■ ■

Extraído de *Boys of Few Words*, de Adam J. Cox. Copyright 2006 by Adam J. Cox. A reprodução deste questionário está autorizada apenas para uso pessoal (ver detalhes na página sobre direitos autorais).

Os desafios de comunicação enfrentados por meu filho estão afetando negativamente a vida em família?

O convívio em família é marcado por silêncios incômodos? ☐

A rivalidade entre os irmãos é provocada por falta de comunicação? ☐

Você evita abordar certos assuntos por considerar que ele "não seria capaz"? ☐

É comum ele "não entender"? ☐

Você se sente "fora de sintonia" mesmo quando trata de alguma coisa importante? ☐

Sente-se intimidado com a raiva manifestada por ele? ☐

Você e seu filho só se sentem à vontade juntos quando estão vendo televisão? ☐

Você evita fazer perguntas importantes para não ter de enfrentar a "dor"? ☐

Ele se mostra indiferente às idéias e aos sentimentos de outros membros da família? ☐

Ele se isola dos outros membros da família? ☐

A simples conversação é uma enorme dificuldade para ele? ☐

As conversas em família desnecessariamente se transformam em discussões? ☐

■ ■ ■

Extraído de *Boys of Few Words*, de Adam J. Cox. Copyright 2006 by Adam J. Cox. A reprodução deste questionário está autorizada apenas para uso pessoal (ver detalhes na página sobre direitos autorais).

Seu filho é um menino de poucas palavras? ■ 45

Faltam a meu filho as aptidões de comunicação necessárias para o bom êxito social e acadêmico na escola?

Ele evita responder a perguntas na sala de aula? ☐

Tem dificuldades de leitura ou compreensão? ☐

Isola-se dos outros alunos? ☐

Costuma adotar um comportamento agressivo para compensar carências na aptidão verbal voltada à solução de problemas? ☐

É possível que um DHDA carente de tratamento ou de melhor atenção esteja interferindo em seu aprendizado e interação social? ☐

Ele costuma ser rejeitado pelos outros alunos porque "não entende"? ☐

Seu domínio da linguagem expressiva não reflete adequadamente sua inteligência? ☐

Ele sempre parece fora de sintonia com os colegas? ☐

Raramente diz algo relevante sobre o dia que passou na escola? ☐

Costuma dar respostas curtas ou monossilábicas quando solicitado oralmente ou por escrito? ☐

Leva horas para concluir deveres de casa que requerem aptidão para a expressão escrita? ☐

Hesita em se afirmar mesmo sabendo que deve dizer alguma coisa? ☐

■ ■ ■

Extraído de *Boys of Few Words*, de Adam J. Cox. Copyright 2006 by Adam J. Cox. A reprodução deste questionário está autorizada apenas para uso pessoal (ver detalhes na página sobre direitos autorais).

Ainda que você tenha marcado muitos itens desses questionários, existem bons motivos para acreditar que a situação vai melhorar. Você se deu ao trabalho de pensar e aprender sobre como poderia ajudar. Tenha em mente o que registrou nesses questionários à medida que for aprofundando seu entendimento dos desafios de comunicação dos meninos ao longo dos próximos capítulos. Em seguida à leitura das formas específicas de desafios de comunicação social discutidas na Parte II, retorne a esses questionários para esclarecer as dificuldades de seu filho e descobrir que tipo de ajuda pode ser benéfica para ele.

O poder do reconhecimento

Para a maioria dos meninos, a capacitação para a comunicação não é uma questão de status ou de agradar a pais e professores. Na verdade, ser capaz de se comunicar bem abre as portas para uma vida social mais intensa e gratificante. Toda vez que me deparo com um homem cuja vida ficou de ponta-cabeça por causa de um relacionamento medíocre, por acessos de fúria ou pouca capacidade de cuidar dos filhos (entre outros problemas comportamentais que afligem os homens em nossa sociedade), aumenta minha paixão pelo aperfeiçoamento das aptidões sociais e de comunicação dos meninos. O preço pago por nossa sociedade pela incompetência social é extraordinariamente alto. Como ninguém gosta de se sentir incompetente, a frustração crônica pode evoluir para retraimento, isolamento e mesmo cólera.

Dar aos meninos a ajuda e a autorização de que precisam para ser expressivos é uma importante contribuição para seu bem-estar social. Isso porque a capacidade de expressar emoções é o caminho para a *congruência* — o grau de similaridade entre a experiência interior de uma pessoa e seu comportamento exterior. A congruência nos ajuda a nos "sentirmos à vontade" com nós mesmos, mostrando que estamos agindo de acordo com nossos mais profundos sentimentos e convicções. Essa idéia é totalmente estranha a muitos meninos. Na verdade, muitas vezes eles estão empenhados em fazer exatamente o oposto, ou seja, aprender a esconder os próprios sentimentos.

Enquanto lê isto, você pode estar pensando em seu filho, na maneira como resiste ou luta para expressar adequadamente o que pensa ou sente, como fica irritado quando você o pressiona a dizer mais ou como você próprio se sente frustrado com o afastamento resultante desse impasse na comunicação. Em sua maioria, os meninos de que trataremos neste livro provavelmente apresentam grande semelhança com meninos de sua família, vizinhança ou comunidade. É possível que você tenha testemunhado as reações fortes que podem suscitar em adultos e colegas ou a maneira como às vezes são ignorados; e é possível também que se tenha sentido intrigado, preocupado ou testado por esses meninos — tudo no intervalo de um único dia. Mas pode ter certeza: o fato de você reconhecer esses meninos representa o inestimável ponto de partida. Nada tem maior poder de cura que ser visto e entendido. É o início de todas as possibilidades.

2

Por que as palavras são importantes

■ ■ ■

Imagine que você tenha se inscrito num curso de arte numa universidade próxima. Você nunca teve talento especial para as artes, mas foi informado de que esse curso é necessário para concluir sua formação acadêmica, representando um passo importante para a consecução de suas aspirações. No primeiro dia de aula, os outros alunos estão empenhados em preparar tintas e misturar cores de um modo que você nunca viu. Todo mundo parece excitado diante das possibilidades expressivas da pintura, mas tudo lhe transmite uma impressão e uma sensação de estranheza. Você enxerga apenas cores primárias em sua paleta e não tem qualquer intuição sobre a melhor maneira de misturar as tintas, mas vai tateando aqui e ali, sem saber muito bem como começar.

Não tarda, e os outros já estão pintando; parecem hábeis e confiantes. Ansioso e confuso, você contempla sua tela branca, sentindo-se mais desanimado a cada minuto que passa. Todo mundo se pergunta por que você não começa, já que estão se divertindo tanto. O que não sabem é que você não tem a menor idéia de como fazê-lo. Sente-se constrangido e no mínimo um pouco irritado com a pretensão deles. Quando finalmente toma coragem para lançar alguma cor na tela, o professor observa que sua escolha foi um pouco sem graça. Diz que seu "azul precisa de mais vida" e seu "vermelho é chamativo demais — as cores precisam ser firmadas e nuançadas". Você não sabe o que isso significa nem como fazê-lo. Volta a tentar, mas os outros alunos já começaram a descartá-lo como alguém sem talento.

Cada vez mais exasperado, você não consegue imaginar o que está fazendo errado. O que sabe é que passou, mais rápido do que poderia imaginar, da expectativa ao desânimo. No fim das contas, o risco emocional de freqüentar um curso se torna alto demais — você detesta sentir-se incapaz. Começa a matar as aulas e a se isolar dos outros alunos. E pensa: "Para que pintar, afinal de contas?", e passa a procurar ao redor outros alunos que também tenham dificuldade com artes, pois o ajudam a se sentir muito menos constrangido.

Você acaba de descobrir a frustração sentida pelos meninos de poucas palavras.

48 ■ A BARREIRA DA COMUNICAÇÃO

As palavras são as cores capazes de captar seus pensamentos e sentimentos mais importantes. Embora utilizemos milhares de palavras diariamente, a maioria é escolhida de modo relativamente inconsciente. Como tendemos a falar depressa e é alto o grau de redundância nas palavras que utilizamos, a maioria de nós entra em piloto automático quando se trata de escolhê-las. Mas isso não reduz o impacto que essas palavras terão em nossa vida e na vida daqueles com quem interagimos. As palavras são fundamentais para a formação dos relacionamentos, merecendo muito mais respeito do que costumamos dispensar-lhes na comunicação do dia-a-dia. Na verdade, costumamos usá-las para transmitir nossas idéias, exceto quando "não conseguimos achar a palavra exata" ou estamos numa situação em que nossas palavras podem ter conseqüências importantes. Nesses momentos importantes e estressantes, a maioria de nós aprendeu a "escolher bem as palavras", tentando prever como poderão soar para o interlocutor.

Nossa escolha de palavras também é determinada pelas circunstâncias, inclusive o caráter da relação que mantemos com a pessoa com a qual nos comunicamos. Na maioria dos casos, dirigimo-nos a um juiz de modo diferente da informalidade de um papo com um colega de trabalho. Provavelmente até nos comunicamos de maneiras diferentes conforme os colegas, pois conhecemos melhor ou confiamos mais em alguns deles. Essas avaliações e decisões representam parte natural da comunicação em nossa vida. Requerem sensibilidade em relação aos outros e compreensão da dinâmica social. Mas a linguagem de muitos meninos carece de consciência dessa dinâmica, reduzida a manifestações tão básicas que perdem o significado e a expressão. Sem se dar conta, muitos meninos usam a linguagem de um modo que pode ser prejudicial a seu desenvolvimento social. O caráter sumário da aptidão de comunicação de muitos meninos é motivo de preocupação. Se as palavras são a moeda corrente da maior parte das trocas interpessoais,

> ■ ■ ■
>
> Diante da raiva de um menino, precisamos investigar além das manifestações exteriores. Não raro, o menino de 4 anos que faz uma "tromba", o de 8 socialmente desajustado ou o adolescente de 14 anos solitário e insatisfeito se sentem frustrados pela incapacidade de encontrar soluções verbais para conflitos interpessoais. Nossa função, como pais, consiste em ajudá-los a encontrar essas palavras, moldando as frases que devem usar para estabelecer vínculos sociais de modo construtivo. "Você não quer dizer que sente muito, para que possamos ser amigos de novo?" "Talvez se você lhe disser o quanto o admira, ele fale com você." "Acho que seus amigos sentem sua falta e também precisam saber que você sente falta deles."

caberia perguntar se não estamos criando uma geração de meninos à beira da falência social.

Entre as tarefas psicologicamente importantes para as quais precisamos das palavras, estão as necessárias para enfrentar conflitos, cuidar da auto-expressão, administrar o estresse e construir as relações mais importantes e, esperamos, duradouras de nossa vida. Examine atentamente essa lista e você verá que dela fazem parte alguns dos fatores mais essenciais do bem-estar psicológico. E imagine alguém que não tenha o domínio das palavras — estressado, mergulhado em conflitos, isolado e potencialmente explosivo.

A linguagem nos ajuda a transformar as emoções em algo mais tangível, algo que podemos examinar ou modificar. Literalmente usamos a linguagem para avaliar bem as coisas que nos acontecem. As experiências são definidas e organizadas em nossa mente pelas palavras que as descrevem. O desenvolvimento de nosso vocabulário faz uma enorme diferença na maneira como lidamos com os desafios da vida. A linguagem nos ajuda a mediar nossas experiências, pondo em perspectiva a inevitável complexidade e adversidade da vida.

O desafio enfrentado pelos meninos consiste em desenvolver a necessária amplitude e profundidade de seu vocabulário social e emocional. A amplitude de um vocabulário reflete-se no alcance do conhecimento vocabular de uma pessoa, ao passo que a profundidade é uma questão de apreensão do significado das palavras e *destreza verbal* — a capacidade de utilizar palavras com rapidez e eficiência em diferentes situações. Naturalmente, nossa expectativa em relação a nossos filhos depende de sua idade, mas ainda quando bebês devemos começar a ajudar os meninos a ampliar o alcance e a profundidade de seu vocabulário.

Certos meninos têm um vocabulário sofisticado em certas áreas semânticas. Podem ser capazes de dizer o nome de cada personagem de um desenho animado e falar de qualquer componente do mundo de fantasia em que vivem. Ou-tros sabem montar sites na Internet e falar o dialeto do *skateboard*, mas isso não quer dizer que sejam bons em comunicação. (Note que são vocabulários mais ligados a coisas e idéias do reino da fantasia, da tecnologia e da cinestesia — atividades que envolvem movimento.) Os meninos podem sentir-se

> ■ ■ ■
> Até mesmo um menino ainda não-alfabetizado pode ampliar seu vocabulário se usarmos muitos sinônimos quando falamos, especialmente sobre as emoções: "Estou tão *feliz* porque a Vovó está chegando. Estou tão *contente!*", "Um sorvete não seria uma *delícia*? Acho que seria *sensacional*.", "Você não está *animado* com essa ida ao zoológico? Eu estou *exultante!*"

> **MÃE:** Como foi a escola hoje?
>
> **FILHO:** Um saco.
>
> **PAI:** E o que você vai fazer com esses garotos que estão marcando em cima de você?
>
> **FILHO:** Não sei, vou levando.
>
> Expressões assim freqüentemente indicam problemas de amplitude e profundidade do vocabulário expressivo. Ao ouvir afirmações dessa natureza, considere a possibilidade de que o problema básico de seu filho seja o fato de não saber como dizer-lhe o que sente ou pensa. Isso pode ajudá-lo a saber como reagir a ele.

muito excitados com seus interesses e, quando essa exaltação ganha expressão verbal, podem emitir opiniões fortes. Às vezes, contudo, confundem hipérbole com profundidade, e as opiniões fortes podem ser uma tentativa de desviar a atenção de idéias e sentimentos mais profundos.

Noah: Aprender a usar as palavras para entender as próprias emoções

A mãe de Noah, de 9 anos, queixava-se de que ele estava sempre com raiva ou calado. Qualquer pessoa que entrasse em contato com Noah logo tinha a impressão de um elevado grau de confiança na expressão de idéias próprias sobre as coisas. Noah não hesitava em dizer como se sentia sobre a professora ou o que pensava da família, especialmente do pai, com o qual se mostrava aborrecido há quase dois anos por causa de um divórcio difícil.

Em Noah, a disposição de falar e mostrar-se afirmativo eram pontos positivos. Ao mesmo tempo, seu sucesso no relacionamento com os outros era em parte comprometido pela incapacidade de participar de expressões mais pessoais e íntimas de comunicação e de reconhecer sentimentos mais difíceis. Quando perguntei a Noah se tinha problemas pelo fato de estar com raiva, ele fechou a cara e virou o rosto para se esquivar. Depois de um longo silêncio, voltei a fazer a pergunta, mas agora Noah parecia contrariado. Eu podia sentir sua atitude de resistência ao responder: "Não, quando as outras pessoas me deixam em paz." A resposta captava bem a essência de seu dilema social. Noah não sabia como se aproximar de alguém sem cair em agitação emocional. Quando passei a conhecê-lo melhor, notei que, com freqüência, falava impulsivamente e não pesava as palavras. Às vezes, parecia sentir prazer em ouvir os próprios comentários rudes ou zombeteiros. Mostrava-se mais tranqüilo e conversador quando escolhia o assunto ou podia ficar na esfera das perguntas. Noah ficava com raiva quando lhe faziam perguntas que exigiam autoconscientização, o estabelecimento de um elo entre emoções e experiências ou envolvessem situações ambíguas, sem prontas respostas do tipo "branco ou preto".

Sua mãe e eu estabelecemos um plano para ajudá-lo a verbalizar seus sentimentos a respeito do divórcio dos pais. É algo difícil para a maioria das crianças, mas se mostrou particularmente duro para Noah. Quando já estávamos colaborando nessa meta há alguns meses, a mãe de Noah disse: "Estávamos indo de carro para a aula de natação e falávamos sobre o pai dele. Eu disse a Noah que sabia que todas aquelas mudanças haviam sido difíceis para ele e que o amava. Ele estava muito quieto, e eu esperava que reagisse com alguma queixa ou rejeição. Mas ele disse: 'Às vezes fico fulo porque gostaria de fazer você e o papai se gostarem de novo.' Acho que eu sabia que ele se sentira assim o tempo todo, mas foi um passo importante *para ele* saber que se sentia assim — expressar seu sentimento em suas próprias palavras. Era como se o muro entre nós começasse a desabar, pelo menos um pouquinho."

Naquele momento, Noah foi capaz de expressar um sentimento de perda e tristeza. As palavras "Eu gostaria" eram importantes, pois subentendiam um entendimento objetivo de seu desejo pessoal, subjetivo (de que os pais "se gostassem"). Ele foi capaz de relatar como essa experiência contribuiu para moldar seus sentimentos e comportamento.

É assim que as crianças usam a linguagem para entender o que lhes acontece. As palavras ajudam-nas a definir e esclarecer suas experiências. A medida de nosso sucesso na vida não reside no fato de termos problemas ou enfrentarmos desafios, pois isso ocorre a todos nós. Nosso sucesso é medido pela maneira como enfrentamos ou administramos os desafios. Os meninos que aprendem a usar a linguagem para entender suas experiências estão mais bem equipados para identificar com precisão suas emoções, sendo, portanto, menos provável que caiam na vala comum masculina da raiva indiscriminada. Embora a situação de Noah não tivesse mudado, aquele seu "Gostaria de" indicava que já entendera o que queria, sabia o que o incomodava e aprendera a comunicá-lo à própria mãe de uma maneira capaz de suscitar uma reação de apoio.

Como indivíduos, usamos as palavras para apreender nuances da experiência pessoal e formar os pensamentos que nos ajudam a definir quem somos. Podemos efetivamente usar as palavras como símbolos ou representações de diferentes estados mentais. Pensando bem, podemos considerar que as palavras são uma espécie de taquigrafia que nos permite apreender

52 ■ A BARREIRA DA COMUNICAÇÃO

com rapidez um sentimento ou uma idéia, de modo que possa ser eficazmente comunicado aos outros. A maioria das pessoas sente certa satisfação quando encontra as palavras exatas para transmitir suas idéias ou experiências. Sentimos, justificadamente, que as palavras certas aumentam as chances de nossos pensamentos ou experiências serem devidamente entendidos ou apreciados.

E se esse importante benefício social não fosse suficiente, também nos serviria de estímulo o fato de que, quando encontramos as

> As palavras são importantes porque ajudam os meninos a definir quem são.

palavras certas para nos expressar, nossos pensamentos e sentimentos igualmente se tornam mais claros para nós. Em termos sociais, as palavras vão percorrendo os meandros de nossa vida, configurando uma complexa rede que nos une. Suas próprias lembranças dão testemunho da ligação estabelecida entre o passado e o presente pelas palavras. Nossas recordações são repositórios das palavras importantes e de impacto que ouvimos ao longo da vida — a maneira como nosso pai relatava seu passeio de bicicleta, o cumprimento de um professor a respeito de nossas aptidões de redação, a avaliação crítica de um colega sobre nossa aparência, e assim por diante. Muito depois de ouvido o último eco de uma palavra, seu significado continua ressoando profundamente em nós. Precisamos produzir a paz com as palavras que trazemos em nós, lembrando que somos responsáveis pelas que enviamos às mentes dos outros.

"Notei que você quase não fala. Acha que a gente poderia se dar bem?"

Mesmo quando não reconhecem, os meninos notam diferenças de comunicação entre os companheiros. Eles percebem quando a própria capacidade de expressão por meio da linguagem não se mostra à altura e, quando chega à terceira ou quarta série, a maioria dos meninos já escolheu seu grupo de colegas, em grande medida por conta da habilidade verbal e social. Assim como os meninos com deficiência de coordenação geralmente não se sentem atraídos por garotos atléticos (e tampouco são bem recebidos por eles), os meninos carentes de aptidões verbais tendem a se isolar dos colegas mais articulados. Essa separação e seus efeitos psicológicos se tornam cada vez mais aparentes nos quatro últimos anos do ensino fundamental e no ensino médio. Como veremos na Parte II, os meninos podem reagir à situação com atitudes de agressão, ansiedade ou retraimento.

Infelizmente, a companhia de meninos com problemas semelhantes de comunicação só serve para distanciar nossos filhos ainda mais das influências positivas em matéria de comunicação. E, ainda por cima, essas influências positivas não são propriamente abundantes nos dias de hoje. Um dos motivos pelos quais tantos meninos carecem de boas aptidões em matéria de linguagem é que raramente são estimulados a ter contato com elas por influências sociais importantes em sua vida. Quando foi a última vez que você ouviu uma sintaxe inteligente ou um vocabulário mais amplo numa canção popular, num desenho animado ou num jogo eletrônico? (Não estou dizendo que não haja criatividade e expressividade nesses meios de comunicação; apenas levo em conta a média do que é oferecido aos meninos.) Pelo contrário, os centros de aprendizado da linguagem em seus cérebros estão constantemente recebendo uma saraivada de formas desconexas e fragmentárias de comunicação, numa sintaxe marginal e com pensamentos freqüentemente incompletos. Até mesmo os programas infantis de mais qualidade na televisão às vezes ignoram a necessidade de comunicar pensamentos em sentenças com início, meio e fim.

A situação é ainda mais complexa em razão da força extraordinariamente mobilizadora das imagens e sua utilização em praticamente todas as formas de comunicação voltadas às crianças. Imagine que você estivesse aprendendo a andar com muletas: os músculos se enfraqueceriam e as pernas poderiam não obedecer a seu comando. A constante associação de imagens às palavras pode reduzir nossa capacidade de usar apenas palavras para expressar idéias.

No espaço de algumas poucas gerações, passamos dos programas de rádio ao comando de mais de uma centena de canais de televisão a cabo, e hoje já ambicionamos complexos sistemas domésticos de entretenimento multimídia. Nossos sentidos são permanentemente embotados pelo excesso de indulgência no consumo das "drogas" do mundo dos sons e das imagens. Talvez seja por isso que muitos professores, hoje, consideram a utilização de imagens quase essencial para um efetivo aprendizado. Num livro de grande percepção, *Endangered Minds* [Mentes em perigo], a educadora Jane Healy assinala que os professores infelizmente já contam com menor focalização da atenção e capacidade de audição reduzida por parte da maioria dos alunos. Essa situação resulta em dificuldades consideravelmente maiores para os professores. Eles precisam tentar estabelecer contato com as crianças por intermédio de formas de aprendizado visuais e especialmente auditivas que costumam estar cronicamente saturadas, reagindo menos, em conseqüência, a informações que não se mostrem altamente estimulantes. Como você deve lembrar, boa parte do que acontece na escola não é assim tão estimu-

54 ■ A BARREIRA DA COMUNICAÇÃO

> ■ ■ ■
> As palavras são importantes porque permitem exercitar formas auditivas de aprendizado, em grande medida embotadas pela constante exposição dos meninos à televisão, aos jogos de videogame e aos computadores.

lante, pelo menos não do mesmo jeito que os meios de comunicação eletrônicos. Os processos de aprendizado são muito calcados na repetição, na memorização e na incorporação de fatos que contribuem para o desenvolvimento de formas mais sofisticadas de aptidão e compreensão. A escola é um dos principais lugares em que as crianças aprendem a adiar a gratificação em benefício de uma meta de mais longo prazo — passagem para a próxima série, formatura ou talvez uma carreira. As mudanças na maneira como as crianças processam cognitivamente a informação não só têm influenciado sua capacidade de aprendizado, como marcado profundamente a aptidão dos meninos para o sucesso social.

Você é o que você fala

Quando entro em contato com meninos de palavras abafadas, embrulhadas ou rarefeitas, quase sempre fico preocupado com seu bem-estar emocional. Por quê? Porque aprendi que a comunicação é um tipo de comportamento que *reflete* aquilo que somos e aquilo em que nos tornamos — nosso "self" —, mas também *influencia* aquilo que somos e aquilo em que nos tornamos. Este princípio da *bidirecionalidade comportamental* parece indicar que nossos atos e nosso self estão em constante diálogo, modelando-se reciprocamente, tenhamos ou não consciência disso. Por algum motivo que desconheço, essa observação fundamental sobre o funcionamento da mente nunca foi enfatizada em minha formação acadêmica como psicólogo. Em vez disso, vim a conhecer o princípio da bidirecionalidade comportamental quebrando a cara e assumindo o compromisso de ajudar adolescentes difíceis e teimosos, mas cativantes, na região rural da Pensilvânia.

No início de meus primeiros trabalhos como terapeuta, eu visitava vários colégios em que estava encarregado do aconselhamento a meninos "problemáticos", que em sua maioria também apresentavam problemas sérios de auto-estima baixa. Antes de conhecê-los, eu havia decidido que minha estratégia consistiria primordialmente em fornecer um sólido feedback de apoio, comentando todas os aspectos positivos que pudesse identificar na vida desses adolescentes. Toda vez que nos encontrávamos, eu sorria, fazia o possível para projetar energia e esperança e ficava à espreita de sinais de que eles estavam mudando. Esperava desempenhar o papel de modelo, e que eventualmente minha atitude positiva permitisse superar seu negativismo e baixa auto-estima.

Era uma forma ponderada e bem-intencionada de tentar influenciá-los, mas só tinha um problema: *não funcionava*. Os meninos não se dispunham a colaborar, não obstante meu empenho considerável. Frustrado, e às vezes razoavelmente desanimado, eu fazia o longo percurso de volta para casa perguntando a mim mesmo o que estava dando errado. Estava pondo em prática ferramentas terapêuticas clássicas e me preocupava sinceramente com aqueles meninos. Mas precisava encarar o fato de que meu otimismo e minha esperança aparentemente não se justificavam.

Nos momentos de insônia, eu ficava imaginando em que direção deveria mudar. Aos poucos, começou a me ocorrer que talvez eu tivesse assumido uma excessiva carga de responsabilidade no empenho de fazer aqueles rapazes se sentirem melhor. Eu me esforçara tanto por encontrar dados positivos, interpretando seus atos e palavras com um "viés" otimista, que não os havia solicitado a encarar o trabalho duro que leva a mudanças realmente significativas. Por inadvertência, negara-lhes sem querer o prazer da realização, algo de que os meninos de baixa auto-estima precisam desesperadamente. Aqueles meninos me ensinaram algo de que nunca me esqueceria. Uma atitude positiva não é capaz por si só de ajudar os meninos a enfrentar os desafios da infância e da adolescência ou transformar um impulso auto-destrutivo numa dinâmica de realização.

Enquanto tentava imaginar, de modo criativo, o próximo passo a dar, lembrei-me das coisas impressionantes que aqueles meninos me haviam relatado em suas avaliações iniciais. Havia histórias de todos os tipos de conflitos familiares, fracasso acadêmico e social, total desconsideração com a própria saúde, na forma de abuso de substâncias e promiscuidade sexual. Nos encontros posteriores, decidi centrar-me mais na ajuda para que esses meninos definissem metas específicas, coisas importantes para eles, planejando iniciativas que conduzissem a resultados significativos em matéria de capacitação. Sobretudo, insisti para que aprendessem a articular suas metas, trabalhando com eles no estabelecimento de um "dicionário emocional" que ajudasse a modular a negatividade por meio de um vocabulário mais amplo de escolhas emocionais. Nas profissões do campo de cuidados e terapia, são muitos os que reconhecem a sabedoria deste enunciado do psicólogo Abraham Maslow: "Quando só dispomos de um martelo, todos os problemas parecem pregos." Da mesma forma, se os meninos só são capazes de pensar em termos absolutos — "com raiva, tristeza, alegria" —, estarão usando marretas mesmo quando houver necessidade de ferramentas verbais de maior precisão.

56 ■ A BARREIRA DA COMUNICAÇÃO

> ■ ■ ■
> As palavras são importantes porque permitem aos meninos articular metas, dando-lhes, portanto, algo a ser realizado; e a realização é a fonte da auto-estima.

Minha experiência com esses estudantes mostrou-me que o fomento das aptidões de comunicação pode estimular uma auto-estima mais saudável e que, à medida que melhora a auto-estima, aumenta a probabilidade de que os meninos se mostrem mais corajosos na auto-expressão. É o princípio da bidirecionalidade em funcionamento. O estado de ânimo e as perspectivas de uma pessoa decorrem do comportamento, e a comunicação é uma forma de comportamento. O que é preciso ter em mente: à medida que melhoram sua capacidade de se expressar, os meninos abrem a porta para níveis mais elevados de confiança e realização.

Onde começam as palavras?

As sementes da aptidão para a comunicação são plantadas quando as crianças ainda são bebês. O tatibitate de uma criança de 2 anos espelha os sons que ela ouve a seu redor, especialmente a fala das pessoas que dela cuidam. A aquisição de habilidades de linguagem depende da capacidade de a criança detectar padrões e ritmos de entonação na fala dos que dela cuidam. Nesses primeiros anos de desenvolvimento da linguagem, as crianças se esforçam muito para ouvir e entender as *formas* de linguagem e fala; por exemplo, a maneira como o volume, a altura, a inflexão e a velocidade da fala transmitem significados com certo sentido de urgência. Ou então a maneira como o tatibitate e as expressões monossilábicas podem ser associados a um gesto para dar ênfase ou direcionar a atenção de um dos pais. As brincadeiras das criancinhas freqüentemente estão permeadas de tentativas de imitar os sons que ouvem e os gestos que observam na vida cotidiana. Um aspecto importante das brincadeiras é aprender a aplicar a expressão vocal a diferentes contextos. As brincadeiras imaginosas dão às crianças a oportunidade de explorar um amplo leque de estilos de comunicação, abrangendo todo um espectro de possíveis emoções.

Nesses primeiros anos, os ritmos, entonações e padrões da linguagem são crescentemente associados a estados emocionais. É reforçado o elo entre os sons ou padrões de comunicação e emoções específicas. As crianças de 3 ou 4 anos de idade estão em processo de rápida assimilação de informações

> ■ ■ ■
> As palavras são importantes porque refletem o bem-estar emocional de seu filho e também têm o poder de melhorá-lo.

sobre as maneiras de manifestar seus sentimentos, e, em conseqüência, são capazes de usar formas verbais e não-verbais de comunicação para expressar emoções de maneira mais reflexiva. O desenvolvimento dessas aptidões pode ser tão dinâmico que você constata mudanças em seu filho de um dia para outro! Esse processo tem extraordinária importância por dois motivos. Primeiro, essas associações podem permanecer com a criança pelo resto da vida. As escolhas expressivas que seu filho vai descobrindo quando ainda bebê muito provavelmente influenciarão seu estilo expressivo como adolescente e adulto. Acho que você poderá perceber exatamente o que quero dizer se comparar um vídeo de seu filho aos 10 anos com outro da época em que tinha 4.

Em segundo lugar, o aprendizado do uso da comunicação como veículo de expressão emocional contribui para o entendimento de que as palavras podem significar sentimentos ou funcionar como símbolos deles. Naturalmente, as crianças não encaram as palavras sob esse aspecto, e ainda levarão muitos anos para entender que a linguagem é um sistema simbólico. Mas, à medida que adquirem um vocabulário maior e mais específico no que diz respeito às emoções, as crianças certamente passam a apreciar as vantagens de ser capaz de se expressar com mais clareza. Os pais desempenham um papel importante, no sentido de ajudar os filhos pequenos a desenvolver os símbolos (palavras) de que precisarão para representar todo o espectro de sentimentos que certamente virão a experimentar. Antes mesmo de apresentar as crianças à importância das palavras, constatamos que elas associam objetos, como brinquedos ou animais de pano, a diferentes estados emocionais. Chama-me a atenção a maneira como os meninos pequenos se valem de carros e caminhões de brinquedo para representar diferentes tipos de emoções. Um caminhão pode ser considerado bom, enquanto outro é considerado um mau caminhão na brincadeira de um menino. Se ouvir atentamente, você perceberá que o ruído de cada um dos caminhões, por meio das vocalizações pré-simbólicas (anteriores às palavras) do menino, é decididamente diferente do outro. Você é capaz de distinguir a diferença entre um motor contente e um zangado?

O importante é ter em mente que as brincadeiras e jogos dos bebês e crianças pequenas ajudam a abrir caminho para o uso das palavras como um modo eficiente e mais específico de comunicação. À medida que os gestos e palavras são associados a expressões visíveis e audíveis de emoção por um dos pais ou pela pessoa que cuida da criança, ela vai aprendendo a integrar essas aptidões a seu próprio vocabulário emocional. Embora esse aprendizado seja uma parte natural do processo de aquisição da linguagem para a maioria das crianças, os meninos podem precisar de alguma ajuda e

> As palavras são importantes porque representam, em última instância, o passaporte de seu filho para o vínculo social, venha isso a se traduzir, na idade adulta, numa capacidade de conviver com os colegas, de desenvolver relações pessoais ricas ou de nutrir certo senso da vida em comunidade.

de treinamento extra nesse degrau decisivo da escada do desenvolvimento emocional. Os meninos com um vocabulário mais amplo e profundo no terreno das emoções têm mais probabilidade de se sentir mais sintonizados com os próprios sentimentos e mais à vontade em sua expressão. Analisaremos no Capítulo 9 estratégias específicas para ajudar os meninos menores a adquirir essas aptidões de comunicação de diferentes maneiras.

De modo global, a sensibilidade de uma criança às capacidades expressivas da linguagem e a possibilidade de fazer uso dessa sensibilidade constituem as bases da consciência social. Esse tipo de consciência, às vezes, é chamada de *inteligência social*. Num mundo em que a comunicação é o passaporte para o envolvimento social, os meninos incapazes de se expressar incorrem no risco de ter sentimentos de inadequação e falta de vínculo. Seu envolvimento ativo na construção de vocabulário de seu filho é uma contribuição decisiva para o bem-estar social e emocional dele. Mas nem todos os meninos estão plenamente preparados para tirar proveito dos esforços dos pais a fim de ajudá-los a se comunicar melhor socialmente. Como vimos, os meninos estão "ligados" de modo diferente das meninas, mostrando-se também mais vulneráveis aos desafios do neurodesenvolvimento. Embora isso não nos deva impedir de modelar os sons e ferramentas da comunicação, precisamos às vezes ser mais estratégicos, pensando em maneiras de reagir aos desafios próprios da experiência dos meninos.

Vejamos o caso de Derek, um menino de 6 anos que me foi encaminhado por seu comportamento excepcionalmente não-verbal. Quando o encontrei pela primeira vez, ele estava deitado no chão de minha sala de espera,

> Os meninos hesitam em levar adiante habilidades que não lhes sejam naturais, pois gostam de se sentir e parecer confiantes e invulneráveis. Quando os ajudamos a se dar conta de que são capazes de dominar os elementos básicos da comunicação social, aumenta exponencialmente sua motivação para desenvolver essas habilidades. Quando seu filho cumprimentar alguém calorosamente, lembrar-se de perguntar como foi seu dia ou simpatizar com um amigo, faça-o saber que aprecia sua solicitude. Seu interesse e entusiasmo por essas habilidades é um referencial importante para que os meninos meçam seu próprio valor.

Por que as palavras são importantes ■ 59

resmungando que queria ir para casa. Sua voz mal podia ser ouvida, e ele não estabelecia contato visual. Seus pais pareciam embaraçados e incomodados. Diziam não entender o desinteresse de Derek em matéria de comunicação e interação social de maneira geral. Derek era apenas uma criança, e, embora não dispusessem de qualquer elemento de comparação, seus pais consideravam sinceramente ter-se empenhado em proporcionar-lhe uma boa aptidão verbal. Freqüentemente liam para ele, brincavam de modo comunicativo com seus brinquedos favoritos e faziam questão de conversar em casa de forma "didática". Inicialmente, perguntavam a si mesmos se as dificuldades de Derek se manifestavam quando tinha de falar com adultos, mas acabaram constatando o mesmo comportamento entre os colegas quando ele começou a freqüentar a escola. Entre os colegas, Derek falava mais alto e parecia mais animado, mas, ainda assim, sua utilização da linguagem era precária.

Em nosso segundo encontro, Derek manifestou interesse pelos brinquedos e jogos existentes em meu gabinete, embora o fizesse de forma não-verbal, tirando os brinquedos das prateleiras e abrindo espaço no chão para brincar. Os pais o exortaram a "pedir primeiro", mas Derek não se deu por vencido. Não parecia ser uma criança carente de confiança ou de consciência a respeito do que gostava de fazer. Interpretei essas características como vantagens graças às quais poderíamos eventualmente construir maiores aptidões de comunicação social. Chegar a esse ponto é que seria difícil. Como ocorre com muitos meninos de poucas palavras, Derek não se sentia bem com perguntas. Não que tivesse algo a esconder, mas encontrar as palavras para dar uma resposta era algo difícil e incômodo para ele. Eu percebia que Derek se esforçava para encontrar as palavras e frases necessárias para me responder, mas a dificuldade o deixava cansado e entediado, e não raro ele desistia ou dizia algo completamente fora de propósito.

À medida que eu o avaliava mais profundamente, ficou claro que ele tinha diferenças de aprendizado que o deixavam em nítida desvantagem quando se tratava de adquirir e usar uma linguagem expressiva. Os testes psicoeducacionais, então efetuados, indicaram um problema significativo na discriminação auditiva de diferentes sons vocabulares, conhecida como *consciência fonológica*. Esse tipo de problema muitas vezes representa um considerável obstáculo ao desenvolvimento da aptidão da leitura, e também ao desenvolvimento social. Por seu constrangimento com a linguagem em múltiplos níveis, Derek era um típico menino de poucas palavras, apresentando dificuldades com a expressão verbal, problemas de leitura e uma medíocre consciência interpessoal. Felizmente, não havia desenvolvido sinais declarados de agressividade, que costumam constituir um quarto pilar em casos de déficit de comunicação e leitura.

Além do apoio de um especialista em aptidão para a leitura, recomendei que os pais de Derek trabalhassem comigo, no sentido de desenvolver técnicas de jogos orientados que despertassem o interesse do menino e fizessem da comunicação o ponto focal de sua interação com eles. O primeiríssimo ingrediente era abundar em elogios e estímulos sempre que Derek fizesse qualquer tentativa, ainda que modesta, de se expressar. Além disso, os pais começaram a prepará-lo para enfrentar situações nas quais devesse comunicar-se socialmente — por exemplo, ao vir a meu gabinete ou ir para a escola. Os pais de Derek aprenderam a ajudá-lo a se preparar para essas situações treinando o que ele poderia dizer, modelando a expressão vocal para transmitir emoção e ênfase. O que provavelmente terá gerado conversas meio estranhas no carro, a caminho da escola ou de outros compromissos, mas representou um passo importante no sentido de ajudá-lo a ouvir como deve soar a comunicação social.

Nesse caso, a competitividade natural de Derek e seu desejo de aprovação dos pais foram "ganchos" valiosos para conseguir que mudasse suas perspectivas em matéria de comunicação social. Quando os meninos começam a se dar conta de que podem fazer bem alguma coisa que até então confinavam na "zona de perigo", aumenta substancialmente sua motivação para trabalhar nesse problema. Como pais, nossa tarefa consiste em fazer com que os meninos vejam que podem ser bons em coisas que nada têm necessariamente de automático.

Conversas públicas e privadas

Para apreciar em sua plenitude os padrões de comunicação dos indivíduos do sexo masculino, precisamos explorar a acentuada diferença que se verifica entre suas manifestações verbais em público e em caráter privado. Para ser mais específico, as pesquisas realizadas ao longo dos últimos trinta anos indicam que os homens tendem a adotar um comportamento muito mais verbal em público do que em ambiente privado. O fenômeno está pelo menos em parte relacionado ao fato de os homens encararem o ambiente público como um contexto de competição social, e, portanto, um foro mais mobilizador de comunicação. Entre as mulheres, os padrões de comunicação são exatamente opostos, prodigalizando-se muito mais as conversas em relacionamentos privados e pessoais. Essa diferença entre os gêneros em matéria de comunicação reflete outras diferenças comportamentais e psicológicas entre os homens e as mulheres. Fala também dos papéis sociais e culturais que homens e mulheres tradicionalmente adotam.

> ### Quem fala mais? Os homens ou as mulheres?
>
> Em certa medida, a resposta depende do lugar da conversa. Os indivíduos do sexo masculino tendem a um comportamento mais verbalizado em ambientes públicos; os do sexo feminino tendem a falar mais em situações de caráter pessoal e privado. Seu filho pode ser a matraca do time de futebol, mas não encontrar palavras na mesa de jantar. Sua filha pode falar no telefone durante horas e hesitar em se posicionar num grupo. O momento e o lugar em que usamos as palavras refletem aspectos importantes de nosso desenvolvimento social.

Embora os dados de pesquisas sobre essas diferenças de comunicação estejam mais centrados nos homens do que nos meninos, creio que, se você observar atentamente os meninos a seu redor, poderá constatar um padrão semelhante. Meninos que mal conseguem conter a própria expressividade durante os jogos de futebol, na fila do ônibus escolar ou na agitação da cantina de repente se calam e se retraem quando solicitados a se comunicar de pessoa para pessoa. Em ambientes menores e de caráter mais pessoal, os meninos parecem perder a motivação para se fazer ouvidos. Em vez de se envolver, não raro tratam de encontrar uma estratégia de fuga.

Ao examinar esse fenômeno em relação ao vocabulário, devemos reconhecer que o conhecimento vocabular também contribui para o fato de os meninos verbalizarem mais em público do que em ambiente privado. Isto se dá porque, não obstante as desvantagens auditivas dos meninos analisadas no capítulo anterior, seus cérebros são verdadeiros ímãs quando se trata da linguagem da conquista e da competição. No momento em que escrevia este capítulo, fiz uma pausa para levar meu filho ao playground, onde ele se juntou a vários outros meninos nas brincadeiras animadas de que tanto gostam. Reconheço que o trecho que então escrevia me havia predisposto a ficar atento ao que acabei ouvindo, mas o fato é que, entre gritos de todos os lados, pude registrar as seguintes frases, todas literais: "Você nunca vai conseguir bater em mim", "Eu sou o rei", "Ah, você não consegue me pegar", "Vou esmagar você com minhas patas", "Meu balanço vai mais alto", e a que achei a melhor de todas: "Você não é páreo para a minha magia." Temos aí mais que simples exemplos da linguagem adotada pelas crianças em público. É esta a linguagem socialmente competitiva dos meninos, que se servem das brincadeiras para encenar os dramas psicológicos que modelam sua interação social.

Em muitos casos, a comunicação dos meninos em público contrasta acentuadamente com a maneira como aprendem e utilizam as palavras em caráter privado. O que estou querendo dizer não é que possamos ou se-

62 ■ A BARREIRA DA COMUNICAÇÃO

quer devamos tentar fazer com que os meninos sigam os padrões de comunicação das meninas, mas apenas que muitos meninos poderiam sair ganhando com um maior equilíbrio entre os locais, as oportunidades e as maneiras como se comunicam. Se só existe facilidade de comunicação em situações de competição, é esperado que os meninos busquem a compe-

> ■ ■ ■
> As palavras são importantes porque fornecem aos meninos um vocabulário para se sair bem em grupos na escola e, mais tarde, no trabalho — vocabulários de que poderiam carecer se ficassem entregues à própria preferência para se expressar em grande medida por meio da competição.

tição para vivenciar o prazer da auto-expressão. E as palavras que definem os mais diferentes tipos de relacionamentos? Quando é que os meninos finalmente poderão desenvolver a sensibilidade auditiva para os vocabulários da cooperação, da consciência e da consideração? As palavras desses vocabulários são aquelas que permitirão a nossos filhos ter êxito à medida que amadurecem e se integram a novos grupos na escola e no trabalho.

Será que ele ouve melhor certas palavras do que outras?

Nem todas as palavras nascem iguais. Temos uma sensibilidade mais apurada para as palavras e a linguagem que nos falam mais de perto. São as palavras que os meninos absorvem e lembram mais, aquelas mesmas que tão freqüentemente exaltam no altar de sua mitologia pessoal. Como indivíduos que se sentem atraídos por toda uma série de interesses e atividades, é difícil prever onde os meninos ouvirão as palavras capazes de despertar sua imaginação — ou aquelas que os ajudam a se definir. No caso de um menino de 9 anos, as palavras podem ser encontradas num desenho animado favorito; mesmo entre os meninos de 9 anos, no entanto, um anseia por emular o heroísmo inteligente de "Jimmy Neutron, o menino genial", enquanto outro prefere o sarcasmo absurdo do mundo aquático de "Bob Esponja". No caso de um rapaz de 19 anos, as palavras de maior impacto serão mais provavelmente encontradas na música e na linguagem coloquial dos companheiros. As palavras que falam de perto a um adolescente marcam profundamente sua consciência verbal, e é provável que ouçamos as mesmas palavras e frases repetidas infinitamente pelos adolescentes empenhados em lhes conferir contornos estilísticos em sua conversa.

Pode ser difícil entender ou aceitar por que nossos filhos se sentem tão atraídos por certos tipos de palavras ou linguagens. No entanto, será mais fácil entender se lembrarmos que a linguagem e as decisões de comunicação de uma pessoa refletem o que vai por dentro dela e suas emoções. Não faz muito tempo, li sobre uma empresa de marketing que descobriu que, tocando formas mais agitadas e "ansiosas" de jazz nos sistemas telefônicos de seus clientes, era menor o número de pessoas que desligava do que nas ligações em que se optava por música clássica suave e lenta. A descoberta foi surpreendente para os executivos da empresa, que até então presumiam que a música mais calma aplacaria a agitação dos clientes, que, do outro lado do telefone, esperavam para falar com uma "pessoa de verdade". Parecia, no entanto, que os clientes preferiam ouvir música mais congruente com seu estado de ânimo. Ao ouvir um jazz mais agitado, os clientes viam suas emoções (no caso, a impaciência e a irritação na espera telefônica do atendente) devidamente refletidas e expressas. Resultado: os clientes se inclinavam muito menos a rejeitar uma música que falava diretamente à sua experiência emocional. Esse exemplo realça a importância de prestar atenção à música que fala a nossos filhos, inclusive as letras que se transformam em verdadeiros núcleos de sua fala cotidiana. Ouvir atentamente seu filho pode ser um maravilhoso ponto de partida para o tipo de diálogo que você deseja, aquele em que consegue ir além das superficialidades, para se conectar com as formas mais profundas de entendimento e auto-expressão de seu filho.

> ■ ■ ■
> Ouça atentamente as palavras que falam a seu filho, seja nas letras das canções ou na conversa fiada aparentemente sem importância com os amigos.

Como vimos, as palavras são símbolos, e passam a simbolizar idéias e estados emocionais cada vez mais complexos à medida que os meninos chegam à adolescência. Experimentar formas de expressão que não são aprovadas é um imemorial rito de passagem dos adolescentes. Portanto, se seu filho estiver ouvindo rap do tipo *gangsta*, você provavelmente ficará pensando se isso reflete sentimentos anti-sociais nele ou um fascínio pela dinâmica do poder e a tensão entre o bem e o mal. Sob certos aspectos, essa música representa para um adolescente uma maneira relativamente segura de explorar e entender a própria natureza dual, permitindo flertar com os pensamentos e impulsos-tabu que se encontram no interior de todos nós. (Toda geração tem suas canções rebeldes. Não faz muito tempo, li uma entrevista do grande cantor country Johnny Cash, já falecido. Ele dizia que o verso que sempre deixava o público mais excitado era: "Atirei num homem em Memphis, só para vê-lo morrer." A frieza do verso falava do fascínio de uma geração anterior com uma característica muito antiga do ser humano: a curiosidade pelo "lado obscuro" da humanidade.) Tentar discutir com um adolescente sobre as músicas de que gosta é cortejar a frustração, pois a maneira como ele

64 ■ A BARREIRA DA COMUNICAÇÃO

aprecia a música tem muito menos a ver com questões de gosto do que com a busca de símbolos. Nossos filhos sentem-se compreensivelmente excitados ao descobrir símbolos para os processos de desenvolvimento que dominam sua vida e autoconsciência. Adotar uma atitude autoritária de confronto com os meninos servirá apenas para aumentar ainda mais o poder dessas palavras. Em sentido inverso, pedir a seu filho que explique a letra da canção e o que evoca em seu espírito pode levar a uma conversa mais esclarecedora e produtiva. É esta a mais importante razão pela qual devemos estar conscientes das palavras que falam a nossos filhos: para ser capazes de efetivamente manter contato verbal com eles.

Nossa capacidade de comunicação com os meninos lhes oferece a segurança de que precisam e os ajuda a compensar, pelo menos em parte, sua hesitação em entrar em comunicação conosco. Mas a comunicação aberta também cumpre outra função, não menos importante: ajudar nossos filhos a evitar o mergulho no ensimesmamento. Quando os meninos perdem o interesse em aprender coisas novas, quando deixam se esforçar por atravessar pontes em direção à vida dos outros e se tornam indiferentes até mesmo aos atos e palavras das pessoas que os conhecem mais de perto, temos um sério problema nas mãos. Os meninos ensimesmados podem dar a impressão de que estão numa espécie de transe, pensando e sentindo numa realidade particular à qual não temos acesso. Às vezes, eles se fecham à falta de melhor alternativa. Simplesmente parece mais fácil retirar-se para um mundo próprio do que enfrentar as exigências da vida.

> ■ ■ ■
> As palavras são importantes porque derrubam o muro de ensimesmamento que ameaça crescer ao redor de nossos filhos.

Evan

Certa manhã, fui chamado pela diretora de um pequeno colégio. Ela fora procurada por uma aluna da nona série, muito preocupada. Segundo ela, um colega, chamado Evan, havia ameaçado fazer mal a si mesmo. Evan teria dito à menina que poderia ficar com suas músicas, partituras compostas por ele mesmo, pois não precisaria mais delas.

A diretora expressou-me sua convicção de que Evan era um menino inteligente e criativo, mas tinha problemas no relacionamento com os colegas. Seus pais o haviam transferido de um colégio público maior. Consideravam que o ideal seria um colégio menor, em que o filho enfrentasse um maior desafio acadêmico e pudesse desenvolver seu interesse por música e computadores. Ele estava para concluir o primeiro ano no novo colégio, e a notícia do que dissera à colega fora uma surpresa para todos.

O colégio entrou em contato com os pais de Evan, aconselhando-os a levá-lo a um hospital próximo para ser avaliado. A diretora acabara de receber um telefonema do pai de Evan, bastante irritado, porque, na companhia do filho, estava há horas esperando no hospital uma decisão sobre o atendimento do menino. A diretora, por sua vez, telefonou-me para ver se podia ajudar a resolver a situação. Disse ela: "Queremos protegê-lo, mas ao mesmo tempo não queremos que seja hospitalizado caso se constate que a menina estava dramatizando um pouco ou não o entendeu bem."

Depois de uma conversa com o médico de plantão na emergência, decidiu-se que Evan seria liberado, com a condição de que procurasse um terapeuta e voltasse ao hospital se este não oferecesse garantias quanto à sua segurança. Às 21 horas daquele dia, encontrei-me com Evan, acompanhado dos pais, preocupados e exasperados. Era um menino magro e de ar sério, com cabelos lisos e escuros arrumados num curto rabo-de-cavalo. Usava óculos com aro prateado, calças jeans e uma camiseta reproduzindo notas musicais.

"Evan", comecei, "que bom conhecê-lo! Parece que teve um dia bastante intenso."

O pai logo foi atalhando: "Precisamos saber algumas coisas. *Ele* não nos conta nada."

A mãe tentou explicar: "Parece que ele não sabe o que dizer. Já perguntei várias vezes o que está acontecendo. Por acaso ele está tentando nos ferir? Que será que nos cabe fazer?"

Apesar da irritação que deixavam transparecer, não restava dúvida de que seu mundo virara de cabeça para baixo com os acontecimentos daquele dia. Era, a toda evidência, um momento de crise na família, mas também parecia nítido que seria bom dar a Evan um espaço para ser ouvido sozinho. Pedi aos pais que me permitissem encontrá-lo em caráter privado, e certifiquei-me de que Evan me ouvisse assegurar aos pais que certamente poderíamos resolver o problema que o afligia. Considerando-se o grau de ansiedade que demonstravam, eu sabia que seria reconfortante para os pais, mas também considero importante que os garotos muito confusos a respeito dos próprios sentimentos encontrem alguém capaz de acalmar essa confusão e demonstrar confiança quanto à melhora da situação.

Na hora seguinte, a história de Evan começou a tomar forma. Ele havia entrado para aquele colégio no segundo ano. As turmas eram muito pequenas e os alunos praticamente podiam montar o próprio currículo, estabelecendo metas e participando de reuniões de grupo para informar sobre o próprio progresso. Evan tinha três paixões: computadores, música e artes marciais. Desenvolvera um projeto muito interessante, traduzindo em notas musicais certos movimentos do caratê. Por exemplo, determinado golpe era expresso na nota dó, e uma seqüência específica de movimentos, na série dó, dó bemol, mi, e assim por diante. Essas seqüências eram programadas no computador, e dessa maneira ele sintetizava composições.

Na semana anterior, Evan teve de apresentar sua idéia a um grupo no colégio. A professora o estimulava, mas certos colegas lhe perguntavam como é que aquilo poderia resultar em boa música. Uma colega sugerira que ele primeiro compusesse a música, para então adaptar a ela os movimentos do caratê. Evan ficara furioso, insistindo enfaticamente em que os movimentos do caratê tinham sua seqüência própria, que não podia ser modificada. Ao se isolar dos colegas, ele continuou ruminando sobre aquela "sugestão cretina" e sua raiva foi aumentando ao longo da semana, numa espiral de rejeição, desânimo e, por fim, idéias dramáticas e impulsos autodestrutivos. Evan queria que a menina que fez a sugestão o entendesse e admirasse, e tomou o comentário como uma rejeição, de si mesmo e de seu trabalho. Entregou à menina suas anotações para o projeto, com a partitura que compusera, e disse que não estaria vivo quando ela fosse tocada.

— Que quis dizer com isso? — perguntei.

— Não sei — respondeu Evan.

— Você estava pensando em fazer mal a si mesmo?

— Não sei. Simplesmente estou com raiva de tudo — disse ele. — E o que importa? Ninguém entende mesmo.

— Alguém o entende? — perguntei.

— Não sei. E alguém deveria? — retrucou Evan.

Meu radar me informou que minha pergunta havia atingido o objetivo e Evan estava se sentindo vulnerável.

> ■ ■ ■
> Quando os meninos respondem a perguntas com outras perguntas, é porque suas defesas emocionais foram ativadas.

Evan era um típico menino de poucas palavras. Sentia-se atraído por atividades e interesses em que pudesse encontrar fórmulas e uma estrutura, regras matemáticas que o ajudassem a abrir caminho num mundo confuso de nuances verbais, perspectivas em mudança e diversidade de agrupamentos. A vida se torna mais difícil para esses meninos quando entram na adolescência. No ensino médio, devem demonstrar maior capacidade de resolução de problemas e aptidão para integrar informações de múltiplas fontes e fazer avaliações estilísticas e éticas. O que mais me interessava era a atração de Evan pela música. Ele se sentia fascinado pela dinâmica estrutural da música e pela beleza dos acordes, sons e seqüências. Alimentava a fantasia de criar uma fórmula musical capaz de

Por que as palavras são importantes ■ 67

refletir diferentes sentimentos. Seu maior problema era não ser capaz de criar uma música que agradasse.

Foi assim que, em meu trabalho com Evan, abordamos a questão de seu despreparo emocional por intermédio da linguagem da música. Evan se empenhava utilizando uma abordagem mecanicista. Queria saber que frases musicais soavam tristes e quais soavam alegres para os outros. Seu objetivo era dispor de um conjunto de algoritmos musicais para a expressão das emoções. Eu percebia que, se isso fosse possível, sua sensação de segurança em relação às emoções aumentaria. Evan expressava a idéia intelectualmente, mas era palpável a sinceridade de sua busca.

Ficou evidente que minha maior chance de entrar em contato com ele seria por meio da música. Ver alguém ouvindo sua música era algo muito gratificante para Evan, a coisa mais suscetível de suscitar nele algo parecido com um sorriso. Ele trazia suas composições gravadas num CD, para ser tocado no computador de meu gabinete. Evan narrava essas audições, indicando as emoções que tentava representar. Depois de várias delas, perguntei-lhe por que não escrevia letras para suas músicas. Ele se mostrou surpreso, diante de algo que lhe parecia quase ilógico.

— Não sei. Nunca pensei nisso — respondeu.

Decidimos que a música continuaria sendo a pedra de toque de nossos encontros, desde que ele começasse a escrever letras para elas. Disse-lhe que poderia expressar qualquer coisa, até mesmo sua confusão sobre *o que* expressar. Ele escreveu as letras em seu caderno de anotações, preferindo que eu as lesse em silêncio enquanto ouvíamos suas composições. A leitura dessas letras ao longo de vários meses permitiu-me acompanhar uma extraordinária jornada de auto-exploração. Houve muitos altos e baixos, momentos de clareza e confusão, mas também o sentimento global de que Evan se aproximava de um melhor entendimento de si mesmo. Comecei a perceber que ele próprio se sentia melhor quando conseguia traduzir suas intenções musicais em palavras.

Meu trabalho com Evan revelou que ele efetivamente tinha emoções e, pelo menos, alguma motivação para expressá-las. Quando não se sentia tolhido pela ansiedade e pelo constrangimento, as aptidões expressivas de Evan eram consideravelmente melhores. À medida que ele se aceitava mais, eu percebia sua esperança de que talvez não estivesse condenado à sentença perpétua de isolamento social e emocional que temia.

Hoje, Evan freqüenta a universidade e, vez por outra, me envia um e-mail para dizer como está. Ele e os pais decidiram conjuntamente que curso deveria seguir, considerando que uma universidade de orientação artística seria adequada em termos acadêmicos e também forneceria a ele um ambien-

68 ■ A BARREIRA DA COMUNICAÇÃO

te social de indivíduos sintonizados em sua "freqüência" de comunicação. Fiquei sabendo por ele que tem prestígio junto ao reitor e que toca teclado numa banda — que por sinal apresentou uma de suas canções. Enviou-me a letra, e, embora não o dissesse, suspeito que queria que eu soubesse que aprendeu algo sobre o amor.

Quando me mostro pra você
Você já sabe
Venha me encontrar
E nós iremos
Se é amor que sentimos
Deixe ir
Deixe ver.
— Letra da canção "A Chave", de Evan

A comunicação está na base da comunidade

As palavras têm um impacto incrível no encaminhamento dos relacionamentos humanos. São poderosas ferramentas nas mentes dos meninos que sabem usá-las. Podem ser usadas para o bem e para o mal, de modo social ou anti-social. Aos pais, mentores e professores, cabe ajudar os meninos a aprender o código da comunicação social e entender o quanto sua vida e seus relacionamentos podem ser transformados positivamente pela linguagem. Na verdade, é uma tarefa ambiciosa, devendo ser guiada por um forte senso de objetividade. Considero que podemos encontrá-lo em nossa própria consciência e no legado que desejamos transmitir a nossos filhos.

Os meninos carentes das palavras certas não podem conhecer a si mesmos adequadamente nem entender e se relacionar com os outros. Será que estamos dispostos a aceitar que os desafios por eles enfrentados sejam uma limitação predeterminada? Ou devemos lutar para ampliar suas oportunidades? Como poderemos ensinar a nossos filhos a importância de equilibrar as próprias necessidades com as dos outros? A única resposta possível é que devemos cultivar as palavras capazes de assentar a consciência de um menino num mundo mais amplo que ele próprio. É por meio das palavras que conhecemos uns aos outros, e é também por meio delas que construímos relacionamentos e passamos a nos sentir responsáveis uns pelos outros — passamos a nos reconhecer como parte da comunidade humana.

Ainda que você compartilhe meu entusiasmo quanto à possibilidade de os meninos contribuírem para a vida dos outros, talvez fique imaginando, compreensivelmente, por que a tarefa é tão árdua. Mais especificamente, talvez se pergunte por que tantos meninos evitam a comunicação de pessoa para pessoa e por que é tão difícil e complicado, para eles, falar com você. Entender a psicologia dos meninos é absolutamente indispensável para saber como chegar até eles. No próximo capítulo, examinaremos como funciona a mente de um menino em matéria de comunicação pessoal. Teremos de evitar julgamentos e abrir nossa mente para entender como os meninos pensam e sentem.

3

Por que ele não fala comigo?

■ ■ ■

Quando meu filho nasceu e eu o peguei no colo pela primeira vez, ele retribuiu meu olhar e agarrou meu dedo com uma das mãos. Parecia um milagre, e, no entanto, é uma experiência vivida por milhões de pais, indicando que teve início uma vida inteira de comunicação entre os pais e o filho. Especialmente nos primeiros anos de nosso filho, ficamos encantados com sua capacidade de aprender, com as poucas palavras que pronuncia, e também nos sentimos intrigados com suas idéias. Tratamos de ouvi-lo atentamente, certos de que suas palavras são um barômetro de seu desenvolvimento psicológico e social. Orgulhamo-nos quando ele aprende a se apresentar, surpresos ao ver que sabe o nome de todos os dinossauros e desalentados com seu fascínio pelas palavras "feias". Basicamente, ficamos felizes com a comunicação de nosso filho. Suas primeiras manifestações de auto-expressão nos ajudam a conhecê-lo; mesmo na mais tenra infância, observamos seus maneirismos e reações para tentar entender sua personalidade e temperamento. Falamos de meninos que são "selvagens" e de meninos sensíveis, percebemos que determinada criança desde cedo demonstrava senso de humor e apreciamos a capacidade de concentração de outra. À medida que uma criança cresce, sua comunicação se torna mais sofisticada e interativa. Passamos a conhecê-la melhor — e ela passa a nos conhecer, aprendendo como as palavras podem conduzir os relacionamentos.

É ao mesmo tempo divertido e alarmante ouvir o próprio filho de 4 anos recomendar que você "pegue leve" em meio à correria matinal para sair de casa a tempo ou constatar que ele sabe que você simplesmente não é capaz de resistir quando ele sorri de determinada maneira e diz "por favor". Nas camadas mais profundas de nosso ser, sentimos que a comunicação é

72 ■ A BARREIRA DA COMUNICAÇÃO

o caminho para os vínculos emocionais que fortalecem os relacionamentos em família. Por intermédio dos ritmos da linguagem, pais e filhos estabelecem a cadência da vida em família. Ouvimos esses ritmos familiares como uma indicação de que tudo vai bem em nossa família. Toda família tem seu som próprio e sua linguagem específica. Algumas são mais barulhentas e estridentes, com todo mundo falando ao mesmo tempo. Outras murmuram mais suavemente, conseguindo talvez romper a superfície com alguma observação perspicaz ou um gracejo compartilhado em intimidade. Qualquer que seja nosso estilo, a comunicação é o meio pelo qual ensinamos a nossas crianças e passamos a entendê-las. Por intermédio da comunicação, construímos os relacionamentos profundos e recíprocos, que são o melhor da vida.

Mas que devemos pensar se nosso filho não se mostra propriamente entusiasmado com nossas tentativas de estabelecer um vínculo? Como interpretar a decisão de um menino de não se comunicar ou de limitar a comunicação aos aspectos mais práticos e corriqueiros da vida cotidiana? Que devemos fazer quando aquele bebê que trazíamos no braço passa a usar palavras contundentes e dolorosas, rejeitando nossas tentativas de nos aproximar dele? E como ocorre que os mesmos meninos que se mostraram em geral emocionalmente abertos e comunicativos na primeira década de vida tantas vezes se mostrem em posição defensiva e reservada na segunda?

A ocorrência de um retraimento na comunicação por parte de nossos filhos é algo ao mesmo tempo desconcertante e frustrante, agravado pelo fato de que passamos a contar com suas palavras para ter acesso a seu mundo psicológico. (A situação pode ser particularmente difícil para as mães, que devem superar ao mesmo tempo um abismo de geração e outro de gênero.) Afinal, a fala é uma das maneiras essenciais de relacionamento entre as pessoas. Parece razoável que os pais esperem que os filhos falem com eles de um modo que reflita respeito mútuo e envolvimento básico na vida em família. A comunicação expressa interesse social e, quando nossos filhos não falam conosco, podemos ter a sensação de que estão desinteressados, se afastam ou nos rejeitam. Aquela mesma criança que durante anos era inseparável, fazia tantas perguntas e precisava nos contar tudo pode de repente parecer alguém que não conhecemos nem entendemos. Pior ainda: pode dar a impressão de alguém que não quer nos conhecer. Minha experiência no trabalho com famílias permitiu-me constatar como essa situação pode ser profundamente preocupante. Os pais podem ao mesmo tempo sentir a cutilada desse aparente desinteresse e orientar-se instintivamente por uma voz interna que diz que seus filhos efetivamente precisam deles. Como pais, precisamos às vezes escorar-nos na força dessa voz para suster nosso empenho e nosso amor —

mesmo quando os meninos pareçam estar trabalhando com afinco para nos convencer de que nossos esforços são vazios.

Também podemos contar com um profundo entendimento dos fatores práticos e psicológicos que acaso estejam levando nossos filhos a se mostrar menos comunicativos do que gostaríamos. No exame desses fatores, é importante lembrar que, tratando-se de um universo tão amplo quanto o dos indivíduos do sexo masculino, as manifestações de masculinidade são infinitamente variadas. Seu próprio filho é uma pessoa única que, em seu comportamento e personalidade, reúne uma complexa combinação de elementos genéticos, de aprendizado *e* de gênero. Na verdade, o reconhecimento de seu caráter único é essencial para que você consiga chegar a ele, entendendo sua realidade e eventualmente ajudando-o a entender a sua.

Sua realidade, contudo, pode variar, conforme seja você o pai ou a mãe. Tanto as mães quanto os pais ficam preocupados quando os filhos não se comunicam, mas, em virtude das diferentes perspectivas de gênero, muitas vezes encaram os problemas de comunicação sob perspectivas complementares. Se você for capaz de debater essas perspectivas de maneira construtiva, terá encontrado as bases de uma eficiente equipe de cuidados paternos. A capacidade de reconhecer que seu próprio gênero influi na maneira como vê seu filho o ajudará a cumprir sua parte na superação da barreira da comunicação.

Será uma fase, um traço da personalidade ou um problema?

Ao encarar a questão da comunicação dos meninos no contexto de seu desenvolvimento global, muitas vezes fica mais fácil entender os *comos* e os *porquês* de seus atos e decisões. Os meninos enfrentam diferentes desafios de desenvolvimento conforme a idade. A comunicação muda com o tempo, à medida que mudam também os fatos da vida do menino, tanto do ponto de vista biológico quanto de sua situação. Sua sensibilidade a essas mudanças e sua disposição de encontrar soluções em função delas terão um impacto considerável na vida de seu filho. É preciso, contudo, ter cuidado: reconhecer que os padrões de comunicação evoluem com o crescimento do menino não significa acreditar que ele "simplesmente vai superar". Nem sempre é fácil saber quando a atitude do tipo "esperar para ver" deixou de ser útil, de modo que a melhor política em geral é verificar regularmente com uma breve análise do que você está vendo.

Para começar, quando estiver preocupado com algum aspecto na comunicação de seu filho, pergunte a si mesmo se os desafios por ele enfrentados não parecem estar de acordo com suas outras aptidões. Jean, mãe de Seth, de 11 anos, ficava preocupada porque o menino raramente conversava com ela sobre o dia passado na escola. Ela se empenhava constantemente para se informar sobre os amigos do filho e as muitas coisas que sabia que ele estava aprendendo. Seth mal dava ouvidos a suas perguntas, dizendo apenas "está tudo certo na escola" ou respondendo com o clássico "não sei", sempre que ela fazia perguntas solicitando que pensasse um pouco mais ou desse uma opinião. No aspecto positivo, Jean notava que o filho parecia à vontade entre os colegas, revelando-se muito popular nos jogos e esportes. Suas observações levaram-me a fazer certas perguntas sobre o desenvolvimento inicial de Seth.

— Que idade ele tinha quando começou a andar? — perguntei.

— Era muito pequeno, por volta dos 10 meses — respondeu Jean.

— E a falar?

— Muito mais tarde. Ele só começou a juntar algumas palavras quando já tinha quase 3 anos — disse ela.

Revelou-se, então, que o desenvolvimento verbal de Seth sempre ficara para trás de suas aptidões físicas. Embora a defasagem inicialmente fosse discreta, tornara-se mais pronunciada com o passar do tempo, porque meninos como Seth freqüentemente se dão conta bem cedo de que falar não é o que fazem melhor. Em vez de praticar naquilo em que mais precisam, desviam a atenção do que os faz sentir terrivelmente constrangidos, voltando-a para o que conseguem fazer com mais facilidade. É por meio do processo de tentativa e erro que os meninos aprendem a fortalecer a auto-estima. Uma vez que tenham desenvolvido todo um conjunto de crenças sobre quem são e o que sabem ou não sabem fazer com desembaraço, pode ser extraordinariamente difícil convencê-los do contrário.

Para cada etapa do crescimento, existem graus adequados de aptidão dos meninos para a comunicação, mas o espectro é bem variado. Em geral, gostamos de saber que eles se comunicam aproximadamente no mesmo nível que os colegas, de uma maneira que nos deixe à vontade e ao mesmo tempo represente para eles uma boa chance de ter êxito na escola e nos relacionamentos. Também queremos vê-los progredir mais ou menos no mesmo ritmo em diferentes frentes de seu desenvolvimento pessoal. Portanto, se você tem um filho como Seth, não precisa necessariamente preocupar-se, mas o fato de saber desde logo que suas aptidões verbais deixam a desejar em comparação com sua habilidade motora pode motivá-lo a estimular mais o desenvolvimento de sua fala.

Por que ele não fala comigo? ■ 75

Comece a entender observando

Quando você começa a se preocupar com o nível de comunicação de seu filho, sente a necessidade de descobrir certas coisas:

- *Seus problemas de comunicação decorrem de desinteresse, resistência ou inabilidade?* De que maneira suas aptidões em matéria de comunicação contrastam com as outras áreas de seu desenvolvimento? Como é a comparação com as outras fases de seu desenvolvimento físico, moral/social e intelectual? Se o comportamento de seu filho pode ser genericamente considerado "aquém de sua idade", é possível que ele não tenha tido tempo ou a prática necessária para desenvolver as aptidões adequadas de comunicação.

- *Sua comunicação muda em determinadas circunstâncias ou no contato com diferentes pessoas?* O problema estaria sendo causado por uma situação específica ou numa relação específica? Os meninos podem ser sociáveis e espertos na casa de um amigo, mas retraídos e mal-humorados em casa. Essas oscilações na comunicação de seu filho freqüentemente ocorrem durante a pré-adolescência, quando os meninos tendem mais a gravitar para a influência dos colegas, em detrimento da família. Mas a constatação desse comportamento em seu filho também pode significar que está na hora de tentar comunicar-se numa "freqüência" diferente. Você já tentou encetar conversas que solicitem sua opinião ou permitam descobrir mais sobre seus interesses?

- *Tente mudar sua maneira de se comunicar com ele e veja se também mudam suas reações a você.* Ele por acaso precisa de mais tempo para processar suas perguntas? Entende o que você está perguntando? Mostra-se particularmente monossilábico quando se trata dos próprios sentimentos, esperanças, medos e desejos? Uma das técnicas clássicas empregadas pelos terapeutas também pode ser útil em casa. Traga sua conversa com seu filho para o "aqui e agora", o que significa perguntar-lhe como o encara. É fácil desviar a atenção para o conteúdo de sua mensagem, sem ter o devido cuidado com a forma. Não tenha medo de dizer abertamente a seu filho como você gostaria de ser visto — e, por favor, não caia na defensiva se ele disser algo inesperado sobre a maneira como você mesmo se comunica. Os bons pais seguem seus próprios conselhos!

- *Pergunte a outras pessoas o que acham da maneira como ele se comunica, especialmente pais ou professores de outros meninos de sua idade.* Uma opinião consensual pode corroborar ou descartar suas preocupações. Depois de uma conversa com a professora, os pais de Hans, de 8 anos, constataram que não eram os únicos perplexos com seu intenso fascínio pelas rodas-gigantes e o fato de praticamente não querer falar de outra coisa. A professora os ajudou a tomar a decisão de investigar a questão com um profissional.

76 ■ A BARREIRA DA COMUNICAÇÃO

Nossa preocupação primordial, como pais, é ver cada menino como um indivíduo e tentar saber como sua comunicação é influenciada pelos fatores psicológicos que acaso determinam as condições de sua vida. Alguns desses fatores podem ser considerados traços de personalidade, enquanto outros são mais bem compreendidos como parte de uma experiência de desenvolvimento, que altera, pelo menos temporariamente, a maneira como os meninos se expressam verbalmente e se relacionam com os outros. Essas experiências temporais podem manifestar-se, entre outros, nos terrenos do relacionamento familiar, das mudanças na escola, da transição para o grau seguinte do ensino, dos novos amigos ou interesses, das mudanças na auto-estima, do início da puberdade, da experiência da rebelião e do surgimento de fortes sentimentos sexuais. E essa lista apenas arranha a superfície! Nos períodos em que são afetados por essas experiências de desenvolvimento, os meninos podem revelar enorme talento para enganar os pais com sinais de aparente indiferença. Querem que acreditemos que são capazes de enfrentar o que quer que a vida lhes reserve, pois, de maneira geral, é esta a mensagem que os meninos acreditam que se espera deles — senão os pais, pelo menos os colegas. Se você costuma ter contato com meninos de mais de 12 anos, já viu esses sinais de indiferença em seus rostos sem expressão, em seu contato visual desafiador ou esquivo e outros indícios de "retraimento emocional". Se quiser entender por que seu filho não fala com você, talvez seja interessante começar descobrindo por que os meninos apresentam essa imagem ao mundo. O que os leva a utilizar essas defesas psicológicas? Quando descobrir a que propósito servem, você poderá agir criativamente em função delas para sustentar e melhorar a comunicação com seu filho.

"Meninos de verdade não falam"

Poucas coisas parecem tão alarmantes para a maioria dos meninos — e por sinal, também, para a maioria dos indivíduos do sexo masculino de qualquer idade — que a perspectiva de demonstrar vulnerabilidade, especialmente no terreno emocional. A vulnerabilidade pode ajudar-nos a ser abertos e receptivos, mas também deixa expostos nossos medos, nossa confusão ou nossas fraquezas. Embora as mulheres tampouco se mostrem necessariamente ansiosas por aceitá-la, o medo da vulnerabilidade assume formas consideravelmente diferentes nos meninos e nos homens. Para muitos indivíduos do sexo masculino, qualquer tipo de medo é considerado indesejável, e mesmo inaceitável, e muito cedo os meninos aprendem a esconder dos outros seu medo.

Certos antropólogos e cientistas sociais consideram que, em certa medida, os indivíduos do sexo masculino se mostram avessos à expressão da vulnerabilidade em virtude da maneira como as forças da evolução modelaram seu comportamento, observando que nas primeiras eras da história humana qualquer sinal de fraqueza podia pôr em risco as chances de sobrevivência do macho (maior probabilidade de ser atacado por rivais ou mais dificuldade de acesso a companheiras desejosas de sua proteção). Grosso modo, de acordo com essa perspectiva evolucionista, os machos vulneráveis eram eliminados do fundo genético comum, enquanto prosperavam os machos dotados de características agressivas e de invulnerabilidade.

Ao observar os conflitos em nosso mundo de hoje, sejam as guerras entre nações ou as tensões entre bandos na escola, podemos constatar as raízes do reflexo de supressão da vulnerabilidade. A tradicional brincadeira para ver "quem cede primeiro", tão comum entre meninos e homens, é um bom exemplo desse reflexo. É claro que todos nós conhecemos situações em que pode ser vantajoso parecer forte ou invulnerável, a bem da segurança ou do sucesso. Infelizmente, muitos meninos se sentem socialmente aprovados em sua capacidade de ocultar qualquer sinal de emoção. Um indivíduo "cara-de-pau" pode ser considerado alguém preparado para a luta, embora a impassibilidade e o confronto não sejam particularmente úteis na maioria das situações do mundo moderno — mostrando-se freqüentemente, na verdade, contraproducentes.

Na cronologia do desenvolvimento humano, nossas circunstâncias mudaram com mais rapidez que nossos genes. Sob o aspecto genético, nossos filhos ainda poderão estar mais bem programados para se defender dos predadores do que para fomentar a cooperação numa cidade ou num escritório. Hoje somos muito mais numerosos no planeta do que na Idade da Pedra, e não temos como contornar a necessidade de interagir e conviver. Nossa economia está voltada à prestação de serviços, o que significa que precisamos nos entender com outras pessoas o tempo todo. Também é movida pela informação, e informação requer troca entre as pessoas. Quando focamos nossa atenção na transmissão de capacidades de comunicação a nossos filhos, não o fazemos por ser politicamente correto ou estar na moda, mas porque as forças sociais e culturais de nossa época exigem tais capacidades para alcançar o sucesso e a realização. Tudo isso pode parecer terrivelmente óbvio para você. Infelizmente, talvez não o seja para seu filho.

Os meninos não gostam de se sentir inseguros, e evitam sistematicamente situações e experiências capazes de minar sua auto-estima e seu sentimento de competência. Paralelamente a uma provável contribuição genética para esse instituto de sobrevivência da invulnerabilidade, interferem também in-

78 ■ A BARREIRA DA COMUNICAÇÃO

> **■ ■ ■**
>
> Sempre que você fizer seu filho sentir-se vulnerável — ou simplesmente correndo o risco de parecer vulnerável —, é provável que ele se feche numa concha. A comunicação com os meninos flui com mais facilidade quando você...
>
> - Evita o sarcasmo e as críticas;
> - Manifesta interesse positivo quando ele toma a iniciativa de falar com você; repita os comentários dele, para que saiba que você o está ouvindo;
> - Conversa ao mesmo tempo em que exerce alguma atividade com ele, em vez de sentar para uma "conversa" formal;
> - Evita "excesso de perguntas";
> - Respeita sua intimidade (dentro de limites razoáveis);
> - Reconhece suas capacidades e habilidades;
> - Permite que ele ouça e converse com homens abertos e articulados.

tensas forças sociais. Enquanto as meninas muitas vezes expressam hesitação e vulnerabilidade com o objetivo de estabelecer um relacionamento mais próximo com os amigos (e também de esquivar acusações de presunção e arrogância), os meninos que admitem suas preocupações ou sua confusão freqüentemente são humilhados ou punidos, especialmente pelos colegas, mas às vezes também por adultos. Os pais, bem-intencionados, podem não ser capazes de perceber a tempo o mal-estar que causam ao solicitar respostas que os meninos não estão preparados para dar. Para os meninos, é assustadora a perspectiva de expor necessidades conflitantes ou se relacionar com os outros de um modo que deixe claras suas inseguranças. Em vez de atrair experiências dessa natureza, como uma oportunidade de aprendizado, os meninos tendem a considerar que essas "oportunidades" constituem experiências emocionalmente desestabilizadoras, forçando-os a enfrentar os aspectos mais vulneráveis de si mesmos. Se puder ter sempre em mente este princípio — *minimizar a vulnerabilidade aumenta a probabilidade de comunicação aberta* —, você terá dado um passo estratégico para um efetivo relacionamento com os meninos. Seu filho precisa saber que é seguro tirar a máscara da impassibilidade, pelo menos diante de você.

"Eu não *sei* como me sinto, de modo que prefiro não pensar a respeito"

Embora não evitem necessariamente de modo consciente a autoconscientização, com freqüência os meninos são prejudicados por um vocabulário limitado de emoções, tema que aprofundaremos no próximo capítulo. Em conseqüência, muitas vezes carecem das ferramentas necessárias para deixar claro quem são e o que sentem — inclusive para si mesmos. De maneira geral, a idéia de lidar com "sentimentos" é excessiva para os meninos. As emoções fortes comprometem sua autoconfiança, pois o mundo dos sentimentos é intrinsecamente mais intuitivo, com contornos vagos. A conquista da autoconsciência requer que os meninos sejam capazes de tolerar a ambigüidade emocional, pelo menos por algum tempo, à medida que se esforçam por se conhecer mais profundamente. Por exemplo, uma pessoa emocionalmente consciente é capaz de entender que pode experimentar mais que uma única sensação frente a determinada situação ou dar-se conta de que sua reação emocional não coincide com seus próprios ideais a respeito da maneira como deveria sentir-se. Para a maioria dos meninos, no entanto, atos e pensamentos bem definidos constituem uma experiência de longe preferível. Ao longo da vida, os indivíduos do sexo masculino lutam com experiências sobre as quais têm relativamente pouco controle. Nas muitas sessões de terapia de casal que já conduzi, tenho observado, repetidas vezes, como é difícil para os homens enfrentar problemas emocionais sem se sentir ansiosos por adotar prontamente uma solução "prática" ou "rápida". Também os meninos se sentem muito mais à vontade lidando com questões que apresentem parâmetros claros e contornos mais definidos. São estes desafios que mais naturalmente convidam os meninos a enveredar pelo pensamento analítico e focado em soluções.

Em certa medida, isso explica a dificuldade, para tantos meninos, da comunicação interpessoal. Esse

■ ■ ■

Quando quiser ensinar a um menino como se expressar, pense num aparelho de rádio com dois controles: um para o volume, outro para as estações. Os meninos são capazes de aprender a respeito de uma série de intensidades, ou "volumes", em suas emoções (de "Estou chateado" a "Estou furioso"), mas também precisam aprender a sintonizar diferentes estações de emoção, a vivenciar sentimentos distintos. Não precisam ficar congelados na "estação da raiva". Podem percorrer toda uma gama de freqüências (do orgulho ao embaraço, do medo à coragem) e refinar suas experiências emocionais. Quando não conversam com você, contudo, pode ser porque ainda não o sabem.

80 ■ A BARREIRA DA COMUNICAÇÃO

tipo de comunicação tende a se desenvolver de maneira orgânica, exigindo espontaneidade e flexibilidade — geralmente não podemos planejar com muita antecipação o que diremos; precisamos reagir ao que a outra pessoa diz no momento. Para muitos meninos, esses momentos representam uma pressão insuportável. Sentem-se sob intenso escrutínio, como se os outros esperassem que dissessem algo muito inteligente! Essas transições psicológicas muitas vezes confundem os meninos, que encontram dificuldade em captar as deixas ou "regras" que orientam a comunicação social. Por mais frustrados que os pais se sintam na tentativa de superar essa inabilidade social, o fato é que os meninos freqüentemente também ficam frustrados, pois logo tratam de recuar para uma atitude de raiva, para mostrar-lhe como se sentem quando são convidados a percorrer caminhos nos quais se sentem inseguros.

Nem sempre os meninos resistem à comunicação por uma atitude de desafio. Com freqüência, não sabem efetivamente o que sentem ou pensam sobre alguma coisa. Não é algo que os pais possam entender ou aceitar com facilidade. Para os adultos que se orgulham de estar em contato consigo, é quase inconcebível. Quando levantei essa questão com Julia, mãe de um menino calado de 14 anos, Ryan, mas de modo geral adaptado, ela se mostrou incrédula e perguntou: "Como ele pode ser tão desligado?" — presumindo que os outros têm com o próprio eu emocional o mesmo nível de contato que ela. Julia estava preocupada porque Ryan não queria falar sobre a morte de um primo. Convidado a fazê-lo, ele se dizia triste, mas suas palavras não pareciam sentidas, e não havia como obrigá-lo a dizer mais. O incidente cristalizara as preocupações que há anos Julia alimentava a respeito de Ryan. Ela se perguntava por que ele se mostrava tão menos inclinado a conversar que o irmão mais velho e outros meninos da vizinhança. "Fico oscilando entre achar que ele está carregando sozinho um peso insuportável e temer que não se importe com as coisas como eu acho que deveria. Às vezes me pergunto se ele está tentando nos punir por algum motivo." É perfeitamente natural tentar encontrar uma explicação que associe causa e efeito. Não é infreqüente que as expectativas equivocadas nos levem a encarar a resistência à comunicação como um ato de revolta, e não simplesmente uma conseqüência do fato de que o menino precisa de mais tempo para entender plenamente o que se passa com ele mesmo. Quando eles hesitam em falar, há uma grande probabilidade de que não queiram revelar seus pensamentos até se sentir seguros do que pensam ou sentem. De certa maneira, a preocupação de Julia com a possibilidade de que Ryan não sentisse as coisas "profundamente" fazia sentido. Pode ser muito difícil para qualquer um enfrentar emoções dolorosas, especialmente para os meninos, que evitam o terreno dos sentimentos. Relutante mas perspicaz, um adolescente assim descreveu seu medo: "Quando fico pensando muito nisso, é como se estivesse à beira de um precipício. Não tenho coragem de olhar. Quero simplesmente dar um passo atrás."

"Só sei que estou furioso!"

Muitas vezes, quando os meninos se sentem vulneráveis, seus sentimentos se transformam em raiva. De maneira geral, é uma emoção muito mais ao alcance da maioria dos meninos, que equiparam as expressões de raiva a uma expressão de poder — um traço altamente desejável e mesmo cobiçado na maioria dos indivíduos do sexo masculino. Com freqüência, a comunicação raivosa constitui o primeiro reflexo de um menino quando se trata de enfrentar situações de humilhação ou confusão, pois a raiva manifestada é uma espécie de agressão, uma tentativa de combater emoções muito desconfortáveis. Desde a mais tenra idade, os meninos aprendem a usar a raiva para afastar pessoas que acaso tentem perfurar a camada de verniz protetor que eles tão habilmente forjam para ocultar seu eu emocional. (Se seu menino de poucas palavras recorre à raiva na maior parte do tempo, não deixe de ler o Capítulo 6.) Caberia perguntar por que os meninos resistem à comunicação, se ela poderia ajudá-los a se conhecer melhor. Mas se lembrarmos que a busca da autoconsciência deixa os meninos desconfortáveis, talvez possamos entender sua hesitação.

> ■ ■ ■
>
> Para que os meninos pudessem se expressar, teriam de saber como se sentem, o que freqüentemente não é o caso. Junte a essa incerteza sua aversão a se sentir inseguros e incompetentes — e portanto vulneráveis — e teremos meninos que não falam, exceto gritando, e que acham que manifestar uma opinião significa "atirar alguma coisa na sua cara". Às vezes, as atitudes aparentemente agressivas resultam do medo ou da confusão.

De maneira geral, os meninos estão muito mais envolvidos no mundo das coisas e dos atos do que na introspecção, buscando o domínio por meio do conhecimento de sistemas, do funcionamento dos objetos e da vitória em competições. Nossa cultura celebra essas qualidades nos meninos, e seria injusto pedir-lhes que abrissem mão do reconhecimento e da aprovação que tanto desejam. Se você prestar atenção nos meninos, poderá constatar esse *anseio* a cada momento. Recentemente, ouvi numa loja de apetrechos para os fuzileiros navais um clássico tipo de conversa entre um menino e sua irmã menor.

82 ■ A BARREIRA DA COMUNICAÇÃO

Ela apontou e perguntou:

— Que é isto? Uma âncora?

— Sim, uma âncora — anuiu ele, e prosseguiu, querendo parecer conhecedor do assunto. — Também pode ser usada para deslocar barcos rebocadores e como gancho para pescar em mar profundo.

— É mesmo? Como é que você sabe? — retrucou a irmã, ligeiramente desconfiada dessa "conversa de pescador".

— Porque sou esperto! — respondeu ele, enfático.

— Tudo bem, se você é tão esperto assim, qual a maior palavra que sabe? — insistiu ela.

— Para quê? Que besteira! — desconversou ele, mudando de assunto. — Essas âncoras também podem ser usadas como arpões, sabia?

Note-se que ele afirmou seu conhecimento explicando como a âncora "funcionava", e ela, por sua vez, desafiou seu conhecimento lingüístico. Na tentativa de nos comunicar com nossos filhos, poderemos ter mais êxito se entendermos seu desejo de parecer confiantes e capazes. As bravatas e a arrogância de certos meninos são sua maneira de dizer: "Eu sei como as coisas funcionam. Sou inteligente e competente. Sou importante. Você não me ama e me admira?" Quando convidamos um menino a entrar em território estranho, instável ou desconfortável (como nas conversas em que precisam responder a perguntas à queima-roupa que talvez não suscitem respostas claras, ou em situações moral ou emocionalmente ambíguas), uma reação habitual de "segurança" é a raiva.

Pense nas emoções de um menino como se fossem uma panela de pressão com uma única válvula de escape: "Eu não sei me expressar, não posso ficar parecendo fraco ou confuso, mas preciso me aliviar de alguma maneira"... cataplum! Nem sempre é evidente para os meninos que um homem confiante pode se expressar de diversas maneiras e inclusive reconhecer quando não sabe algo. Essa compreensão deve ser fortalecida nos níveis de liderança ocupados por pais, professores e mentores. São estas as pessoas para as quais os meninos se voltam em busca de orientação e com as quais aprendem a esculpir seu próprio modelo de masculinidade.

O silêncio de um menino pode significar muitas coisas

O silêncio é uma arma poderosa utilizada pelos meninos, consciente e inconscientemente, para moldar o clima dos relacionamentos. Pode representar uma expressão perversa de poder, usada para assumir uma atitude de indiferença ou desafio, mas pode também derivar de intensa ansiedade e

> ■ ■ ■
> Em vez de repetir a pergunta quando seu filho não responder volte a ela mais tarde ou tente fazê-la em tom mais suave, ou num momento em que estiver compartilhando com ele alguma atividade. Ele se sentirá mais à vontade se estiver fazendo alguma coisa, o que, por sua vez, pode facilitar o fluxo de idéias e palavras.

insegurança. Quando o silêncio de um menino nos deixa desconfortáveis, é fácil perder o controle, talvez pressionando ainda mais. Há uma diferença entre o silêncio que é em si mesmo uma poderosa forma de expressão e o silêncio que decorre da confusão a respeito do que se dizer e como dizê-lo.

Marla é uma promotora muito perspicaz que há alguns anos é minha paciente de forma intermitente. Embora nunca tenha trazido o filho para me ver, seus relatos sobre o silêncio dele realmente iam ao encontro do que freqüentemente constato no convívio entre pais e filhos. "Sempre gostei de manter os pés no chão, e geralmente me sinto segura sobre o que as pessoas realmente estão pensando quando se expressam — afinal, esse é meu trabalho", disse ela. "Mas não é à toa que as pessoas não gostam quando alguém se cala. É que não podemos saber com certeza o que o silêncio quer dizer. Meu filho realmente se fechou comigo depois do meu divórcio, e eu, naturalmente, achei que eram os efeitos colaterais. Mas a situação se prolongou tanto que tinha de ter algum outro motivo. Chegou a um ponto em que eu ficava acordada tentando analisar o problema, fazendo de conta que ele não era meu filho, para conseguir ser mais objetiva. Acabei percebendo que, sempre que ele abria a boca para dizer algo além de "Cadê o açúcar?" — sempre que dizia algo de caráter remotamente pessoal —, eu invariavelmente respondia com uma pergunta. E quando ele respondia, eu fazia uma outra, e mais outra, e mais outra. Sem querer, eu estava fazendo verdadeiros interrogatórios. Ele não entendia que eu o amava e me preocupava com ele, e que eu queria muito me aproximar dele. O coitadinho se sentia investigado — meu próprio filho parecia invocar comigo o direito constitucional de não se comprometer falando! Comecei a depositar 1 dólar numa jarra toda vez que respondia a ele com uma pergunta. Na primeira semana, sua mesada quadruplicou, mas depois eu acabei me acalmando. Aprendi a repetir o que ele acabava de dizer ou simplesmente concordar com a cabeça e ficar calada, para lhe dar tempo de ordenar as idéias. Tive simplesmente de recuar um pouco. O resultado foi notável."

O silêncio dos meninos pode ser pesado ou passar despercebido. Às vezes, eles se mostram seletivos nesse silêncio, dando-lhe amplas informações sobre realidades externas, como hobbies, esportes, jogos e televisão, mas mantendo-se calados sobre questões mais pessoais. Certos meninos são

84 ■ A BARREIRA DA COMUNICAÇÃO

tão habilidosos nesse empenho de desviar a conversa de qualquer aspecto mais revelador ou relacional que pode ser difícil identificar o que realmente está faltando. E às vezes as pessoas podem deliberadamente interpretar mal a "conversa jogada fora", na esperança de que seja reveladora de algo mais. Diane, 49 anos, mãe divorciada de um menino de 15, confidenciou-me ter alimentado a esperança de que o ex-marido estivesse tentando uma reaproximação nas freqüentes conversas sobre seu empenho em recuperar um carro velho. "Levei muito tempo para me dar conta de que ele só queria conversar sobre o carro, e de que servia qualquer pessoa. Ele queria meu reconhecimento, e só — nem uma única vez sequer perguntou sobre meus interesses. É terrível reconhecer isso, mas nosso filho é lasca da mesma pedra. Quando começa a se mostrar bonzinho, perguntando como foi meu dia, ou parece mais prestimoso em casa, já aprendi a me preparar para o 'grande momento' que está para chegar. Ele juntou coragem suficiente para me fazer um cumprimento e pedir um favor na mesma frase. Quando não está querendo nada, voltamos ao regime de silêncio."

Infelizmente, o silêncio também pode ser uma forma de manipulação. Certos meninos percebem o quanto determinadas pessoas importantes em sua vida querem estabelecer contato. Em vez de se valer dessa percepção como sinal de um desejo de entrar em contato, eles a utilizam como alavanca para seus próprios interesses. Talvez você não seja capaz de mudar as inclinações de seu filho, mas pode pelo menos tirar as coisas a limpo com ele sobre a maneira como se sente quando ele deixa de se comunicar com você. Depois de várias frustrantes sessões de terapia de família, uma mãe desabafou comigo que durante a conversa no carro, ao voltar para casa da sessão anterior, decidira dar um basta. "Eu disse a ele: sei perfeitamente que você não quer falar comigo, mas quero que saiba que isso me machuca. Você é meu filho! Eu o criei! Você é a coisa mais importante do mundo para mim, e as únicas coisas que me diz são 'Posso dar uma volta?', 'Tem um dinheiro aí?' e 'Que temos para jantar?' Acho que ele acabou entendendo a mensagem, pois tem se esforçado mais. Quase todo dia, agora, pelo menos se lembra de perguntar como foi meu dia. Já é um bom começo."

Quando o silêncio se transforma em afastamento

É natural que os pais se preocupem com os meninos que parecem retirar-se para um mundo particular no qual os outros são menos relevantes. Em certa medida, fomos condicionados a desconfiar das atitudes de isolamento, por termos ouvido tantas histórias sobre o comportamento anti-social dos meninos reclusos. Será que o isolamento no quarto por trás de uma muralha de música pode indicar que ele está experimentando drogas? São saudáveis aquelas horas todas na frente do computador? É preciso encontrar o delicado equilíbrio entre reagir demais e reagir de menos ao isolamento social que desafia nossa paciência e compreensão.

A reação frente ao silêncio ou ao isolamento social pode ser particularmente difícil quando os pais não estão de acordo quanto ao grau de preocupação que deve ocasionar a comunicação limitada. Até que ponto os meninos precisam de um espaço próprio e em que momento os pais devem interferir? Lembro-me de uma discussão entre os pais de um adolescente de 16 anos a respeito de seu comportamento recluso. "Pelo amor de Deus, Lea, ele não está construindo bombas no porão!", exclamou o pai. "Como é que você sabe? Ele lhe contou?", retrucou a mãe. Se tivesse de escolher um lado, eu arriscaria que seu filho não está envolvido em atividades anti-sociais ou condenáveis só porque se isolou. Mas ficaria suficientemente preocupado para adotar uma atitude de cautela, tratando de investigar discretamente a situação até ter certeza de que a linha de comunicação ainda se mantém intacta. Em certas famílias, a tendência dos meninos ao isolamento só vem a ser notada quando surgem problemas acadêmicos, uma questão comportamental na escola ou algum outro evento que chame a atenção dos pais. Mas a essa altura os pais já estão numa posição muito mais difícil, precisando reagir a um problema, em vez de simplesmente preveni-lo. Se seu filho se mostra afastado ou tímido, você encontrará ajuda específica no Capítulo 5.

"Por favor, não note minhas mudanças"

Uma de nossas tarefas mais difíceis, como pais, é não presumir que somos a causa do comportamento de nossos filhos. O que não significa que não devamos nos sentir obrigados a fazer algo a respeito. Quando um menino resiste à comunicação, os pais têm todo o direito de pensar: "Que mais podemos fazer? Afinal, ele não devia se sentir à vontade em conversar com as pessoas com as quais mais conviveu, as pessoas que o amam e cuidam dele?" Pode parecer bastante lógico, mas para os meninos o sentimento é muito diferente. Ironicamente, muitos meninos com freqüência se preocupam em ocultar seu eu mais profundo, precisamente daquelas pessoas que mais os conhecem. Pode parecer surpreendente, mas os pais estão em posição privilegiada para fazer com que certos meninos se sintam extremamente constrangidos. Isso acontece porque você acompanhou transformações fundamentais na identidade, na capacitação e nas relações sociais de seu filho,

86 ■ A BARREIRA DA COMUNICAÇÃO

e talvez ele preferisse que esses avanços fossem muito menos óbvios para o mundo exterior, e mesmo para você.

Os meninos não se sentem necessariamente à vontade com as mudanças pessoais vivenciadas ao longo da infância e da adolescência. Muitas vezes se sentem "estúpidos" na vivência dos grandes passos de seu desenvolvimento. E quando recebem elogios a respeito de seu desenvolvimento social, podem hesitar em aceitá-los. Por exemplo, ao observar que seu filho fez muitos amigos na escola no ano corrente, você lhe está fornecendo elementos de afirmação positiva. É algo muito bom, mas, levando-se em conta o intenso constrangimento de muitos meninos, é possível que seu filho não receba o cumprimento como você pretendia. Pelo contrário, pode sentir-se embaraçado, considerando que você está comparando sua vida social no momento com a que levava no ano anterior, quando era novo na escola e ninguém falava com ele. Sem querer, suas palavras elogiosas podem ter tocado uma ferida aberta. Naturalmente, ele não desejará levar adiante a conversa. É claro que não estou sugerindo que você deixe de elogiar seu filho, mas apenas que fique atento à maneira como suas experiências de vida podem determinar a maneira como o ouve.

Acredito que muitos meninos prefeririam que as outras pessoas os vissem como se tivessem sido sempre como são *agora*. Apresentar uma auto-imagem inalterável é uma das maneiras pelas quais os meninos costumam se mostrar confiantes em relação a si mesmos e suas perspectivas. Eles também podem minimizar seus erros e experiências de mudança quando se convencem da clareza de seus propósitos. Um menino não precisa refletir conscientemente sobre o fato de que mudou de idéia e de imagem mais de uma vez e experimentou tornar-se uma pessoa diferente — como algo que, normalmente, faz parte do processo de crescimento.

De modo irônico, o próprio processo de experimentação representa uma esperança para os pais, um indício de que os meninos podem ser flexíveis e evidenciar suficiente confiança para explorar a possibilidade de apresentar uma imagem exterior diferente. O constrangimento frente à experimentação de novas imagens é outro ponto de contraste entre meninos e meninas, especialmente depois dos 10 anos. Enquanto toda menina se sente à vontade experimentando novas roupas, soletrando o próprio nome de maneira diferente e apresentando imagens variadas, quase como num jogo, este processo costuma ser desconfortável para os meninos, exceto para os mais confiantes e extrovertidos, na idade do ensino fundamental. A socialização dos meninos os induz a se sentir como se devessem mostrar-se seguros. Em conseqüência, a experimentação de papéis ou "vestimentas" pode ser psicologicamente associada a uma falta de confiança ou a alguma fraqueza. Embora as roupas que os meninos usam na escola possam ser muito expressivas (não raro incluindo palavras e frases provocativas), essa expressividade fica dentro dos parâmetros de um código sancionado pelos colegas. O esforço no sentido de se parecer com os colegas ajuda os meninos a se esquivar daquele tipo de atenção que mais temem.

Um importante passo no desenvolvimento dos meninos diz respeito à aplicação do aprendizado de uma situação em outra. Os meninos, em geral, e particularmente os adolescentes, tendem a pensar em termos absolutos. O ponto de vista de que aquilo que está acontecendo agora tem uma importância decisiva às vezes entra em conflito com o temor de que os êxitos sejam temporários. O papel que você desempenha como testemunha de seus fracassos anteriores (reais ou supostos) pode deixar um menino em situação de desconforto. Mas seu otimismo quanto às possibilidades de sucesso que ele apresenta e o reconhecimento de suas realizações pode ajudar seu filho a superar esses temores.

Às vezes, *é mesmo* só uma fase...

Quando você se sente confuso e fica perguntando a si mesmo se o afastamento de seu filho foi provocado por algum problema emocional de fundo, é bom lembrar que, para a maioria das pessoas, o impulso para se comunicar e socializar é cíclico. Nas famílias em que as pessoas estão emocionalmente sintonizadas umas com as outras, a mudança de comportamento pode aumentar a ansiedade de todos. Em outras palavras, você pode ficar muito mais perturbado com a súbita propensão de seu filho ao silêncio do que exigiria a situação. Individualmente ou em termos de família, é normal envolver-se e depois recuar, envolver-se e recuar. Inevitavelmente, haverá períodos em que os meninos se sentirão menos inclinados a relatar o que sentem e pensam. Se nós, como pais, nos mostrarmos à vontade com as mudanças nos padrões de comunicação, nossos filhos serão capazes de normalizar as próprias experiências.

Mas é algo difícil para muitos de nós. Hoje em dia, muitos pais se envolvem muito com os filhos, às vezes excessivamente, e se mostram hipersensíveis a essas mudanças na dinâmica familiar. E o incrível estresse com que a maioria de nós convive pode realmente intensificar essa sensibilidade. Mas eu sugeriria que você estendesse a seu filho a mesma cortesia que pode demonstrar em relação a outro membro adulto da família ou um colega de trabalho. Pense nos indícios que tenderia a procurar nessas pessoas para saber se deve abordá-las ou dar-lhes algum espaço. Se elas se mostrassem

88 ■ A BARREIRA DA COMUNICAÇÃO

caladas, com evidente expressão de angústia, ou ainda se você observasse alguma mudança drástica em seu comportamento ou em seus hábitos de trabalho, provavelmente desejaria saber o que a motivou. Mas se elas dessem indícios de estar apenas recuando para uma posição mais contemplativa, precisando de tempo para entender os próprios sentimentos ou tomar uma decisão, você provavelmente trataria de respeitar sua privacidade. Nossos filhos precisam dessa mesma consideração. Por mais que julguemos conhecê-los bem, temos de prestar muita atenção para perceber as sutis indicações de suas necessidades emocionais.

Você pode ajudar seu filho mostrando-se paciente e presente e dando constantes indicações de que está pronto para ouvir o que ele tem a dizer, sempre que estiver disposto. Muitas vezes, isso pode ser mais fácil quando você se envolve com seu filho em atividades menos voltadas à comunicação emocional. Muitas vezes, as melhores conversas entre pais e filhos se dão no carro ou pescando, pois essas atividades permitem-lhes voltar o olhar em outras direções, em vez de ficar olhando um para o outro. De maneira geral, os meninos se sentem muito menos à vontade na comunicação quando precisam travar contato visual com alguém. Cada geração de meninos descobre novas maneiras de se adaptar a essa vulnerabilidade, mostrando-se agitados, escondendo-se por trás dos cabelos, ostentando um chapéu chamativo ou explorando o anonimato dos óculos escuros. Nossos olhos são janelas da mente, e no momento em que os meninos chegam à adolescência, quanto menos soubermos de suas mentes, mais se sentirão confortáveis. Uma maneira de maximizar suas chances de comunicação com seu filho consiste simplesmente em passar mais tempo com ele. A menos que haja alguma questão premente, a melhor maneira pode ser encontrar alguma tarefa comum, em vez de se sentar formalmente e dizer: "Vamos conversar."

... E às vezes as oscilações de humor justificam uma preocupação maior

Há ocasiões em que os meninos se isolam por motivos que estão além do seu controle, como o desânimo. Na depressão, fica mais difícil para os meninos encontrar as palavras de que precisam para se conectar, sendo ainda mais solapada uma motivação de contato social que já era limitada. Além disso, a falta de esperança pode levar os meninos a se julgar com dureza em matéria de comunicação social. Os meninos deprimidos dão muito mais atenção ao feedback negativo e às experiências de fracasso do que ao sucesso. Como vimos, os meninos transformam todos os tipos de sentimentos e percepções

Por que ele não fala comigo? ■ 89

de si mesmos em manifestações de raiva. Timothy, de 9 anos, olhou-me firmemente e disse:

— Não me importa o que as pessoas pensam. São todos uns imbecis. Deviam simplesmente me deixar em paz. Todo mundo devia me deixar em paz.

— Alguém disse algo que o feriu? — perguntei.

— Eu já disse, não dou a mínima.

— Vou considerar que a resposta é sim — arrisquei.

Em vez de continuar investigando, sugeri a Tim que me mostrasse seus desenhos favoritos do Pokémon.

— Do que você mais gosta neles? — perguntei.

— *Eles se transformam em coisas diferentes quando querem* — *respondeu ele.* — *Este aqui não é bobo nem tem medo, pois pode destruir outros Pokémons, se precisar!*

Se seu filho parecer deprimido, será melhor tentar mostrar-se mais ativo, no sentido de puxá-lo para fora ou talvez levá-lo a um profissional. Muitas vezes é difícil para os pais avaliar quando se justifica esse tipo de intervenção. Mas do mesmo modo que você provavelmente preferiria "prevenir para não ter de remediar" quando ele está com uma forte gripe, levando-o ao pediatra, é indicado recorrer a profissionais de saúde mental se não estiver muito seguro quanto a seu bem-estar emocional (ver Capítulo 11).

Quando a intenção é honesta

Certos meninos não falam porque não existe grande comunicação em suas famílias. Assim como os indivíduos, também as famílias têm ciclos de comunicação. A maioria das crianças se mostra muito sensível às mudanças nesses ciclos, e muitas refletem esses padrões inconscientemente na própria comunicação. Quando observam um impasse de comunicação entre os pais, os meninos podem rapidamente adotar a mesma estratégia, especialmente no que diz respeito às mães. Um marido pouco comunicativo pode, sem querer, estar autorizando o filho a resistir à comunicação.

É bom lembrar que, em geral, as crianças aprendem a se comportar socialmente, inclusive no que diz respeito à comunicação, com o genitor do mesmo sexo. Os traços no que se refere à comunicação social tendem a ser modelados e transmitidos, nas famílias, das mães para as filhas e dos pais para os filhos. Naturalmente, não se trata de uma regra absoluta, mas ela explica, de maneira geral, por que tantos meninos desenvolvem estilos de comunicação que fazem eco aos de seus pais. Ter conhecimento dessa tendência confere aos pais uma extraordinária oportunidade de influenciar o

90 ■ A BARREIRA DA COMUNICAÇÃO

desenvolvimento de seus filhos. Mas as mesmas tendências que afetam os meninos também determinam o comportamento dos pais. Como quaisquer professores empenhados em alcançar resultados eficazes, os pais devem, antes de tudo, verificar como seus filhos aprendem com eles. Para influenciar de maneira significativa a comunicação social dos meninos, os pais devem ter consciência das próprias escolhas em matéria de comunicação, adotando estratégias que atendam às necessidades relacionais da família e às necessidades emocionais de seus filhos.

Laura conta que às vezes fica momentaneamente sem saber direito com quem está falando, quando o "pequeno Bill" se expressa exatamente como faria o pai. "Sob certos aspectos, não deixa de ser uma gracinha, mas meu filho pode levar a coisa longe demais, especialmente quando a gente discute. Felizmente, meu marido entra em cena e se mostra bastante firme ao deixar claro quando nosso filho já passou dos limites. É estranho, mas fico com a impressão de que a observação das formas de comunicação de Bill em certa medida também ajuda meu marido."

As mães que criam os filhos sozinhas devem levar em conta esses fatores ao examinar a necessidade de modelos masculinos e mentores para eles. Como geralmente não têm consciência ou não se preocupam com os déficits de comunicação, os meninos não costumam sentir uma necessidade particular de se empenhar em mudar suas formas de comunicação. É especialmente importante dar o apoio necessário nas ocasiões em que seu filho decide confiar em você. Para ele, pode ser necessária muita coragem para dar início à comunicação, e você certamente desejará passar uma mensagem inequívoca de que isso é importante para você. Em muitas famílias, a missão de despertar as crianças para a comunicação expressiva com demasiada freqüência recai sobre os ombros de um dos genitores. Pode não ser algo intencional, mas apenas um mau hábito decorrente da divisão das tarefas domésticas quando as crianças ainda são muito pequenas. Os meninos precisam saber que seu empenho no sentido da comunicação expressiva é valorizado por ambos os pais... "Certo, papai?"

Os padrões de comunicação de uma família são determinados por diversos fatores

Quando se mostram capazes de examinar objetivamente a maneira como seus padrões de comunicação mudam com a vivência de diferentes emoções, os pais estão mais capacitados a entender como seus filhos aprenderam a reagir aos próprios sentimentos. Certa vez, disse-me uma mãe: "Venho de uma grande família italiana, como aquelas do cinema. Todo mundo falava alto e dizia tudo que pensava — esse era simplesmente nosso jeito. Mas eu me senti atraída por meu marido exatamente porque ele era diferente de tudo isso. Eu gostava de sua calma, de seu jeito tranqüilo. Tudo funciona às mil maravilhas, exceto quando a gente discute. Eu começo a berrar e sacudir os braços, e ele quer sentar com calma e discutir tudo metodicamente. Uma vez tentou até desenhar o problema numa folha de papel! Sinto muito, mas, da maneira como fomos criados, ninguém resolvia os problemas de família com diagramas e fluxogramas. O engraçado é que meu filho muda de estilo para lidar com cada um de nós. Quando há algum problema comigo, ele também grita, mas, se a questão é com o pai, parece mais um debate lógico; nenhum dos dois levanta a voz. Mal posso esperar para ver com que tipo de garota ele vai casar."

Outras questões, como a presença de irmãos e a agenda familiar, também podem exercer forte impacto na comunicação ou ausência de comunicação dos meninos. Quando as famílias vivem em permanente caos porque são muitas as crianças e muitas as diferentes atividades, os meninos podem ter o sentimento de que o que afinal conseguem dizer não "cola". Mas provavelmente não será uma surpresa para você que pais e filhos definam de maneira muito distinta o que é empenho de comunicação. Para os pais, empenhar-se sinceramente em se comunicar significa fazer o possível para atrair a atenção do filho, pelo menos quando algo importante precisa ser dito ou debatido. Já no caso dos meninos que prefeririam evitar qualquer tipo de comunicação expressiva ou pessoal com os pais, as trocas freqüentemente são mantidas em um nível mínimo. Ainda assim, eles podem tratar de misturar informações importantes a questões mais triviais, ao mesmo tempo distraindo a atenção dos pais e obtendo garantias para o futuro. No entanto, podem ficar ressentidos porque você não entendeu o que estavam querendo dizer de maneira tão elíptica!

Quando os meninos recuam da comunicação em família, todo o equilíbrio familiar é afetado e as relações mudam. Uma pessoa calada à mesa pode alterar toda a dinâmica da conversa no jantar. A resistência à comunicação pode aumentar a tensão em família, e o problema é agravado quando os pais suspeitam de que os filhos estejam enfrentando decisões difíceis de caráter pessoal — escolhas que podem mudar sua vida. Os meninos que precisam ser lentamente "trazidos para fora" reduzem o tempo e a atenção dedicados aos irmãos. Isso pode intensificar a rivalidade entre os irmãos, especialmente quando um deles toma partido pelas frustrações de um dos pais. Esse tipo de drama com freqüência caracteriza as tensões entre irmão e irmã. Além disso, os meninos com irmãs ou irmãos excepcionalmente comunicativos muitas

92 ■ A BARREIRA DA COMUNICAÇÃO

vezes não conseguem enfrentar as disputas verbais. Com isso, por razões defensivas, perdem a sintonia com a família. Tome o cuidado de recuar um pouco e observar atentamente sua família. Pergunte a si mesmo: "Temos aqui um ambiente acolhedor para alguém com dificuldades na expressão pessoal? Será que estamos proporcionando o tempo e a qualidade de interação necessários para que nosso filho se abra?"

Mantenha suas preocupações em perspectiva

Um dos motivos pelos quais pode ser difícil chegar até os meninos é que eles não entendem necessariamente por que os pais precisam, para início de conversa, saber o que eles pensam e sentem. Os meninos de baixo nível de interesse social talvez sequer compreendam por que os pais dão importância ao fato de eles falarem ou não. Você deve ter em mente que todos temos a nós mesmos como referência quando se trata de tentar entender os outros. Tendemos a esperar que os outros pensem e reajam como nós. Todavia, quando os meninos têm relativamente pouco interesse pelos pensamentos e sentimentos dos outros, naturalmente subestimam o interesse que despertam nos pais. Para eles, pode ser extremamente desconcertante quando manifestamos nossa preocupação com a falta de "qualidade" em seu processo de comunicação. Imagine que você tivesse sido seqüestrado no meio da noite e acordasse em outro país, com todo mundo gritando com você numa língua incompreensível. A expressividade dos gestos e o tom de voz alto não tornariam necessariamente mais compreensível sua linguagem.

Para os indivíduos comunicativos, pode ser difícil entender ou aceitar pessoas de menor disponibilidade verbal. Mas o fato é que elas não se sentem menos desalentadas diante de nós! Comparar nossos filhos com alguma imagem mítica e perfeita daquilo que um menino deveria ser é uma excelente receita de frustração. Até mesmo os meninos que podemos considerar particularmente perceptivos podem ficar arrasados ao se dar conta de que ficaram aquém das expectativas dos pais. Uma das mais tristes sessões de terapia que jamais tive foi com um menino de 7 anos que caiu em prantos quando o pai lançou as mãos para cima e exclamou, cheio de frustração: "Os irmãos dele não agem assim, eu nunca me comportei assim — o que está acontecendo com esse menino?" Na época, essa criança não tinha qualquer possibilidade de explicar o que sentia ou por que se comportava daquela maneira. Mas o peso da decepção do pai e o impacto das comparações em família eram esmagadores. Quando os meninos não são capazes de nos dizer o que está errado, talvez seja porque não conseguem encontrar as palavras adequadas.

Você talvez esteja começando a achar que pode ser difícil para um pai ou uma mãe saber exatamente quando reagir a um menino que não se comunica. Trata-se, definitivamente, de uma decisão que requer ponderação e sensibilidade. Antes que você comece a se preocupar se deve reagir à falta de comunicação de seu filho, gostaria de ponderar que a maneira como você reage a ele será o fator mais importante no modo como sua preocupação será vista e na capacidade que ele vai demonstrar ou não de reagir a essa sua preocupação. Encontre em si mesmo uma voz mais tranqüila e confie em que sua manifestação de amor e compreensão será um sinal de boas-vindas que o ajudará a atravessar o abismo da comunicação.

Falando emocionalmente

Das muitas razões pelas quais os meninos resistem à comunicação, talvez a mais eloqüente seja seu desconforto no terreno das emoções. Já vimos que muitos meninos se sentem mais à vontade trabalhando com fatos e objetos tangíveis do que ao tentar entender seus sentimentos. Você certamente já encontrou meninos cuja confusão a respeito dos próprios sentimentos serve apenas para estimulá-los a evitar o terreno das emoções, pois nele sentem que perdem o chão. E tratamos aqui de meninos que acabam prestando um desserviço a si mesmos, caindo sempre na raiva, por ser a única emoção que sabem expressar. Mas a falta de jeito dos meninos com as emoções tem raízes ainda mais profundas e implicações de longo alcance. O analfabetismo emocional pode representar uma ameaça ao potencial de muitos jovens que teriam tudo para ser promissores. E seu entendimento desse fenômeno está no cerne de sua própria capacidade de influir decisivamente na vida de seu filho.

4

Sem palavras para expressar a emoção

■ ■ ■

Um dos maiores desafios de nossa geração é sair de nossa própria mente e abrir espaço para os outros. Ao criar espaço e tempo, abrimos caminho para o nosso próprio cerne, permitindo a proximidade que torna a vida plena. Todos nós, e talvez especialmente os pais, dedicamos muita energia e atenção à infinidade de responsabilidades da vida cotidiana. Para a maioria das pessoas, tempo e espaço são produtos escassos, dimensões da vida que podem parecer em falta. Trabalhamos em determinado projeto ao mesmo tempo em que cuidamos de outro, como pano de fundo, sem deixar de planejar qual será o próximo passo — aquilo que *faremos* em seguida. Mas uma das coisas mais preciosas que podemos doar a alguém é a dádiva do tempo e da atenção. Por meio da atenção cuidadosa e da receptividade aos outros, convidamos as pessoas a nos conhecer. Nesse lugar, estamos muito distantes da desatenção, da ansiedade e da auto-absorção. Estamos abertos, conscientes e atentos; nossa atenção pode ir além dos limites de nossos interesses limitados; nossas palavras haverão de refletir aquilo que ouvimos profundamente. É esse o espírito da empatia, e é a comunicação que lhe dá vida.

Empatia é a capacidade de ver através dos olhos dos outros, de sentir o que os outros sentem. Ela é mais que a solidariedade — sentir pena dos outros —, que pode às vezes ser importante, mas estabelece um abismo entre nós e os outros. Na empatia, subordinamos momentaneamente nossos pontos de vista e opiniões para *sentir* como algo é vivenciado por outra pessoa. Isso permite superar a defasagem entre nós e os outros, levando-nos a agir em sintonia com nossa consciência social. Os meninos que desenvolveram a capacidade de sentir empatia são capazes de construir relacionamentos mais

96 ■ A BARREIRA DA COMUNICAÇÃO

próximos com os outros e têm mais probabilidade de permitir que os outros entrem em seu espaço psicológico. A capacidade de enxergar o mundo sob a perspectiva de outra pessoa é um grande antídoto para a auto-absorção, pois nos conduz ao mundo alheio.

Todos nós funcionamos em vários tipos de grupos — casais, famílias, escolas, times, comunidades e locais de trabalho, entre outros —, e nossos filhos não constituem exceção. Participar desses grupos com todo o nosso potencial significa atender a nosso anseio de ser entendido e dar de nós mesmos aos outros. Para que possam funcionar com êxito e ser felizes em todos esses terrenos, nossos filhos terão de fazer da empatia parte integrante de sua vida, dando-lhe vida por meio de palavras e atos.

A empatia proporciona a energia e a motivação necessárias para superar o abismo da comunicação. O desenvolvimento de um vocabulário de emoções é, no caso dos meninos, uma maneira primordial de ao mesmo tempo expressar empatia e burilá-la — o princípio da bidirecionalidade comportamental em ação. Nossos filhos têm pelo menos algum instinto natural pela empatia, mas é necessário cultivá-lo.

Será que sem querer somos anti-empatia?

Queremos que nossos filhos sejam inteligentes, atléticos e bem-comportados, mas raramente damos atenção à sua capacidade de empatia, embora seja um aspecto importante de seu desenvolvimento social. Todas as comunidades costumam alimentar certas expectativas sobre os desempenhos acadêmicos ou de equipe considerados desejáveis; em toda parte, os pais discutem intensamente essas questões. Mas com que freqüência falamos ou mesmo pensamos na maneira como nossos filhos devem entender e tratar os outros? Eu me arriscaria a dizer que é mais fácil para muitos pais, assistindo ao jogo dos filhos, recomendar "mete o pé" do que "jogue limpo". E que dizer da mãe que limita às filhas a orientação para que sejam "boas", assim como a percepção social para tanto necessária? Não raro, limitamos nossa orientação aos meninos ao empenho de controlar seu comportamento ("não bata"), sem dar o passo seguinte, que consistiria em explorar as motivações por trás do mau comportamento, discutir melhores alternativas de ação e estabelecer empatia, levando em conta o impacto sobre a vítima ("Como você acha que o Andrew se sentiu quando tomou seu brinquedo?").

Será que ensinamos aos meninos que vencer é tudo?

Infelizmente, muitos de nós aceitamos essa situação como algo natural para os meninos. Podemos até estimular neles certa falta de empatia, numa equivocada tentativa de torná-los "mais fortes" ou expressar nossa própria agressividade subjacente. Facilmente nos vemos vivendo por procuração por meio dos efeitos competitivos de nossos filhos. Em conseqüência, podemos estar inconscientemente entronizando a conquista como a maior virtude da vida. Podem acreditar em mim, no entanto, quando digo que os meninos não precisam de ajuda para entender essa mensagem. Estão cercados de imagens que dramatizam as vantagens de ser vitorioso, e estão programados para mantê-las em local privilegiado em suas mentes. Como pais, temos de nos esforçar muito para não contribuir inadvertidamente na validação da mensagem social dominante de competitividade, à exclusão de todas as outras maneiras de relacionamento com os outros. Não devemos esperar que nossos filhos sejam símbolos ou substitutos de nossa auto-realização. Eles ficariam injustamente sobrecarregados por esse fardo ou poderiam tornar-se emocionalmente desequilibrados em sua tentativa de vencer a qualquer preço.

Criando cavaleiros solitários

Se não chegarmos a desestimular a empatia ao dar excessiva ênfase ao valor das conquistas, estaremos contribuindo para formas não-empáticas de comportamento ao exaltar o solitário socialmente adaptado. Considerar

---

■ ■ ■

A empatia surge naturalmente?

Muitas pessoas acreditam que seu germe está em todos nós. Mas freqüentemente não temos consciência de como é fácil impedir seu crescimento. Eis algumas das maneiras pelas quais tolhemos inadvertidamente a empatia em nossos filhos:

- Associando manifestações de emoção ou empatia à fraqueza — às vezes em nome da preocupação de manter nossos filhos seguros num "mundo adverso";
- Estimulando-os a externar nossa própria agressão subjacente;
- Perpetuando estereótipos negativos sobre os homens "sensíveis" e reforçando o mito do herói iconoclasta;
- Enfatizando constantemente a ação, em detrimento da reflexão.

98 ■ A BARREIRA DA COMUNICAÇÃO

saudáveis os indivíduos solitários é um mito que impregna o entretenimento popular, constituindo uma pura e simples negação das necessidades emocionais dos homens. Romantizamos profundamente os indivíduos do sexo masculino cuja individualidade é por demais forte para ser socializada. Sua falta de disposição em observar convenções sociais freqüentemente é apresentada como uma espécie de heroísmo iconoclasta. Parece inacreditável, mas ficamos chocados quando os meninos levam a sério tais idéias, tornando-se agressivos com outros meninos, desafiando abertamente os pais e até levando uma arma para a escola, para fazer valer sua própria versão do que está certo ou errado.

Nosso mundo *é mesmo* adverso, não resta dúvida. Tão adverso que é provável que, às vezes, todos nós alimentemos secretamente o desejo de descartar o fardo das expectativas sociais, a necessidade de entender as outras pessoas — parentes complicados, colegas impossíveis, vizinhos irritantes, burocratas indiferentes que "não têm notícia de nosso salário" ou rejeitam o pagamento de nosso seguro — e saber como "lidar" com elas. As decepções e frustrações da vida podem fazer com que a contestação dos aspectos desumanizantes da adaptação social fique parecendo algo muito romântico. Mas temos de perguntar a nós mesmos se o fato de dar as costas à complexidade e às exigências sociais de nosso mundo será um modelo adequado ou realista para os indivíduos do sexo masculino no século XXI. Na idade adulta, onde é que nossos filhos encontrarão motivação para sustentar um casamento difícil ou se relacionar com os próprios filhos? Quem haverá de inspirá-los a ser úteis aos outros? Como poderão saber quando a maior vitória consistir em fazer concessões?

Exuberante ou grandioso?

Naturalmente, não são apenas as mensagens que transmitimos a nossos filhos — intencional ou inadvertidamente — que fomentam ou desestimulam a empatia. Os estereótipos de que estamos cercados tornam difícil que os meninos se sintam à vontade com a emoção expressa de maneira sensível, em parte porque as imagens dominantes da masculinidade já os atingem na mais tenra idade. Até mesmo os adultos emocionalmente mais sofisticados com freqüência reagem com aversão a homens que expressam sem rédeas todo tipo de emoção, com a possível exceção do "herói indignado". Veja-se, por exemplo, os filmes de "ação" e outros destinados ao público masculino: encontraremos muitos heróis masculinos que ficam realmente muito, muito furiosos. Ao combater diferentes formas de humilhação e afronta (os medos

Sem palavras para expressar a emoção ■ 99

masculinos universais), o herói trata de afirmar seu poder, racionalizando que a violência é necessária para fazer valer a justiça. No filme, pode haver eventuais referências à necessidade alheia, talvez para sexo ou cuidados médicos, mas o que o herói precisa, sobretudo, é de admiradores. E assim nossos filhos estão constantemente expostos à idéia perversa de que o heroísmo e a grandiosidade são a mesma coisa e de que, entre os homens poderosos, a ação reduz a necessidade de palavras.

Embora a maioria de nós seja capaz de estabelecer a devida distinção entre a fantasia do mundo do entretenimento e a realidade, é algo sobre o que devemos meditar, pois os clichês efetivamente dizem alguma coisa sobre o que se passa em nossa mente. Se observarmos líderes de sucesso na vida pública — professores, políticos, médicos, dirigentes empresariais e até mesmo atores que *retratam* os homens indignados nos filmes —, veremos que, em geral, são homens muito apreciados por sua capacidade de se relacionar e comunicar. Creio que a maioria dos pais deseja que seus filhos reconheça esses modelos. Infelizmente, são poucos os filmes ou canções interessantes sobre esse tipo de homens, e a maioria dos adolescentes do sexo masculino não tem muita paciência para os canais de televisão onde são exibidos! Estamos no direito de pedir aos homens e mulheres de extraordinário talento que atuam na televisão, no cinema e na produção musical que utilizem sua criatividade para beneficiar, e não para explorar, as necessidades sociais e emocionais da juventude. Na qualidade de pais, temos a responsabilidade de preferir e apoiar os meios de comunicação que não comprometem a estética *e* os valores — que não precisam ser mutuamente excludentes. Onde estão os *reality shows* que nos mostram como levar uma vida honrada? Devemos todos votar com nosso dinheiro. Devemos apoiar os meios de comunicação de boa qualidade voltados às crianças, na hora de fazer nossas escolhas de compra e também recomendando-os a outros pais; e não gastar nossos salários suados em formas de entretenimento que exploram a vulnerabilidade dos meninos com mensagens de triunfo pela agressão — eles são simplesmente pequenos demais para entender que essas idéias são muito mais uma questão de fantasia do que de capacitação saudável para a vida.

Aprendendo a linguagem das emoções

Você provavelmente não estaria lendo este livro se não achasse que os meninos devem aprender a expressar seus pensamentos e sentimentos e a estabelecer uma relação de empatia com os dos outros. Mas essa convicção não nos ensina *como* instilar empatia em nossos filhos — especialmente quando

100 ■ A BARREIRA DA COMUNICAÇÃO

nos preocupamos com o risco de torná-los "hipersensíveis" ou vulneráveis aos ataques de meninos *menos* dados à empatia.

Lembro que certa vez, num supermercado, uma criança começou a chorar porque um de seus carrinhos de brinquedo fora acidentalmente esmagado por um carro de compras. Como eu havia passado por uma situação semelhante com meu filho, ofereci ao pai do menino um sorriso de simpatia e cumplicidade. Infelizmente, meu gesto parece tê-lo constrangido ainda mais, pois ele logo tratou de desviar os olhos e dar um tapa no filho: "Pare com isso, está agindo como um bebê."

A reação desse pai reflete uma das regras subjacentes de nossa sociedade sobre a relação dos homens com a emoção: chorar é coisa de bebê. Embora não nos surpreenda com o fato de que os bebês choram para comunicar suas necessidades básicas, freqüentemente esperamos que os meninos um pouco mais velhos reprimam esse instinto. Talvez você já tenha vivenciado uma sensação de desconforto com meninos que choram depois dos 3 ou 4 anos, especialmente em público. Às vezes, ficamos embaraçados, como aquele pai no supermercado, e agimos como se quiséssemos que até mesmo nossos filhos menores evitassem qualquer expressão de seus sentimentos. Mas em geral não é que queiramos que calem a boca; em vez disso, o que esperamos é que comecem a usar as palavras, e não as lágrimas, para transmitir seus sentimentos.

O problema é que não proporcionamos aos meninos um vocabulário básico de alfabetização emocional. Não raro presumimos que eles haverão de "consegui-lo" magicamente. Inconscientemente, é possível que mostremos a nossas filhas como expressar melhor seus sentimentos, embora nossos filhos é que talvez precisem mais de uma orientação direta.

> ■ ■ ■
>
> Quando seu filho chorar, tente descobrir o que pode estar causando sua angústia e ajude-o a articulá-la: "Está chateado porque seu irmão ganha mais do que você?" ou "Às vezes é difícil ter paciência esperando a ajuda da mamãe, não é mesmo?" Os meninos são inventivos. Dê-lhes as ferramentas de que precisam para fazer algo — neste caso, palavras específicas —, e eles serão capazes de fazer um uso industrioso e criativo delas. As ferramentas adequadas fazem toda a diferença.

A empatia requer um tipo específico de linguagem — uma linguagem de emoções. Sem um vocabulário prático para as emoções, ficamos limitados em nossa capacidade de expressar e entender os estados emocionais. Talvez você se lembre de momentos decisivos de sua vida em que sua sensibilidade emocional e sua capacidade de verbalizá-la tinham grande valor. Talvez se tenha mostrado capaz de dizer as palavras mais indicadas para reconfortar

Sem palavras para expressar a emoção ■ 101

um amigo angustiado ou evitar um grave confronto com uma pessoa enrai-vecida. No caso dos meninos, a expressão da sensibilidade freqüentemente ocorre de forma algo tortuosa. Isso ocorre porque a maioria dos meninos não se mostra inclinada a interpretar ou declarar abertamente seus senti-mentos. O que não significa, todavia, que sejam incapazes de experimentar emoções ou reagir de modo encorajador.

Não faz muito tempo, eu liderava um grupo a que dei o nome de Pode-rosos Meninos Bons (Mighty Good Kids™), reunindo meninos do ensino médio e da faculdade. O objetivo do grupo consistia em desenvolver nos meninos maior capacitação social. Meu escritório ficava cheio de crianças amontoadas em sofás, sentadas no chão e rodopiando em minha cadeira giratória. Um menino de 7 anos, Jordan, resistia a aderir à nossa atividade de grupo, que consistia em desenhar imagens de maneiras boas e más de enfrentar a raiva. Ele estava de pé junto à porta, afastado do grupo, com uma expressão hesitante e uma linguagem corporal que deixava claros seu medo e desconfiança dos outros. Jordan não atendia às tentativas de seduzi-lo ou estimulá-lo a se juntar a nós. Experimentei vários tipos de abordagem, mudando o tom de voz e a expressão facial, na tentativa de encontrar uma combinação que o induzisse a aderir. Mas ele nem se mexia. Anos atrás, eu provavelmente teria levado Jordan lá fora para tentar convencê-lo a sentar-se e juntar-se ao grupo. Isso porque eu tinha a idéia equivocada de que *liderar* um grupo significava *controlar* esse grupo. Hoje em dia, sei dar valor à vontade extraordinariamente forte dos meninos quando se trata de fazer as coisas de um jeito que reflita sua própria lógica sobre a maneira como os problemas devem ser resolvidos.

Persistindo a situação, ficou evidente que a resistência de Jordan oferecia aos demais meninos uma boa oportunidade de solucionar um problema, de modo que fiz uma pergunta ao grupo. Alguém tinha alguma idéia so-bre como conseguir que Jordan se juntasse a nós? A maioria dos meninos respondeu com sugestões de vários tipos de recompensa: jogos, doces ou um assento privilegiado (cadeira giratória). Um menino de temperamento tipicamente tímido, Tyler, sugeriu que todos nos "juntássemos" em duplas, para que cada um tivesse um parceiro, inclusive Jordan. Tyler propôs tam-bém que cada qual sentasse ao lado de seu parceiro. A maioria concordou que era uma boa idéia, de modo que começamos a discutir como seriam escolhidos os parceiros. Mais uma vez, Tyler se manifestou, sugerindo que Jordan escolhesse seu parceiro.

Ao longo de todo esse processo, eu observava Jordan atentamente, e me chamou a atenção sua consciência da preocupação do grupo em relação a ele. Sua expressão facial mudou, da desconfiança para um sorriso submisso. Era evidente que até então ele tinha suas dúvidas sobre a disposição dos demais meninos em aceitá-lo e sua própria capacidade de adaptação. A iniciativa de Tyler no sentido de romper essa dúvida abrira caminho para que Jordan se integrasse ao grupo. Como você pode imaginar, fiquei orgulhoso de Tyler, por sua sensibilidade em relação a Jordan e sua capacidade de aplicá-la na solução de um problema. Embora não chegasse a identificar um sentimento específico, as sugestões de Tyler mostraram-se das mais sofisticadas do ponto de vista emocional. Embora se valesse de uma forma de se comunicar "masculina" e voltada à consecução de uma meta, ele demonstrou, por intermédio de suas sugestões, que entendia (empatizava com) o que Jordan estava sentindo. Em essência, Tyler apresentara idéias que permitiram a Jordan salvar a imagem e sentir-se seguro.

Somos o que dizemos

Você certamente já ouviu a expressão "Somos o que fazemos". Mas o fato é que, ao visitar escolas, trabalhar com famílias e encontrar meninos em terapia, me impressiona constatar que o que os meninos fazem pode se resumir ao que dizem, pelo menos no que diz respeito ao fortalecimento de sua própria auto-imagem — a maneira como se vêem e se entendem. Em essência, *a linguagem utilizada pelos meninos e a maneira como se comunicam desempenham um papel formador em relação à sua identidade e a seu caráter.* Ao desenvolver as habilidades da comunicação empática, eles se transformam em homens capazes de se movimentar com facilidade e agilidade no mundo social. Mostram-se confiantes e confortáveis em relação a si mesmos e compassivos em relação aos outros. Mais uma vez, é esta a própria essência do relacionamento bidirecional entre a comunicação e a maneira como um menino entende a si mesmo. As palavras empregadas por seu filho modelam a pessoa na qual ele se tornará.

Esse processo de modelagem ocorre primordialmente de duas maneiras. Primeiro, todos somos testemunhas de nosso próprio comportamento. Aprendemos a nosso respeito pela maneira como fazemos determinadas coisas. Por exemplo, se um código de polidez for ensinado a um menino ainda pequeno, seu comportamento provavelmente refletirá esse aprendizado à medida que crescer. De maneira quase inconsciente, ele simplesmente age dessa maneira por ser familiar e habitual. À medida que a parte observadora e reflexiva de sua mente se percebe fazendo e dizendo coisas polidas, enraíza-se uma importante autoconscientização: "Sou uma pessoa polida." Por intermédio desse processo, solidifica-se um importante aspecto de sua auto-

Sem palavras para expressar a emoção ■ 103

imagem. A polidez deixa de ser um mero hábito reflexivo para se tornar um comportamento movido por um desejo de agir de acordo com suas crenças a seu próprio respeito. Os comportamentos estão no cerne de nosso ser.

É um processo de muita força, pois a auto-imagem que construímos a partir de comportamentos ponderados e construtivos é como um microchip que diz à nossa mente como pensar, sentir e agir em toda uma série de situações. As auto-imagens desenvolvidas na infância ou na adolescência também tendem a perdurar na idade adulta e podem ser difíceis de mudar — pergunte a qualquer terapeuta ou observe as próprias tentativas de mudar suas crenças mais arraigadas a respeito de si mesmo. Por isso é tão importante contribuir para moldar as auto-imagens e autocrenças saudáveis de nossos filhos nos primeiros anos de vida. Essas autocrenças muito arraigadas são sentidas antes como "verdades" do que como crenças, e certamente servirão de guia para o desenvolvimento de nossos filhos durante alguns anos. Por exemplo, se seu filho aprender a ter consideração com os mais velhos e doentes ("Cedemos o lugar no ônibus para uma pessoa que tenha dificuldade de ficar em pé"), crescerá na convicção de que "Sou uma pessoa boa". À medida que ele crescer, esse traço pessoal será traduzido como "Sou um marido atencioso, um pai generoso, um patrão compreensivo".

A segunda maneira de modelar se dá pelo feedback que os meninos recebem a respeito de seus atos e escolhas. Todos nós recebemos um constante fluxo de comunicação verbal e não-verbal em resposta a nossos atos. Em outras palavras, tomamos conhecimento das reações que suscitamos com nosso comportamento. Esse fluxo de informação tem um efeito cumulativo na modelagem da maneira como pensamos a nosso próprio respeito. Assim, se um menino se mostrar sempre polido, é provável que venha a receber feedback verbal, reconhecendo de maneira positiva esse comportamento — e reforçando sua auto-imagem de indivíduo polido. Esse reforço é eficaz porque é agradável ouvir de alguém que estamos fazendo algo de modo acertado.

As causas e os efeitos da modelagem comportamental podem parecer simples, mas o resultado final tem muita força: para seu filho, quando você comenta seus atos, está usando *suas* próprias palavras para expressar seus pensamentos e sentimentos mais íntimos a respeito dele. Às vezes, seu amor e olhar positivo são de tal maneira transmitidos que é fácil esquecer de articular esses sentimentos quando eles afloram em relação a seu filho. Quando você se lembra de registrar em voz alta seus melhores traços e atos, no entanto, não só está ajudando a formar o conceito positivo que seu filho tem de si mesmo, como afirmando seu reconhecimento dele — o que vem a representar uma forte motivação para novos passos no desenvolvimento social. É fácil perceber, assim, que, como pais, temos a importante responsabilidade

104 ■ A BARREIRA DA COMUNICAÇÃO

de ensinar e reforçar comportamentos socialmente positivos. Seremos mais capazes de atender às exigências dessa responsabilidade se reconhecermos que nosso empenho pode melhorar espetacularmente a vida emocional dos meninos, hoje e no futuro.

Podemos não dar muita importância a pequenos gestos verbais como "por favor" e "prazer em vê-lo", mas o fato é que constituem passos que gradativamente levam ao interesse social. Na verdade, a consciência social dos meninos é construída a partir dessas microcapacitações de comunicação social. Se seu filho utiliza expressões sociais que lhe parecem superficiais ou desprovidas de sinceridade, pergunte a si mesmo se não esqueceu de enfatizar os sentimentos que deveriam estar por trás dessas palavras, como a consideração pelos outros.

■ ■ ■

A perspectiva que um menino tem de si mesmo, às vezes chamada de *auto-imagem*, emana da observação do próprio comportamento e é reforçada pela reação dos outros a seus atos. Uma vez desenvolvida, essa auto-imagem é muito difícil de alterar. O que seu filho pensa de si mesmo? Quais comportamentos (inclusive na esfera da comunicação) contribuem para suas crenças?

As frases simples que usamos, como "por favor" e "obrigado", representam reconhecimentos verbais da importância dos outros. Quando nos expressamos de maneira cortês, estamos indicando interesse pelos outros, respeito por sua importância e cuidado em relação a seus sentimentos. Por isso essas palavras têm tanta força. Somos capazes de emprestar objetos de estimação, perdoar, comparecer a recitais de amadores e renunciar a aumentos salariais simplesmente por ouvir a expressão "por favor"; assinamos generosos cheques de doação, levamos amigos ao aeroporto e nos matamos no trabalho simplesmente para ouvir um "obrigado". Se você estiver na fila do supermercado e alguém disser "Desculpe, sinto muito incomodar, mas será que poderia passar sua frente? Tenho aqui só um objeto e não estaria pedindo se não estivesse mesmo muito atrasado para um compromisso", é provável que você deixe a pessoa passar, ainda que não lhe agrade muito. Imagine se a mesma pessoa dissesse: "Preciso passar na frente, estou atrasado, tenho apenas um objeto aqui." Apesar de verdadeiro e objetivo, esse pedido tão autocentrado provavelmente causaria má impressão e não seria atendido, por não reconhecer os sentimentos da outra pessoa. As expressões de polidez azeitam os mecanismos de uma sociedade na qual precisamos todos ceder e acomodar as necessidades e os desejos de muitas pessoas. Expressam o desapego necessário para participar de uma comunidade e refletem a apreciação de nossa individualidade pelos outros no interior dessa estrutura de grupo. Quando ensinamos a nossos filhos a consideração para com os outros — "Adoro quando você me leva de carro, pois sempre conta histórias divertidas no caminho", em vez de um seco "Obrigado pela carona" —, não só lhes ensinamos a gostar dos outros como também aumentamos suas chances de virem a ser estimados.

Atravessando a cerca de arame farpado

O contato precoce com os *comos* e *porquês* da capacitação para a comunicação social é particularmente importante para os meninos que podem ter uma autoconfiança marginal. Por meio de uma comunicação efetiva, eles podem vivenciar certo sentimento de competência e domínio complementar à sua necessidade de confiança. Quando prevêem o fracasso, os meninos inevitavelmente optam por se esquivar, pois bem lá no fundo uma voz lhes diz que devem tratar de evitar a humilhação e o constrangimento a qualquer preço, ainda que isso signifique certo isolamento social. Os meninos são verdadeiros especialistas em matéria de se fechar e fazer com que nos sintamos intrusos em sua vida pessoal. Às vezes, brinco com eles dizendo que precisam tirar o aviso de "Não ultrapasse" quando entram em meu consultório! Alguns sorriem e entendem o que estou dizendo, mas outros se sentem embaraçados diante da mais leve referência a seus sentimentos, tornando-se ainda mais intransigentes no controle de qualquer expressão emocional. Cabe lembrar que a maioria dos meninos resiste a mostrar qualquer sinal de vulnerabilidade ou de algo que possa considerar fraqueza. As mensagens que enviamos a nossos filhos são poderosas, e a energia que despendem tentando mostrar-se à altura de nossas expectativas representa um importante empenho de seus recursos psicológicos. Considerando-se esse investimento, será que não deveríamos proporcionar a nossos filhos um script melhor?

Anos atrás, eu atendia um militar reformado transformado em executivo. Em nossas sessões, tratávamos, sobretudo, da maneira como ele poderia motivar melhor seus subordinados. James era um homem intenso, organizado e objetivo. Era capaz de processar muito rapidamente informações complexas e mantinha muito altas as metas e os padrões para seus empregados e para si mesmo. Como ocorre com tantos empreendedores, bastava uma leve sugestão para que ele promovesse avanços exponenciais na condução dos negócios.

James também mantinha muito elevados os padrões no trato com o filho, e se sentia bastante frustrado porque ele não demonstrava o mesmo entusiasmo por uma organização tão eficaz da vida. Gradualmente, nossas

106 ■ A BARREIRA DA COMUNICAÇÃO

conversas nas sessões passaram a girar em torno das preocupações com James Jr. Ele observava: "Veja bem, não sei se existe realmente um problema; certamente não temos aqui algo que possa ser propriamente diagnosticado. Mas é algo que eu detecto perfeitamente. Meu filho tem 12 anos, é grande para a sua idade e está passando por uma fase bem difícil. Não tem nenhum problema sério nem é um mau aluno, mas às vezes fico me perguntando se não sei mais quem ele é." E, depois de uma pausa: "Talvez você devesse conversar com ele." Concordei.

Aos 12 anos, James Jr. tinha quase 1,80 metro de altura. Estava vestindo calças jeans bem largas e um suéter cinza em cujos bolsos mantinha as mãos enfiadas. Entrou em meu consultório calçando tênis sem cadarços e se atirou no canto do sofá, deixando bem claro quais eram seus sentimentos sobre aquela história de ter de conversar comigo. A perna se balançava para frente e para trás, impacientemente. Enquanto me apresentava, não pude deixar de observar o flagrante contraste com o pai.

Percorremos as perguntas iniciais de hábito, e James Jr. respondia com "Não sei", "Não faz diferença", "Não", "Nada", até finalmente rosnar: "Preciso mesmo estar aqui?" Meninos na defensiva como ele desafiam qualquer um que tente fazer contato. Escondem-se por trás de um muro de indiferença e, quando o muro ameaça ruir, recorrem à única e desgastada emoção que conhecem: a raiva. Quando ficam em dúvida sobre o que dizer ou como reagir, apertam o botão da raiva, na esperança de intimidar e impedir qualquer tentativa de aproximação. O objetivo da indiferença é deixar claro que conhecem suficientemente a si mesmos e a suas mentes para não precisar de ninguém mais. Esses meninos se iludem imaginando que os outros interpretarão sua raiva como manifestação de força e autoconfiança.

Apesar do tamanho e da disposição de se mostrar intratável, desconfiei que James Jr. não fosse assim tão indiferente quanto queria parecer. Sua indumentária "largada" fora cuidadosamente composta para expressar rebelião. Às vezes, os meninos muito grandes para a idade enfrentam a expectativa de se mostrar durões, sendo desafiados por outros meninos dispostos a se destacar ou "convidados", apesar da idade, a se juntar a um bando de garotos mais velhos. A aparência e a atitude fazem parte da camuflagem necessária para se entrosar. As roupas também podiam ser uma maneira de se rebelar contra o pai, um homem de gosto sofisticado nos trajes e que certamente desaprovaria a indumentária do filho. Enquanto pensava nessas questões, perguntei a James Jr. se já havia entrado em brigas na escola.

— Ahn? — indagou ele, parecendo surpreso. — Eu?

— Sim, você — respondi. — Alguma vez brigou com alguém?

James Jr. então expôs suas convicções a respeito.

Sem palavras para expressar a emoção ■ 107

— Não quero saber de confusão, mas também não tenho medo de ninguém. Sei cuidar direitinho de mim.

— Então tem cuidado de si mesmo? Como é que faz? — perguntei.

— Como assim? — retrucou o menino.

— Alguma vez bateu em alguém? Saiu no murro?

— Não, não preciso, realmente. As pessoas sabem que é melhor não se meter comigo.

Recostou-se e encolheu os ombros, cruzando os braços.

— Em minha escola há garotos que... Bem, digamos que fico feliz de não ser eles.

Notei o quanto James Jr. passara a verbalizar mais a partir do momento em que a conversa começara a girar em torno de um assunto no qual tinha, a toda evidência, algum envolvimento emocional. Falar das relações de tensão com outros meninos na escola era a "freqüência" na qual James Jr. se dispunha a ser ouvido. Enquanto falava, ele parecia intensamente envolvido na questão e, quanto mais perguntas eu fazia, mais animadamente ele se estendia em suas observações sobre o que acontecia entre os outros colegas na escola. Começou, então, a arriscar afirmações ousadas: "Neste mundo, temos de saber nos impor", "Existem os vencedores e os perdedores", "Nunca se deve deixar que os outros percebam que a gente tem medo" e "Este mundo não é fácil". Pela primeira vez, eu percebia o que havia de comum entre pai e filho. Aquelas afirmações eram uma versão adaptada da ética de trabalho do pai, que costumava falar da necessidade de se manter duro e sem emoções nos negócios.

Mais tarde, em novo encontro com o pai, tratamos dos temas daquela conversa. Repeti as frases então ditas por James Jr., enquanto o pai, sorrindo e levemente embaraçado, repousava a cabeça nas mãos. "Que coisa mais fora de contexto!", disse ele. "Conversei muito com ele sobre a fusão na empresa. Todo mundo estava em pânico, e minha equipe observava minha reação. Como líder, eu tinha de me manter firme. Às vezes, tinha de me mostrar assertivo; outras vezes, blefava, mesmo estando preocupado com a possibilidade de que todos perdêssemos o emprego. Mas ele não entendeu. Eu agia assim para motivar as pessoas, extrair delas o melhor, desenvolver sua capacidade e mantê-las no emprego. Elas não seguiriam minha liderança se não houvesse confiança e respeito mútuos." Mais uma vez, dei algumas sugestões a James, entre elas conversar com James Jr. sobre coisas importantes para ele. Como sempre, ele rapidamente entendeu. Passadas algumas novas visitas de controle durante alguns meses, não voltei mais a ter notícias suas. Mas seis meses depois recebi pelo correio uma foto de James e James Jr. Estavam abraçados pelos ombros lado a lado, sorrindo e segurando uma perca que

108 ■ A BARREIRA DA COMUNICAÇÃO

acabavam de pescar. E James rabiscara no bilhete: "As coisas vão bem, embora 'esse mundo não seja fácil' para os peixes." A expressão facial de pai e filho parecia indicar que a cerca de arame farpado viera abaixo.

Como pais, quando usamos a linguagem e os temas que falam diretamente às realidades emocionais de nossos filhos, podemos encontrá-los num lugar onde há uma boa chance de reagir ao que propomos. Encontrar a freqüência certa é ao mesmo tempo uma questão de instinto (o que requer que passemos tempo suficiente com nossos meninos para realmente conhecê-los) e investigação. Os meninos podem tentar nos afastar, mas geralmente isso ocorre quando nosso tipo de abordagem não tem o foco certo. Mesmo quando achamos que nossos filhos estão à deriva, o fato é que levam consigo partes de nós. Nossa linguagem e nossa maneira de nos comunicar inevitavelmente se tornam parte da maneira de pensar de nossos filhos. Nossa tarefa não é impedir esse fenômeno, mas ter consciência de que ele ocorre e nutrir seu desenvolvimento saudável. Afinal, ao prestar atenção ao que transmitimos a nossos filhos, podemos ajudá-los a criar um mapa mental para a efetiva comunicação social.

Trace mapas para a comunicação social

Em nível interpessoal, a empatia pode ser entendida como manifesta preocupação com os outros. Em nível cognitivo ou de idéias, ela é composta de uma série de mapas aos quais os psicólogos dão o nome de *esquemas*. Esses mapas ou esquemas são as lentes através das quais um menino vê a si mesmo e ao mundo social de que faz parte. Os esquemas se transformam em pontos de referência; aquelas perspectivas a que está sempre retornando para entender as situações enfrentadas. Todos nós desenvolvemos nossos mapas mentais por meio da experiência e do aprendizado. Para aprender a pensar de maneira empática, temos de observar os outros e codificar (rememorar) idéias de comportamento e comunicação adequados em contextos específicos. Esse processo ajuda a entender a extrema importância do exemplo dos pais. As crianças estão constantemente observando e ouvindo, em busca de deixas para seu próprio comportamento. Com o tempo, essas deixas se definem e organizam numa espécie de manual mental do leque de opções disponíveis em matéria de comportamento e formas de comunicação.

Imagine um menino de 5 anos observando o pai no enterro de uma tia. É a primeira vez em que ele vê no pai uma manifestação tão efusiva de emoção, o que o deixa desconfortável. Ele não sabe como reagir. Aos 5 anos, não está certo do que se espera que sinta e se sente algo acabrunhado nessa situação. A quantidade de pessoas chorando o deixa ainda mais confuso sobre as razões que levam as pessoas a se comportar assim. Pode ser a primeira vez na vida em que vivencia a experiência do choro como um comportamento aceito e "normal". Observa que, embora estejam chorando, as pessoas não estão com raiva umas das outras. Pelo contrário, abraçam-se e se tocam com as mãos. Seus ouvidos também estão muito atentos: as pessoas dizem coisas afetuosas umas às outras e fazem comentários bondosos sobre a tia. Embora não entenda completamente o que está acontecendo, ele percebe que aquelas pessoas se reuniram por algum motivo importante e que está certo que demonstrem esses sentimentos.

Ao terminar a cerimônia, a criança observa o pai abraçando outras pessoas. Ouve-o agradecer por terem vindo e dizer que "ela o amava muito". Percebe o impacto das palavras do pai e identifica o tom de sinceridade em sua voz. Em conseqüência, o menino, ainda muito pequeno, desenvolve um *esquema* sobre a maneira como as pessoas, entre elas seu pai, enfrentam situações que envolvem emoções fortes e de tristeza. Vê o pai expressando emoção sem ansiedade nem constrangimento e nota que ele parece de certa forma aliviado por estar na companhia de outros membros da família. Do esquema desse menino a respeito desse acontecimento, fará parte o aprendizado de que às vezes expressar emoções de maneira intensa é uma coisa boa, e até os homens adultos podem se sentir melhor ao expressá-las.

Em contraste com esse exemplo, certos meninos crescem em famílias nas quais a expressão das emoções não é estimulada, sendo até abertamente censurada. *Estimular a repressão das emoções gera nos meninos um esquema resistente e potencialmente destrutivo.* Quantas vezes você não ouviu (ou disse) "Menino crescido não chora", ou deixas mais sutis como "Controle-se". Tais comentários freqüentemente refletem o grau de desconforto de uma família ou de um dos pais com as emoções — a crença de que a expressão emocional não é viril ou polida. Pior ainda é a convicção equivocada e perigosa de que as emoções desagradáveis irão embora se nos for possível reprimi-las. Pelo contrário, elas se enraizam ainda mais, e será apenas uma questão de tempo que esses sentimentos exijam ser ouvidos.

Ajude-o a encontrar as palavras necessárias para expressar suas emoções

Há muitos anos os psicólogos vêm se conscientizando de que a articulação e a expressão das emoções são uma grande dificuldade para certas pessoas. A esta síndrome deram o nome de *alexitimia*, que significa, em latim, "sem

110 ■ A BARREIRA DA COMUNICAÇÃO

palavras para as emoções", e não é por mera coincidência que os terapeutas têm profundo conhecimento da síndrome. Ela pode causar sérios problemas no casamento, nas famílias e no trabalho. Os homens representam um percentual muito elevado das pessoas que enfrentam esse tipo de obstáculos na expressão própria. Não raro, consideram qualquer terapia uma experiência difícil e estranha — provavelmente porque ela requer que façam exatamente aquilo que consideram mais problemático.

Como raramente os meninos carecem da capacidade de expressar pelo menos uma grande emoção — a raiva —, parece-me que um nome melhor para esta síndrome seria *dislexitimia*, ou "palavras *inadequadas* para as emoções". Assim como uma pessoa com dislexia tem dificuldades de leitura, alguém com dislexitimia tem dificuldades para sentir e expressar. A dislexitimia pode ser uma incapacitação sutil, pois nossa sociedade não tem o hábito de buscar conscientemente as manifestações de pobreza na comunicação emocional. Em vez disso, costumamos atribuir essa tendência a características masculinas estereotipadas, como ser "forte e calado". Às vezes, encobrimos o problema direcionando de outro modo nossos elogios à figura masculina: "Ele é hábil com as mãos" ou "Ele é meio rude, mas tem um bom coração".

Ajudar nossos filhos a encontrar as palavras necessárias para dar a conhecer a si mesmos e a suas emoções é uma questão muito séria. Mas é possível integrar esse empenho na vida cotidiana de nossa família — por exemplo, discutindo uma cena em que as emoções tenham sido bem articuladas num programa de televisão. Para agir com inteligência, os pais podem integrar sutilmente seus comentários à conversa normal, evitando assim que a coisa pareça uma "aula". Relacione a situação à vida de seu filho! Esteja atento às oportunidades de ensinar. Não tenha medo

■ ■ ■

A dislexitimia, ou "palavras inadequadas para as emoções", não é apenas um jargão psicológico. Essa incapacitação social, bastante comum, tem efeitos potencialmente prejudiciais à mente e ao corpo. A repressão das emoções já foi associada, por exemplo, a alterações hormonais que comprometem funções decisivas do sistema imunológico. Infelizmente, quando os indivíduos do sexo masculino não são capazes de articular seus sentimentos, podem estar mais expostos a problemas de saúde.

de parar e fazer um comentário verbal a respeito de alguma interação que tenha ocorrido no supermercado, no playground ou na cerimônia religiosa. Uma das recomendações que mais freqüentemente faço aos pais de meninos por mim avaliados em função de problemas sociais é aprender a descrever as nuances da interação social, utilizando palavras e frases que possam expan-

> ### ▪ ▪ ▪
> ### Nunca é cedo demais...
> Você pode começar a promover a alfabetização emocional de seu filho desde o nascimento. Toda interação representa uma oportunidade de "conectar" os caminhos neurológicos da comunicação recíproca. Quando seu filho for capaz de distinguir diferentes tipos de veículos e dar nome às cores, já está na idade de começar a perceber e identificar seus sentimentos. Se você oferecer um modelo para esse tipo de observação e tratar de treinar seu filho nesse sentido, ele deduzirá que se trata de uma forma importante de autoconhecimento, e na maioria dos casos tentará obter sua aprovação mostrando-lhe que "é capaz".

dir e aprofundar a percepção do menino. Isso pode ser feito analisando o comportamento de outros meninos que estão brincando ou discutindo, ou ainda observando discretamente as pessoas no shopping center e tentando adivinhar seus sentimentos.

Suponha que você esteja sentado na praça de alimentação de um shopping center com seu filho pequeno. A várias mesas de distância, vê uma mãe com o filho e a filha. No momento em que se aproximam da mesa, a menina, menor, ocupa a cadeira na qual o menino fizera menção de sentar-se. Uma vez sentados, o menino subtrai um pedaço de comida da irmã, que começa a reclamar. A mãe ralha com os dois e afasta de seu alcance um saquinho de biscoitos sobre a mesa. Mais tarde, permite que as crianças apanhem alguns biscoitos, e a irmã oferece um ao irmão. Surgiu uma bela oportunidade de explorar questões de comportamento social com seu filho. Por que o menino tirou um pedaço de comida da irmã? Arrisque que talvez estivesse zangado com ela por ter sentado onde ele pretendia sentar ou chateado porque a mãe não a obrigou a sair dali. Observe que a irmã é menor e pode ainda estar aprendendo a compartilhar, e pergunte-lhe se conhece outras crianças pequenas que têm dificuldade para compartilhar e por que isso acontece. Pergunte por que a mãe ralhou com eles e afastou o saquinho de biscoitos. Veja se ele nota que a irmã estava tentando se mostrar amistosa com o irmão ao lhe oferecer um biscoito, e dê a entender que ela talvez se sinta mal por ter tomado o lugar dele. Pergunte a seu filho se o menino pode estar se sentindo mal também por ter tomado a comida da irmã. E ele acha que a mãe se orgulha dos filhos quando eles se dão bem?

À medida que se alfabetiza emocionalmente, seu filho será capaz de passar de descrições simples como *zangado*, *triste* ou *feliz* para palavras que identificam muito mais sutilmente as emoções — *frustrado*, *constrangido*, *animado*, *exibido*, *satisfeito*, e assim por diante. Comece num nível em que ele se sinta à vontade e cresça a partir daí. Mais uma vez, isso pode ocorrer no decurso de uma conversa normal, para que não fique parecendo um

112 ■ A BARREIRA DA COMUNICAÇÃO

"momento-aula" para seu filho. Ele simplesmente aprenderá que você tem consciência dos sentimentos e motivações das outras pessoas e também começará a desenvolver essas valiosas capacitações para a vida. Quanto mais cedo você começar com ele, melhor. Quando um bebê já é capaz de identificar diferentes tipos de caminhões ou designar as cores pelo nome, está na idade de começar a perceber e categorizar os sentimentos em si mesmo e nos outros.

Se você ainda não começou esse tipo de diálogo com seu filho, comece hoje mesmo, ou, se ele se mostrar relutante, simplesmente continue tentando. Não podemos esperar construir a arquitetura emocional de nossos filhos em uma semana, um mês ou um ano. Mas na maioria dos casos podemos começar a perceber pelo menos alguns benefícios quase imediatamente. A possibilidade de nossos filhos integrarem plenamente ou não o que aprendem de nós tem muito a ver com a maneira como reforçamos esse aprendizado por meio de um reconhecimento positivo. Lembre-se de que você está na linha de frente na batalha pela alfabetização emocional de seu filho. Os meninos são capazes de detectar o fervor com que você se lança nessa batalha, usando seu empenho como medida da importância da mensagem.

E se você o vir subindo novamente aquela cerca de arame farpado? Ante a convicção apaixonada de um adulto, a tática favorita de alguns meninos é esnobar e mostrar-se indiferente. Eles querem que você veja que permanecem imunes à sua crença porque estão profundamente empenhados em ser vistos como seguros de si e pelo menos tão inteligentes quanto você. Eu arriscaria dizer que não existe em todo o planeta um só adulto que não tenha experimentado essa frustração de tentar ensinar algo a um menino muito cheio de si e eventualmente arrogante. Mas faz parte da missão do professor manter-se focado no que está tentando transmitir e não se deixar envolver numa luta de poder para ver quem sabe mais. Isso é particularmente importante para os pais, que, às vezes, se deixam apanhar numa competição pelo controle. Não esqueça que mesmo quando pensa que suas palavras encontram ouvidos moucos, suas convicções e paixão são em si mesmas uma mensagem. A convicção dá o recado de que é bom preocupar-se profundamente com algo, expressar essa emoção e deixar que seja vista pelos outros. A emoção construtiva e bem direcionada é o combustível do cuidado parental efetivo. Mas não é garantia de um vôo tranqüilo. A tentativa de conseguir que um menino modele seu comportamento de acordo com as expectativas parentais pode levar à indignação e eventualmente ao conflito, mas muito pior é deixar de se preocupar o suficiente para transmitir expectativas e crenças parentais — o que leva os meninos a solidão, confusão e dúvidas.

Quero compartilhar com você um de meus trechos favoritos no romance intitulado *A Place on Earth,* de Wendell Berry. Nele, um pai descreve o

Sem palavras para expressar a emoção ■ 113

envolvimento de seu filho, Virgil, na construção de um celeiro, juntamente com seu tio Ernest.

> Reforcei o sótão e instalei um novo telhado quando Virgil tinha 13 ou 14 anos. Foi praticamente o primeiro trabalho de homem que ele executou na vida. Trouxe-o para cá com Ernest e eles realizaram juntos o trabalho. Na época, eu ficaria preocupadíssimo se tivesse de conseguir que ele aceitasse algum trabalho, mas para Ernest ele trabalhava. Vi que era assim e me lembrei como havia sido comigo. É incrivelmente difícil conseguir que um menino entre no ritmo sob a condução do pai. (...)
> Quando um menino chega à idade de trabalhar, seu pai já vem sendo seu patrão há muito tempo, e nem sempre um patrão fácil. Ambos já se testaram o suficiente, conhecendo as fraquezas e defeitos de cada um. Há um monte de velhas picuinhas prontas para uso. E um homem pode se desviar para o orgulho quando está ensinando a um menino. O que ele faz de errado fica parecendo uma falha tão sua quanto dele, de modo que você não corrige ou pune pensando nele, mas em si mesmo. A maneira de sair disso — a maneira que meu pai adotou em relação a mim e que eu adotei com Virgil — é permitir que ele trabalhe com alguém mais velho, como Ernest, o qual você sabe que ele admira.

Encontramos nesse trecho uma esplêndida sabedoria sobre a dinâmica entre pais e filhos, e também uma sugestão bastante útil. Um pai ou uma mãe agem com sabedoria não só transmitindo as próprias expectativas, mas também estimulando o filho a aprender com os outros e adquirir um senso de domínio das situações. Às vezes, a melhor maneira de transmitir uma mensagem é encontrar o mensageiro certo.

Encorajar a expressão

Cientistas envolvidos no estudo da aquisição de linguagem desenvolveram minuciosas teorias sobre seus componentes estruturais. Também têm teorizado sobre o desenvolvimento, no cérebro da criança, das "ferramentas" necessárias para se comunicar com êxito. Apesar disso, a importância da *emoção na linguagem* tem merecido relativamente pouca atenção. Em conseqüência, o vínculo entre a linguagem e as emoções ainda não foi plenamente compreendido. O eminente lingüista Lois Bloom frisa que a ênfase na dimensão "instrumental" da linguagem — a maneira como ela ajuda as crianças a conseguir as coisas — é talvez menos importante do que a maneira como a linguagem nos ajuda a expressar os aspectos da experiência humana cujo significado é destilado na força e no poder de evocação das palavras. Um exemplo? Pense em algumas das palavras de maior força que

114 ■ A BARREIRA DA COMUNICAÇÃO

> ■ ■ ■
>
> Podemos usar as palavras de diferentes maneiras:
> - Numa fala instrumental e voltada a metas e solução de problemas, focando-se em executar determinada função ou obter resultados específicos: "Tio Bob me convidou para visitá-lo em agosto. Mas prefiro ir em setembro, pois haverá uma regata na cidade dele. Vou telefonar para saber se posso ir em setembro, para assistir à regata, e também para saber se acabou de construir a cerca em seu quintal. Se a cerca estiver concluída, talvez eu possa levar meu cachorro, e não precisarei pagar para que tomem conta dele."
> - Numa fala voltada aos processos, evocativa, expressiva, reflexiva e capaz de transmitir a complexidade das idéias e sentimentos: "A Del é muito teatral. Quando fica indignada, deixa-se levar por uma onda de emoção, e tem uma parte dela que realmente gosta de perder o controle — e é aí que diz coisas absurdas que podem ferir. Mas acaba caindo na realidade de novo e se sente arrasada e terrivelmente envergonhada do espetáculo que deu. Mas o remorso não dura, pois o fato é que ela gosta daquela exaltação."

conhecemos: *amor, ódio, fé, mal*. A capacidade de apreender o significado de palavras expressivas e evocativas permite que a pessoa as utilize de maneira específica para transmitir a complexidade das idéias e sentimentos.

Os meninos pouco inclinados à verbalização muitas vezes encontram dificuldades para passar da linguagem voltada à solução de problemas para uma fala mais expressiva. Sem ela, capacitações sociais como a auto-reflexão e a consciência interpessoal são muito mais difíceis de alcançar. Imagine que você vá a uma loja comprar um casaco vermelho e o produto, apesar de anunciado, esteja em falta. O funcionário número 1 informa: "Esse casaco está fora do estoque. Só temos agora nas cores laranja e preto. O senhor pode se dirigir ao serviço de atendimento aos clientes, no fundo da loja, e preencher um formulário para ser avisado quando o produto chegar." O funcionário número 2 exclama: "Mas é uma pena, o senhor se abalou até aqui, e esses casacos são muito bons! Vamos ver se conseguimos um vermelho para o senhor. Por que não preenche o formulário no serviço de atendimento aos clientes? Vamos avisá-lo, com certeza, assim que chegar um." Os fatos envolvidos na situação são os mesmos, mas a fala de cada um dos dois funcionários transmite informações muito diferentes ao consumidor.

Como os indivíduos do sexo masculino tendem por natureza a se voltar para a solução de problemas, faz sentido que sua linguagem seja voltada para metas, com uma forte orientação instrumental. Mas a orientação voltada à solução de problemas e ao raciocínio do tipo "causa e efeito" pode representar um obstáculo para a empatia. Isso acontece porque a comunicação empática não está tão *voltada para metas*, sendo antes *orientada para processos*. É precisamente o tipo de comunicação que os meninos com pouca sensibilidade verbal consideram difícil e antinatural. Os meninos de pouca inclinação para a verbalidade freqüentemente têm dificuldade de deixar de pensar na solução de um problema para adotar processos introspectivos como a auto-reflexão e a consciência interpessoal. É como se você fosse demitido de seu emprego e se concentrasse apenas em conseguir um novo, em vez de parar um pouco para pensar como seu comportamento e suas relações no trabalho podem ter contribuído para sua demissão! Sem essa análise, seu empenho na solução de problemas permanece num nível superficial. É o que, às vezes, acontece com os meninos que perdem muitos amigos e se concentram em fazer novas amizades, sem se dar conta de que foi seu comportamento — certa prepotência, por exemplo — que afastou os outros. Não estou sugerindo que se ensine aos meninos ficar remoendo emoções o tempo todo, mas efetivamente acredito que eles precisam ser capazes de voltar a atenção para dentro de si mesmos quando for do seu interesse.

Sentir e expressar emoções é parte integrante da experiência humana desde os primeiros momentos da vida. Os homens têm tantas emoções e precisam tanto delas quanto as mulheres, e fingir que não as têm não as resolve nem diminui seu impacto em nossa vida. O que essa tentativa de fingir que não temos emoções efetivamente *faz* é reduzir nossa resistência às doenças. Também pode obstruir o fluxo normal de estados emocionais como o luto, impedindo-nos de nos adaptar e movimentar de acordo com as inevitáveis perdas da vida. Talvez uma das coisas mais importantes que ensinamos a nossos filhos seja que podem sentir efetivamente o que sentem, mas "vou lhes mostrar como expressar esses sentimentos de um modo que realmente os ajude a sentir-se melhor". A importância dessa abordagem não poderia ser superestimada, pois deixa claro que os sentimentos não são bons nem ruins em si mesmos; é a maneira como os usamos que lhes confere valor e determina como seremos percebidos pelos outros.

Talvez não seja intencional, mas está implícito nas atividades que recomendamos aos meninos a idéia de que a atividade e a realização — em contraste com os processos, a reflexão e a consciência — constituem estados preferíveis. Há uma sutil ironia numa sociedade que estimula os homens a ser atléticos, mas ao mesmo tempo fomenta formas de repressão emocional associadas às doenças físicas. O que me faz lembrar meu antigo vizinho, que tentava manter a forma correndo com seu doberman. Gastava tanta energia tentando disciplinar o cão e se indispondo com os transeuntes que

116 ■ A BARREIRA DA COMUNICAÇÃO

cruzavam seu caminho que desconfio que seu esforço estivesse mal orientado; um curso de administração da raiva poderia ser melhor para seu coração do que aquele "exercício" diário de frustração.

Não capte o sentido da história — nem a sua própria

Em meu trabalho com crianças, costumo aplicar um teste projetivo no qual a criança deve imaginar e verbalizar histórias a respeito de uma série de gravuras com significados ambíguos. As gravuras representam pessoas com emoções fortes, às vezes em conflito com outras. É um excelente teste para avaliar a sofisticação verbal e a percepção emocional. O mais importante, para mim, é descobrir se o menino aprendeu a aplicar palavras às observações de maneira a extrair significados de sua experiência do mundo.

Submetidos a esse teste, os meninos de poucas palavras têm tendência a fazer afirmações breves e concretas. Suas histórias são primordialmente descrições dos elementos mais óbvios da gravura. Lee, um menino de 11 anos que sofre de dislexia — além de problemas de capacitação social, como falta de jeito e retraimento, freqüentemente associados a essa síndrome —, descreveu assim a imagem de uma mulher chorando com as mãos no rosto, enquanto um homem se afasta por uma porta atrás dela: "Ela está esfregando o rosto. Ele tem de sair. Talvez precise ir à loja." Curt, de 6 anos, com uma fala mansa e lacônica, descreve assim uma imagem de ursos engajados num cabo-de-guerra: "Eles estão segurando uma corda. Querem ficar com ela. Um deles pode se molhar." Veja agora a resposta que me deu uma menina de 5 anos, apontando para a mesma figura: "Esses ursos estão numa festa, e estão jogando cabo-de-guerra porque estavam entediados. Do lado de cá, há, sobretudo, meninas, mas aqueles ali são meninos. Aqui do outro lado estão as irmãs e seus irmãozinhos. Esta aqui é a chefa, pois realmente quer que sua equipe vença. Mas este aqui está ficando furioso porque o que está atrás dele não puxa com força e agora ele está com os pés dentro d'água!"

As histórias de Lee e Curt mostram que ambos têm considerável dificuldade em matéria de expressão emocional e narrativa. Não surpreende que ambas as dificuldades se manifestem em conjunto. O conteúdo emocional de qualquer história humana é tão importante para a apreensão de seu sentido quanto as ações que se entrecruzam para formar um enredo. Lee e Curt não entendem realmente o que está acontecendo com os personagens apresentados na gravura que lhes mostrei, e provavelmente não se dão conta inteiramente do que ocorre nas histórias que se passam a seu redor, envolvendo membros da família, colegas de escola ou estranhos. Mas o pior de

■ ■ ■
O poder da narrativa

Os psicólogos observaram que até mesmo pessoas que sofreram grandes traumas podem enfrentar a situação melhor quando são bons historiadores dos eventos de suas vidas. Quando um menino é capaz de descrever as próprias experiências, suas palavras e lembranças tecem os fios que transformam acontecimentos disparatados na trama coesa da história de sua vida. Por exemplo, a criança assediada ou perseguida precisa falar do que lhe aconteceu, mas um menino capaz de ir além dos simples fatos, descrevendo como vivenciou essa experiência de perseguição, tem mais chances de superar esse conflito de maneira psicologicamente saudável.

tudo, para eles, pode ser o fato de que talvez nem entendam a si mesmos. O senso da narrativa é exatamente o que se espera de cada um de nós ao juntarmos as experiências de nossas vidas numa história que faça sentido. Sem a capacidade de integrar observações e experiências de maneira significativa, nossa percepção do eu e da realidade em geral torna-se fragmentária, confusa e estressante.

Na fila do almoço na cantina de sua escola, Riley, de 9 anos, se esforçava por apreender os comentários a seu redor. Considerava, erroneamente, que era ele próprio o objeto dos comentários, e sua ansiedade e frustração só aumentavam ante a incapacidade de impedir os outros ou de entender o que estava ouvindo. (A intensidade da inibição de Riley o impedia de perceber outras deixas fundamentais, que o teriam ajudado a contextualizar o que ouvia.) Finalmente, Riley cedeu à tensão e empurrou outro menino. Imediatamente o caos se instalou na fila, e cerca de 15 minutos depois Riley estava sentado em frente à mesa do diretor da escola, que lhe perguntou: "Por que empurrou seu colega?" Riley ficou estupefato. Estava tão furioso porque os outros alunos não eram punidos pela zombaria de que se considerava alvo que seus olhos se encheram de lágrimas ante a pergunta do diretor.

Faça o melhor uso do aprendizado e da memória

Muitos meninos precisam ser reiteradamente ensinados a relacionar palavras e experiências, num processo que se mostra mais eficaz quando tem início nas primeiras etapas da vida. Quando se forma na criança um mapa mental de determinado acontecimento ou experiência, um estado emocional vem a ser neurologicamente ligado a esse mapa ou lembrança. Os psicólogos costumam referir-se a esse vínculo entre uma situação e uma emoção

118 ■ A BARREIRA DA COMUNICAÇÃO

como *aprendizado vinculado ao estado*. Isso significa que vários aspectos de determinada experiência — imagens, sons e sensações — são codificados na memória de uma pessoa e associados aos estados emocionais ocorridos durante essa experiência. Curiosamente, a rememoração de certas experiências freqüentemente traz de volta os mesmos estados emocionais. Pense, por exemplo, na primeira vez em que você se apaixonou. Provavelmente, quanto melhor você rememorar as imagens e sons então apreendidos, mais claramente poderá lembrar-se de como se sentiu.

O desenvolvimento emocional positivo pode ser considerado uma seqüência de vínculos construtivos entre as experiências de vida e os pensamentos e sentimentos que nos acometem em reação a essas experiências. *Para os pais empenhados em cultivar o bem-estar emocional, o objetivo é tornar as interpretações construtivas e o comportamento saudável cada vez mais automáticos.* Com a reiteração, os comportamentos se tornam, em sua maioria, mais reflexos, às vezes a ponto de parecer intuitivos. Assim como suas mãos e seus dedos se movem com mais fluidez depois de anos de aulas de piano, a comunicação e os pensamentos reflexos de um menino refletem o que ele pôde aprender e praticar.

As crianças se desenvolvem reativamente ao que encontram em seu ambiente (inclusive as formas de comunicação), e esse ambiente é formado pelas ações de vocês, os pais, e pelo que elas vivenciam em casa e na escola. As crianças se mostram mais capazes de *escolher* o comportamento positivo quando aprendem desde cedo o modo de concretizar essa possibilidade. Os meninos que são negligenciados ou vêm reprimidos ou ignorados seus primeiros impulsos para os comportamentos emocionais positivos terão mais dificuldade de desenvolver um respeito saudável por si mesmos e pelos outros à medida que amadurecem. Eu diria também que uma pessoa emocionalmente alfabetizada está mais bem preparada para apreciar e reagir de maneira independente às oportunidades que se apresentam na vida. Ao ser informado de que o jogador que fazia mais pontos em seu time de basquete estaria fora do campeonato, Rodney, de 17 anos, imediatamente sentiu uma pontada de estresse e resignação. Observando os colegas de time, percebeu que sentiam o mesmo. Espontaneamente, Rodney disse: "Cara, estamos com peninha de nós mesmos. Sou o primeiro a reconhecer que o golpe foi duro, mas não podemos desistir de jeito algum. Vamos botar isso para fora — quem quer botar a boca no mundo?" O aprendizado emocional não precisa ficar parecendo um livro de auto-ajuda nem necessariamente ser eloqüente, mas efetivamente implica a consciência dos próprios sentimentos e, não raro, a capacidade de usá-los para liderar.

Certos pais passam mais tempo ensinando aos filhos como fazer cálculos algébricos do que a cumprimentar um amigo, comportar-se num grupo ou afirmar uma opinião de maneira construtiva. Estatisticamente, poucos meninos precisarão recorrer à álgebra na idade adulta, mas todos terão de cumprir tarefas sociais na vida cotidiana. Naturalmente, existe mérito em dominar a álgebra, mas precisamos ter senso das proporções no que diz respeito ao aprendizado das crianças, dando ênfase às capacitações que terão maior repercussão em sua qualidade de vida como adultos.

Preste atenção às deixas não-verbais

Outra importante dimensão em matéria de vivência e comunicação das emoções está relacionada às *qualidades da fala*. Com isso quero dizer que o tom, a velocidade, o volume e a altura da voz estão neurologicamente ligados a lembranças e imagens mentais codificadas. Muitos pais aprendem a redirecionar os filhos mudando o tom e o volume de sua fala. (Abaixar a voz e chamar a criança pelo nome é uma estratégia bem conhecida!) Da mesma forma, as crianças interpretam a disposição dos pais e outras figuras de autoridade por intermédio de nuances sutis da fala e da expressão. Entre essas deixas, podem estar também gestos físicos e expressões faciais. Todos esses fatores conspiram, ajudando as crianças a gerar uma interpretação e uma conclusão a respeito do estado emocional de outra pessoa. Os meninos, geralmente, têm mais dificuldade que as meninas para interpretar corretamente essas deixas, tema de que trataremos detalhadamente no Capítulo 7. A rápida evolução das mudanças sociais, entre elas a superpopulação do planeta, torna a sensibilidade às nuances expressivas mais decisiva hoje que em qualquer outra época da história da humanidade. Não resta dúvida de que os meninos são capazes de aprender essa capacitação. Basta ver a riqueza de nuances dos vídeos musicais, cheios de complexas deixas para os iniciados. O que quero dizer é que a capacitação emocional apresenta diversas dimensões e que nossos filhos recorrem a diferentes habilidades de percepção para aprender a linguagem das emoções.

É importante que os meninos sejam estimulados e desafiados a se expressar, inclusive no que diz respeito às percepções únicas e idiossincráticas que contribuem para diferenciá-los dos outros. Os meninos cujos pais se esforçam por estimular uma comunicação mais sutil das idéias desenvolvem maior destreza verbal e aperfeiçoam sua memória verbal. Por sua vez, estarão mais capacitados a aprender e entender novas palavras, frases e formas sintáticas. Quando pedimos aos meninos que expressem e expliquem o que

120 ■ A BARREIRA DA COMUNICAÇÃO

estão sentindo, nós os ajudamos a refinar e ampliar seu vocabulário emocional.

Desafiados, os meninos podem surpreender-se, pois suas lembranças os ajudam a buscar palavras que estavam arquivadas em sua consciência mas raramente eram usadas. Quando a baía de Chesapeake foi devastada pelo furacão Isabel, minha mulher e eu viajamos até lá com nosso filho, então com 2 anos, para verificar as condições de nosso barco. Chegamos logo depois do cair da noite, e encontramos nossa doca muito danificada. Apesar da precariedade da situação, eu estava decidido a atravessar os destroços para examinar o barco. Ao sair do carro, ouvindo a recomendação de minha mulher para "tomar cuidado", meu filho, que há vários minutos estava estranhamente calado, de repente exclamou: "Estou preocupado!" Eu nunca antes o ouvira pronunciar esta palavra, e tampouco jamais o ouvira expressar ansiedade tão abertamente, mas ficou evidente que a frase e o tom emocional estavam a seu alcance num momento em que precisou expressar sentimentos fortes. Se nunca tivesse aprendido a palavra *preocupação*, ele talvez sentisse bloqueada sua capacidade de expressar o que estava sentindo. Quando tratamos de formar o vocabulário emocional de nossos filhos, nós os preparamos para ser participantes expressivos e ativos em todas as experiências da vida.

Quando seu filho perder um jogo de xadrez com você, e você perceber que ele está incomodado, pergunte-lhe se ficou com raiva por ter perdido, se detesta perder *para você* ou simplesmente sentiu-se frustrado por não estar melhorando com a rapidez que esperava. E se ele vencer uma partida, proclamando alegremente sua satisfação, tente expandir seu vocabulário emocional com termos relevantes: estaria ele se sentindo esfuziante, triunfante, orgulhoso, animado, surpreso, honrado? Outra técnica sutil consiste em escorar o vocabulário de seu filho mediante a utilização de sinônimos. Disse um pai ao filho de 8 anos: "Estou frustrado com a derrota dos Yankees; é exasperante." O filho tinha noção suficiente da palavra *frustrado* para extrair algumas conclusões bem sólidas quanto ao significado de *exasperante*, especialmente num contexto tão propício ao aprendizado.

■ ■ ■

Espero que nossa exploração do mundo dos meninos de poucas palavras tenha deixado clara para você a importância da comunicação para o desenvolvimento de um menino. Os meninos têm tanto a dizer quanto as meninas, mas, por motivos ao mesmo tempo psicológicos e neurológicos, a coisa pode ser muito mais difícil para eles. Também vimos que a resistência à comunicação demonstrada por certos meninos requer sensibilidade, habilidade e paciência da parte dos pais. Em nenhum outro campo a perseverança é tão importante quanto na ajuda para que seu filho aprenda a linguagem das emoções. Ela pode significar literalmente a diferença entre doença e saúde ao longo de toda uma vida. Quando ensinamos a nossos filhos como expressar empatia, nutrimos esse reflexo bem fundo em suas mentes e lhes damos uma ferramenta capaz de enriquecer a enorme variedade de relacionamentos oferecida pela vida.

Como dissemos, exploraremos na Parte II os obstáculos psicológicos e de neurodesenvolvimento que muitas vezes dificultam para os meninos a conquista da comunicação competente e da capacitação emocional. Discutiremos os desafios e complicações que se apresentam quando se trata de ajudar meninos tímidos e retraídos, raivosos e resistentes, e também aqueles nos quais as diferenças cerebrais dificultam a comunicação social. Nosso objetivo não será tanto categorizá-los, mas entender melhor que o caminho para um desenvolvimento social saudável pode ser obstruído de diversas maneiras. Seu filho pode ser uma mistura de dois ou mais dos tipos que aqui serão discutidos. Os meninos podem ser raivosos e tímidos, ou retraídos e impulsivos. Quando nos dispomos a ver nossos filhos de olhos abertos, damos um passo decisivo para nos tornar os pais de que eles precisam.

Parte II

Meninos particularmente difíceis

■ ■ ■

5

Estimule os meninos tímidos e retraídos

■ ■ ■

A infância e a adolescência são períodos de rápida transição. À medida que se desenrola cada período de desenvolvimento, surgem novos desafios, acompanhados pela exigência de dominar novas capacitações. Crescer já é difícil, mas ter de "mudar" na frente dos outros dificulta ainda mais as coisas, especialmente para os meninos, cuja auto-imagem de competência não raro repousa na ausência de mudança. Os meninos precisam de equilíbrio e coragem para recorrer a palavras novas na consecução de diversas missões sociais, assumir riscos na auto-expressão e manter-se firmes frente ao bombardeio de reações dos colegas que pontuam a infância e a adolescência. E esses esforços são críticos para que desenvolvam as capacitações de comunicação social a que precisarão recorrer ao longo da vida. Como pais, devemos ajudá-los a enfrentar os medos que, de outra forma, poderiam inibir seu crescimento social.

Creio que a maioria de nós concordaria com o fato de que o medo da rejeição é uma das angústias mais fortes que uma pessoa pode experimentar. A expectativa da rejeição pode solapar rapidamente a autoconfiança de um menino, limitar uma disposição saudável para assumir riscos e, quando muito forte, fazê-lo recolher-se à sua concha. Com a melhor das intenções, estimulamos nossos filhos: "Vamos, diga" ou "Vá em frente, ela (ele) não morde". Mas os meninos sabem do que estão falando. Aprenderam desde cedo que as reações e os comentários de certos colegas efetivamente mordem. A cada oportunidade em que poderiam e deveriam comunicar-se, precisam pesar bem as vantagens de dar a conhecer seu eu íntimo, tendo em vista o custo de abrir o flanco a ataques e possíveis feridas emocionais. Em certos casos, quando os meninos são particularmente tímidos, a comunicação social requer verdadeira coragem. De modo que cuidamos melhor de nossos filhos tímidos quando os *estimulamos*, ajudando-os a transformar o instinto de retirada num plano de participação.

Vários motivos podem levar os meninos a se tornar excessivamente tímidos ou retraídos. Às vezes, a timidez decorre do temperamento e da personalidade. Podemos identificar esses traços em nossos filhos em idade muito precoce, quando relutam em conhecer novas pessoas ou se integrar a um grupo. Mas a timidez também pode surgir ou se intensificar em conseqüência de experiências sociais, entre elas a dificuldade de comunicação. Certos meninos se tornam tão inibidos quanto ao que devem dizer ou à maneira como sua comunicação é percebida que se afastam socialmente, sentindo ser essa sua única alternativa para ter segurança emocional. Como pais, devemos saber fazer essa distinção a respeito de nossos filhos. Algo que poderíamos atribuir prematuramente à personalidade do menino pode ser, na verdade, um desafio de aprendizado que requer ao mesmo tempo orientação e apoio emocional.

Meninos que não sabem *como* participar socialmente

Griffin, alto e magro aos 11 anos, vive num condomínio com outras poucas famílias. "Ele não tem muitas oportunidades 'naturais' de socializar", explica a mãe, "de modo que precisamos promover reuniões com os amigos e atividades extracurriculares. Mas sou sempre eu que traço algum plano — sugerindo, por exemplo, entrar para um clube ou chamando minha irmã para que ele encontre os primos. Infelizmente, ele não parece estar desenvolvendo vida social própria. É um bom menino, e as pessoas gostam dele, mas é muito calado e tímido. Está fisicamente presente, mas sempre à margem das coisas. Simplesmente não sabe como participar. Se eu não tratasse de promover suas amizades, acho que as pessoas se esqueceriam dele. E talvez até ficasse feliz se eu parasse de tentar — não sei. Já sugeri que ele pegue o telefone e chame um colega, e fico tentando adivinhar que tipo de atividade pode interessá-lo, mas ele dá de ombros. E aí fica vagando pela casa e se queixando de que não tem nada legal para fazer."

Parece familiar? Se você tem um filho excessivamente tímido, provavelmente saberá como é uma inadaptação social como a de Griffin. As experiências sociais dos meninos tímidos e retraídos despertam sua sensibilidade para o risco de situações inéditas, e eles optam por se retirar, como uma estratégia de redução do risco emocional — por mais onerosa que seja. Esses meninos não adquirem facilmente a linguagem social e aprenderam que os colegas podem ser duros frente a suas inseguranças. A mãe de Griffin estava certa em seu instinto — de que ele precisava de mais oportunidades para se expor e praticar em situações sociais. Mas era evidente que ele não estava preparado para aderir ou participar socialmente no mesmo nível que os colegas. "Griffin é mais comunicativo com você e seu marido?", perguntei. "De certa forma", respondeu ela. "Ele tende a se mostrar calado, mas às vezes a situação parece mais tranqüila e afável quando estamos só os três. Ele gosta de jogar cartas e jogos de mesa conosco. Quando há outras pessoas por perto, começo a sentir essa angústia vindo dele."

Adotamos, então, um plano em várias frentes para botar novamente nos trilhos o desenvolvimento da capacidade de comunicação social em Griffin. Primeiro, ele seria instruído pelos pais no sentido de se tornar mais expressivo no ambiente destituído de ameaças do lar. Quando se tem um filho de "manutenção fácil" como Griffin, é muito fácil resvalar para uma rotina confortável que talvez não estimule seu crescimento social. Emprestei, então, aos pais de Griffin um catálogo de jogos de mesa com ênfase na comunicação usados por terapeutas, e sugeri que, em vez de ler durante as refeições, escolhessem um tema de conversa. Embora no início pudesse parecer algo sem jeito ou "artificial", esse tipo de artifício pode servir para demonstrar a seu filho a importância que você atribui às capacitações de comunicação. E é particularmente eficaz quando você já tem uma boa relação com seu filho e ele está ansioso por lhe agradar.

Colegas que não representam ameaça podem ajudar

Se seu filho é tímido ou socialmente inibido, você pode ajudá-lo ampliando o possível círculo de companheiros de brincadeiras, para incluir coleguinhas compatíveis e que o estimulem. Talvez seu filho se sinta melhor com amigos que:

- sejam cronologicamente mais moços, mas socialmente comparáveis;
- OU já tenham idade suficiente para se mostrar menos competitivos ou menos impacientes com ele;
- tenham temperamento feliz e calmo (especialmente no caso de meninos ansiosos);
- sejam meninas ou o envolvam em grupos mistos de brincadeira.

À medida que desenvolver sua prática em situações sociais que maximizem suas chances de êxito, o menino terá mais elementos para se munir de coragem no sentido de expandir seu círculo de amizades. Você já notou se existem amigos ou irmãos que despertam em seu filho o que há de melhor (ou pior)?

128 ■ MENINOS PARTICULARMENTE DIFÍCEIS

Decidimos também que poderia ser bom para Griffin começar a socializar mais na relativa segurança do lar e com uma criança menor cuja capacitação social estivesse mais próxima da sua. A mãe tratou, então, de estrategicamente convidar seu sobrinho Cal, de 8 anos, a ir toda semana à sua casa. Depois de certo tempo, a família retomou o hábito de visitar todos os primos de Griffin em suas casas. "No início, Griffin seguia Cal por toda parte, como um mascote perdido, mas era possível perceber que o tempo que havia passado com ele estava funcionando como uma ponte para ajudá-lo a se envolver com os primos mais velhos", explicou a mãe. "Minha irmã também foi de grande ajuda. Quando ele estiver se sentindo realmente à vontade com seus filhos, ela pretende convidar mais um ou dois meninos da vizinhança, para que Griffin se acostume a brincar também com crianças que não são da família."

Os meninos que se sentem mais capazes no mundo mental

Para outros meninos, o afastamento da socialização decorre de uma personalidade orientada ao mundo intelectual, em que as idéias e a introspecção superam as recompensas da interação social. Kevin, fisicamente avantajado em seus 12 anos, com uma basta cabeleira negra encaracolada e uma expressão facial naturalmente intensa, era um mago na matemática.

— Como você se dá com os outros garotos na escola? — perguntei.

— Eles me acham esquisito. Um crânio, mas esquisito — respondeu ele, com franqueza.

— E isso o incomoda? — perguntei.

— Não — respondeu ele. — A verdade é que estou muito mais adiantado que eles.

A confiante indiferença de meninos como Kevin pode ser muito convincente. O fato de se sentirem intelectualmente competentes pode estimulá-los a apresentar na fachada a convicção de que não precisam de mais nada na vida. Só quando passamos a conhecê-los melhor é que vemos os sinais de um anseio social, e ainda assim é preciso estar bem alerta.

Seja por causa de ansiedade social ou de indiferença social, os meninos de que tratamos neste capítulo estão tolhidos por muralhas internas. Em vez de se empenhar pelo desenvolvimento social, eles aprendem a "conviver com ele" minimizando os riscos sociais. Mais uma vez, nada há de errado com os traços de personalidade que denotam timidez ou distanciamento. O problema é que, associados aos desafios de comunicação inerentes aos meninos, esses traços podem desestimulá-los da socialização a ponto de torná-los

> **■ ■ ■**
>
> Ler a mente de um menino é no mínimo difícil e, às vezes, impossível, mas algumas perguntas importantes devem ser feitas para avaliar se seu filho começa a ficar à deriva socialmente:
>
> - Suas perguntas suscitam nele olhar de desinteresse, como se não soubesse por que são feitas justamente *a ele*?
> - As atividades dele são basicamente ou majoritariamente solitárias?
> - Você percebe que os colegas não parecem seguros quanto à maneira de lidar com ele?
> - Ele parece sozinho por escolha ou falta de opção?

emocional e socialmente isolados. Quando isso acontece, pode ter certeza de que eles precisam de ajuda.

No caso de Kevin, a oportunidade de adquirir capacitações sociais ocorreu num programa estudantil de verão para alguns dos alunos mais brilhantes do país. Pela primeira vez, ele encontrava outros meninos com interesses semelhantes, muitos deles "marginalizados" em suas escolas de origem. Fez alguns amigos, e no ano seguinte mostrou-se, na escola, menos inclinado à falsa superioridade ou ao distanciamento entre os colegas. Capitalizando uma nova confiança em seu potencial social e com o estímulo de um professor, Kevin formou uma equipe de matemática no ensino médio. Desfrutou da inesperada oportunidade de se apresentar de certa forma como modelo para os outros meninos e pôde desarmar suas defesas o suficiente para se mostrar útil, e não condescendente. Em vez de encarar sua diferença como uma desvantagem, começou a usar seu talento específico como trunfo para se conectar com os outros.

Por cima da carne-seca — *e também* dos outros?

Quando os meninos tímidos evitam a socialização, pode parecer que se tornam indiferentes ou até que se consideram superiores. Para muitos deles — como Kevin —, isso assume a forma de um comportamento de supostos intelectuais, indivíduos acima das oscilações emocionais e que se colocam exclusivamente na esfera da razão. Geralmente, estão tentando compensar sentimentos de inadequação social, projetando uma autoconfiança maior do que seria razoável. Jacob, um tímido aluno da sexta série, respondeu assim quando lhe perguntaram a respeito de seus amigos: "Não costumo fazer amigos. Não gosto de ter de ficar conversando, eles parecem meio burros com todas aquelas piadas e risadas." Posteriormente, ele reconheceu que gostaria de ter um amigo ou dois, mas não sabia como fazer para se aproximar. Mas ainda aqui se esforçava muito para manter essa preocupação num

> ■ ■ ■
> A intelectualização é a defesa favorita dos meninos tímidos e inteligentes. Tratando de questões pessoais em termos estritamente "lógicos", eles se eximem das emoções incômodas associadas a seu crescimento e desenvolvimento.

plano intelectual, dando a impressão de que não era tão importante assim. "Se eles quiserem ser meus amigos, tudo bem, mas também preciso ter tempo para outras coisas."

Às vezes os meninos compensam suas preocupações relativas à exclusão social com fantasias de que são especiais. Amal, pequeno para sua idade, na terceira série, balançava as pernas numa cadeira em meu consultório. Com ar muito sério, disse-me: "Sou velho demais para os garotos de minha classe, mas eles precisam de mim para decidir as coisas. Provavelmente serei patrão deles quando crescermos." Quando lhe perguntei sobre a observação de seu professor, de que tinha dificuldade para atrair a atenção dos colegas, ele respondeu: "Está vendo, é o que eu estava dizendo: eles poderiam recorrer a mim para tomar as decisões, mas não dão espaço para eu fazê-lo. Alguém vai ter de dizer aos garotos de minha classe que ouçam o que eu digo."

Quando os meninos tentam compensar a angústia social afirmando algum tipo de superioridade ou indiferença social, nós, pais, estamos diante de um desafio delicado. É natural que nos preocupemos com a exatidão da maneira como nossos filhos avaliam as situações sociais ou a possibilidade de que recorram a crenças distorcidas para justificar um crescente retraimento social. Mas não devemos necessariamente nos apressar a livrá-los do tampão psicológico que os ajuda a preservar a integridade de sua auto-estima — ainda que percebamos que essa auto-estima está injustificadamente inflada! Como vimos, a busca do domínio pessoal por parte de um menino corre paralelamente à sua busca do valor próprio, e, quando aquele é desinflado, este também é atingido. Para desmontar as muralhas do engano, são necessários amor e apoio duradouros e incondicionais. Somente por meio da construção desses alicerces emocionais é que poderemos ajudar os meninos a considerar a possibilidade de se livrar de suas máscaras de invulnerabilidade.

Keaton e sua banda imaginária

Keaton, matriculado na nona série de um colégio muito competitivo, tocava guitarra elétrica e tinha sua própria "banda". Seu pai considerava que suas notas poderiam ser melhores e que ele passava tempo demais entregue à fantasia de se tornar uma estrela do rock. "Ele diz que vai ficar famoso, mas desistiu das aulas de guitarra depois de um ano. É capaz de tocar alguns acordes básicos, mas na verdade passa mais tempo falando de sua banda do que praticando. E esta é outra questão: ele falou com alguns outros meninos sobre a criação de uma banda, mas parece que nada aconteceu. Diz que eles não eram suficientemente bons, mas pelo que sei ele mesmo não toca grande coisa!" Perguntei como Keaton estava se saindo na escola. "Ele foi um bom aluno até a sétima série. Mas freqüentava uma escola muito menor, e agora enfrenta muita competição. Suas notas caíram para um nível médio, e os professores dizem que isso ocorre, sobretudo, porque ele não participa muito na classe. Tento conversar com ele, mas ele só consegue dizer que tudo é um tédio." O pai e eu examinamos várias possibilidades: o trabalho na escola seria fácil demais ou por demais desafiador? Estaria ele enfrentando problemas sociais na classe? Pedi ao pai de Keaton que conversasse com alguns de seus professores para tentar entender com mais precisão o que estava acontecendo na escola. Ele disse que os professores consideravam que Keaton era capaz de acompanhar o currículo. O que mais impressionou o pai foi que "certos professores pareciam ter dificuldade para descrevê-lo em termos sociais". Ele se perguntava se Keaton realmente era notado. "Talvez seja isso que ele quer", disse.

A chave para entender Keaton veio de uma fonte inesperada. Sua mãe participava de uma comissão com outra mulher, cuja filha, Tara, freqüentava a escola de Keaton. Ela perguntou à amiga se sua filha conhecia Keaton e se poderia tentar descobrir o que os outros meninos pensavam dele. "Pedi a Tara que me contasse a verdade, pois não estaria ferindo meus sentimentos. Segundo ela, os outros garotos acham Keaton um verdadeiro mistério. Ele está quase sempre calado, mas também já mostrou que pode ter pontos de vista muito firmes, especialmente quando alguém contesta suas opiniões ou a maneira como pretende fazer algo. Sei do que ela está falando, pois, às vezes, tenho o mesmo problema com Keaton. É como se ele se sentisse atingido quando a gente discorda de alguma coisa — não qualquer coisa, só aquelas que por algum motivo são muito importantes para ele. Tara me deu a sensação de que os outros meninos ficavam meio apavorados com ele."

— O interesse pela música poderia ajudar? — perguntei.

— É possível, mas ouvimos Keaton dizer às pessoas que tinha uma banda, e alguns colegas o desafiaram a prová-lo, o que, naturalmente, ele não foi capaz de fazer. Tenho certeza de que ele se sente humilhado, mas temo que se sinta ainda pior se eu lhe perguntar a respeito. Parece que ele jogou todo o peso de sua identidade nessa coisa de se tornar uma estrela de rock. Não queremos alimentar uma ilusão, mas tampouco desejamos deixá-lo ainda mais desanimado e embaraçado.

132 ■ MENINOS PARTICULARMENTE DIFÍCEIS

Os pais, então, decidiram adotar uma nova tática. De seu pai: "Dissemos-lhe que teríamos o maior orgulho em apoiá-lo nesse sonho, mas achávamos que ele precisava de um plano realista para consegui-lo. Temos um pequeno celeiro no quintal da casa, e dissemos que o ajudaríamos a montar um estúdio e conseguiríamos equipamentos profissionais se ele fizesse três coisas: retomasse as aulas de guitarra, encontrasse outros garotos para formar a banda e melhorasse suas notas. Se ele fizesse isso, dissemos que no fim do ano estudaríamos a possibilidade de permitir sua transferência para outra escola, se ainda o quisesse. O fato é que deixamos claro que precisávamos testemunhar um esforço sério da parte dele para só então estudar a possibilidade de um 'plano de transferência'."

"No início, parecíamos estar remando contra a maré. Ele simplesmente não avançava num ritmo que pudéssemos considerar aceitável", comentou sua mãe. "Eu ficava imaginando que voltaríamos ao ponto de partida, o celeiro permanecendo mesmo como celeiro e Keaton dedilhando a guitarra sozinho em seu quarto. Até que tivemos sorte: encontramos um cara que dá aulas e trabalha como músico de estúdio para celebridades. Levamos Keaton, e foi como se ele se iluminasse. O cara começou a contar-lhe como os músicos de gravação trabalham nos estúdios e também histórias sobre os músicos. Keaton se sentia especial simplesmente por estar em contato com ele. Ainda que nunca chegue a esse nível, já parece fantástico como meta. Ele está investindo em si mesmo de um jeito que nunca vimos."

Perguntei que impacto isso estava tendo na escola. O pai de Keaton respondeu: "Ele está indo bem. As notas melhoraram, e nós o estamos estimulando a trabalhar *com* os outros garotos em sua banda. O principal é que ele se mostra um pouco mais receptivo aos conselhos. Percebe que acreditamos nele, e não acha mais que o estamos tentando controlar, pois saiu daquela atitude negativa. Antes, mantinha todo mundo a distância porque não tinha realmente um senso de realização — era tudo fachada."

Keaton pôde deixar para trás sua auto-imagem inflada e permitir-se ser suficientemente vulnerável para se relacionar com os outros quando era chamado a dar passos concretos no sentido de alcançar uma meta realista. Nem todos os pais dispõem dos recursos dos pais de Keaton, mas qualquer família é capaz de reproduzir os passos que deram para ajudar o filho a se livrar da alienação e do isolamento. Em primeiro lugar, eles investigaram com afinco as prováveis causas do problema, descartando a existência de desafios acadêmicos em conversa com seus professores, e recorrendo à rede de apoio social que tinham a seu alcance (em seu caso, amigos e um psicólogo). Em seguida, planejaram uma intervenção, tratando de concretizá-la numa atitude de apoio amoroso. A intervenção redundou em incentivos positivos para

Estimule os meninos tímidos e retraídos ■ 133

> ■ ■ ■
>
> Que fazer quando seu filho é tão tímido ou retraído que afeta sua família ou compromete seu próprio potencial de felicidade e sucesso? Para ser bem-sucedido, qualquer plano de ajuda a meninos tímidos ou retraídos deve contemplar os seguintes passos:
>
> - investigar profundamente as prováveis causas do retraimento de seu filho, inclusive o tipo de aprendizado e os problemas de atenção analisados no Capítulo 7;
> - avaliar o impacto da escola;
> - valer-se da percepção e dos conselhos dos que estão a seu redor, inclusive outros membros da família, amigos, professores ou profissionais;
> - proceder a qualquer intervenção num espírito de apoio amoroso;
> - estar atento aos incentivos positivos e às conseqüências negativas;
> - ser flexível e criativo.

a realização e minimizou as conseqüências negativas de um isolamento ainda maior. Em terceiro lugar, mostraram-se flexíveis e criativos. Embora sua meta primordial fosse ajudar o filho na escola, eles trabalharam com sua principal área de interesse — a música — para construir uma ponte para o sucesso.

Esteja atento aos sinais de que o menino quer se conectar

Você alguma vez já esteve na companhia de alguém tão tímido que também começasse a se sentir angustiado? Foi o que me aconteceu quando conheci Warren, de 19 anos, cuja mãe me perguntara se poderia ajudar com sua ansiedade social. Warren era aluno de uma faculdade próximo, e pude sentir perfeitamente seu medo e apreensão na primeira vez em que estive com ele. Ele mal era capaz do mais breve contato visual com outra pessoa, mantendo o corpo em atitude rígida e estrita. Sua ansiedade ante a perspectiva de me encontrar era tão palpável que eu mesmo vim a sentir algo do desconforto que evidentemente se apoderava dele. Refletindo sobre aquele encontro, de certa forma me surpreende que Warren continuasse a vir às sessões, mas foi o que ele fez, compelido por sua crescente necessidade de superar a angústia que por tanto tempo vinha impedindo seu desenvolvimento social. Em meu trabalho com Warren, pude constatar que a ansiedade social é que vinha determinando muitas de suas decisões mais importantes, entre elas escolher um quarto sem companheiro no dormitório da faculdade, fazer as refeições na cantina em horários de pouco movimento e raramente deixar o quarto, senão para assistir às aulas.

■ ■ ■

Muitos meninos tímidos enviam sinais de que estão querendo que nos aproximemos, mas raramente são sinais verbais. Os meninos tímidos que querem conectar-se preferem o papel de ouvintes e, embora possam se esforçar para também ter alguma participação na condução de uma conversa, sempre serão bons ouvintes, sempre que você o permitir. Outro sinal para o qual devemos estar atentos é o desejo de proximidade física com outras pessoas, ainda que não se relacionem verbalmente. No caso dos meninos muito tímidos, a inclusão física num grupo ou atividade pode contribuir para reduzir sua preocupação, muitas vezes incessante, com as conseqüências da timidez. Diante desse tipo de comportamento, uma boa estratégia é trazer sua observação para o "aqui e agora". Mostre a seu filho que você notou que ele é tímido. Talvez você possa revelar como lidou com uma experiência de timidez quando tinha a idade dele, mantendo uma atitude tranqüila e voltada à solução do problema. Valerá como uma mensagem tranqüilizadora de que você pode enfrentar os problemas com ele — num ritmo que pareça seguro.

Os desafios enfrentados por Warren mostram como a timidez leva os meninos a se tornar desnecessariamente inibidos, especialmente no que diz respeito à aceitação por parte dos colegas. Carentes de confiança e intuição social, eles "congelam" ao se defrontar com certas situações sociais. Raramente conseguem lidar com as palavras. O processo fundamental, que consiste em trocar cumprimentos, jogar conversa fora sobre o dia que passou e saber como se destacar na conversa, é extraordinariamente confuso para meninos como Warren. Por conta da ansiedade social, Warren fazia o possível para evitar situações que agravassem seu medo e inibição. Mas raramente parava de se preocupar com a possibilidade de ser inesperadamente apanhado em tais situações. Retrair-se e evitar são suas estratégias primordiais para se esquivar do estresse social.

O que muitas vezes acontece com meninos como Warren é que presumimos que tenham feito uma escolha consciente sobre a maneira de conduzir a vida. A fachada de indiferença social é tão sólida que caímos na armadilha de que não falta nada e os deixamos entregues a si mesmos. No entanto, se olharmos um pouco mais de perto, investindo tempo para conhecer esses meninos, veremos com freqüência que o que parece uma "escolha" é na verdade apenas o hábito mais ao alcance deles. Acredito que esses meninos nos estão enviando pedidos de ajuda o tempo todo, mas não percebemos esses sinais porque são expressos de maneira tortuosa. Talvez não seja surpreendente que meninos com desafios de expressão se sintam desafiados a expressar seu problema!

Quando a inibição social se manifesta de maneira agressiva

Em sua maioria, os meninos tímidos se mostram socialmente inibidos, mas nem todos os meninos socialmente inibidos se revelam tímidos. Mas eles podem, de qualquer maneira, retrair-se exatamente como os meninos mais caracteristicamente tímidos quando fracassam em sua tentativa de socializar. Quando estão no ensino fundamental, os meninos socialmente inibidos enfrentam um dilema: arriscar a rejeição ou privar-se dos prazeres da vida em grupo. Lutando com este dilema, os meninos menores podem comportar-se ou se comunicar de modo extravagante. Quando conversam com outras crianças, sua ansiedade pode levá-los a se expressar de uma maneira que parece impulsiva ou até rude.

Mitchell, um menino tímido de 8 anos, habituou-se a perturbar os trabalhos na classe e dificultar a interação social entre os colegas. Tendia a se manter na periferia dos grupos sociais, mas a professora notou que ficava observando atentamente os colegas. Com sua experiência com alunos da segunda série, ela percebeu que Mitchell queria integrar-se ao grupo, mas não se sentia suficientemente seguro para entrar em interação espontânea. Mitchell começou a indispor ainda mais os colegas, com comportamentos como, por exemplo, este descrito por ela em um bilhete enviado ao orien-

■ ■ ■

Seu filho tem tendência a fazer comentários intempestivos em discussões de grupo, surpreendendo a todos e parecendo interromper? Insiste em ficar falando interminavelmente sobre algo a que os ouvintes não parecem dar importância alguma, ignorando sua falta de interesse? Isso pode ser uma manifestação de timidez, embora pareça exatamente o oposto. Já vi muitos meninos socialmente inibidos perderem a compostura e dizerem a primeira coisa que vem à mente. Vi também outros tão assoberbados pela ansiedade que parecem estar num "trem desgovernado" sem conseguir saltar. Infelizmente, muitos desses meninos tendem a ficar obcecados com sua inépcia social, especialmente quando chegam ao período escolar intermediário. Depois de um momento embaraçoso, eles voltam a "tocar a fita" da conversa para si mesmos e terão uma probabilidade ainda menor de se manifestar livremente na próxima ocasião social. A arte de cuidar desses meninos reside, em parte, em equilibrar a necessidade de reorientar seu comportamento com a compreensão de que as palavras que utilizarmos ficarão em suas mentes. "Terrence, que bom vê-lo tão animado, mas vamos ouvir também o que a Érica tem a dizer" é melhor que "Terrence, já chega, dê uma chance aos outros".

tador dele: "Mitchell atrapalhou dois meninos que estavam jogando xadrez na classe. Começou a sugerir jogadas e se sentiu irritado quando eles reclamaram. Passou, então, a xingá-los e a chorar. Por favor, ajude-o a entender quando e como se juntar aos outros alunos."

A ansiedade social pode gerar um alto nível de pressão interna, levando o menino a se sentir como se tivesse de encontrar rapidamente uma maneira de descarregar esse estresse. De modo compreensível, esse tipo de estresse compromete a avaliação do tom e do momento certos da auto-expressão. E as escolhas feitas pelos meninos podem ser erroneamente interpretadas como competitivas, agressivas ou simplesmente irrefletidas.

Infelizmente, não podemos apenas convencer os meninos a deixar de dar ouvido à ansiedade que os leva a se voltar para dentro. Podemos, contudo, fornecer-lhes os instrumentos de que precisam para se sentir competentes, e não mais temerosos, estimulando-os delicadamente a utilizá-los. A melhor maneira de influenciar positivamente os meninos tímidos é mostrar-lhes, por meio do exemplo e das oportunidades, como navegar pelos obstáculos da comunicação social. E nesse sentido é importante fornecer exemplos concretos de comunicação social e permitir que observem nossas palavras e atos.

> ■ ■ ■
> **Os pais como treinadores**
> Às vezes, você realmente precisa estar na cola de seu filho quando ele tenta fazer uma introdução, encaminhar uma conversa ou simplesmente lidar com a presença de um grande número de colegas. Talvez você precise treinar seu filho sobre a maneira de cumprimentar e conviver com as pessoas, usando expressões faciais e gestos adequados para transmitir o que quer dizer, ou fornecer-lhe "scripts" que venha a utilizar em diferentes situações sociais.

Quando não vier naturalmente, ensine

J. J., um menino introvertido de 4 anos, mudara-se com os pais, Ben e Christine, para um novo bairro. "Um dos motivos de termos comprado essa casa foi a existência de tantos meninos por perto. Os quintais dão para um parque comunitário, com um playground no meio. Quando Ben o leva ao playground, J. J. quer que o pai suba junto nos brinquedos. Assim, ele não se afasta para brincar com as outras crianças", explicou Christine.

— Ele nem larga minha mão! — riu Ben. — E eu sou grande demais para o escorrega.

— Como vocês o têm ajudado? — perguntei.

Estimule os meninos tímidos e retraídos ■ 137

— Bem, nós o estimulamos a ir brincar com os outros meninos, dizendo que eles são legais e deixando claro que estaremos observando lá do banco — respondeu Christine.

— Suponham que isso estivesse acontecendo com vocês — disse eu. — Vocês entraram para uma nova empresa, um conglomerado internacional com contratos importantes com governos de vários países. Como parte do trabalho, viajariam a um país estrangeiro para se encontrar com o primeiro-ministro e seus assessores num evento oficial. Ao chegar à recepção, um colega informa que terá de sentar-se à mesa com a ministra das Finanças e sugere que vocês entretenham outras personalidades presentes, pessoas maravilhosas. Vocês nunca estiveram nesse país e não conhecem seus costumes. Como se sentiriam?

Ben e Christine acharam graça. É fácil esquecer que o que parece um divertido playground novo para um adulto pode parecer um intimidante território estrangeiro para uma criança pequena.

Para certas crianças, o que não é familiar provoca mais medo e ansiedade que curiosidade e animação. J. J. precisava de um curso de "relações diplomáticas" a fim de desenvolver a confiança necessária para se juntar às outras crianças. Se tivesse de ir àquela recepção diplomática, você desejaria ser antecipadamente informado sobre o evento, recebendo dicas sobre o que e como dizer, e provavelmente gostaria de ser apresentado com antecedência a algumas das pessoas que lá estariam, para não se sentir um completo estranho. Da mesma maneira, os pais de J. J. poderiam ajudá-lo preparando-o para o playground. "Comprem um livro sobre como fazer amigos, pratiquem apresentações e deixem que ele os veja travar conhecimento com pessoas também", sugeri. "Talvez você possa se aproximar de algum outro pai com seu filho e dizer algo do tipo 'Oi, eu sou Ben e este é o J. J.' É provável que seja recebido amistosamente e que o outro também se apresente, e então você dirá que é novo no bairro e que J. J. gosta do escorrega, talvez entrando por uma conversa com o outro pai ou a criança sobre o que gostam de fazer. Você poderia, então, fazer perguntas a J. J. a fim de estimular o pensamento social e o prazer da sociabilidade, ou então caminhar com ele para os brinquedos, para que possa estar perto da outra criança mas ao mesmo tempo sentir-se tranqüilo com sua presença. Se ele se sair bem, elogie-o na volta para casa. Se encontrar dificuldade, você poderá amigavelmente fazer alguma sugestão sobre algo que possa tentar da próxima vez. Poderia ser algo simples assim: 'Quem sabe você pode sorrir para os outros meninos, para eles ficarem sabendo que você é legal?'"

Passadas algumas semanas, perguntei a Ben e Christine como iam as coisas.

138 ■ MENINOS PARTICULARMENTE DIFÍCEIS

"Vão muito bem. Houve alguns momentos difíceis. J. J. ensaiara em casa dizer 'Oi, eu sou o J. J., quer brincar comigo?', e quando fomos ao playground ele se aproximou de um menino menor e disse 'Oi-eu-sou-o-J.J.-quer-brincar-comigo?', e o menino não soube o que fazer e saiu correndo. Tivemos então de explicar que o menino era muito pequeno para entendê-lo e treinar J. J. para tentar de novo", disseram os pais.

Enquanto isso, Christine havia conhecido outra mãe, que os chamara para brincar com sua filha. "Foi engraçado. J. J. foi chegando e repetindo a mesma frase —, Oi-eu-sou-o-J.J. 'quer-brincar-comigo?'. A outra mãe exclamou 'Oh, mas ele não é uma gracinha!?', e a menina simplesmente tomou sua mão e o levou até os brinquedos, de modo que correu tudo bem. Nós então estabelecemos o tempo que ele poderia ficar no playground com a menina. Acho que para ele é tranqüilizador ter um 'script', e assim, toda vez que vamos a algum lugar, dizemos-lhe antes coisas que ele poderá dizer. Tem ajudado muito", disse Ben.

Pratique o código da comunicação

Para se tornar bom na comunicação, é necessário que o menino pratique muito a fala, se acostume ao som da própria voz e aprenda como as sutilezas de sua voz transmitem significados. A maioria de nós é capaz de se identificar com situações em que talvez ficássemos nervosos diante da eventualidade de falar para um grupo ou pessoas que acaso nos julgassem. Mas, para certos meninos de poucas palavras, o medo social domina o relacionamento com colegas e adultos, podendo ocorrer em situações que para muitos de nós seriam benignas ou estimulantes.

■ ■ ■
Romper o código...
Formas de comportamento básicas como estender a mão para cumprimentar, fazer saudações ou fazer perguntas em relação ao que alguém disse fazem parte do código de comunicação social. Embora esperemos que os meninos acabem fazendo um uso mais reflexo dessas habilidades, eles precisam de ajuda para dar a partida nesses reflexos sociais.

Muitas vezes um menino assim se mostra calado, relutando em permitir que seja ouvido o som de sua voz. Elliot, um menino muito inteligente de 11 anos, não consegue tomar coragem para levantar a mão na classe, pois enrubesce e a voz vacila quando é chamado pelo professor. Ele já começa a aprender a pesar as vantagens da segurança emocional em comparação com aquelas que consistem em demonstrar a própria inteligência. Logan, de 13 anos, de

Estimule os meninos tímidos e retraídos ■ 139

constituição atlética e aparentemente popular, é tão inibido que freqüentemente se queixa: "Os outros meninos estão sempre olhando para mim!" Sua ansiedade o leva a sempre sentir-se como se precisasse estar checando o que fez de errado. Os pais ficam preocupados porque acham que ele "age como uma pedra" para evitar qualquer possível interpretação de seus pensamentos e sentimentos pelos outros.

Tal como os meninos raivosos e resistentes de que trataremos no próximo capítulo, os meninos tímidos e retraídos freqüentemente são prejudicados por práticas inadequadas de comunicação. Sua ansiedade social torna a interação tão dolorosa que eles fazem de tudo para evitar situações em que tenham de se expressar.

Não obstante os extraordinários desafios que tiveram de enfrentar, certas crianças têm uma chance razoavelmente boa de superar os obstáculos sociais se puderem interpretar suas deficiências sociais como capacitações que simplesmente ainda têm de aprender. Para ajudar os meninos a contemplar essa perspectiva, é útil apresentar a tarefa de superar os desafios como o aprendizado de um código. A idéia de um código remete a uma espécie de conhecimento secreto que, uma vez aprendido, pode abrir portas.

Byron tem 9 anos. Antes do divórcio dos pais, quando tinha 2 anos, a mãe aparentemente gritava com ele com freqüência, e o pai considera que essas primeiras experiências o levaram a tornar-se tímido e retraído. Seu principal objetivo era fazer um amigo e convidá-lo a vir à sua casa brincar. Em nosso primeiro encontro, perguntei a Byron se ele conhecia o código para fazê-lo. Sua curiosidade a respeito desse misterioso código constituiu a base de nossa parceria terapêutica, um atrativo que os pais também podem usar.

Como no caso de Griffin, que precisou aprender a se comunicar socialmente passo a passo — primeiro em casa, apenas com os pais, depois com o primo menor, mais adiante com os primos mais velhos também e finalmente com os amigos dos primos —, a melhor maneira de ensinar o código da comunicação é um pouquinho de cada vez. Começamos com o básico: Byron praticava como travar contato visual e dizer "Oi" no meu consultório. Mas não começou a praticar comigo; começou conversando com um boneco Lego que construímos juntos. Em meu consultório, tenho prateleiras de brinquedos e jogos, e para muitos meninos os brinquedos de montar funcionam como uma distração estratégica que facilita uma conversa mais tranqüila sobre os desafios que os trazem à terapia. Com o passar do tempo, construímos uma estação espacial, e eu disse a Byron que o comandante da estação gostava de ser cumprimentado diariamente. Byron aceitou a sugestão e começou a cumprimentar o boneco Lego amarelo com um animado "Oi" a cada sessão. Ampliamos então nossa prática, passando a incluir cumprimentos pessoais em minha sala de espera, onde eu ensinava Byron a recorrer a formas tanto verbais quanto não-verbais de comunicação. Havia aí certo grau de risco social, pois freqüentemente havia outras pessoas presentes. Seu pai observou que na escola, embora ainda não se mostrasse particularmente conversador com os colegas, Byron aprendera a estabelecer vínculos sociais com seu entusiástico "Oi".

O passo seguinte consistiu em fazer com que o pai e a madrasta treinassem sua comunicação social em práticas com os colegas. Eles ajudaram Byron a escolher e convidar colegas para ir à sua casa brincar, e nessas visitas ele se juntava aos garotos em vários jogos e brincadeiras. Com isso, os pais de Byron puderam proporcionar-lhe as garantias necessárias e a oportunidade de aprender habilidades de comunicação, quando percebiam que ele precisava de orientação. Passado algum tempo, Byron encontrou um ou dois amigos mais fiéis com os quais gostava de conversar. Alterara suas crenças a respeito das possibilidades sociais, graças ao apoio estratégico e amoroso dos pais e à prática de elementos do código de comunicação social.

Permita que eles o ouçam

Pais e professores de crianças pequenas devem estar particularmente atentos à maneira como se referem a eles em sua presença. Sempre me surpreendo com a maneira como muitas pessoas esquecem que o objeto de sua avaliação está de pé à sua frente, de ouvidos bem abertos. "Não ligue para ele, Charlie é tímido mesmo": eis um comentário que pode ser considerado ao mesmo tempo uma avaliação e uma profecia que não deixará de se cumprir. Até mesmo um conselho bem-intencionado corrobora a existência de um problema; para meninos altamente sensíveis, a mais leve sugestão pode soar como uma crítica.

> ■ ■ ■
> Certifique-se de que o que você diz sobre seu filho sirva para reforçar os elementos positivos, permitindo que ele "entreouça" seus elogios a seu bom comportamento. Além disso, abstenha-se de caracterizar seu filho de maneira que possa representar um "script negativo" para a compreensão consciente ou inconsciente que ele tem de si mesmo.

Desafios para os meninos tímidos na escola

Ao se integrar a uma comunidade de colegas, os meninos se colocam cara a cara com diferenças sociais. Até mesmo nos primeiros anos do ensino fundamental, eles podem ter uma consciência aguda de sua inibição social, especialmente quando a constante comparação com os colegas leva a zombar dos que são considerados portadores de alguma fraqueza, como a timidez. Infelizmente, ser visado dessa maneira pode tornar um menino tímido ainda mais inibido em relação à sua baixa capacidade de expressão. Em busca de refúgio frente a palavras e experiências dolorosas, não surpreende que os meninos tendam a se retrair ainda mais. A raiva que sentem por estar num meio em que são constantemente forçados a encarar de frente suas carências pode manifestar-se como problema comportamental ou ser recalcada, ocultada por rostos impassíveis e pela máscara da indiferença.

Como as capacitações sociais tendem a ter uma relação de reciprocidade com o preparo acadêmico, muitos meninos retraídos ou tímidos assumem na escola uma atitude de negação que cobra seu preço no desempenho acadêmico. A marginalização social pode ter um efeito tão forte na auto-estima de um menino que ele encontre dificuldade para relaxar e se concentrar adequadamente a fim de aprender. Terrell, aluno da quinta série acometido de ansiedade crônica, falava muito baixo quando era chamado a se manifestar na escola. O professor, de estilo naturalmente expansivo e gregário, tentava fazer graça a respeito, usando um pequeno megafone para dizer: "Terrell, não estou conseguindo ouvi-lo!" A mesma técnica era usada com outros alunos, e os colegas de Terrell geralmente achavam graça. Isso também poderia ter relaxado Terrell, se ele fosse mais flexível. Mas o fato é que era ansioso, sensível e perfeccionista. O embaraço de se sentir alvo de um gracejo em público o levou a passar a se sentar no fundo da sala. Ao visitar sua escola, notei que estava sentado com os ombros encolhidos, tentando parecer pequeno. Sua concentração e sua capacidade de aprendizado estavam visivelmente comprometidas, pois ele se sentia por demais ansioso diante da possibilidade de ser convocado. Em vez de se concentrar no conteúdo das aulas, Terrell usava o intelecto para elaborar complicadas estratégias a fim de evitar atrair a atenção. Absorver e reter informações já é algo bastante difícil, mas torna-se ainda mais difícil quando o menino se coloca em atitude defensiva.

Terrell é um desses meninos que "desaparecem" na escola. Ao se retraírem, eles podem se convencer erroneamente de que a invisibilidade é uma boa aliada. A maioria dos meninos tímidos não precisa de muito tempo para descobrir que ficar calado é uma boa estratégia para evitar manifestações indesejadas de atenção. E um menino que passa o dia inteiro na escola ten-

> ■ ■ ■
>
> Depois da escola, ao perguntar "Como foi seu dia?", você só consegue extrair de seu filho um dar de ombros ou alguma resposta monossilábica? Se isso indicar uma mudança de comportamento, converse com o professor de seu filho e tente descobrir se ele começou de uma hora para outra a encontrar problemas para falar na escola. Mas, se seu filho for muito pequeno, tenha em mente que a produção de um relato coerente sobre o dia que passou na escola pode ser algo difícil, do ponto de vista cognitivo, requerendo algum treinamento. Todos os pais devem preparar os filhos para responder a perguntas dessa natureza já no período pré-escolar. Comece fazendo perguntas específicas e elogiando as respostas positivas: "Do lado de quem você sentou na hora da reunião em círculo? [Isso serve para lembrar que ele sentou ao lado de alguém, podendo direcionar sua atenção para outros na sala de aula.] Era um menino ou uma menina? [Aos 3 anos, a maioria das crianças já é capaz de discriminar os gêneros.] O que você cantou?" Note que não são perguntas que suscitam respostas do tipo sim ou não. Quando seu filho responder, agradeça-lhe e diga algo do tipo: "Estou querendo saber o que você fez. Você sabe contar muito bem o que acontece na escola!" Logo, seu filho estará se oferecendo, exatamente como fez o meu: "Quer saber o que fiz hoje?"

tando não ser notado pode encontrar dificuldade para mudar de atitude e se relacionar com mais fluência em casa. Comece a se preocupar caso observe uma queda notável nos hábitos de verbalização de seu filho, especialmente se ele resistir a falar sobre o dia que passou na escola. Sua tendência ao silêncio a esse respeito pode ser o sinal de algum problema de desajuste social ou emocional que requeira sua atenção.

As comparações se tornam mais difíceis no ensino médio

No ensino médio, muitos meninos socialmente ansiosos tornam-se ainda mais inibidos, por vir à tona a consciência de sua diferença em relação a amigos e colegas. Eles apresentam a mesma necessidade de preservar a auto-estima que encontramos em seus colegas mais tranqüilos socialmente, e, em conseqüência, evitarão as situações que solapem sua autoconfiança. Com freqüência, esses meninos se sentem isolados na escola. Para alguns, até mesmo percorrer os corredores sempre barulhentos da escola pode ser algo difícil; eles temem ser notados, mas ao mesmo tempo se sentem excluídos. Embora esses meninos reconheçam a existência de um código de comunicação social, não entendem a mecânica de seu funcionamento. As capacitações de linguagem e comunicação que parecem tão naturais para outros meninos lhes escapam; a confusão reforça sua hesitação em se comunicar.

Dean, 40 anos, escritor, assim descreveu sua experiência no ensino médio:

"— Eu era excessivamente autocentrado. Conhece aquela história da mosca que está para ser comida por uma aranha? A mosca diz: "Antes de me comer, pode me explicar como é que consegue andar com todas essas pernas?" Enquanto matutava como era seu próprio caminhar para explicá-lo à mosca, a aranha começou a se atrapalhar. Estava tentando descobrir que perna se movia primeiro, e em segundo lugar, e assim por diante, e ficou tão confusa e emaranhada que caiu das alturas, e a mosca se foi. Pois bem, eu era como essa aranha. Quando achava que alguém estava olhando para mim, não conseguia atravessar a sala sem tropeçar em alguma coisa. E todo mundo achava que eu era um "leso" — como diziam "lesado" em forma de gíria. Um sujeito nada legal. E eu era inteligente, mas não conseguia abrir a boca para falar em sala de aula. Havia uma garota por quem eu estava completa e inacreditavelmente apaixonado. Ela estava na maioria das classes que eu freqüentava, e tenho certeza de que mal me notava. Mas tudo — tudo mesmo — que eu fazia em classe era, na minha cabeça, uma performance para ela. A maneira como me sentava na carteira, a expressão em meu rosto, o número de anotações que fazia, tudo era pensando na maneira como ela me veria. Eu não conseguia levantar a mão na sala de aula porque não era capaz de enfrentar a falta de controle inerente, para mim, ao ato de falar alto. Além disso, eu era um dos "perdedores". Assim que um de nós era chamado, havia aquele murmúrio na sala. Não sei se o professor percebia, mas os outros alunos decididamente ficavam atentos: "Olha o nerd! Olha o nerd!" Todo mundo se movimentava nas carteiras, exibindo aqueles sorrisinhos perversos, ou, pior ainda, de condescendência, e depois que a gente respondia à chamada, dependendo do controle que o professor exercia na classe, vinham aqueles olhos revirados ou então os comentários de escárnio em voz baixa. Era terrível.

Se a timidez ou o retraimento de seu filho for agravado por determinado ambiente ou situação, é muito importante encontrar um lugar seguro no qual ele possa vivenciar os vínculos sociais. Seu filho conta com o apoio de um amigo, de um membro da família, da congregação ou de uma organização social? Como você pode estimulá-lo?

— Como você enfrentava isso? — perguntei.

— Ora, da pior maneira possível — reconheceu Dean, alegremente. — Comecei a beber, e já bebia bastante lá pela segunda série do ensino médio. Quando me embebedava, ficava desinibido e dizia coisas que os

144 ■ MENINOS PARTICULARMENTE DIFÍCEIS

outros garotos achavam divertidas. Era estranho — lá pelo fim do curso, eu tinha fama de rebelde indiferente. Era um total absurdo, pois ainda morria de medo de ser julgado. Quando entrei para a faculdade, acho que compensei minha insegurança continuando a representar esse papel de "alegria da festa". No segundo ano, estava em observação acadêmica. Foi só perto da graduação que me dei conta de que não precisava usar essa máscara para ser aceito pelos colegas. Não sei se alguém poderia ter-me ajudado a entender isso mais cedo, mas certamente gostaria que tivessem tentado.

Quando a escola é uma transição chocante

Até mesmo os meninos muito pequenos podem ser vulneráveis ao impacto causado pela escola na percepção que têm de si mesmos. Um dos principais obstáculos enfrentados pelas crianças pequenas em seu desenvolvimento é a dificuldade para distinguir entre a família e a vida pública e aprender a lidar socialmente com todos os tipos de pessoas. Ironicamente, no início, essa transição pode parecer mais difícil para os meninos adorados por suas famílias ou altamente protegidos. Embora o amor e a confiança depositados nesses meninos provavelmente sirvam para ajudá-los, a mudança no ambiente pode parecer chocante.

Os meninos menores com freqüência se mostram francamente calados ao navegar o labirinto da integração social. Os pais talvez se surpreendam ao saber pelos professores da escola ou do jardim-da-infância que seus meninos são muito "calados", quando sabem perfeitamente como podem ser conversadores. Para os pais, pode ser difícil ver os filhos enfrentando os desafios de novos ambientes sociais como a escola. É importante apoiar e dispensar um cuidadoso esteio aos meninos nessas primeiras tentativas de socialização, quando ainda é fluido o conceito que têm de si mesmos. Uma criança que passa a se considerar um "desajustado social" não chega a essa conclusão a partir do nada; essa infeliz crença provém de experiências anteriores.

As persistentes feridas da vergonha

Para muitos meninos, o preço a pagar pelo retraimento é a perda de confiança em sua capacidade social. Em vez de serem entendidas como manifestação de carência em determinada capacitação, as dificuldades sociais são aceitas como um atributo de que haverão de sofrer para sempre. William,

Estimule os meninos tímidos e retraídos ■ 145

um tímido menino de 13 anos, ainda se lembra da terrível humilhação que foi para ele ser repreendido por ter abraçado uma menina na segunda série. Em vez de dizer "William, a gente não tem o costume do contato físico na escola, mas tudo bem dizer algo gentil a Alyssa", um assistente inexperiente do professor teve o reflexo de afastá-lo dela à força, advertindo-o a "deixar de ficar assediando" a menina. Aparentemente empenhado em tornar o episódio instrutivo para outros alunos, o assistente perguntou à classe se era adequado permitir que William tocasse outros colegas. A turma inteira respondeu com um sonoro "Não!". A mãe de William recorda que, meses depois do incidente, ele ainda se queixava de dor no estômago. William internalizara fisicamente a idéia de que era "mau" por ter abraçado uma menina, e a ansiedade era insuportável para ele. Cinco anos depois, a imagem daquela humilhação continua limitando a disposição de William para se mostrar expressivo.

Os meninos socialmente ansiosos muitas vezes sofrem de uma apreensão que os impede de correr os riscos necessários para conquistar até mesmo o mais rudimentar grau de confiança social. Quando são disciplinados, seja na escola ou em casa, deve ficar claro que o que se precisa mudar é o comportamento, e não o menino.

Considerando-se que a auto-imagem de um menino pode se tornar muito arraigada, se seu filho estiver num ambiente que possa ser prejudicial a seu desenvolvimento social, trate de agir com rapidez e firmeza. Não hesite em trabalhar com seu professor, matricule-o num bom curso de capacitação social, faça-o freqüentar um clube onde possa desenvolver seus talentos ou até mesmo transfira-o para outra escola, se seus esforços não estiverem surtindo resultado.

Praticamente todo mundo pode se sentir inibido em situações novas, e certo grau de ansiedade da separação é normal nos meninos pequenos. Uma criança que se mostre ansiosa e preocupada nas primeiras semanas na escola ou que leve algum tempo para fazer amizades é diferente de outra que "desaparece" na sala de aula ou é calada pelo medo. Lyle, menino de temperamento solar aos 6 anos, começou a resistir a ir para a escola quando entrou para a primeira série.

— No início, achei que a transição para um dia inteiro na escola estava sendo difícil — diz a mãe. — Telefonei à professora, e ela disse que ele se mostrava muito cooperativo, um pouco tímido, mas que achava que ele iria bem. Mas ele acordava no meio da noite com pesadelos e começou a urinar na cama. Era tudo muito novo, e só aconteceu quando ele começou na escola. Minha cabeça começou a girar com mil especulações, e voltei a me dirigir à escola.

146 ■ MENINOS PARTICULARMENTE DIFÍCEIS

"Dessa vez, a professora sugeriu que eu assistisse a uma aula para ajudar. Explicou que uma assistente às vezes ficava numa carteira no fundo da sala, de modo que faria sentido se eu dissesse a Lyle que estava ajudando a Sra. P. em certos projetos. Desse modo, fiquei sentada lá atrás, recortando papéis e observando meu filho. No início, ele ficou muito atento à minha presença, voltando-se a cada momento para olhar para mim, mas eu mantinha a cabeça baixa e ficava recortando, para que ele esquecesse de mim. Ao observá-lo mais atentamente, vi como ele passava os olhos minuciosamente por toda a classe, com as mãos entrelaçadas à frente, como a professora ordenara que todos fizessem, 15 minutos antes. Todas as outras crianças haviam desistido em questão de dois minutos. Ao vê-lo naquela atitude, dei-me conta de que Lyle se preocupava muito em fazer tudo certinho, obedecendo às ordens. Notei também que, tendo a Sra. P. dito alguma coisa, Lyle logo tratou de observar os outros meninos para ver o que faziam e copiá-los.

"Acho que o que acontecia era que Lyle não estava acostumado ao ritmo rápido e à eventual agitação da sala de aula. Ele freqüentava um pequeno jardim-de-infância particular onde tinha toda a atenção individual do mundo. Aquelas crianças a seu lado estavam mais que habituadas ao que se passa numa escola, mostrando-se capazes de receber ordens e instruções em rápida sucessão. Estavam acostumadas ao barulho. Mas acho que Lyle estava apavorado com o peso da possibilidade de cometer algum erro", disse a mãe.

— O que a senhora fez — perguntei.

— Primeiro, sentei com ele e contei-lhe uma história de quando eu era menina, e tinha de freqüentar uma escola onde havia regras demais e muito barulho. Ele não podia ter ficado mais atento! Enquanto ia contando a história, perguntei se ele tinha alguma idéia sobre o que me havia ajudado", disse ela. "Lyle respondeu que não sabia, mas estava muito interessado em conhecer a resposta. Disse-lhe, então, que minha mãe me havia levado para conversar com a professora, para que tivéssemos algumas idéias juntas, e foi exatamente o que fiz com Lyle.

"A Sra. P. foi muito legal. Eu havia discutido a questão previamente com ela. Ela disse a Lyle que notara como ele se esforçava por obedecer a todas as regras e lhe agradeceu. Disse também que não haveria problema algum se ele cometesse algum erro, mas se tivesse alguma dúvida poderia levantar a mão e perguntar-lhe. E acrescentou que, se alguma vez estivesse muito preocupado, podia puxar a orelha e ela lhe enviaria secretamente uma mensagem amistosa. Mais tarde, quando ele fez o gesto, ela também puxou a própria orelha e tocou sua cabeça para tranqüilizá-lo. Ao reduzir seu nível de ansiedade, ele teve muito mais facilidade para acompanhar a turma. Os pesadelos e o xixi na cama se tornaram muito menos freqüentes."

Apanhados na própria realidade

Os meninos podem ficar tão envoltos em seus próprios pensamentos que a timidez se desenvolve de modo inconsciente, quase como um hábito. Especialmente no caso dos meninos cerebrais e muito imaginativos, a vida interna, na esfera mental, pode ser tão atraente que eles se afastam dos colegas. Esses meninos constroem realidades particulares em torno de interesses idiossincráticos e, muitas vezes, têm um forte desejo de saber como funcionam as coisas. Voltar a atenção para as estruturas e os componentes dos sistemas permite que os meninos socialmente ansiosos substituam a insegurança pelo senso de controle e segurança. Na medida em que isso contribuir para sua auto-estima, tudo bem. O problema é quando se atravessa a fronteira entre a paixão e a obsessão.

Mas nem sempre é fácil distinguir entre paixão e obsessão, mesmo entre pais que conhecem bem seus filhos. Os meninos que se mostram apaixonados por seus interesses podem nos contagiar com seu entusiasmo e animação, mas não tenderão necessariamente a se voltar à sua paixão ou à exclusão das dimensões sociais da vida. De maneira inversa, as obsessões são psicologicamente limitadoras. Os meninos obcecados com determinadas atividades ou interesses podem se mostrar incapazes de estabelecer limites razoáveis para seu envolvimento. Nesses casos, pode-se considerar que estão presos na armadilha de seus próprios interesses e precisam da ajuda de um dos pais para distribuir mais adequadamente o tempo por uma variedade mais equilibrada de atividades.

Para os meninos tímidos, é considerável a possibilidade de que o interesse social se desvie para uma obsessão por algum sistema, como jogos, computadores e até mesmo uma coleção. O desafio de detectar uma obsessão pode ser dificultado pelo fato de esperarmos que os meninos se mostrem curiosos com o funcionamento dos objetos. A concentração e a curiosidade intelectual dos meninos, especialmente na pré-adolescência, podem ser muito grandes. Observados no contexto de seus interesses individuais, esses meninos parecem seguros e tranquilos. As defasagens na autoconfiança talvez só se revelem quando eles venham a enfrentar contextos que exijam consciência interpessoal e flexibilidade social.

Daniel, um menino estudioso e sério de 12 anos, estava para comemorar seu *bar mitzvah*. O pai estava preocupado com sua capacidade de recitar passagens da Torá perante a congregação. Quando o convidou a praticar com ele, Daniel respondeu apenas evitando o contato visual. "Esse menino decorou todas as eras geológicas da história do planeta. É um verdadeiro

148 ■ MENINOS PARTICULARMENTE DIFÍCEIS

■ ■ ■
Paixão ou obsessão?

Às vezes, a intensidade do interesse de um menino por um hobby ou ocupação pode levá-lo a se afastar de outras pessoas ou atividades. Por exemplo, a maioria dos meninos gosta de jogos de computador, mas alguns podem se perder num "mundo da fantasia cibernética". A diferença entre uma paixão e uma obsessão é que esta pode ser psicologicamente limitadora. Eis algumas questões a serem levadas em conta no que diz respeito ao interesse ou hobby de seu filho:

- Ele interfere em sua capacidade de se ligar aos outros?
- Faz com que perca o sono?
- Faz com que perca a noção de tempo?
- Está interferindo no trabalho escolar?
- Ele gasta muito dinheiro nessa atividade?
- Entrega-se mais a ela em períodos de estresse ou para fugir de situações sociais?

Se você respondeu "sim" a essas perguntas, talvez precise ajudar seu filho a equilibrar mais a própria vida.

cientista amador. Devia ser fácil para ele, mas ele está decidido a resistir a essa tarefa", queixou-se o pai.

"Não creio que Daniel tenha assumido uma atitude de desafio. Ele sempre se mostrou muito interessado no judaísmo. O problema é que está apavorado diante da possibilidade de ter de falar na frente de tantas pessoas", disse a mãe. "Estamos com pena dele. Ele sabe que os irmãos mais velhos se saíram muito bem, falando com desembaraço em seus *bar mitzvahs*. Daniel simplesmente se congela num olhar vago sempre que tratamos do assunto, e o relógio está correndo."

Quando a questão de seu *bar mitzvah* era trazida à baila, a ansiedade de Daniel era palpável. Ele olhava em outras direções, suspirava profundamente e deixava os ombros caídos. Chegou a dizer ao irmão que esperava ficar gravemente doente ou se machucar, para que o *bar mitzvah* fosse cancelado.

Na tentativa de abrandar sua ansiedade, os pais de Daniel começaram a reconhecer verbalmente o entendimento que ele demonstrava das passagens que teria de ler. Trataram de fazê-lo sentir-se mais como um professor dando aula do que um aluno fazendo uma apresentação a ser avaliada com notas. O objetivo era fortalecer seu senso de domínio e realização e também proporcionar-lhe um referencial que reforçasse sua confiança. "Queríamos que ele se sentisse como uma autoridade, para ajudá-lo com os nervos", explicou o pai.

Estimule os meninos tímidos e retraídos ■ 149

■ ■ ■

Pratique!

Lembre a seu filho que não é necessário ser espontâneo para ter êxito na esfera social. Esforçando-se, ele pode melhorar sua capacidade de comunicação. Eis algumas coisas que podem ajudar os meninos tímidos ou desajeitados em situações sociais:

- Escreva um "script" antes de dar um telefonema ou prepare um papel com a "cola" das respostas que ele poderá usar ao atender o telefone.
- Ensine a seu filho alternativas aceitáveis de "autodefesa" verbal.
- Prepare-se e pratique antes de determinadas situações sociais. Especialmente no caso dos meninos menores, os pais podem ajudar os filhos a prever o que acontecerá e treiná-los sobre o que devem dizer. A exemplificação ajuda!
- O e-mail pode ajudar os meninos que ficam com a língua presa no contato pessoal, pois lhes dá tempo para encontrar as palavras e adquirir confiança na própria capacidade de se relacionar com os outros. Outras formas de escrita também podem contribuir para a capacitação expressiva de seu filho.

O pai também lhe fazia distraidamente perguntas sobre o judaísmo na frente de amigos da família, para que ele se acostumasse a explicar coisas em voz alta na presença de um público, embora que pequeno. Finalmente, o pai de Daniel obteve do rabino autorização para que ele praticasse na sinagoga. Mesmo resistindo inicialmente, o menino foi compelido pelo encorajamento do rabino e postou-se de pé na tribuna, falando perante a família. "No início, ele parecia tão infeliz que eu quase desisti. Mas o rabino se mostrou muito gentil, estimulando-o e animando-o. Além disso, encontrou tempo em sua agenda para se encontrar com Daniel várias vezes, a fim de que ele se acostumasse a ficar de pé na tribuna", disse o pai. "Ele realmente não costuma ter nem meia hora de sobra na agenda, e acho que Daniel se sentiu valorizado com sua generosidade.

"Pouco antes do *bar* mitzvah, o rabino sussurrou algumas palavras em seu ouvido, apertou-lhe a mão e lhe deu um tapinha nas costas. Daniel conseguiu vencer a prova, um pouco inibido no início, mas depois muito melhor.

"Perguntei a Daniel o que o rabino dissera", prosseguiu o pai. "Ele dissera simplesmente que tinha absoluta fé em que Daniel seria capaz, lembrando-lhe que a fé é algo muito poderoso. Ele sabia que Daniel precisava de um *pensamento* para se agarrar, algo que sobrepujasse suas emoções. Pôde, assim, ajudá-lo a usar sua fé para superar o medo, uma lição que Daniel provavelmente levará consigo para sempre."

150 ■ MENINOS PARTICULARMENTE DIFÍCEIS

Fugir para o mundo da fantasia

Um interesse específico que atrai muitos meninos é a ficção científica e o mundo da fantasia. Filmes como *O Senhor dos anéis* e *Guerra nas estrelas* expressam os mitos e rituais de passagem que formam a experiência humana. Os meninos tímidos podem sentir-se atraídos por essas histórias porque parece mais fácil vivenciar essas passagens na arte do que na vida. Infelizmente, se só fizerem essas passagens na ficção, os meninos talvez não venham a desenvolver as capacitações sociais que as acompanham.

Aos 14 anos, Kieran, autoproclamado fanático do mundo da fantasia, envolveu-se com um clube dedicado ao jogo "Dangeous and Dragons", baseado em histórias e mitos da Idade Média. Os pais de Kieran ficaram felizes por vê-lo encontrar novos amigos, mas notaram que se mostrava cada vez mais retraído e pensativo, especialmente depois desses encontros. Tentaram fazê-lo falar sobre o jogo e os personagens envolvidos, mas Kieran não se mostrou muito interessado. Acabaram descobrindo que ele vinha percorrendo sites da Internet relacionados a esse jogo, atribuindo-o inicialmente a seu forte interesse pelo mundo da fantasia. Pouco depois, contudo, os pais de Kieran notaram que ele começara a falar de maneira diferente. "Eram só pequenas frases, como 'Ele é uma ameaça' ou 'Existem forças além de nossa imaginação' — simplesmente não pareciam coisas que ele diria normalmente", explicou a mãe. Ela ficou preocupada ao abrir seu caderno e encontrar anotações do início do ano, mas depois apenas desenhos — representando castelos, dragões e sinais mágicos. "Acho que ele não estava prestando atenção às aulas, pois recebeu nota baixa em biologia, o que não é seu jeito, de modo que me dirigi à escola", disse a mãe.

"O professor também notou que seu comportamento parecia diferente, mais distante. Conversamos sobre nossa preocupação com possíveis excessos nessas fantasias. Já estava parecendo algo excessivo. Marcarmos um encontro entre mim, Kieran, o professor e seu pai, que foi bastante construtivo. Mostramos firmeza ao pedir-lhe que se mostrasse mais participante nas aulas, caso contrário teria de se afastar do clube do Dangeous and Dragons. O professor também teve uma ótima idéia, considerando que podia ser bom para Kieran fazer teatro, já que se mostrava tão cheio de imaginação."

Mais tarde, os pais informariam que ele havia encontrado um novo grupo de amigos na escola e se envolvera seriamente no grupo de teatro. "Ele desempenhou papéis pequenos e gosta muito do trabalho nos bastidores", disseram. "Felizmente, é um trabalho colaborativo — pintura de cenários, iluminação e assim por diante — e achamos que realmente contribuiu para

Estimule os meninos tímidos e retraídos ■ 151

■ ■ ■

Três vivas às artes da expressão!
Se seu filho não é muito dado a falar, ainda precisa encontrar uma maneira de se definir. Escrever, pintar, esculpir e fazer música representam formas alternativas de comunicação que podem proporcionar-lhe oportunidades de auto-reflexão e expressão. Ajude seu filho a encontrar uma maneira de se envolver. Os meninos de poucas palavras passam tempo demais como espectadores na vida.

trazê-lo para fora. Ele encontrou sua turma entre os meninos 'artísticos', com os quais suas diferenças são aceitas e sua imaginação pode alçar vôo."

O principal a ter em mente em se tratando de meninos tímidos, retraídos e esquivos é que seu isolamento não é deliberado. Consciente ou inconscientemente, eles anseiam por relacionamentos e aceitação. Nossa função, como pais e adultos, é ajudar esses meninos a romper o código das capacitações sociais e encontrar a autoconfiança que lhes permitirá levar uma vida de maior realização emocional e social. Ao ensinar habilidades práticas e proporcionar um relacionamento que lhes sirva de apoio no aprendizado, estamos ajudando esses meninos a lançar as pontes de que precisam para alcançar a competência social. Nosso persistente empenho nesse sentido mostra a nossos filhos a importância da perseverança, fortalecendo a idéia de que a comunicação social pode ser aprendida, com prática e paciência.

6

Reduza a resistência dos meninos raivosos e anti-sociais

■ ■ ■

Wong, um menino de 11 anos que vive com os pais e três irmãs, parece gostar de ficar zangado e estar sempre procurando coisas com as quais se irritar. "Não sei se ele quer mais atenção ou acha que é um jeito masculino de falar", disse a mãe. "Ele se queixa muito e acusa as meninas — 'Você mexeu em minhas coisas' ou 'Por que está olhando?'. Quando as irmãs respondem, ele começa a insultá-las", prosseguiu ela. "Quando dizemos que não deve falar assim, ele nem responde."

Kelsey, de 9 anos, já mostrou que pode se comportar muito bem, mas fica monossilábico, rude e fechado quando as coisas não funcionam do seu jeito. "Outro dia, cheguei em casa e ele não tinha feito o dever e estava jogando no computador", disse o pai. "Sugeri que fizesse o dever primeiro, para não ficar com essa pendência. Qualquer comentariozinho pode deixá-lo fora de si. Ele assumiu seu tom sarcástico típico e disse: 'Não, não, acho que não.' Meu companheiro tem mais sorte, pois sabe brincar com ele, mas acho que isso contribui para reforçar seu mau humor. Não deveríamos precisar divertir o Kelsey para que ele não fique zangado, não é mesmo?"

Brandon é um menino de 14 anos com um sério problema de obesidade. Na escola, ele mostra que não se importa com os outros adotando uma atitude impassível e um estilo cínico de comunicação. Embora o protejam dos ataques, seus insultos afiados também o afastam de qualquer possibilidade de fazer verdadeiras amizades. "Já não sei mais como me relacionar com ele", queixa-se o pai. "Ele é muito espirituoso, muito irônico, mas já não dá para achar divertido. Sua expressão passou a ter um lado incômodo. Preocupa-me ver como o Brandon se especializou em se distinguir dos outros. Se eu não soubesse das coisas, eu mesmo ficaria alterado com suas manias."

Aos 6 anos, Enrique descobriu que, ao levantar a voz no ponto de ônibus, as outras crianças se calam e geralmente o deixam colocar sua lancheira onde bem entende. Assim que consegue o que quer, Enrique restabelece o tom normal de voz e interage mais normalmente com as outras crianças. Mas sua mãe começa a ficar preocupada com esse tipo de manipulação, que vê como a maneira encontrada por ele para conseguir o que quer.

Os sons da raiva… e os muitos disfarces da comunicação anti-social

No capítulo anterior, você teve a oportunidade de explorar o que pode estar acontecendo quando seu filho parece tímido e retraído na comunicação e em suas interações sociais. Aqui, vamos examinar formas de comportamento que não raro parecem opostas — o estilo de comunicação raivoso, agressivo, mal-humorado, beligerante ou anti-social que, infelizmente, é muito comum entre meninos de diferentes idades. Esse tipo de comportamento costuma ser muito inquietante para os pais e pode ser muito prejudicial ao desenvolvimento das capacitações sociais de uma criança e das relações que as requerem.

Se Wong, Brandon, Kelsey ou Enrique o fizeram lembrar-se de seu próprio filho, sob certos aspectos, você provavelmente já passou um bocado de tempo perguntando a si mesmo: "Mas o que o deixa tão furioso?" Não posso prometer-lhe que encontrará aqui uma resposta certa — são muitos os fatores capazes de explicar a raiva persistente —, mas é perfeitamente possível que a raiva de seu filho resulte de um desconforto com a comunicação social e a expressão emocional. Se é este o cerne do problema, este capítulo (juntamente com os Capítulos 8 e 9) lhe permitirá ajudar seu filho a fazer mudanças positivas. Se essas intervenções não tiverem um efeito significativo e duradouro, contudo, por favor consulte um profissional para explorar outras possíveis causas da raiva de seu filho (ver Capítulo 11).

Um elemento que dificulta esse desafio de desvendar a causa da raiva de um menino é o fato de que a comunicação dos meninos raivosos pode assumir várias formas. Ela pode ser firme e afirmativa, elevando-se acima das vozes dos outros, ou então rabugenta e retraída. Quando a comunicação raivosa é ruidosa e ríspida, você provavelmente será capaz de identificar o tom com rapidez e segurança. Em sentido inverso, quando a comunicação raivosa é movida pelo retraimento social e pelo ato de voltar-se para dentro, talvez você não se sinta tão seguro quanto ao que seu filho está tentando dizer-lhe.

Aquilo que neste capítulo chamo de comportamento "anti-social" também pode ser algo um tanto confuso de lidar. Embora os meninos que apresentam esse comportamento nem sempre pareçam raivosos, sua tática de comunicação reflete um baixo nível de adaptação social e uma vontade de controle, e mesmo de dominação. Esse padrão de comportamento ameaça seu amadurecimento social saudável, do mesmo modo que a ansiedade social, a raiva agressiva ou os problemas de natureza neuropsicológica que abordaremos no próximo capítulo. Os meninos que demonstram comportamento anti-social podem deixar os pais e outras pessoas, depois de alguma interação individual, com a desagradável sensação de que foram manipulados, descartados ou enganados. Aprender a identificar os sinais de surgimento de formas anti-sociais de comportamento pode ajudar os pais a intervir estrategicamente em apoio à capacidade de empatia e compreensão emocional de seus filhos. Leve em conta, contudo, que os meninos descritos neste capítulo não são anti-sociais no sentido de alguma orientação criminosa ou sociopata. Esses meninos que estão na extremidade do espectro constituem um grupo extraordinariamente complexo que merece uma investigação mais aprofundada do que seria possível neste livro. Quando os meninos de poucas palavras são *anti-sociais*, mostram-se socialmente resistentes por um ou mais motivos, entre eles um extremo ensimesmamento, às vezes à beira do autocentramento. Esses meninos podem ter uma tendência tão acentuada para a competição e a necessidade de "vencer" que perdem de vista as trocas normais da interação social.

Se a comunicação de seu filho é caracterizada pela raiva, seu principal objetivo será ajudá-lo a suster o contato social. É por meio desse contato que você terá melhores chances de levar o menino a superar o estresse que com freqüência acompanha a raiva e ajudá-lo a encontrar maneiras de se comunicar fora dela. Os meninos realmente precisam de nossa ajuda para romper o padrão da comunicação raivosa. Assim como um bebê pode às vezes ter uma alarmante sensação de perda de controle num acesso de cólera, acalmando-se com atitudes tranqüilizadoras, de reorientação ou recuo dos pais, existem estratégias que você pode utilizar com meninos de qualquer idade para ajudá-los a encontrar formas mais saudáveis de auto-expressão. Mas os meninos raivosos, muitas vezes, conseguem nos repelir e às vezes nos levam a ficar nos perguntando sobre nossa capacidade de entendê-los ("Será que algo o está incomodando?"; "Será que é uma fase?"; "Será que a garotada toda fala desse jeito hoje em dia?"; "Será que estou levando a situação para o lado pessoal?"). Às vezes, nos perguntamos, inclusive, se efetivamente eles querem estabelecer contato. Falaremos das maneiras de romper as muralhas da raiva, ajudando seu filho a se sentir mais à vontade com a vulnerabilidade necessária para se relacionar e aceitar o cuidado dos outros.

No caso dos meninos que talvez tendam para a comunicação anti-social, uma difícil tarefa preliminar o espera: você terá de sintonizar o ouvido com sensibilidade para identificar este problema. Os meninos desse tipo freqüen-

156 ■ MENINOS PARTICULARMENTE DIFÍCEIS

temente só revelam sua psicologia por intermédio de deixas bastante sutis na fala e na linguagem. Podem sentir-se particularmente desconfortáveis ao confiar em adultos ou reconhecer certa vulnerabilidade pessoal no relacionamento com os colegas. Os meninos anti-sociais podem ser tão defensivos ou verbalmente manipuladores que suas formas de comunicação não são captadas pelo radar. É útil ter em mente que a fala desses meninos freqüentemente se define pela resistência a perguntas de caráter pessoal: quando um adulto pergunta "Está tudo bem com você?", a resposta é "Por que está perguntando isso? Está tudo bem, esquece!". A resposta a "Algo errado?" é "Nada, pode deixar", ou então um dar de ombros. Além disso, suas palavras com freqüência são variações sobre os temas da dominação e da competição: "Você não me pega" ou "*Eu* é que vou dizer". O que dificulta sua tarefa como responsável é que essas respostas também podem decorrer da reticência natural de certos meninos ou do retraimento provocado pela timidez ou a ansiedade. Espero que os muitos casos apresentados neste capítulo e no anterior ajudem a esclarecer a diferença. Os meninos anti-sociais realmente preferem não se relacionar com você, pois suas energias estão voltadas a outras coisas; eles estão focados em outras metas psicológicas ou, em certos casos, têm deficiência de interesse ou empatia pelos outros.

Por trás da raiva

A raiva pode ser provocada por uma série de fatores. No momento em que vem à superfície do comportamento de um menino, pode ser difícil conter-se e examinar o que a motiva. Quando alguém se comunica de modo raivoso com você, geralmente provoca uma reação forte — seja de raiva recíproca, ansiedade, culpa ou arrependimento. Quando essa pessoa é seu filho, naturalmente esses sentimentos são intensificados. Mas, se você for capaz de se segurar e entender o que está causando sua comunicação negativa, poderá se alinhar de modo mais efetivo com os aspectos de seu filho que demandam entendimento, compaixão e ajuda. Vamos agora examinar alguns dos motivos pelos quais seu filho pode ter adotado um estilo raivoso de comunicação.

Seu filho é capaz de refletir sobre as próprias emoções e entender as emoções alheias?

A comunicação raivosa freqüentemente parece agressiva e pode ser usada como arma por certos meninos para afastar sentimentos de inibição. Em reiteradas pesquisas, a agressão tem sido associada a uma incapacidade de controlar as emoções. Em estudo publicado no *Journal of Abnormal Child Psychology*, a Dra. Amy Bohnert, da Universidade Estadual da Pensilvânia, constatou que crianças com baixa "competência emocional" se caracterizavam por um comportamento agressivo. A equipe responsável pelo estudo observou que a agressão estava associada ao mesmo tempo a formas mais intensas de expressão de emoções desagradáveis, como a raiva, e a uma incapacidade de entender as emoções dos outros. Bohnert e seus colegas também consideram possível que as crianças agressivas tenham mais dificuldade para refletir sobre seus estados emocionais, sobretudo em situações emocionalmente mobilizadoras. As constatações desse estudo falam da importância da autoconsciência na moderação dos efeitos da raiva e da agressão, e é precisamente isso que os pais podem ensinar aos filhos, ajudando-os a verbalizar o que estão sentindo. Às vezes, o desafio do desenvolvimento dessa capacidade nos meninos agressivos pode ser desalentador.

Aos 11 anos, Aidan exibia toda uma série de formas "inconvenientes" de comportamento, entre elas não participar das tarefas domésticas, bater no irmão de 6 anos e "bancar o esperto" com os pais. Sua mãe, Gwen, estava preocupada, mas reconhecia que não queria ser ela a assumir o papel de disciplinadora. "Ele é como meu melhor amigo. Eu lhe conto tudo, até os problemas entre mim e meu marido", disse ela. Quando Aidan foi suspenso da escola por se envolver numa briga, Gwen ficou muito chateada. Não lhe agradava a idéia de ficar tomando conta de Aidan o dia inteiro, brincando em casa. Propôs ao marido, Scott, que trabalhava na construção civil, que levasse o menino para o trabalho. "Quem sabe ele não aprende que a gente trabalha duro para cuidar dele?", declarou ela. Mas o fato é que Aidan adorou essa "punição". (Muitas vezes, quando são suspensos da escola, os meninos de mau comportamento estão conseguindo exatamente o que querem!) Scott fez o possível para supervisionar o filho, mas, no segundo dia de experiência, Aidan foi apanhado brincando com equipamentos caros de um caminhão da empresa.

Eles me procuraram para uma sessão de terapia familiar. Aidan mos-

> ■ ■ ■
> Se a fala de seu filho estiver evoluindo para a agressão, traga de volta a atenção dele para seu próprio estado emocional: "Harrison, você o está chamando de exibido porque ele venceu a corrida? Ele está comemorando porque está feliz por ser tão rápido, e não porque levou a melhor sobre você. Sei que você está decepcionado por não ter sido o primeiro, mas, se o ficar xingando, as pessoas vão vê-lo num mau momento e achar que você não sabe perder. Mas, se disser "Parabéns", verão que você tem espírito esportivo."

> ### ■ ■ ■
> ### A palavra certa no momento certo...
> Os meninos com baixo grau de consciência em relação à maneira como seus comentários afetam os outros podem ser ajudados pelos pais com advertências ou alternativas assim:
> - "Você pode ter problemas com o que vai dizer. Quando você diz _____, as pessoas pensam _____."
> - "Assim não dá, estou tentando dizer-lhe algo e você fica me interrompendo. Espere até eu acabar e então ouvirei tudo que você tem a perguntar."
> - "Em vez de me dizer 'Você está errado!', diga 'Não concordo, pois...'"

trou-se arrogante e reagiu à pressão da situação fazendo comentários sobre os problemas do próprio pai no trabalho, entre eles informações que Gwen lhe havia confidenciado. Não parecia dar-se conta da seriedade do momento, sem atentar para o evidente desagrado do pai com sua fala ou o crescente mal-estar da mãe. "Ele simplesmente não está entendendo", fulminou o pai. "Não percebe quando já foi longe demais, não vê o que está acontecendo. Continua forçando os limites, fica irritado e faz cara feia quando as pessoas se zangam com ele!" O jeito de se comunicar de Aidan refletia o fato de que sua raiva decorria de um baixo grau de consciência em relação à maneira como seus comentários afetavam os outros, e também de sua dificuldade em detectar os sentimentos das outras pessoas.

Seu filho só se sente à vontade quando está por cima?

Aidan não tinha consciência das emoções — das suas e dos outros —, tampouco respeito pelas hierarquias naturais da vida, sendo a principal delas a de que os pais estão em posição superior a uma criança em matéria de autoridade. As *hierarquias naturais* determinam o funcionamento de praticamente todos os grupos a que pertencemos e da maioria das atividades de que participamos, ajudando-nos a entender nosso papel específico em determinado contexto. Por exemplo, na escola, os meninos devem não só perceber, como também respeitar a autoridade dos professores e funcionários. O mesmo se aplica ao relacionamento com as babás, o diretor da escola, o treinador, o motorista de ônibus, o policial e, naturalmente, os pais. Se, como acontecia com Aidan, seu filho força os limites e fica com raiva quando as pessoas que ele pressiona manifestam seu desagrado, a raiz do problema pode ser sua resistência às hierarquias naturais.

Em certos meninos, a resistência é óbvia e declarada ("Não estou falando com você! Cale a boca!"). Outros disfarçam sua resistência à autoridade com táticas mais passivo-agressivas: é o caso do menino que continua provocando "piadas" e perturbando a aula apesar das advertências, que "esquece" de transmitir recados importantes ou derruba o entusiasmo de um grupo com comentários negativos: "Se vocês querem mesmo acampar com seu grande chefe escoteiro, não sou eu quem vai impedir."

Os mesmos meninos podem se expressar de maneira mais agradável ao iniciar uma conversa, falando com uma criança menor ou explicando algo ao avô, ou ainda expondo alguma coisa em sua área de "especialização". O gatilho, em seu caso, é que não conseguem aceitar uma posição socialmente subordinada, e usam as palavras para demonstrar sua atitude de desafio às hierarquias sociais.

Como muitos meninos têm tanta vontade de dominar e exercer autoridade, nem sempre é fácil reconhecer as hierarquias naturais. Falando francamente, é emocionalmente difícil aceitar uma regra ou convenção que pareça violar a liberdade pessoal. Embora a maioria dos adultos seja capaz de reconhecer com prontidão a necessidade e a importância das hierarquias, a teimosia de muitos meninos os leva a lutar violentamente com "questões de autoridade". Embora eu respeite e apóie integralmente o direito de todo menino de questionar a autoridade de maneira adequada, nenhum de nós pode questionar todas as formas de autoridade, o tempo todo, e esperar ter êxito em termos sociais. Existe uma diferença entre um menino teimoso que desafia a autoridade ao mesmo tempo em que força a barra como editor do jornal da escola e outro que recorre à irreverência para atacar verbalmente o professor. O editor pode enfrentar conflitos por suas críticas a determinada política da escola, mas também está aprendendo os limites de sua própria autoridade no contexto de um sistema social. Ao usar o jornal da escola como veículo de sua oposição, ele está entrando num diálogo e reconhecendo que existe um foro apropriado para expressar a discordância. O menino que pura e simplesmente praguejar contra o professor está numa via de mão única para a rejeição, destinado a aprender, sobretudo, por meio de fracassos pessoais.

A aceitação das hierarquias naturais começa com a solidariedade em família

É na família que os meninos começam a aprender sobre as hierarquias naturais da vida. Antes de mandá-los para o mundo, onde terão de aceitar relacionamentos e níveis de autoridade cada vez mais complexos, devemos ajudá-los a aceitar as leis naturais que governam as relações entre pais e filhos. Quando o fazemos com cuidado e amor, essas leis não são um peso, mas uma fonte de constante segurança emocional.

160 ■ MENINOS PARTICULARMENTE DIFÍCEIS

Gwen e Scott, os pais de Aidan, não haviam imbuído seu filho de respeito pelas hierarquias naturais porque não apresentavam uma imagem unificada da autoridade. Da mesma forma, Anthony e Patricia discutem sobre a educação de seu filho de 9 anos, Owen. Anthony é artista, e quer que Owen tenha uma infância de expressividade, exploração e autodeterminação. Quando Owen se expressa de maneira desrespeitosa, Anthony diz: "Ele vai aprender que está fazendo uma má escolha, mas tem de ser *seu* aprendizado." Patricia é advogada e quer que ele se programe de modo coerente, com expectativas bem definidas de comportamento e deveres a serem cumpridos com regularidade. "Não posso tolerar uma criança malcriada", diz ela. "Não foi assim que fui educada." Cabe a Anthony o essencial da educação do menino durante a semana, mas nos fins de semana a casa se transforma num campo de batalha de ordens conflitantes. A contrariedade de Owen com sua situação ficava evidente em sua maneira cada vez mais grosseira de se comunicar. Os pais queixavam-se de suas freqüentes exigências e inflexibilidade. Anthony e Patricia chegavam a um acordo sobre certas regras de convivência e formas aceitáveis de comunicação. Por exemplo, tudo bem que o quarto de Owen ficasse uma bagunça, desde que fosse arrumado no fim de semana, e ele podia "contestar" decisões dos pais se tivesse razões sólidas a apresentar e falasse com educação. Diz Patricia: "Eu não queria muito ceder em meus padrões, mas, desde que Owen baixasse o tom e ouvisse com mais paciência, o resto não me importava tanto. Antes, ao ver aquela bagunça em seu quarto, parecia que eu o estava ouvindo dizer: 'Você não pode comigo!' Agora, sinto que estamos num nível de comunicação em que eu não reajo automaticamente a ele com raiva. Tenho espaço suficiente para parar um momento e pensar no que realmente estou pensando acerca do que ele diz. E, com as regras claras, nem tudo é uma negociação. Owen está muito mais calmo."

Os meninos com temperamentos que tendem para a raiva têm particular necessidade de uma estrutura familiar que dê ênfase aos parâmetros de comportamento aceitável. Nesse contexto, você pode esclarecer e mostrar pelo exemplo quais são os padrões de comunicação positiva na família. *Embora os meninos possam resistir a regras impostas de fora, a clareza está no cerne da segurança emocional.*

Autonomia versus *reciprocidade*

Uma necessidade muito forte de autonomia pode comprometer a flexibilidade e a capacidade de raciocínio do menino. Ele provavelmente se sentirá muito mais à vontade comunicando-se de uma forma altamente afirmativa, que expresse sua autoconfiança e seu desejo de independência. Naturalmente, esse comportamento é parte normal do processo de crescimento quando se manifesta eventualmente, mas certos meninos que se comunicam agressivamente o fazem para reivindicar o poder da independência. Trevor, de 8 anos, gostava de subir nos pedregulhos do fundo do quintal e se proclamar "Rei da Montanha". Outros meninos tentavam destroná-lo, mas descobriam que sua vontade de ser "rei" lhe infundia uma grande força e a capacidade de se manter naquela posição. Os pais de Trevor ficavam encantados com sua capacidade de chegar ao alto dos pedregulhos, mas também se preocupavam com seu estilo raivoso de comunicação durante a brincadeira — "Desce daí, seu imbecil!" — e a maneira como levava essa raiva para os relacionamentos com amigos e irmãos depois dela.

"Essa brincadeira é uma metáfora de sua personalidade", dizia o pai. "Mas ele é sempre o mesmo em todas as situações. Saímos de férias, e ficamos num motel com piscina. Havia um grupo de crianças, mas dessa vez Trevor era o menor de todos. Ficava o tempo todo desafiando os outros meninos para corridas e competições, embora não pudesse competir com eles. Eram garotos muito legais, mas acabaram ficando de saco cheio dele. Era o tempo todo 'Trapaceiro! Vou lhe mostrar! Aposto que não é capaz! Ei, você aí!' Mas a gente não conseguia tirá-lo da piscina."

A mãe de Trevor acrescenta: "Seus dois irmãos fizeram amigos. Mas ele, não. Fiquei morrendo de pena, pois sua voz tornou-se muito estridente, e tudo era um estresse muito grande para ele. Ele simplesmente não era capaz de ser o menor."

Você provavelmente não precisa se preocupar se seu filho de 4 anos costuma proclamar: "Sou um super-herói, vou esmagar o mundo!" Mas deve ficar atento se tiver um filho como Trevor, com dificuldades para separar as brincadeiras da realidade. A reciprocidade, que está no cerne de qualquer relacionamento, pode ser considerada uma ameaça ao controle cobiçado por tantos meninos e uma interferência na envolvente fantasia de ser um dominador independente. Assim, meninos como Trevor podem acabar perdendo o bonde da amizade — e a capacitação social nela desenvolvida.

Mantenha em perspectiva os jogos e competições

Para a maioria dos meninos, os jogos são o lugar onde exploram o drama da vida, inclusive as fantasias de vitória e dominação. Embora para eles seja um rito de passagem, esse tipo de brincadeira, levada ao extremo, pode aumentar a inibição e fomentar sentimentos irrealistas de invulnerabilida-

162 ■ MENINOS PARTICULARMENTE DIFÍCEIS

de. Certos meninos de natureza intensamente competitiva têm uma reação quase tóxica à prática de jogos, o que invariavelmente leva a melindres, desentendimentos e xingamentos. Geralmente também não sabem vencer, vangloriando-se e esfregando a vitória na cara dos derrotados. Embora seja difícil para quase todos os meninos pequenos aprender a jogar limpo e aceitar as derrotas, por volta da segunda ou terceira série eles já devem ter avançado um pouco na capacidade de enfrentar os desafios emocionais de uma competição moderada. Se Trevor o faz lembrar-se de seu filho, você pode tomar as seguintes medidas para moderar a tendência à competição que pode isolá-lo, estimulando a reciprocidade.

- Dê preferência a jogos mais colaborativos, como Cranium, Cadoo, The Ungame ou Go, em que é possível a competição entre jogadores de diferentes níveis de habilitação.
- Estimule a prática de jogos como dama e xadrez, que ajudam meninos com problemas de impulsividade e tendência para mandar, pois dão ênfase ao pensamento seqüencial e à capacidade de planejamento.
- Não parta do princípio de que, como os meninos estão "brincando", isso significa que estão se divertindo e tudo bem — trate de acompanhar seu comportamento, e se as coisas saírem do controle, ponha o jogo de lado.
- Ensine seu filho a saber ganhar e perder, mostrando-lhe o que dizer. "O vencedor não fica se exibindo; deve agradecer aos adversários. O perdedor não sai por aí quebrando tudo; deve cumprimentar o vitorioso."
- Se o elemento fantasioso de um jogo parece suscitar reações emocionais indesejáveis na vida cotidiana de seu filho, limite sua prática.
- Se você joga com seu filho, não o deixe vencer sempre para evitar conflito. Do mesmo modo, permitir que ele vença de vez em quando contribuirá para manter seu interesse no jogo. Oriente sua expressão verbal adequada, demonstre senso de humor e ajude-o a ficar atento às suas próprias reações emocionais.

A solidão do vencedor

Se você não estiver convencido, pergunte a Peter. Empreiteiro, ele estava furioso porque sua ex-mulher usava um episódio em que fora punido por delinqüência juvenil, vinte anos antes, numa batalha judicial pela custódia do filho. "Fui rebelde durante a vida inteira. Não posso fazer nada, detesto

Reduza a resistência dos meninos raivosos e anti-sociais ■ 163

que alguém venha me dizer o que fazer. Por isso montei meu próprio negócio, pois quero comandar as coisas. Construo prédios enormes. Eu estava na presidência de uma agência habitacional comunitária que praticamente não fez nada durante anos, chegando talvez a construir dez unidades de baixa renda por ano. No ano passado, concluíram setenta unidades. Foi por minha causa, mas eles não foram capazes de reconhecer isso. Queriam reuniões de avaliação e muito bla-bla-blá, mas eu fiz o que tinha de fazer para acontecer alguma coisa. Quando alguém me vem dar um 'conselho', só posso ficar achando que não tem respeito por mim." O permanente compromisso de Peter com a autonomia absoluta pusera em risco sua liberdade, arruinando seu casamento, afastando colegas e machucando os filhos. Embora o temperamento apaixonado fosse parte de sua identidade, ele nunca assumira a responsabilidade de trabalhar os comprometimentos comportamentais decorrentes dessa parte de sua personalidade. Peter precisava aprender que é possível expressar sua autonomia de formas verbalmente construtivas, grangeando respeito, em vez de provocar afastamento. Quando esses caminhos começaram a se revelar ao longo da terapia, ele me disse: "Desde a infância, eu partia do princípio de que, se quisesse respeito, teria de impô-lo. Nunca pensei no que podia estar perdendo dessa forma."

Às vezes, os meninos têm um temperamento que dificulta sua adaptação às convenções e expectativas que governam a vida em comunidade. Uma das maneiras de entender os problemas comportamentais que podem estar associados à raiva dos meninos é vê-los como uma espécie de revolta contra as limitações impostas pela sociedade a seu desejo de autodeterminação. Os meninos de temperamento raivoso parecem ter medo de qualquer ameaça à sua autonomia já na mais tenra idade, e rapidamente tratam de reagir com rebeldia. Às vezes, sua aversão às exigências sociais se manifesta em atitudes de oposição e desafio. É como se eles fossem arrastados à força ao processo de socialização, protestando contra a injustiça de ter de abrir mão de seu instinto de liberdade absoluta. Os meninos desejosos de autodeterminação inevitavelmente entram em choque com as hierarquias da família e da vida em comunidade, que não raro dão primazia às necessidades do grupo sobre as do indivíduo.

Os meninos que sentem uma necessidade muito grande de respeito e tendem a encarar as trocas interpessoais como equações de soma zero ("Alguém tem de sair vencedor") constituem um verdadeiro desafio para os pais. É necessário equilibrar essa necessidade de respeito e reconhecimento, sem fomentar sentimentos injustificados de altivez nem cair no hábito do apaziguamento. Observações de advertência ("Nossa conversa está indo por um rumo esquisito"), humor ("Reconheço que você é um poderoso nin-

164 ■ MENINOS PARTICULARMENTE DIFÍCEIS

ja se você reconhecer que parece um bobão nessas calças cor-de-laranja"), clareza ("Seria mais digno se você perdesse o dinheiro e dissesse a verdade") e reeducação ("Por que não me pede de outro jeito?") são algumas das ferramentas de que você vai precisar para ajudar seu filho a evitar as perdas sofridas por Peter.

Seu filho tenta esconder a própria vulnerabilidade?

A raiva muitas vezes é um disfarce para esconder o terror da perda do eu. Como vimos, a raiva de seu filho pode ser provocada por sua busca ansiosa de independência total. E por trás dessa busca de autonomia pode estar um terrível sentimento de vulnerabilidade. Quando tentamos estimular a reciprocidade, nossas boas intenções podem ser interpretadas como violação de limites ou uma tentativa de tirar vantagem deslealmente de algum elemento de vulnerabilidade nos meninos. Carrie, professora, 35 anos e mãe de três meninos, falava-me de seu filho Marco. "Ele sempre foi difícil. Quando bebê, tinha acessos em que começava a gritar, e quando começou a engatinhar ficava muito frustrado quando via o irmão mais velho fazendo algo que não podia fazer. Começou a andar com 10 meses, e acho que foi simplesmente porque precisava sustentar um instinto competitivo muito grande. Quando seu irmão menor nasceu, ele ficou muito enciumado. Lembro que um dia estava ninando o bebê, e Marco entrou no quarto e nos viu. Meu marido estava presente, e eu lhe pedi que tomasse o bebê nos braços, e perguntei a Marco, que na época tinha 4 anos, se queria que eu o ninasse também. Ele começou a subir no meu colo, e eu olhei em seus olhos e sorri. Algo naquele momento deve ter sido demais para ele, e ele disse: 'Não vou ninar, não. Não sou mais nenhum bebezinho', e saiu correndo. Acho que ele realmente queria ser posto no colo e ninado, mas ao mesmo tempo parecia algo humilhante." A reação de Marco ao convite da mãe mostra como os meninos podem sentir-se inibidos quando se trata de compartilhar afeto. Embora a necessidade de afeto de um menino possa ser muito grande, ele pode se sentir extraordinariamente inibido na hora de demonstrar isso e particularmente vulnerável se perceber que alguém entende o que se passa com ele antes que se sinta pronto para revelar seus sentimentos.

Os pais podem ajudar os meninos que sentem vergonha das emoções mais brandas e temem a dependência caminhando devagar e ajudando-os a salvar a imagem. Embora possa ser tentador, depois de finalmente conseguir uma palavra de afeição ou um merecido abraço, insistir no ponto e dizer provocativamente "Está vendo, não era tão ruim assim?", é possível que seu filho precise inicialmente que você aceite seus gestos de afeição de um modo mais neutro.

E, a longo prazo, tenha em mente que os meninos com um forte senso de si mesmos não precisam lutar tanto assim para defender esses limites. No Capítulo 9, você encontrará muitas idéias para ajudar seu filho a desenvolver uma auto-identidade forte.

A raiva faz seu filho sentir-se forte?

Gostaria de ter sua ajuda numa experiência. Na verdade, essa experiência é a técnica psicanalítica denominada *livre associação*. Eu sugiro uma palavra — digamos, *raiva* — e você diz todas as outras palavras que lhe ocorrerem de forma associada a ela. Vou arriscar que você pode ter pensado em palavras como *furioso, cólera, malvado, perturbado, animosidade, ódio, indignação, exasperação, hostilidade* ou *irritação*. É uma lista razoável e interessante, mas deixa de fora uma das mais importantes associações psicológicas com a raiva feitas por muitos meninos. Quando há uma carência de palavras, raiva é igual *força*.

Antes de ter idade para deter realmente algum poder ou status, os meninos aprendem a simular autoridade por intermédio da raiva. Sua capacidade de mobilizar ou transmitir raiva pode ser vista na "guerra de vontades" com os pais ou colegas. A raiva é ao mesmo tempo uma arma ofensiva e defensiva privilegiada quando os meninos sentem a pressão da socialização nos limites de seu eu privado. Ao nos mostrar como podem ficar raivosos, eles nos desafiam a entrar em seu espaço pessoal e declaram sua resistência a entrar no nosso. Se quisermos ajudar esses meninos a superar o abismo da comunicação, teremos de enfrentar sua resistência com determinação e compaixão. Teremos de entender que a raiva é a posição naturalmente confortável para um menino que se sente apanhado entre o mundo que exige obediência social e a voz no interior de sua própria mente que insiste na autonomia.

Os meninos socialmente resistentes têm uma extraordinária habilidade para fazer com que perguntas bem-intencionadas pareçam irrelevantes e mesmo tolas. Não conheço nenhum outro grupo de meninos mais ansioso por convencer pais e terapeutas de que é impossível ajudá-los. Se nos mostrarmos muito apressados na tentativa de desarmar sua raiva ou resistência, esses meninos podem achar que estamos tentando usurpar sua "força".

Quanto mais cedo começarmos a ajudar os meninos a encontrar caminhos alternativos à força, mais chances eles terão de construir uma auto-estima baseada numa realização social real, e não na dominação ou na in-

166 ■ MENINOS PARTICULARMENTE DIFÍCEIS

timidação. Quando nos defrontamos com a raiva de nossos filhos, persistir no reconhecimento desses sentimentos pode ser uma de nossas melhores armas na batalha por um relacionamento significativo. Ainda que seu filho não mostre imediata reciprocidade nesse tipo de reconhecimento, a preocupação dos pais ou de um deles permanece em sua mente como importante fonte de apoio e auto-estima.

A raiva serve de escudo para esconder seu filho dos outros?

Embora a raiva possa ser usada como defesa ante a vulnerabilidade, também é um disfarce que muitos meninos usam para evitar se revelar aos outros. Os meninos às vezes usam a raiva para intimidar os pais ou colegas, esquivando-se a suas perguntas ou evitando discussões sobre questões de real importância. Até os pais mais experientes podem recuar diante de meninos com disposições raivosas, pelo simples fato de que pode ser muito desagradável lidar com essa raiva. É importante lembrar que a capacidade de interceptar qualquer tentativa de investigação é muitas vezes uma medida do senso de autonomia e poder do menino. Assim, quando ele tenta mantê-lo a distância adotando certo tom, evitando o contato visual ou demonstrando resistência de maneira raivosa, reconheça que ele talvez sinta estar competindo com você no estabelecimento dos limites da privacidade.

Naturalmente, esses limites mudam. O fato de um garoto de 17 anos não querer conversar com a mãe sobre sua namorada não é um fenômeno totalmente inusitado. Todavia, um menino de 9 anos que não se disponha a discutir um conflito com o professor já deve causar mais preocupação. Como

■ ■ ■

Às vezes, a raiva é a emoção mais comodamente adotada quando reações mais comedidas parecem por demais complicadas. Em vez de permitir que os pais percebam que está ao mesmo tempo orgulhoso e embaraçado com sua mudança de voz, sem querer pedir-lhes que "não notem" quando sua voz quebrar, Todd evita falar e encerra as conversas com respostas monossilábicas. Aos 15 anos, Mohammed não está certo se gosta de sua nova escola e fica preocupado diante da possibilidade de errar de ônibus ao fazer a baldeação para chegar lá, de modo que se mostra sarcástico e carrancudo. Blake está apaixonado por uma menina, e a simples idéia de que seus pais tentem influenciá-lo com conselhos e aulas de educação sexual é humilhante demais. Será que seu filho poderia estar usando a comunicação raivosa para evitar revelar incerteza sobre as mudanças em sua vida?

pais, devemos reavaliar os limites de nossos filhos à medida que crescem, tentando perceber quando é o momento de investigar e quando devemos dar-lhes algum espaço. Uma maneira de proceder consiste simplesmente em ensinar-lhes a dizer que gostariam de ter certa privacidade ou dispor de tempo para organizar as idéias, sem voltar para a raiva ou o retraimento emburrado. Se formos capazes de mostrar que respeitamos seus desejos, podemos eximi-los da necessidade de se esconder por trás das ameaças e rompantes. (Podemos também estabelecer certas regras básicas para questões — como a saúde, a segurança e o paradeiro de nossos filhos — que devem ficar abertas à discussão!)

Será que a verdadeira mensagem é a depressão?

A comunicação raivosa surge às vezes em reação a situações altamente estressantes que não dão espaço à contemplação. Algo que para você é relativamente benigno pode ter um efeito altamente estressante para seu filho. Um menino empenhado em aparentar segurança, com dificuldade para ler as intenções alheias, com uma compreensão difusa de suas próprias emoções ou que vive aterrorizado diante da idéia de se sentir embaraçado está correndo sério risco de ter reações excessivas. Diante de algo que considerem uma ameaça à sua autonomia ou a seu orgulho, os meninos podem reagir automaticamente com raiva, prontos para competir e lutar se acharem ter alguma chance de vencer. Não raro, esse reflexo não leva em conta as conseqüências de longo prazo dessa maneira de se expressar, nem mesmo a possibilidade de que não valha a pena lutar.

É, em parte, uma questão de temperamento. Certos meninos têm personalidade "sensível", mesmo em tenra idade. Até os meninos que a certa altura pareciam tímidos e retraídos podem ver sua frustração transformar-se em raiva com a intrusão de outras pessoas em seu espaço psicológico pessoal. Às vezes, a combinação de hormônios adolescentes e crescimento corporal pesa

■ ■ ■
Ele está zangado ou triste?

Às vezes, os pais não ensinam aos filhos como descrever um estado de ânimo desanimado ou depressivo na equivocada esperança de que isso possa protegê-los desses sentimentos. Sem outra opção, esses meninos tratam, então, de expressar tristeza, culpa ou sentimento de perda em forma de raiva. Freqüentemente, os meninos acham mais fácil ou mais socialmente aceitável mostrar-se raivosos do que tristes. Ao fazê-lo, no entanto, perdem oportunidades de conexão e cura.

168 ■ MENINOS PARTICULARMENTE DIFÍCEIS

na balança, transformando um menino retraído num adolescente mais antagônico. Talvez você possa estabelecer certos paralelos entre a disposição anterior de seu filho e seu comportamento atual. Todavia, se seu filho alegre e de temperamento tranqüilo transformou-se *subitamente* num estranho cheio de hostilidade, talvez seja o caso de verificar possíveis causas como depressão, mudanças na situação pessoal (perseguições na escola, um rompimento) e consumo de drogas.

Quando as alterações de humor se manifestam sem um fato causador imediato (e dificilmente os meninos haverão de dizer-lhe se algo tiver ocorrido nesse sentido), pode ser um desafio determinar se é apenas uma tendência no temperamento do menino, uma fase normal de introversão na adolescência ou um sinal de desenvolvimento de um problema mais sério de humor. Talvez seja o caso de buscar ajuda profissional para chegar a uma conclusão.

Ajude-o a encontrar as palavras: a chave para a transformação da raiva de seu filho

Embora os meninos raivosos e resistentes freqüentemente suscitem fortes sentimentos negativos nos adultos, não podemos perder de vista o fato de que estão vivenciando um problema emocional. Eles não têm menos emoções que as outras pessoas, mas muitas vezes são simplesmente menos capazes de articular seus sentimentos. Precisamos ajudá-los a encontrar as palavras de que precisam.

Suponha que seu filho, na idade do jardim-de-infância, esteja com dificuldade de montar um brinquedo e, com raiva, comece a atirar as peças contra a parede. Estimule-o a "usar suas próprias palavras!". Se ele não for capaz de dizer o que o incomoda, faça sugestões: "Você está zangado porque o brinquedo é difícil de montar? Será que conseguimos encontrar um meio de fazer isso juntos? Se eu der uma dica, você saberá fazê-lo sozinho, e ficará orgulhoso!" Se ele insistir na reação de raiva, tome o brinquedo, explicando amorosamente: "Não sei qual é o problema com este brinquedo. Quando você puder me dizer o que está acontecendo, vamos consertá-lo juntos." Você identificou para ele a emoção que está sentindo (frustração) e ofereceu uma solução que significa *trabalhar em conjunto, reforçando o prazer e a satisfação da comunicação recíproca*. Você gerou uma conseqüência (afastamento do brinquedo) que o incentiva a se comportar de outra maneira, uma maneira eficaz de demonstrar que sua raiva não surte efeito. Para motivá-lo ainda mais, elogie-o fartamente se ele tentar comportar-se como você pede.

Os mesmos passos podem surtir resultado com meninos mais velhos. Perderemos importantes oportunidades de influenciar a percepção de nossos filhos se nos concentrarmos apenas em gerar conseqüências, sem assinalar também as emoções que acompanham as situações difíceis.

Se seu filho só parece capaz de expressar alguma coisa fortemente quando está com raiva, tente ajudá-lo a encontrar palavras que expressem com a mesma ênfase outros tipos de emoção. A experiência física de expressar intensamente alguma coisa é própria do ser humano, e os meninos, como qualquer pessoa, têm necessidade de sentir a injeção de adrenalina da expressão de emoções fortes. Como pais, cabe a nós ajudá-los a canalizar essa necessidade para manifestações equilibradas de todo um leque de sentimentos.

Comunicação social passivo-agressiva

Os meninos abertamente agressivos podem ser manipuladores ativos, usando as palavras como armas contundentes, ao passo que outros meninos raivosos apresentam uma disposição mais passivo-agressiva. Certos meninos demonstram desânimo e inquietação; outros se queixam e acusam. Os meninos de comunicação passivo-agressiva podem ser autocomiserativos ("Por que eu sempre tenho de...?"), distantes ("E daí?") ou autocentrados ("Vai ser um tédio para mim!"). Estão sempre criando obstáculos ("Não vai dar certo"; "Depois eu faço!") e tentando gerar culpa ("Você não está nem aí").

Kris, um adolescente cujos pais ficavam se perguntando se não estaria deprimido, recusava-se a participar da vida em família. Era calado e rabugento, não mostrava entusiasmo pelas atividades sugeridas pelos pais e raramente gostava do que se servia à mesa. Parecia ignorar as irmãs, "esquecia" de cumprir as tarefas em casa e não ouvia os pais até que repetissem várias vezes o que estavam dizendo. Estava quase sempre sentado em seu quarto ouvindo música ou vendo televisão. A vida em família parecia girar em torno da necessidade de conseguir que Kris "saísse da casca", "curtisse a vida" ou se envolvesse em alguma atividade. Parecia que, quanto mais tentasse, menos resultados a família conseguia.

Quando conversei com Kris, ficou evidente que ele tinha plena consciência do poder que exercia sobre a família. De sua parte, a falta de participação era menos desinteresse do que uma teimosa recusa em "entrar na dança". Em vez de se mostrar abertamente raivoso, Kris tinha uma atitude de agressividade passiva, recusando-se a permitir que a família estabelecesse contato.

— Minha mãe está sempre preparando esses lanchinhos especiais, achando que eu gosto — disse ele. — Ela não sabe o que eu quero.

— E você diz a ela? — perguntei.

Ele deu de ombros.

— Digo que está tudo bem, mas ela não larga o osso.

— Não será porque ela sabe que alguma coisa está pegando? — perguntei.

— Não tem importância. Ela pode fazer o que quiser.

— Mas esse esforço todo não é trabalho demais para ela? — insisti.

Kris não respondeu.

— Você acha que ela está tentando fazer uma coisa boa para você? — prossegui.

Kris me olhou, como se me estudasse.

— Tudo bem, mas talvez eu não saiba mesmo o que quero — disparou, irritado.

Os pais de Kris decidiram adotar uma atitude totalmente diferente em relação a ele. Embora continuassem a tratá-lo afavelmente, deixaram de preparar suas refeições, insistindo em que as preparasse ele mesmo e fizesse o jantar para a família uma vez por semana. Em vez de ganhar uma mesada, ele passou a receber gorjetas pelo preparo da refeição. Foi também privado da televisão até se inscrever e começar a freqüentar uma atividade de sua escolha. No jantar, a conversa girava em torno da prestimosidade por ele demonstrada em relação à família ou à casa; qualquer privilégio estava vinculado ao comportamento apresentado. "No início, ele fazia sanduíches de geléia e pasta de amendoim para o jantar, e se mostrava muito sarcástico. Mas nossas gorjetas refletiam o cardápio e a gentileza do garçom", brincou o

> ■ ■ ■
>
> Os meninos que manifestam sua hostilidade de maneira passiva ou por meio da manipulação precisam ser tirados de seu estado de auto-absorção. Para começar a trazer seu filho de volta, tente o seguinte:
> - Estruture ativamente seu tempo, para que ele realize algo de útil diariamente. Em termos ideais, algo para a família ou a comunidade.
> - Explique claramente que formas de comunicação são ou não são aceitáveis.
> - Vincule quaisquer privilégios à comunicação positiva.
>
> Não continue recompensando o mau comportamento (inclusive a comunicação insatisfatória) com a manutenção de todas as benesses do *status quo*, da "vida normal". Seu filho ainda recebe mesada, tem a chave do carro e assiste a DVDs? Não tenha medo de enfrentar uma tempestade em termos imediatos para obter benefícios a longo prazo.

pai. "Mostrei-lhe como usar a grelha e o fiz preparar uma receita. Na semana seguinte, ele fez hambúrgueres e uma salada." "E vocês estão persistindo?", perguntei. "Pode ter certeza", disse o pai, "acho que Kris pode até ter encontrado sua vocação. Ele inventou uma receita de taco mexicano para o café-da-manhã, e ela é ótima! Sabe, no início a coisa parecia meio estranha. Mas depois que conseguimos que ele se mexesse e começamos a recusar seu negativismo, ele também se sentiu melhor."

Para Kris, a insistência dos pais em que fizesse alguma coisa útil todo dia, trazendo para fora o foco de sua energia e de sua atenção, significou a possibilidade de dar importantes passos para a reabilitação de sua auto-estima e do interesse pela vida. Os meninos que expressam sua hostilidade passivamente ou por meio da manipulação precisam ser tirados de seu estado de auto-absorção. O trabalho desperta sentimentos de autovalorização. Os meninos que inflam fraudulentamente a própria importância, sem atos que justifiquem essa visão de si mesmos, tendem a recuar ou reagir agressivamente a qualquer ameaça de intrusão, com medo de ser desmascarados. Quando ajudamos os meninos a conquistar um sentimento concreto de realização, nós os estamos ajudando a derrubar as muralhas de raiva de que se cercaram.

A resistência como poder

Alguns dos meninos mais problemáticos com os quais tenho trabalhado usavam o silêncio como manifestação distorcida de poder. A tentativa de mobilizar esse tipo de poder é particularmente importante para os meninos que se sentem com um controle inadequado da própria vida. Muitas vezes, os pais se sentem frustrados e impotentes quando todas as possíveis manifestações de interesse — investigação, preocupação, estímulo, apoio — parecem bater e ricochetear na estudada indiferença desses meninos. As conversas muitas vezes têm via única. Idéias e perguntas sem resposta ficam boiando no ar. Se você não estiver bem preparado para os desafios apresentados por esses meninos, pode acabar "pegando" a alienação e o desespero que estão por trás de seu silêncio e isolamento social.

Os pais de Joseph pediram, imploraram e finalmente exigiram que ele reagisse à sua grande preocupação a respeito das notas baixas e da quase total ausência de esforço na escola. Repetidas vezes pediram-lhe que contemplasse as possíveis conseqüências de uma repetição de ano no ensino médio, mas ele não parecia estar se importando. Sua expressão era sempre a mesma, e ele só falava para responder a perguntas que pudessem ser res-

■ ■ ■

Quando os meninos usarem o silêncio como uma arma passivo-agressiva, trate de sacudir a rotina e experimentar atividades formadoras de relacionamento, para abrir novamente as linhas de comunicação.

- Desenvolva algum projeto ou ritual para os fins de semana. Mario convocou o filho, Jorge, para ajudá-lo a limpar um caminho na vegetação em torno da casa, em troca de privilégios relacionados ao carro. Persistiu, apesar dos muxoxos e do corpo mole de Jorge no início, e em questão de algumas semanas já voltavam para casa não só imundos e arranhados, mas também conversando.
- Aprenda alguma nova atividade junto a ele. Uma tarefa mais complexa, como, por exemplo, consertar um motor ou aprender a velejar, exige uma funcionalidade verbal ("Passa a chave inglesa") e uma capacidade de buscar soluções ("Está na hora de rizar a vela?") que podem evoluir para formas mais relacionais de comunicação ("Fizemos um belo trabalho hoje...").
- Descubra um objetivo social comum. Entre para o voluntariado, vá a um comício ou proteste com ele.
- Gere oportunidades de realização.

pondidas da maneira mais simples possível. Joseph deixava que os pais lançassem freneticamente suas redes de envolvimento verbal, enquanto ele, recostado na cadeira e desviando o olhar, recusava-se a dar qualquer sinal de que se deixava afetar pelo que ia ao redor.

Joseph concordou em procurar um terapeuta, mas não estava preparado para a experiência, que depende, em grande parte, do uso da linguagem. Ele era capaz de falar de seu interesse por desenhos animados japoneses, mas não de articular exatamente o que apreciava neles. Dispunha de um vocabulário descritivo muito restrito, raramente usando adjetivos. As conversas com Joseph fluíam melhor quando partiam de um ponto de referência concreto. As tentativas de fazê-lo falar de si mesmo se deparavam com a resistência enrijecida e uma diminuição do envolvimento na terapia.

Quando se chega a esse tipo de impasse social e de comunicação com um menino, é necessário repensar toda a abordagem. Quais são suas necessidades primordiais? Muitas vezes, como pais, reagimos intensamente a algo como a diminuição das notas sem levar em conta as questões mais fundamentais que estão por trás do problema. Talvez tenhamos perdido a sintonia com nossos filhos.

As diversas influências que circulam na mente de um menino podem levá-lo a ficar à deriva, dificultando a tarefa de "chegar até ele" da maneira como era possível quando ele era menor. Na tentativa de chegar até esses meninos que resistem de uma forma passivo-

Reduza a resistência dos meninos raivosos e anti-sociais ■ 173

agressiva, às vezes precisamos reduzir sua autonomia e mostrar que temos ascendência sobre eles! Arregaçando as mangas e mostrando envolvimento em suas atividades cotidianas, podemos ajudá-los a abrir caminho para fora da atitude enrijecida. Nossa participação no encaminhamento das soluções representa para os meninos uma importante lição sobre o valor da colaboração.

Meninos anti-sociais

Quando os meninos se tornam ensimesmados e anti-sociais, o atendimento de expectativas sociais pode ser visto como sinal de fraqueza. O que eles preferem é um sistema no qual possam aprender as regras da competição e se afirmar, não raro por meios físicos, como figura dominante em determinado grupo social.

Empatia subdesenvolvida

Os meninos indiferentes ou avessos à comunicação social raramente buscam a cooperação e a reciprocidade. Com freqüência, vêem as outras pessoas como "instrumentos de uso" que podem ser manipulados. Certos meninos podem parecer-nos tão alienados que seria irrealista esperar que empreendessem um esforço de comunicação social ou emotiva. Mas pode ser, mais uma vez, uma questão ligada às palavras — ou à sua falta. Em estudo recente conduzido pelo psicólogo Bryan Loney e publicado no *Journal of Clinical Child and Adolescent Psychology*, constatou-se que os meninos anti-sociais com disposições "emocionais endurecidas" apresentavam uma reação cognitiva retardada a palavras descritivas de emoções. (Isso representava um contraste com tipos mais impulsivos de meninos anti-sociais, que tendiam a reagir a palavras emotivas de maneira muito mais rápida.) O estudo não revelava se a alienação de palavras relativas às emoções decorria de uma disposição de rigidez inata nesses meninos ou se a falta de exposição ao vocabulário dos sentimentos contribuía para o comprometimento de seu desenvolvimento social. Não podemos, assim, afirmar que os meninos se tornam anti-sociais quando seu aprendizado emocional não foi cultivado. Mas acredito que envolvê-los precoce e intensivamente na linguagem das emoções, modelando formas positivas de comportamento social, pode pelo menos colocá-los no caminho certo para o interesse social.

O surpreendente status de ser anti-social

> ■ ■ ■
>
> Pesquisas indicam que, ao contrário do que se poderia esperar, as crianças anti-sociais mais novas podem ser bem-vistas pelos colegas ("populares") e ter uma boa auto-estima. À medida que crescem, contudo, a agressão outrora tolerada se torna uma desvantagem em termos sociais.

Na escola, os meninos raivosos ou anti-sociais podem ser encontrados tanto em pequenos grupos que cultivam uma atitude "marginal" em relação à escola e aos colegas quanto em grupos maiores formados primordialmente por meninos comuns. Como logo tratam de afirmar o controle social, esses meninos são capazes de prender a atenção dos colegas, obtendo, às vezes, sua aprovação por meio de bravatas. Poucas coisas mobilizam tanto os meninos das séries intermediárias quanto a aparente capacidade de um dos colegas de "enganar" um professor ou funcionário. Eles também dominam porque não hesitam em ferir ou humilhar aqueles que os desafiam. Em conseqüência, os meninos anti-sociais podem ter um status elevado, sendo, infelizmente, fortalecidos nessas mesmas qualidades que serão afinal sua perda.

Em estudo conduzido na Universidade Duke, o psicólogo Phillip Rodkin avaliou meninos da quarta à sexta série de tendências tanto populares-pró-sociais quanto populares-anti-sociais. Embora os desse último grupo fossem considerados "durões" pelos colegas, e também por si mesmos, o grupo apresentava outros atributos — dentre os quais a competência física — que contribuíam para escorar um forte nível de vinculação social com os colegas. Quaisquer que fossem as possíveis dúvidas quanto à qualidade e às conseqüências dessas vinculações, parece claro que os meninos agressivos

> ■ ■ ■
>
> Se seu filho é recompensado pelos colegas por comportamentos não propriamente admiráveis (provocar, xingar), experimente estas idéias:
> - Aponte conseqüências negativas para essas formas de comportamento (decepção dos pais, perda de privilégios, desculpas em público e similares).
> - Apóie o professor no desenvolvimento de estratégias para lidar com a situação na escola.
> - Ajude-o a transformar seu "capital social" em formas mais positivas de liderança.
> - Discuta as conseqüências de curto e longo prazo para ele e seus "alvos".
> - Ensine-o a falar de maneira forte e persuasiva sem ferir os outros.

podem ser bem vistos pelos colegas e também sentir-se satisfeitos com essa auto-imagem, da qual faz parte a comunicação agressiva, pelo menos sob certos aspectos. O problema, quando concluímos que a agressão não é algo tão ruim assim, é que, à medida que os meninos de inclinações anti-sociais crescem, a agressividade também vai aumentando, podendo levar afinal a manifestações de alienação e rejeição social. O que meninos da quarta série acham divertido acaba se tornando desinteressante quando as crianças fazem a transição para a adolescência, adquirindo uma sensibilidade social mais amadurecida.

Meghan, mãe de um menino de 16 anos, disse-me o seguinte: "Meu filho era muito popular na fase do ensino fundamental. Só no ensino médio é que as coisas começaram a mudar para ele. Ele ainda era acompanhado por alguns colegas antigos, mas, em vez de continuarem amigos, eles deram um gelo nele. Quando era menor, ele nem sempre se mostrava tão sensível com outros meninos quanto deveria. Mas eles nunca lhe deram uma chance de compensar pelo que fizera."

A auto-absorção dos meninos anti-sociais

Enquanto os meninos tímidos podem estar envolvidos em seus anseios individuais porque se sentem inibidos socialmente e buscam um tipo de controle, que pode ser encontrado no contexto de seus desafios individuais, a auto-absorção dos meninos anti-sociais tem muito mais a ver com o autocentramento. Isso parece falar da dificuldade desses meninos de compartilhar com outros o que é seu. Os meninos anti-sociais podem ser inteiramente absorvidos pela necessidade de afirmar seu status e a si mesmos no interior de um grupo. Podem concentrar-se de tal maneira nessa necessidade que limitam sua capacidade de empatia, neutralizando deliberadamente seus sentimentos pelos outros.

Certos meninos anti-sociais são solitários, preferindo manter-se na periferia de qualquer tipo de interação social. Quando é possível despertar-lhes interesse, constata-se que são inteligentes e razoavelmente articulados. Todavia, esses meninos freqüentemente têm forte aversão a se expressar, pois associam qualquer manifestação de comunicação aberta a um tipo de vulnerabilidade emocional que rejeitam.

Terry, um rapaz de 18 anos sem problemas comportamentais declarados, é um bom exemplo. Nunca se envolveu em problemas. É muito inteligente e abriu na Internet um negócio de venda de moedas raras. Seus pais se dizem preocupados por considerar que ele "não é normal". Ele não tem amigos e se mostra obcecado com a idéia de ganhar dinheiro. Na família, parece um estranho. "Quando vai para o quarto, é como se ele estivesse caminhando pelo saguão de um hotel e eu fosse a recepcionista. Ele só se dirige a mim para perguntar se há algum recado", diz sua mãe. "Praticamente não tem qualquer interesse pelo resto da família", queixou-se o pai.

Perguntei aos pais de Terry quando começaram a ficar preocupados. Eles responderam que, quando criança, Terry insistia em vencer os jogos e parecia excessivamente preocupado em "receber o que era seu". Aos 10 anos, começou a vender peixinhos dourados a parentes e vizinhos. Passado algum tempo, a novidade perdeu a graça e ninguém mais queria comprar os peixes. "Achamos que ele havia ficado magoado. Mas Terry limitou-se a jogar os peixes restantes no vaso sanitário e disse: 'Sei de outras coisas que posso vender.'" Foi quando começou a negociar moedas antigas. Na oitava série, Terry passava a maior parte do tempo livre no mercado de pulgas, onde começara a fazer suas vendas. Quando os pais tentavam estimulá-lo a fazer amigos ou socializar, ele dizia: "Estou bem, deixem-me em paz." Disse-me o pai: "Durante anos, deixamos as coisas fluírem, achando que ele mudaria, aprendendo a se relacionar mais com as outras crianças. Mas a coisa só piorou. Recentemente, ele se recusou a nos acompanhar nas férias por causa de seu negócio. Sempre tem uma explicação lógica para evitar se envolver."

Meninos como Terry requerem alguma forma de intervenção dos pais nos primeiros anos. Não se pode esperar mudar todos os aspectos da personalidade de um menino, mas parece razoável supor que podemos introduzir um pouco mais de equilíbrio. A resistência social de meninos como Terry precisa ser enfrentada com uma orientação firme quanto ao valor de certas coisas que estão além de seus próprios limites. Os pais de Terry perderam oportunidades de estimular seu desenvolvimento, pois não reagiram à sua resistência social com algum tipo de *insistência* social — insistência para que ele participasse mais da vida familiar e comunitária e ampliasse o alcance de sua satisfação pessoal para além de interesses tão acanhados.

Explore a ligação mente-corpo

Curiosamente, os meninos anti-sociais têm forte propensão para determinada característica fisiológica, altamente indicativa de suas disposições anti-sociais. Em estudo publicado em 2004 no *Journal of the American Academy of Child and Adolescent Psychiatry*, Jame Ortis e Adrian Raine comunicavam os resultados de uma meta-análise relacionando os batimentos cardíacos a formas de comportamento anti-social. Os indivíduos que apre-

Reduza a resistência dos meninos raivosos e anti-sociais ■ 177

■ ■ ■

"Está tudo bem, me deixem em paz"

Os meninos que tendem à auto-absorção ou a rechaçar tentativas de vinculação dos outros só têm a ganhar com intervenções precoces, quando é mais fácil desenvolver o interesse social. Quando chegam à adolescência, pode ser difícil convencê-los acerca das vantagens da socialização, pois você terá menos influência sobre a maneira como essa socialização se efetua e menos oportunidades de ir aos poucos construindo suas capacitações sociais. Se você tem um menino mais crescido que "desliga" o resto do mundo e se recusa a envolver-se com outras pessoas, é provável que ele se beneficie de algum trabalho com você, outro mentor adulto ou um terapeuta que possa orientar estrategicamente seu desenvolvimento social.

sentam comportamento anti-social têm mais probabilidade de pulsação cardíaca baixa. Além disso, o estudo parece indicar que a relação entre fisiologia e personalidade também explica a maior prevalência de comportamentos anti-sociais entre os indivíduos do sexo masculino, pois existem "consideráveis diferenças de gênero nas pulsações cardíacas de repouso, sendo as dos homens mais baixas que as das mulheres". Surpreendentemente, as diferenças de gênero na pulsação cardíaca já são constatadas aos 3 anos de idade!

O estudo de Ortiz e Raine indica que, para funcionar com as crianças anti-sociais, as intervenções psicológicas precisam ter como efeito a elevação dos batimentos cardíacos. Extrapolando os dados e conclusões do estudo, podemos observar que muitas características apresentadas por certos meninos de poucas palavras, dentre elas o baixo nível de verbalização e a inatividade social, também podem ser expressão de uma disposição fisiológica para a insuficiente

■ ■ ■

Quando você quiser fazer com que um menino resistente se empenhe mais na comunicação, pode ser interessante iniciar alguma atividade que provoque naturalmente o aumento dos batimentos cardíacos. Este pode ser um dos motivos pelos quais os meninos conversam com mais facilidade depois de um vigoroso jogo de basquete, de uma corrida ou algum outro tipo de esporte. Se seu filho resiste à comunicação, não olha para você e você sente que a conversa é dolorosamente lenta ou econômica, aí está uma deixa de que você precisa fazer algo para acelerar seu pensamento e sua reatividade. Levante-se da cadeira, caminhe enquanto fala, desafie-o a dar um salto ou atingir um alvo — qualquer atitude para fazer com que as coisas literalmente se mexam. Com essas atividades, os meninos sentem mais facilidade de se revelar, pois não se sentem tão diretamente confrontados e também porque estão sendo fisiologicamente ativados.

mobilização emocional. Muitos terapeutas provavelmente concordariam com a sugestão de Ortiz e Raine de que sejam promovidas intervenções capazes de elevar o batimento cardíaco, aumentando efetivamente a mobilização emocional e a atenção. Há muito os profissionais de saúde mental sabem que um grau moderado de excitação contribui para o aprendizado. Todavia, creio que qualquer um que tenha trabalhado com esse difícil grupo de meninos sabe como é complicado fazer com que se envolvam psicologicamente (e, por extensão, fisiologicamente) na terapia. Talvez isso também explique por que o clichê do treinador ou do sargento durão mas afetuoso, capaz de sensibilizar o jovem arrogante ou fora de controle, pode ter um fundo de verdade. Esse tipo de figura de autoridade sabe como ninguém aumentar os batimentos cardíacos!

O chamado da rebeldia

Embora venhamos falando basicamente de meninos mergulhados na auto-absorção e numa disposição social manipuladora, muito próximos deles estão os meninos que têm necessidade de estímulo constante. Esses meninos são caçadores de emoções, envolvendo-se de maneira impulsiva em atividades que podem ter conseqüências devastadoras para eles próprios ou para os outros. Com esse comportamento, eles freqüentemente influenciam negativamente a vida de outras pessoas, pouco se importando com as conseqüências. A constante busca de estímulos compromete o foco necessário para a comunicação efetiva, e muitos desses meninos sofrem de um déficit de atenção que fomenta ainda mais a necessidade de excitação constante. Embora seu comportamento não raro se desvie das convenções sociais, seus atos caracterizam-se antes pela emoção do risco do que pela ausência de consciência, como poderia acontecer no caso de meninos de comportamento mais gravemente anti-social.

Uma amiga contou-me recentemente que costuma freqüentar com sua filha pequena uma lanchonete com uma área para crianças, onde elas podem percorrer túneis e deslizar em escorregas. "Só vou com ela em horas de pouco movimento, para evitar esses meninos muito agitados, em torno de 4 ou 5 anos, que ficam gritando como loucos e atropelando os menores. Eles não têm a menor idéia de que podem machucar ou assustar as crianças pequenas." Perguntei-lhe como os pais desses meninos pareciam encarar a situação, e ela pensou por um momento: "Sabe como é, geralmente são os pais que não agüentam mais e já perderam toda energia!"

Os meninos que se envolvem muito freneticamente nas brincadeiras, especialmente as de caráter cinestésico, muitas vezes não conseguem parar. Agarram os brinquedos, gritam desesperadamente, derrubam os outros, atiram pedras em animais e insuflam iniciativas audaciosas, não tanto por malícia, mas por uma espécie de vício em sensações de mobilidade e na emoção da caça. Sua capacidade de comunicação não raro é consideravelmente subdesenvolvida, por falta de prática. Esses meninos precisam de freqüente intervenção e treinamento para conseguir enxergar as conseqüências de seus atos e escolhas. Estimular esse tipo de consciência é necessariamente o primeiro passo para o estabelecimento, neles, de uma capacidade de consideração e comunicação social.

Não recue

A persistência é fator-chave no trabalho com os desafios de comunicação social analisados neste capítulo. Faz parte da natureza humana querer evitar pessoas raivosas, mas se tivermos em mente que a raiva pode ser a atitude mais cômoda para um menino, e não uma escolha, talvez sejamos capazes de perceber aquilo que vemos e ouvimos de uma maneira que aumente nossa empatia com nossos filhos. Nos meninos, a raiva e a resistência são expressões de dificuldades sociais que requerem orientação e apoio, e, embora nossos filhos não sejam capazes de nos dizer exatamente isso, o fato é que não desejam que recuemos.

7

Explore os desafios do aprendizado e dos problemas de atenção

■ ■ ■

Quando Palmer começou na escola, a família inteira parecia ter ficado de cabeça para baixo. De uma hora para outra, aquele menino tranqüilo, que era o orgulho e a alegria dos pais, encontrava dificuldade para fazer amigos, e seu professor informava que assumia uma atitude negativa, apresentando resultados acadêmicos aquém do desejável. Inicialmente, seus pais, Mona e Don, achavam que era porque ele estava tendo dificuldade na transição da saída de casa, onde, dizia Mona, "ele sempre teve toda a minha atenção e apoio. Eu achava, quando ele falava pouco, que simplesmente estava sendo como o pai, que também tem tendência a se mostrar mais calado, mas sempre pensativo".

Ao ter afinal a oportunidade de constatar que o professor não estava exagerando, os preocupados pais de Palmer levaram-no para uma avaliação e acabaram por matriculá-lo numa escola para crianças com deficiências de aprendizado, em que os professores começaram a ajudá-los a descobrir as qualidades em que Palmer se mostrava mais desenvolvido e a entender seus desafios. Revelou-se que Palmer tinha dislexia, além de problemas de distração. A leitura começou a melhorar, mas os pais não sabiam ao certo se sua desatenção contribuía para os problemas de leitura ou vice-versa. Constataram também que Palmer era pelo menos um pouco obsessivo-compulsivo — detestava quando as "regras" eram mudadas, e as transições eram os períodos mais difíceis para ele.

Mas a maior surpresa para Don e Mona foi a quantidade de problemas sociais enfrentados por Palmer paralelamente aos problemas de aprendizado e atenção. Era como se suas capacitações sociais tivessem empacado juntamente ao desenvolvimento da capacidade de leitura. Palmer parecia menos confiante na companhia de colegas e, em conseqüência, tornou-se visivelmente mais calado. Quando participava da conversa, muitas vezes falava depressa demais ou simultaneamente com outras crianças. Palmer simplesmente não estava na mesma sintonia dos outros garotos.

182 ■ MENINOS PARTICULARMENTE DIFÍCEIS

Quando Cory começou a ter problemas de distração e hiperatividade, aos 6 anos, os pais logo trataram de buscar ajuda, e foi diagnosticado um distúrbio de hiperatividade e déficit de atenção (DHDA). Depois que o menino começou a ser medicado e atendido por um profissional na escola, melhorou sua capacidade de aprender e de observar as normas escolares. "Foi um alívio enorme", conta a mãe de Cory. "Estávamos preocupados porque ele trazia quase diariamente para casa uma anotação sobre suas alterações de comportamento, e achávamos que mais cedo ou mais tarde acabaria desistindo da escola." Felizmente, a intervenção ajudou Cory a atravessar os primeiros anos na escola com muito menos dificuldade. Na verdade, sua melhora já parecia de tal maneira natural que os pais presumiram que a transição para o nível intermediário seria apenas mais um passo a ser dado com facilidade. Todavia, ao dar o salto para as exigências sociais da sétima série, Cory viu-se lutando com aquilo que às vezes chamo de "regras de comprometimento".

Em essência, Cory se sentia sem jeito para se aproximar dos outros alunos, até mesmo garotos que conhecia desde o ensino fundamental. Embora os remédios reduzissem sua hiperatividade e ele tivesse aprendido certas estratégias de comportamento para "pisar no freio", não se tinha dado muita atenção às dimensões sociais do DHDA de Cory. Como ocorre com muitas crianças com esse problema, o impacto social só foi realmente notado quando Cory chegou ao período intermediário. Agora, esperava-se que ele e seus colegas se mostrassem mais independentes. Os alunos tinham mais liberdade nas horas vagas e eram mais freqüentes as experiências de socialização depois das aulas. Comentou o pai de Cory: "Ele nos parece meio à parte, como se estivesse confuso sobre o jeito dos outros meninos de se relacionar e conversar. Achávamos que a questão do DHDA já estava resolvida, mas não creio que a medicação seja a resposta para o que ele está enfrentando agora."

Leon, com 12 anos e uma disfunção não-verbal de aprendizado, recebera cuidados intensivos por conta de suas dificuldades com a matemática na escola. Os pais reconheciam seu esforço nessa disciplina, mas estavam preocupados porque, socialmente, parecia distante e inibido. A mãe não entendia como um menino de tanta percepção nas questões práticas podia mostrar-se tão confuso frente a situações ou experiências de caráter pessoal. "Outro dia, eu estava de péssimo humor por causa do trabalho", explicou ela. "Cheguei em casa muito chateada e sabia que ele estava percebendo, mas ele não disse nada. Esse tipo de coisa já aconteceu antes. Estamos, por exemplo, no shopping center ou visitando amigos, e todo mundo fica impressionado com algo que Leon diz. Mas o que não vêem é que não sabe como levar adiante sua percepção e dar mais um passo. Por que é tão difícil para ele demonstrar a alguém seu afeto, quando sei que ele o sente?"

Certos meninos de poucas palavras enfrentam desafios sociais e de comunicação determinados pelo temperamento ou o clima emocional da vida em família, como vimos nos dois capítulos anteriores. Outros, no entanto, têm dificuldades sociais e expressivas ligadas a disfunções de aprendizado, déficits de atenção ou, não muito raramente, a ambos. São complexas as

Explore os desafios do aprendizado e dos problemas de atenção ■ 183

maneiras como esses problemas neuropsicológicos contribuem para as dificuldades sociais. As intervenções destinadas a ajudar a superar a dislexia, uma disfunção não-verbal de aprendizado, a falta de atenção ou a hiperatividade não costumam dar muita atenção ao crescimento social dos meninos (ou das meninas). Não é que os profissionais incumbidos do tratamento ou de providenciar acomodações especiais na escola não se importem com essa parte do desenvolvimento da criança. Significa apenas que o tempo e as verbas são limitados, e não raro as questões sociais não são consideradas prioritárias.

Considero a superação dos desafios sociais que acompanham os distúrbios de aprendizado e o DHDA tão importantes quanto ajudar esses meninos a aprender a ler, prestar atenção na aula ou controlar o próprio comportamento. Já discutimos as conseqüências de longo prazo dos desafios da comunicação social, e as soluções que buscamos devem prestar a devida atenção às necessidades de aprendizado social de meninos muito pequenos. Embora muita atenção seja dispensada às maneiras de intervir no caso dos adolescentes, é relativamente pequeno o foco no aprendizado e na dinâmica social, aspectos que levam ao desenvolvimento dos problemas enfrentados pelos adolescentes. Naturalmente, precisamos estender a mão aos meninos de todas as idades, mas o momento ideal para intervir no desenvolvimento social é quando percebemos pela primeira vez problemas de aprendizado e atenção no horizonte. Neste capítulo, explicarei o porquê. Simultaneamente, eu o ajudarei a saber como contribuir para o desenvolvimento social e expressivo de seu filho se ele tiver algum problema de atenção ou aprendizado — você poderá ver-se à frente dos esforços para enfrentar esses problemas com ele. E se não estiver certo de que seu filho tenha um desses problemas, espero que os meninos descritos nas próximas páginas permitam-lhe verificar se esses déficits estariam na raiz do comportamento nada comunicativo de seu filho e decidir que medidas tomar para saber mais.

> ■ ■ ■
> É desproporcional o número de meninos afetados por deficiências de aprendizado e problemas de déficit de atenção. Aproximadamente cinco meninos são diagnosticados para cada menina.

Certos aspectos aparentemente simples, como saber a maneira de se apresentar, manter o fluxo da conversa e se alternar com os outros interlocutores podem ser extraordinariamente difíceis para os meninos que não têm uma pronta percepção da comunicação social ou não lembram como aplicar as habilidades da comunicação. Sem elas, contudo, os meninos com problemas de aprendizado ou atenção talvez nunca alcancem sua competência social em potencial, e sua vida adulta será mais pobre.

184 ■ MENINOS PARTICULARMENTE DIFÍCEIS

Como vimos no Capítulo 1, investiga-se muito no momento por que os meninos são tão mais vulneráveis a problemas de aprendizado e atenção do que as meninas. Quaisquer que sejam as conclusões desses estudos, certamente continuaremos constatando que os problemas de aprendizado e atenção são multidimensionais. *Para uma verdadeira apreciação desses desafios, é necessário reconhecer a complexidade das deficiências de aprendizado e DHDA e as formas próprias e variáveis como as crianças são afetadas por esses distúrbios.* Se você suspeita de que seu filho pode ter um desses problemas, tenha em mente que uma boa avaliação para diagnóstico (ver Capítulo 11) deve levar em conta os fatores neuropsicológicos, emocionais, ambientais e sociais que afetam seu filho, pois refletem sua individualidade e suas circunstâncias próprias. Para complicar a situação, essas síndromes freqüentemente também interagem com a personalidade e a dinâmica comportamental, como nas manifestações de agressão e retraimento. Desse modo, nem sempre é fácil — para os psicólogos ou os pais — encaixar os meninos em categorias claramente definidas. Meu objetivo aqui é estimulá-lo a avaliar se um problema de aprendizado ou atenção pode ser um elemento a ser considerado na situação de seu menino de poucas palavras — e mostrar como você pode ajudá-lo, se chegar à conclusão de que é este o caso.

Uma ampla maioria de profissionais que trabalha com crianças e adolescentes acometidos de deficiências de aprendizado, DHDA ou ambos os problemas reconhece o impacto dos problemas de aprendizado e atenção na comunicação e na competência social. Numa pesquisa extensa que examinou a competência social de crianças com deficiências de aprendizado, a Dra. Elizabeth Nowicki reuniu os resultados de 32 estudos realizados a esse respeito desde 1990, encontrando fortes indícios de que as crianças com deficiências de aprendizado em escolas comuns incorrem num "risco social", em comparação com os colegas sem essas deficiências. Ela também constatou que os colegas davam acentuada preferência a outros alunos sem deficiências de aprendizado. O estudo de Nowicki observa também que, embora as crianças com deficiências de aprendizado tenham consciência da existência de um déficit formal de aprendizado, já não se mostram tão conscientes de suas dificuldades sociais. Esta constata-

> ■ ■ ■
> Os meninos com problemas de aprendizado que limitam a autoconsciência podem não se dar conta dos próprios desafios de aprendizado social. Se aquilo que você observa em seu filho é motivo de preocupação, não permita que afirmações do tipo "está tudo bem" o impeçam de examinar cuidadosamente as dificuldades ou, talvez, conversar com o professor ou outros profissionais para ter outra perspectiva.

Explore os desafios do aprendizado e dos problemas de atenção ■ 185

ção é fortemente corroborada por minhas próprias avaliações de meninos com deficiências de aprendizado e DHDA, que freqüentemente se consideram populares e socialmente ajustados, não obstante as indicações em contrário por parte do professor e dos pais.

Como os meninos aprendem a se comunicar

Para entender como as dificuldades de comunicação estão interligadas aos problemas de aprendizado e atenção, você precisa saber certas coisas sobre os processos neuropsicológicos implicados no aprendizado. De particular importância são certos aspectos do processo auditivo — a maneira como o cérebro processa diferentes sons, para que a pessoa entenda e ouça a linguagem. A compreensão social depende muito da capacidade de receber deixas lingüísticas em diferentes níveis — o que está sendo dito, como é dito e por que é dito. No menino, a capacidade de sintetizar esses diferentes níveis de entendimento é a base de sua confiança em matéria de comunicação social. Como veremos, é no processo auditivo que começa a capacidade de comunicação.

O som das palavras

Muitas crianças com deficiências de aprendizado, especialmente distúrbios de leitura, têm problemas especificamente com a *consciência fonológica*. Este valiosíssimo aspecto do processo auditivo significa ser capaz de ouvir e lembrar sons vocabulares e associá-los a palavras escritas. A consciência fonológica está estreitamente ligada à *consciência fonêmica*, que tem a ver com a capacidade de discriminar auditivamente, no caso do inglês, os 44 fonemas (as menores unidades dos sons vocabulares) que constituem a língua — por exemplo,

> ■ ■ ■
> A *consciência fonológica* é uma capacidade de processamento auditivo fundamental que permite à pessoa ouvir e lembrar sons vocabulares, relacionando-os às palavras escritas. Essa capacidade permite ao cérebro decodificar palavras, desmembrando-as em unidades sonoras menores chamadas *fonemas*.

ser capaz de distinguir com clareza entre o som do "p" e o do "b" e de "ouvir" esses sons na cabeça ao mesmo tempo em que lê essas letras. Essa capacidade de processamento auditivo constitui uma difícil etapa do desenvolvimento a ser vencida no pré-escolar e nas primeiras séries. Embora a consciência fonológica possa aumentar até mesmo no período escolar intermediário, a

186 ■ MENINOS PARTICULARMENTE DIFÍCEIS

linguagem é aprendida com mais facilidade e melhores resultados em seu "período crítico", que se considera, de modo geral, estar situado antes dos 11 anos. É nessa fase do crescimento que o cérebro absorve e retém com mais eficiência o aprendizado da língua.

Com raiva por não conseguir acompanhar

Aos 5 anos, Royce recebeu o diagnóstico de dificuldades de processamento auditivo no pré-escolar, e o fato de essas dificuldades terem retardado seu aprendizado das letras foi apresentado como a principal razão para adiar sua entrada no jardim-de-infância. Mas não era esse seu único problema. Frustrado por não estar aprendendo tão bem quanto as outras crianças, Royce tinha acessos de agressividade que levavam sua professora a dizer: "O que ele não consegue expressar com clareza compensa com volume", o que agitava toda a classe — exatamente o que Royce queria, embora inconscientemente.

Além de afetar o aprendizado, as dificuldades com o processamento dos sons vocabulares podem ter conseqüências sociais, como ocorreu com Royce. Muitos meninos só se dão conta de suas diferenças de aprendizado ao chegar à pré-escola, e essa conscientização pode ser causadora de ansiedade — ainda que apenas no nível inconsciente. As cenas de raiva, comuns no comportamento de meninos nessa situação parecem refletir seu forte desejo de afirmar a própria "voz", não obstante suas experiências de frustração e fracasso.

O processamento fonológico (ouvir e lembrar sons vocabulares) é necessário para a capacitação da compreensão verbal e de leitura. Por sua vez, essa capacitação é importante para o desenvolvimento da compreensão e do interesse sociais. Basta pensar em todas as interações que ocorrem numa conversa normal: a escolha de palavras, as inflexões a elas conferidas, a confirmação ou contradição de certas afirmações. Um menino com carência na capacitação para o processamento fonológico tem mais probabilidade de não entender direito o que está ouvindo e não ser capaz de transmitir efetivamente seus pensamentos. É como se estivesse tentando conversar numa segunda linguagem com a qual está familiarizado apenas parcialmente — talvez ele consiga transmitir a mensagem principal do que quer dizer, mas sua capacidade de se expressar plenamente estaria limitada. A pessoa à qual se dirige pode ficar contrariada ou começar a falar mais alto — exatamente como fazem certas pessoas quando estão falando com alguém que não entende porque a linguagem usada não é a língua nativa do ouvinte! Com o tempo, ele pode concluir que conversar é algo cansativo ou arriscado. Os meninos com carência de capacitação para o processamento fonológico tendem a "desligar" o discurso que constrói e fortalece relacionamentos. Se isso parece a situação de um menino que você conhece, seu apoio pode estimulá-lo a perseverar na construção de uma capacidade de conversar que não surge "naturalmente".

> **■ ■ ■**
>
> A ajuda aos meninos com problemas de aprendizado começa com uma forte aliança construída por meio do respeito mútuo e da verbalização de seus pontos fortes: "Sim, você está precisando de ajuda na leitura, mas não se esqueça de que está adiantado em matemática." "Eu sei que você nem sempre sabe o que dizer, mas lembra aquela vez em que explicou à Ellie sobre os dinossauros? Você foi incrível!" "Garth, estarei a seu lado a cada passo. Sempre que precisar de ajuda no dever de casa, basta dizer. Acredito que vai conseguir porque você é trabalhador e não desiste."

Os pais de Royce foram agradavelmente surpreendidos ao constatar que, ao começar uma terapia de fala-linguagem, sua capacitação para o aprendizado da língua melhorou, reduzindo seus níveis de frustração. Meu trabalho com Royce também estava voltado para ajudá-lo a encontrar maneiras mais construtivas de atrair a atenção, embora, com seu orgulho, fosse difícil para ele falar-me a respeito de seus desafios de aprendizado. Temos aqui um ponto importante a considerar no trabalho com muitos meninos: dar ênfase aos resultados é uma necessidade prática. Em vez de evitar as questões críticas, focalizar a atenção nos resultados significa estabelecer uma aliança de confiança e consideração. Essa aliança nutre o crescimento da criança, pois fornece um contexto emocionalmente seguro em que os meninos podem encarar a si mesmos aberta e honestamente. O tempo dedicado à construção de uma parceria sólida é um investimento que sempre resulta em dividendos.

Os pais de Royce acertaram ao levá-lo, para avaliação, a um terapeuta especializado em problemas da fala e da linguagem. Quanto mais cedo esses problemas forem atacados, mais eficazes serão as intervenções no sentido de ajudar os meninos a desenvolver a capacitação verbal. A plasticidade do cérebro de um menino pequeno significa uma vantagem considerável. Assim como aumentamos nossas possibilidades de nos transformar em campeões ou em grandes pianistas quando começamos a ter aulas bem cedo, a capacitação social e de leitura de um menino só tem a ganhar com o reforço precoce de sua capacidade de processamento auditivo.

Globalmente, o papel do processamento auditivo é muito importante para os meninos de que falamos, pois, em termos anatômicos, os indivíduos do sexo masculino têm cérebros menos eficientes que os do sexo femi-

188 ■ MENINOS PARTICULARMENTE DIFÍCEIS

nino no processamento da linguagem. Enquanto as mulheres usam ambos os hemisférios do cérebro para processar a linguagem, os homens contam primordialmente com o hemisfério esquerdo. Como já vimos, a parte do cérebro que abrange os dois hemisférios (*corpus callosum*) e facilita a comunicação entre eles é em geral mais bulbosa, e, portanto, mais eficiente no processamento da linguagem, nas mulheres. O fascínio pelo *corpus callosum* começou no início da década de 1980, tendo levado a numerosas experiências e projetos de pesquisa para investigar seu impacto nas diferenças de comunicação entre homens e mulheres. Embora as diferenças de tamanho e forma do *corpus callosum* dos dois sexos tenham sido detectadas inicialmente em autópsias, mais recentemente a tecnologia de neuroimagística vem fornecendo aos cientistas imagens detalhadas e novas percepções sobre essa importante parte do cérebro.

O efeito dessa diferença entre os sexos é que, enquanto os meninos lutam para aprender a linguagem com uma parte mais limitada do cérebro, certas meninas aceleram esse aprendizado e conseguem ultrapassar os meninos por serem capazes de acessar uma proporção maior de seus recursos cognitivos para o desenvolvimento da linguagem receptiva e expressiva. Talvez isso explique em parte por que as meninas freqüentemente estão seis a doze meses à frente dos meninos em matéria de aprendizado verbal, por volta da escola elementar. Naturalmente, existem meninos que constituem exceção, mas os meninos de poucas palavras são exemplos notáveis dessa discrepância no desenvolvimento de ambos os sexos.

Desse modo, sempre que encontro pela primeira vez uma criança que preocupa seus pais ou professores por um certo déficit na capacitação social, procuro investigar sua capacidade de processamento auditivo. Às vezes, a consulta a um fonoaudiólogo pode ser reveladora, permitindo proporcionar a melhor ajuda possível a um menino. Os fonoaudiólogos estão capacitados a investigar o que se chama de *distúrbio central de processamento auditivo,* do qual podem fazer parte certos déficits de consciência fonológica. Muitos psicólogos também investigam déficits de processamento auditivo ao avaliarem as deficiências de aprendizado. (Trataremos mais detalhadamente, no Capítulo 11, da melhor maneira de recorrer aos profissionais a seu dispor.)

Aprenda a ler e leia para aprender

A capacidade de processamento auditivo desempenha papel central na capacidade de seu filho de aprender, desfrutar e efetivamente usar a lingua-

Os psicólogos dispõem de excelentes ferramentas para testar a consciência da sonoridade vocabular e as capacidades de decodificação na leitura, aferindo em que medida a criança ou adolescente se sente à vontade com a linguagem e é capaz de se expressar com eficácia. Os meninos com problemas de processamento fonológico geralmente têm dificuldade de ler e, em conseqüência, se mostram abaixo da média no interesse pela leitura e na compreensão.

gem. De particular importância é o fato de que sua capacidade de ouvir os sons vocabulares indica claramente a facilidade com que poderá desenvolver a capacitação para a leitura. E acontece que a capacidade de ler é fundamental para a conquista de certos marcos sociais por parte de seu filho.

Nos últimos dez anos, o estudo das deficiências de aprendizado levou a uma verdadeira revolução na conceitualização da dislexia. A Dra. Sally Shaywitz e seus colegas da Universidade de Yale usaram tecnologia de imagística médica para mapear a atividade do cérebro durante a leitura, o que permitiu novas percepções sobre a neuropsicologia da leitura, inclusive as "microcapacitações" cognitivas que a tornam possível. Antes da revelação desses mecanismos nessas investigações, as pessoas com problemas de leitura eram às vezes consideradas desmotivadas ou de inteligência curta. Como a pesquisa frisa a importância do processamento fonológico, as intervenções em matéria de disfunções da leitura passaram a dar ênfase às capacidades e aos treinamentos destinados a fortalecer a consciência fonológica. Basicamente, essas formas de treinamento ensinam os estudantes a aprender as palavras foneticamente, ao mesmo tempo como forma de remediar as deficiências de leitura e, no caso das crianças menores, como importante recurso para *prevenir* os distúrbios da leitura.

O que é significativo, contudo, para os meninos de poucas palavras, podendo de certa forma surpreender, é que o processamento fonológico também constitui um fator crítico da competência social. Tanto a leitura quanto a compreensão verbal contribuem para a capacidade de seu filho se relacionar socialmente. As pesquisas até hoje realizadas sobre deficiências de leitura não foram capazes de identificar a exata ligação entre a capacitação fonológica e a competência social, mas efetivamente indicam uma considerável área de sobreposição entre as habilidades de aprendizado e o nível de adaptação social. Ou seja, as crianças que demonstram dificuldade na capacitação para a leitura muitas vezes também evidenciam um baixo nível de adequação social.

A leitura é incrivelmente importante no aprendizado de nossos filhos sobre a maneira como as pessoas se relacionam socialmente, inclusive sua maneira de falar umas com as outras e resolver problemas. A leitura amplia muito seu vocabulário social e emocional, tal como ocorre com qualquer um de nós, ajudando-os a visualizar as diferentes maneiras como ocorrem as interações pessoais. Os livros conduzem os meninos ao universo psicológico da vida de outras pessoas, permitindo-lhes aprender com o que existe de comum e diferente nos personagens e experiências retratados. À medida que se tornam leitores mais sofisticados, nossos filhos podem pensar e debater os significados do material apresentado por um autor. As crenças e percepções de nossos filhos nascem em parte desse diálogo interior.

O ritmo relativamente lento da leitura também permite que os detalhes narrativos sejam processados e integrados num nível muito mais profundo do que quando se assiste a um filme com a mesma história. Conforme escreveu o escritor e estudioso C. S. Lewis: "A literatura acrescenta à realidade, não se limitando simplesmente a descrevê-la. Ela enriquece as competências fornecidas e exigidas pela vida cotidiana."

A leitura é um exercício essencial para a mente, especialmente se você tiver em casa um menino de poucas palavras. Embora a televisão e o cinema exponham os meninos a todos os tipos de linguagem, os componentes visuais e falados desses meios de comunicação limitam o potencial de imaginação e o importante processo psicológico da projeção. Na leitura, os meninos precisam construir realidades que inevitavelmente serão pessoais, talvez até mesmo autobiográficas, pois essas realidades são formadas a partir das experiências únicas que constituem a vida de cada menino. Como a vida de tantos meninos é afetada por problemas de aprendizado ou atenção, temos motivos para temer que, tratando-se da capacitação para a leitura, os meninos sejam cada vez mais divididos em dois grupos: os que podem e os que não podem. Considerando-se a desvantagem social que pode representar a impossibilidade de ler, será o caso de evitar ao máximo possível a incorporação de nossos filhos ao segundo grupo.

> ■ ■ ■
>
> Se seu filho tem problemas com a leitura em virtude de uma deficiência do processamento auditivo, é fundamental que ele receba a ajuda necessária para aprender a ler — não apenas para se alfabetizar e ter êxito na escolarização, mas porque a leitura fortalece a capacitação social, que também pode ser enfraquecida por sua falta de consciência fonológica.

Ironicamente, tornar-se um bom leitor, que pode representar algo solitário, talvez até contribua para aumentar a compreensão e o interesse sociais do menino. Um dos meninos pequenos com os quais trabalhei estabelecia relações entre situações de seus livros de Harry Potter e certas dinâmicas sociais na sala de aula. A leitura das histórias de Harry Potter

Explore os desafios do aprendizado e dos problemas de atenção ■ 191

tornara-se uma lente de interpretação através da qual ele entendia seu mundo social. Para ele, a corajosa luta de Harry Potter contra o mal e a ajuda por ele recebida do pequeno grupo de amigos formavam o contexto ideal para enfrentar, por intermédio da imaginação, sua crise pessoal, decorrente da reação dos colegas à sua gagueira.

Ouvir as palavras: o caminho mágico para a comunicação social

Se você tem um filho com deficiência de aprendizado ou com suspeita de vir a tê-la, poderá entender por que é importante intervir decididamente: os problemas de processamento auditivo e outros déficits que comprometem a leitura e as capacidades lingüísticas podem levar a um beco sem saída, tratando-se da competência social de um menino. Não estou dizendo que todo menino com problemas de consciência fonológica se torne um adulto incapaz de se adaptar em termos sociais. Mas efetivamente considero que esses meninos enveredam por um caminho complicado. Podemos dar aos meninos de poucas palavras um empurrão muito necessário em direção ao bem-estar social se reconhecermos sua necessidade de ajuda, em matéria de capacitação para a comunicação social, assim que surgir a suspeita de um problema de aprendizado.

O diagrama da página seguinte ilustra *uma maneira* de encarar a contribuição da consciência fonológica para o desenvolvimento social e emocional. Ele reflete minha convicção de que a capacidade de processamento auditivo constitui um caminho importante para o comportamento *pró-social* e o preparo emocional. Agir de maneira pró-social significa que seu filho está motivado a usar os conhecimentos e capacidades de que dispõe para melhorar os relacionamentos. O diagrama ilustra os níveis de capacitação lingüística e preparo social, sendo a consecução de cada nova capacitação apoiada nas capacidades instauradas nos níveis anteriores. Em outras palavras, uma boa consciência fonológica ajuda a promover habilidades lingüísticas expressivas; com a combinação certa de capacidade, oportunidade e estímulo, a linguagem expressiva por sua vez ajuda a fomentar a compreensão social. Todavia, os sucessivos níveis de desenvolvimento não são necessariamente garantidos. Um menino pode desenvolver a compreensão social ao apreender corretamente os pensamentos e o comportamento das outras pessoas, mas, por motivos relacionados ao ambiente e/ou ao temperamento, não evoluir para o uso desse conhecimento social de modo que contribua para o seu desenvolvimento social. (Infelizmente, os psicólogos clínicos estão totalmente familiarizados com adultos que usam a compreensão social de uma forma anti-social e manipuladora.) *Não devemos presumir que um baixo nível de consciência fonológica conduza a um comportamento anti-social, mas uma boa capacidade de ouvir ajuda a abrir a porta para um progresso social positivo.*

Embora muitos educadores e psicólogos reconheçam que síndromes como a dislexia com freqüência estão associadas a dificuldades sociais, existem relativamente poucas pesquisas que explicam o mecanismo dessa ligação. Uma delas é um estudo realizado por um grupo de pesquisadores dirigido pelo Dr. Tova Most, da Universidade de Tel Aviv. O Dr. Most e seus colegas estudaram a ligação entre a consciência fonológica e o funcionamento social em crianças em idade pré-escolar, partindo da hipótese de que ambos dependem de capacitações cognitivas semelhantes. Constataram que as crianças consideradas em alto risco de desenvolver disfunções de aprendizado, em conseqüência de um baixo nível de capacitação fonológica, apresentavam considerável dificuldade no relacionamento com os colegas. Essas crianças tendiam a ser menos aceitas pelos colegas e tinham menos amigos. De um ponto de vista emocional, as crianças com déficit fonológico se consideravam mais solitárias que os colegas e se sentiam globalmente menos confiantes. Esse estudo chama a atenção para a relação de reciprocidade entre o processamento fonológico e a capacitação social. Os desafios de processamento auditivo começam a determinar a maneira como

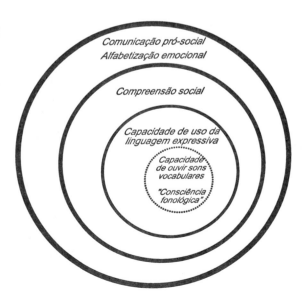

ILUSTRAÇÃO 7.1. Ser capaz de ouvir o som das palavras... gera a comunicação social e o desenvolvimento emocional.

> **■ ■ ■**
>
> As pesquisas indicam que as crianças em idade pré-escolar com risco de deficiências de aprendizado decorrentes de um baixo nível de consciência fonológica encontram mais dificuldades sociais, se sentem mais sozinhas, menos confiantes e têm menos amigos que os colegas. Se seu filho estiver enfrentando problemas sociais na escola, talvez seja o caso de buscar uma avaliação de possível disfunção de aprendizado. Além disso, talvez você deva avaliar se a pré-escola pode ser conveniente para ele, e como.

as crianças são percebidas pelos outros praticamente desde o momento em que elas formam seu primeiro grupo social significativo (em geral, na idade pré-escolar). Também merece atenção especial o fato de que o estudo do Dr. Most frisa a rapidez com que as crianças podem se conscientizar de suas diferenças e se deparar com as conseqüências emocionais e sociais dos problemas de aprendizado.

Ser capaz de ouvir o som das palavras... gera a comunicação social e o desenvolvimento emocional.

Os problemas neuropsicológicos subjacentes aos déficits de leitura e fonologia também estão associados a dificuldades da fala e da articulação. Os problemas com o desenvolvimento da fala às vezes servem precocemente de deixa sobre possíveis desafios sociais e de aprendizado. Nate, um menino de 4 anos com um sorriso angelical e a cabeça coberta de cachos ruivos, nasceu prematuramente e enfrentou alguns atrasos no desenvolvimento da fala. Dissera à mãe que "ninguém brinca comigo" na creche, e realmente, observando-o com outras crianças, ela constatou certas diferenças. A maioria das crianças interagia e conversava o tempo todo, mas Nate mantinha-se calado; vez por outra, sentava-se perto de um grupo ou oferecia algum brinquedo a um colega em silêncio, porém, o mais das vezes, a outra criança pegava o brinquedo e ia brincar com alguém mais. "Ninguém era mau com ele, mas era como se ele fosse invisível. Ele simplesmente não tinha as ferramentas de comunicação necessárias para fazer as coisas fluírem. Acho que a escola ainda era demais para ele conseguir se integrar", disse a mãe de Nate.

No fim das contas, ela acabou optando por uma babá. Tentou encontrar alguém que fosse capaz de conversar pacientemente com ele, a fim de diminuir sua ansiedade a respeito das dificuldades de comunicação e poupá-lo das comparações potencialmente prejudiciais que já fazia entre ele mesmo e os colegas. Naturalmente, Nate um dia terá de ir para a escola, mas essa transição provavelmente será muito mais fácil com o desenvolvimento de uma melhor capacidade de comunicação. Talvez a mãe não tenha percebido, mas esse ajuste relativamente pequeno em suas primeiras experiências poderá gerar resultados exponencialmente positivos para Nate. Muitas crianças,

194 ■ MENINOS PARTICULARMENTE DIFÍCEIS

senão a maioria, se saem bem na pré-escola. Ao considerar as necessidades individuais de Nate, contudo, sua mãe encontrou uma solução flexível e criativa que funcionou melhor *para ele.*

Próximas paradas: expressividade lingüística e competência social

A compreensão do significado enquanto é ouvida a fala de alguém também contribui para o desenvolvimento da expressividade lingüística. Um bom nível de atenção e processamento auditivo permite que as crianças comecem a ouvir a maneira como a linguagem é empregada e passem a extrair significado e inspiração da fala. Como vimos, os meninos definitivamente estão em desvantagem em relação às meninas quando se trata de processamento da linguagem, e geralmente precisam lutar mais em matéria de detecção das emoções. Os cientistas especulam que isso ocorre porque o hemisfério direito do cérebro é primordialmente responsável pela detecção das emoções, e a forte tendência dos indivíduos do sexo masculino é recorrer ao hemisfério esquerdo para o processamento da linguagem. Cabe lembrar, também, que os meninos não estão tão bem equipados quanto as meninas para a troca de informações entre os dois hemisférios. Dessa troca, faz parte ser capaz de aplicar as deixas não-verbais (entre elas, por exemplo, o tom e o volume da fala) detectadas pelo hemisfério direito ao processamento mais linear da linguagem, que ocorre no esquerdo. Recentemente, a mãe de dois gêmeos de 5 anos, Cameron e Chloe, relatou-me um episódio ocorrido com eles: "Estávamos no parque, e duas crianças, irmão e irmã, se aproximaram deles. Então, a menina disse ao irmão, com uma voz engraçada: 'Humm, quem será que quer brincar com a gente?', e os dois saíram correndo para os escorregas. Chloe imediatamente entendeu e berrou: 'Ei, seus bobões, me esperem!' Cameron adora o escorrega, mas eu tive de dizer-lhe que ele também podia ir brincar."

A linguagem expressiva contribui para o desenvolvimento da inteligência social porque o fato de ser verbalmente expressivo gera oportunidades de interação social, levando a vivências críticas para o desenvolvimento de uma consciência sobre a maneira como as pessoas se relacionam. Um menino que raramente fala com os colegas não está aprendendo, na base de tentativa e erro, como suas palavras afetam os outros. Em contraste, um menino envolvido em muitos episódios de trocas verbais tem mais probabilidade de aprender como suas palavras e seu comportamento são percebidos. Por meio da prática e da repetição, ele adquire uma consciência mais sofisticada das

> ■ ■ ■
> Você pode reforçar e estimular uma trajetória positiva da inteligência social ao comportamento social positivo ajudando seu filho a relacionar seu estilo de comunicação a conseqüências específicas, boas ou ruins. "Foi legal quando você notou que a Darien ficou chateada por ter sido a última a ser escolhida, e tenho certeza de que ela ficou feliz com o que você lhe disse. Talvez da próxima vez você possa dizer aos outros meninos que a chamem antes que esteja concluída a formação dos times. Ser o capitão também é isso."

oportunidades em que sua comunicação e seu comportamento serão interpretados positiva ou negativamente. Esse tipo de inteligência social contribui para o desenvolvimento de comportamentos pró-sociais e de mais preparo emocional.

E o que dizer das crianças que têm capacidade em matéria de linguagem expressiva, mas não usam as palavras com amabilidade? Muitos de nós provavelmente nos lembramos de algum tiranete da escola cujo poder talvez tenha sido ampliado por certo grau de carisma e autoconfiança. Meninos assim são capazes de "ler" os outros e usar seu desembaraço verbal para manipular ou ferir outras crianças. Os fanfarrões podem ter certa inteligência social, mas carecem da empatia necessária para usar seu poder de modo construtivo. Sua boa capacitação perceptiva ou de comunicação não leva ao preparo emocional ou a um comportamento de fundo ético (pró-social). Esses tiranetes freqüentemente se manifestam na ausência de uma clara liderança moral em casa ou quando os meninos percebem que a afirmação do domínio redunda em vantagens em matéria de status. Como vimos no capítulo anterior, será necessária uma intervenção precoce e intensiva para ajudar esses meninos. Em geral, pode ser mais fácil ajudar um menino com dificuldades sociais e de comunicação mais relacionadas ao cérebro do que ao caráter, pois em geral o meio pode ser modelado para atender às necessidades do cérebro.

Em busca da inteligência emocional

Foi há vários anos que me conscientizei do extraordinário impacto emocional da capacitação auditiva e do processamento fonológico. Na época, eu trabalhava com homens adultos, que freqüentemente me procuravam para enfrentar problemas ligados à raiva, ao casamento ou a alguma outra dificuldade de relacionamento. Além dos problemas situacionais que enfrentavam, a maioria apresentava consideráveis dificuldades em relação àquilo que costumamos chamar de inteligência emocional, uma combinação de inteli-

196 ■ MENINOS PARTICULARMENTE DIFÍCEIS

gência social e preparo emocional. Em geral, encontravam dificuldade para detectar ou entender as emoções dos outros, carecendo de conhecimento intuitivo sobre a utilização construtiva de suas próprias emoções. Um deles não conseguia acreditar que sua mulher o havia deixado simplesmente porque precisava de vez em quando abrir buracos nas paredes! Era doloroso constatar a prevalência de erros sociais não-intencionais nesses homens e a dificuldade que encontravam para "desaprender" os reflexos comportamentais que determinavam seus relacionamentos e sua vida social tão insatisfatórios. Um dos problemas mais freqüentes que observei era a necessidade de falar muito alto quando queriam fazer valer algo que consideravam importante. Em vez de atrair os outros para suas idéias, a voz muito alta os afastava. Para outros homens, o maior desafio era aprender a não se fechar quando ficavam com raiva. Não entendiam por que os outros ficavam frustrados com seu silêncio, presumindo que sabiam o que isso significava. Infelizmente, a maioria tinha tendência a repetir seus erros, que, como já disse, freqüentemente giravam em torno de seu estilo de comunicação desajeitado ou inconsciente. Embora em sua maioria nunca tivessem sido identificados como portadores de alguma deficiência de aprendizado, caberia perfeitamente sustentar que suas dificuldades refletiam certa incapacidade de apreender a linguagem das emoções. Era como se seus cérebros tivessem um "ponto cego" em relação ao aprendizado emocional.

Na terapia, notei o que parecia ser um traço peculiar compartilhado por muitos desses homens: uma tendência para pronunciar as palavras de modo errado. Inicialmente, achei que era apenas uma observação interessante e não me detive muito na questão. Ao me conscientizar mais desse tipo de comportamento, comecei a fazer anotações sobre o que ouvia. Por exemplo, notei que, embora as palavras pudessem ser mal pronunciadas, eram utilizadas no contexto correto. O emissor sabia o que elas significavam. Por exemplo, na frase "Considere minha perspectiva", a palavra *perspective* era pronunciada "pur-pos-pective". Geralmente, eram palavras relativamente comuns: *erroneous* [errôneo] ("air-ran-ee-us"), *continuity* [continuidade] (con-toot-y), *inconsistent* [inconsistente] (in-con-sis-i-tant), *interrogate* [interrogar] (intro-grate) e assim por diante. Eram palavras que poderiam ser consideradas pertencentes ao acervo lexical de qualquer um que assista aos noticiários da televisão ou tenha conversas normais. Quando eu incorporava uma dessas palavras a uma conversa, com a pronúncia correta, notava que meus pacientes não davam qualquer indicação de que consideravam que eu estava pronunciando errado. Por fim, quando tinham novamente a oportunidade de usar aquela palavra, não alteravam sua pronúncia. Parecia ser uma forma peculiar de "surdez", pela qual simplesmente não ouviam a diferença de pronúncia.

Simultaneamente, comecei a investigar de maneira informal as questões ligadas ao processamento fonológico e o modo como um baixo índice de conscientização das sonoridades vocabulares pode contribuir logicamente para a pronúncia errada. Examinemos a ligação fundamental entre habilidades auditivas como a consciência fonológica e a capacidade de desenvolver capacitações sociais e a inteligência emocional. A ligação faz sentido, pois, se as pessoas não são capazes de um processamento auditivo adequado das sutilezas que modelam as sonoridades vocabulares, provavelmente não poderão apreciar os diferentes tipos de inflexão usados na fala e as diferentes maneiras como as palavras são usadas para transmitir significado. É como se fosse perdida toda uma dimensão da comunicação interpessoal. Em conseqüência, a linguagem pode ser reduzida a um elemento mais utilitário ou instrumental, desprovido das nuances emocionais que possibilitam todo um espectro de pensamentos e sentimentos. Em essência, uma capacitação auditiva eficaz proporciona inestimáveis deixas sobre o significado do que está sendo comunicado. Processar a fala e a linguagem sem essa capacitação equivale a ler sentenças compostas de nomes e verbos sem a função descritiva dos adjetivos.

Na verdade, as palavras de uma pessoa muito ineficaz na audição e na lembrança da linguagem podem ter efeito oposto ao pretendido. Um de meus clientes adultos costumava deturpar expressões comuns. Em dado momento, relatava detalhes de uma acalorada discussão que tivera com seu patrão, durante a qual exclamou: "E tenho dito!" Como o patrão reagisse achando graça, ele ficou indignado porque sua própria indignação não era levada a sério. Não tinha a menor idéia de que suas palavras haviam tornado ridículo seu argumento.

Não seria possível exagerar a importância da capacidade de processamento auditivo no desenvolvimento de uma boa capacitação para a comunicação expressiva e receptiva. Já assistimos ao nascimento e ao desaparecimento de uma série de teorias sobre as causas de síndromes como a dislexia. Todavia, nossa atual compreensão acerca do processamento fonológico, como componente formador no desenvolvimento da leitura e de uma boa capacidade de comunicação, provavelmente continuará a merecer a atenção dos pesquisadores em psicologia educacional.

Seu filho tem alguma deficiência não-verbal de aprendizado?

Embora em sua maioria as deficiências de aprendizado envolvam alguma forma de comprometimento da leitura, as deficiências não-verbais de

198 ■ MENINOS PARTICULARMENTE DIFÍCEIS

aprendizado (DNVAs) são um fator importante a ser levado em conta na avaliação das dificuldades de aprendizado de muitos meninos. As DNVAs freqüentemente têm conseqüências na competência social, em particular na capacidade de entender a comunicação não-verbal. Com base em minha experiência no trabalho com meninos em idade escolar, eu diria que as DNVAs não são devidamente avaliadas e diagnosticadas no comprometimento que representam para a auto-imagem social dos meninos. A síndrome da DNVA, que se acredita afetar primordialmente o hemisfério direito do cérebro, costuma redundar em comprometimento de uma ou mais das seguintes áreas: capacitação/coordenação motora, percepção e organização espacial, interação social e baixo nível de acuidade sensorial em um ou mais dos cinco sentidos. Como você está vendo, os desafios não-verbais do aprendizado abrangem um conjunto bastante diversificado de possíveis déficits perceptivos e comportamentais.

> ■ ■ ■
> Preparar para o sucesso social os meninos com deficiências não-verbais de aprendizado significa criar amplas oportunidades de prática das capacitações para a comunicação.

Como é possível que as DNVAs não afetem o desempenho acadêmico de modo tão drástico quanto outras deficiências do aprendizado, podem acabar não merecendo a mesma atenção na escola. Mas o fato é que as deficiências não-verbais de aprendizado tendem a afetar os meninos de maneira sistêmica, minando a capacitação social e a auto-estima, fatores decisivos para a viabilização do aprendizado. Para piorar a situação, esses déficits podem ser detectados apenas quando os meninos já estão mais crescidos, sendo mais pronunciados os sintomas.

De particular relevância para os meninos de poucas palavras, as DNVAs freqüentemente incluem problemas com o que se costuma chamar de *comunicação pragmática*. Antes de discutir essa questão, uma advertência: as "síndromes" e seus respectivos sintomas existem numa continuidade. Não só as pessoas em cujo caso foi diagnosticada uma DNVA enfrentam dificuldades na capacitação para a comunicação pragmática. Muitos meninos apresentam problemas com as capacidades sociais de aprendizado, inclusive os que se mostram inteligentes e têm êxito na escola. Ironicamente, os meninos de inteligência *excepcionalmente* alta podem evidenciar particular tendência para os déficits sociais, em vista de sua preferência característica pelo pensamento internalizado (ou seja, reflexivo, analítico, abstrato). Os pais de uma criança particularmente dotada devem mesmo acompanhar seu progresso social; sua inteligência inata pode comprometer suas chances de "popularidade" e aceitação social. Mas você também deve saber que a inteli-

Explore os desafios do aprendizado e dos problemas de atenção ■ 199

gência pode igualmente ser de grande valia para aprender a romper o código da comunicação pragmática.

Mostre a seu filho como se apresentar, por exemplo, e, então, percorra com ele cada passo, antes de travar conhecimento com uma nova pessoa. Estimule seu filho a lançar mão de suas novas habilidades sempre que se apresentar uma oportunidade.

Comunicação pragmática: conheça as regras de comprometimento

O pragmatismo da comunicação significa conhecer as regras e convenções que se aplicam a diferentes situações sociais. A comunicação se dá em contextos que variam, e, à medida que as situações mudam, varia também o estilo de comunicação. Você encontrará a seguir um apanhado de algumas dessas regras e convenções, juntamente a exemplos de comprometimento dessas capacitações. Entre os exemplos de comunicação pragmática estão aprender a identificar quando é a própria vez numa conversa (não interromper nem falar quando alguém está falando), modular adequadamente o volume (os meninos precisam saber que podem falar mais alto na cantina do que na sala de aula) e saber modificar a linguagem de acordo com a outra pessoa (por exemplo, sendo ela um colega ou o diretor da escola). Os meninos que não entendem as convenções da comunicação pragmática podem ser considerados desagradáveis, agressivos ou desprovidos de inteligência.

FIGURA 2. Capacitação para a comunicação pragmática (prática)*

Capacitação	Possíveis problemas
Física	
Manter distância adequada na conversa	As outras crianças podem queixar-se de que "ele está me incomodando" ou dizer "manda ele parar de encostar em mim" durante a brincadeira. Às vezes, se imiscui fisicamente num grupo de crianças, empurrando ou acotovelando para entrar na conversa.
Contato visual	Não olha os outros nos olhos; esconde-se por trás dos cabelos/chapéu/óculos escuros; fica olhando fixamente até causar embaraço.
Associar gestos a idéias e emoções	A linguagem corporal não combina com a fala (agradece por ter recebido um presente, mas recurvado e olhando para longe); acena com entusiasmo demais ou falta de entusiasmo para as circunstâncias; esquece de reforçar a emoção com a linguagem corporal.

Usar adequadamente a expressão facial	As expressões faciais não transmitem interesse por outras pessoas; a expressão não é congruente com o tema ou a situação; não assente com a cabeça para mostrar que entendeu, fica furioso com qualquer pequena decepção; esquece de sorrir.
Verbal	
Ter noção do tempo e do lugar	Fala depressa demais; não sabe quando fazer um comentário ou deixar que os outros falem, não tem noção da quantidade de informações a compartilhar (fala sem parar de determinado assunto, ignorando a evidente irritação de alguém).
Ceder a vez	Está constantemente interrompendo; não percebe quando é a vez de a outra pessoa falar.
Modular a voz	Tem problemas com a prosódia (altura da voz, tom, volume, inflexão); fala baixo demais ou alto demais, sem levar em conta a proximidade física (você está do outro lado da sala, mas ele não eleva a voz para responder).
Fazer elogios	Não sabe fazer um elogio relevante a uma pessoa ou às circunstâncias; às vezes insulta as pessoas sem querer ("Você está muito menos gorda").
Saudações e despedidas	Não sabe apresentar-se a indivíduos ou grupos; é incapaz de iniciar um contato social (evita festas e reuniões); não sabe encerrar uma conversa (simplesmente sai andando quando já falou); não aperta mãos nem dá abraços em parentes ou amigos próximos; esquece de dizer "Oi".
Pensamento	
Detectar as emoções das outras pessoas	Não leva em conta o estado emocional das outras pessoas antes de falar (você está no meio de uma discussão com alguém e ele lhe pede que prepare um lanche); não percebe quando é hora de "se mancar"; não lê os sinais indicativos de seus sentimentos (acha que você está zangado, quando não está).
Perceber e expressar humor	Leva piadas e manifestações de ironia ou sarcasmo ao pé da letra; ri em momentos inadequados; não brinca com as palavras nem entra em brincadeiras de provocação com os colegas.
Saber fazer transições na conversa	Esquece de dar sua contribuição à conversa (telefona para você e não diz nada); discussões cheias de incômodos "espaços em branco"; não aproveita "deixas" para dar prosseguimento à conversa (Quer dizer, então, que gosta de beisebol? Qual é seu time?)

Explore os desafios do aprendizado e dos problemas de atenção ■ 201

Prever as reações dos outros	Não pondera o impacto de suas palavras antes de falar; não tem facilidade para imaginar como suas palavras ou atos serão percebidos pelos outros (diz que prefere determinado presente a um outro em seu aniversário, sem imaginar que está ferindo os sentimentos de alguém).

* Todas essas capacitações devem ser consideradas no contexto etário adequado. Muitas delas são desenvolvidas na adolescência. Compare as habilidades de seu filho com as dos colegas.

■ ■ ■

A maioria das pessoas é capaz não só de reagir, mas de reagir adequadamente à comunicação não-verbal de alguém. Por exemplo, se você foi a uma entrevista para conseguir um emprego e o entrevistador franze as sobrancelhas, cruza os braços e se reclina para trás, provavelmente mudará de rumo na conversa ou naquilo que está dizendo. Se o entrevistador se inclina para a frente, sorri e assente com a cabeça, você pode concluir que está se saindo bem e usar essa informação em benefício próprio. Um menino com DNVA talvez não note que um colega começa a ficar impaciente com seu monólogo sobre o mecanismo de um limpador de neve. O tédio demonstrado numa expressão facial e a impaciência denotada num pé batendo nervosamente passam praticamente despercebidos.

O pragmatismo também tem a ver com a consciência e a compreensão da comunicação não-verbal. A incapacidade de "ler" os comportamentos não-verbais recebeu o nome de *dissemia* no livro *Helping the Child Who Doesn't Fit In* [Ajudando a criança que não se adapta], dos psicólogos Stephen Nowicki Jr. e Marshall Duke. Esse importante déficit da percepção não-verbal representa uma considerável desvantagem na formação de amizades e de outras formas de relacionamento.

Anthony, um empreendedor imobiliário bem-sucedido, contou-me sobre um incidente ocorrido com seu filho de 8 anos, Tony Jr., no dia de reunião das famílias em seu clube. "O Tony tem esses momentos em que começa a se sentir carente ou algo do gênero, e desanda a abraçar as pessoas. Era uma gracinha quando ele tinha 3 anos, mas já está na hora de sair dessa!", queixou-se o pai. Enquanto os outros meninos brincavam na piscina, Tony circulava entre as mesas durante o churrasco, subindo no colo dos adultos para abraçá-los. Anthony ficava embaraçado com o comportamento do filho e tremeu nas bases quando ele fez questão de abraçar uma importante colega de negócios. "Ela disse 'Oh, eu também gosto de você', mas estava evidentemente sem graça — mal o conhecia. Quando afastei

202 ■ MENINOS PARTICULARMENTE DIFÍCEIS

Tony, seus olhos se encheram de lágrimas. Disse-lhe que ele não devia ficar abraçando pessoas que mal conhecia, e ele respondeu: 'Mas ela disse que gosta de mim.' O Tony simplesmente *não entende:* não percebe a diferença de comportamento quando estamos com a família e com pessoas que são praticamente estranhas. Fico imaginando o que as outras pessoas pensam dele!"

Anthony tinha razão ao dizer que Tony não entende. Ele não era capaz de perceber o código situacional dos necessários limites sociais e tomava ao pé da letra as palavras da colega do pai, absolutamente incapaz de ler sua linguagem corporal — uma forma não-verbal de comunicação. Para os meninos de pragmatismo comprometido, uma reunião social com muita gente pode ser algo intimidante. Tony talvez precisasse se sentir confiante e vinculado, mas não conseguia porque tinha dificuldade para se dar conta das convenções sociais vigentes, nem entendia que seus atos provavelmente seriam percebidos de maneira desfavorável.

Não é difícil imaginar que meninos como Tony freqüentemente se sintam confusos e ansiosos em grupos, pois muitas situações parecem-lhes socialmente ambíguas. Muitos de nós provavelmente optamos por uma atitude de cautela quando não estamos seguros das convenções sociais num ambiente novo, tratando de restringir a comunicação mais demonstrativa até perceber o que é normal para aquele grupo. Mas os meninos com dificuldades de comunicação pragmática carecem da fundamental consciência interpessoal que propicia esse tipo de verificação e pesagem. *É impossível achar a resposta quando não se tem a idéia de fazer uma pergunta.*

Os pais que não chegam a tomar conhecimento de comportamentos como o de Tony, talvez não se dêem conta imediatamente de que seu filho tem um problema de comunicação pragmática. Aos 11 anos, Michael reiteradamente se queixava comigo de sua dificuldade de fazer amigos, demonstrando perplexidade por não ser mais popular. Em nossos encontros, por mais que eu tentasse investigar a questão, Michael respondia apenas com frases como "Não sei, eles não gostam de mim, não há um motivo", e sempre se mostrava muito bonzinho e bem-comportado. No entanto, quando fui à sua escola a fim de observá-lo em seu ambiente cotidiano, fui apanhado de surpresa ao vê-lo percorrendo os corredores com a cabeça abaixada, os ombros e os braços rígidos. Ele parecia intratável, e mesmo intimidante, e os colegas aprenderam a se manter afastados, literal e emocionalmente. Michael se mostrava tão absorto nos próprios pensamentos e ansioso por começar a próxima aula que não se dava conta da mensagem não-verbal que estava transmitindo.

Nas semanas seguintes, praticamos caminhada pelos corredores do prédio de meu consultório, sorrindo para as pessoas que passavam e parando para trocar cumprimentos. (Também conversávamos sobre os contextos: Michael sabia que não devia parar para conversar com estranhos na rua.) Essa pequena capacitação teve um resultado claro e positivo para ele na escola. Basica-

> ■ ■ ■
> Você observaria seu filho na escola de uma forma que fosse aceitável para o professor, não o deixando em posição embaraçosa? Entre as possibilidades, aqui, estão o trabalho voluntário em sua sala de aula, a ajuda no acompanhamento dos alunos no ginásio de esportes ou no recreio e a participação em algum programa especial.

mente, Michael fora apresentado a uma parte importante do código necessário para conquistar aceitação social. Como pais empenhados em buscar o melhor para seu filho, uma das coisas que vocês podem fazer é parar, olhar, ouvir e simplesmente observá-lo em companhia de amigos ou na escola. Pode ser muito esclarecedor: todos nós tendemos a modificar nosso comportamento de acordo com as circunstâncias, de modo que seu filho pode agir de forma diferente fora do ambiente doméstico. E você pode ajudar seu filho a pôr em prática pequenas capacitações, exatamente como Michael e eu fizemos.

Ajudar os meninos com desafios de aprendizado não-verbal é difícil, mas pode levar a bom êxito. O treinamento de crianças em capacitações sociais geralmente enfatiza a instrução intensiva em matéria de pragmatismo social. Todavia, mesmo com repetidos ensaios, certos meninos têm grande dificuldade para integrar esse conhecimento e torná-lo automático, como seria vantajoso na maioria das situações sociais. Não é que eles não sejam capazes de fazer progressos, mas o fato é que estamos lhes pedindo que desenvolvam habilidades numa área em que carecem de talento natural. A paciência e a perseverança são as chaves, nesse caso. Parte do desafio, nesse processo de transmissão das capacitações sociais aos meninos, reside em superar sua freqüente resistência a aceitar a orientações dos outros. Se nos limitarmos a simplesmente chamar a atenção para os déficits sociais de um menino, estaremos correndo o risco de aumentar sua inibição e, por extensão, sua atitude defensiva.

Por mais difícil que seja para os meninos aceitar o feedback dos adultos, pode ser ainda mais problemático ouvir críticas de colegas ou irmãos. Oliver, um menino de 10 anos cuja mãe casou-se recentemente com um homem que tem dois filhos de outro casamento, enfrentava dificuldades com os novos irmãozinhos, Meredith, de 9 anos, e Curran, de 12. Esse tipo de relacionamento é um desafio bem conhecido em famílias que se unem,

204 ■ MENINOS PARTICULARMENTE DIFÍCEIS

mas, quando tivemos nossa primeira sessão de terapia familiar, ficaram mais claras as causas dos problemas de Oliver. Por exemplo, ele freqüentemente se queixava de que Curran era "mandão". Quando a família entrou em meu consultório, Oliver imediatamente sentou-se em minha cadeira, enquanto o resto da família se encaminhava para o sofá e as cadeiras onde realizamos nossas sessões de terapia familiar. Curran, preocupado com a posição ocupada por Oliver, deu uma olhadela em minha direção e disse a ele baixinho, apontando uma das cadeiras: "Oliver, por que não se senta ali?" Oliver marchou de mau humor para a cadeira, resmungando: "Você não manda em mim." Meredith, já meio nervosa com tudo aquilo e empenhada em se mostrar bem-comportada, logo fez "shhh" para Oliver. Como ele respondesse com uma careta, ela tocou-lhe no cotovelo e tentou fazer uma expressão engraçada. "Ela está me beliscando!", exclamou ele. Oliver não estava entendendo a tentativa dos dois de evitar que "tivesse problemas", interpretando mal suas motivações e seu comportamento. Esse tipo de erro de interpretação não é incomum entre os meninos com déficit de aprendizado social, podendo mostrar-se exacerbado em situações nas quais se sintam vulneráveis e tensos. Uma boa estratégia em situações que agravam os sentimentos de vulnerabilidade é tentar conseguir que o menino manifeste sua opinião ou sua percepção, especialmente se você achar que ele é capaz de responder. É mais ou menos o mesmo que fazer primeiro perguntas bem simples aos concorrentes de programas de conhecimentos gerais na televisão, a fim de ajudá-los a superar o nervosismo e o medo do fracasso. Com isso, limitamos o impacto adverso dos déficits de aprendizado social na auto-estima. Quando os pais

---

■ ■ ■
O diagnóstico da deficiência não-verbal de aprendizado

As DNVAs podem se manifestar de várias maneiras, sendo uma delas a presença da dissemia e as formas correlatas de inibição social. Em outros meninos, os sintomas mais proeminentes podem ser problemas de percepção espacial ou com a matemática. O diagnóstico de DNVA exige uma profunda investigação das capacidades que dependem do hemisfério direito do cérebro. Pode haver um problema mais genérico com essas capacidades ou então algo mais focado. Esse tipo de deficiência do aprendizado requer uma considerável capacidade de lidar com os sintomas da DNVA. Ainda hoje, certas escolas não têm muito claro que se trata verdadeiramente de uma forma de deficiência do aprendizado que requer acomodação e intervenção.

Explore os desafios do aprendizado e dos problemas de atenção ■ 205

utilizam constantemente estratégias assim, é muito maior a probabilidade de que tenham êxito na transmissão amorosa de suas preocupações.

Socialmente indiferente

Certos meninos afetados por deficiência de aprendizado não se mostram muito sociáveis, mas tampouco podem ser considerados tipicamente anti-sociais. Seriam mais apropriadamente definidos como *a-sociais*. Eles podem mostrar-se indiferentes à interação social por não se darem conta do valor da socialização ou simplesmente por terem sido muito expostos a situações em que se sentiram incapazes, desistindo da possibilidade de êxito social! Martin falou-me de sua frustração com o filho de 16 anos, Brian, ao qual havia emprestado dinheiro para comprar seu primeiro carro. O dinheiro foi emprestado sob a condição de que Brian trabalhasse durante as férias de verão para começar a pagar o empréstimo em prestações. Em um mês, porém, Brian foi despedido de dois empregos. Perdeu o primeiro emprego, numa loja de ferragens, porque, nas palavras do gerente, "se escondia dos clientes" e era considerado ríspido pelos colegas. Brian foi demitido do segundo emprego, numa loja de artigos de jardinagem, porque se atrasava com freqüência, o que significava que as meninas com quem trabalhava tinham de assumir a tarefa, que cabia a ele, de carregar no início do dia os pesados vasos de plantas que ficavam em frente à loja. "As meninas ficavam irritadas, e com razão — ele não tinha a menor consideração por elas", queixou-se Martin. "Ele é um irresponsável!"

Ao me encontrar com Brian, percebi que não era que não quisesse trabalhar, mas estava realmente confuso sobre as expectativas e conseqüências no trabalho. "Sou um grande fracasso", disse ele. A observação já seria suficiente para atrair minha atenção, mas fiquei ainda mais preocupado com a naturalidade com que a fazia. Parecia que não se importava com seu próprio padrão de erros e já se resignara à probabilidade de futuros fracassos. Que recompensa um menino pode esperar quando desiste de tentar? Por que não se esforça mais? Não o preocupa o que os outros podem pensar? Com que, então, efetivamente se preocupa?

Quando fazemos perguntas assim, estamos em busca de respostas psicológicas. Mas a gênese do problema, no caso dos meninos com disfunções de aprendizado, está nas idiossincrasias do cérebro e nas formas de comportamento resultantes dessas diferenças que os distinguem. Em conseqüência, quase sempre o caminho mais direto para transpor o abismo da

206 ■ MENINOS PARTICULARMENTE DIFÍCEIS

comunicação exige um compromisso constante com o desenvolvimento da capacidade de autogestão.

Plugado na distração: DHDA

Muitos dos meninos descritos neste livro sofrem de uma síndrome tão disseminada que sua sigla — DHDA — já entrou para o vocabulário da vida familiar. Os principais sintomas do DHDA, como inquietação, distração e impulsividade, são componentes importantes da equação comportamental de muitos meninos pequenos. Também são muito conhecidas do público em geral, e são os principais motivos pelos quais os pais acabam levando seus filhos a uma avaliação por suspeita de DHDA: o impacto do DHDA na interação e na comunicação social. Acredito que essas dificuldades representam alguns dos efeitos mais perturbadores do DHDA para os próprios meninos.

O DHDA pode tornar mais difícil para seu filho fazer e cultivar amigos, não apenas porque a impulsividade pode impedi-lo de observar convenções sociais, como esperar a vez de falar e agir com tato, mas também pelo estilo de comunicação muito mais dispersivo que o DHDA pode provocar. Se seu filho tem DHDA ou você desconfia que poderia ter, talvez já tenha percebido como pode ser desnorteado, na escola, o comportamento de muitas crianças que têm esse problema. Também temos aqui um problema de relevância social. As conseqüências sociais do DHDA em toda uma série de situações podem ser de grande alcance, originando problemas de auto-estima e, em última análise, desespero, raiva ou indiferença.

Quando existem motivos para se preocupar com a possibilidade de DHDA, você pode complementar os esforços de professores e terapeutas do seu filho prestando atenção especificamente a seus déficits sociais e de comunicação, e começando por entender profundamente a maneira como funcionam. Entender como o DHDA provoca esses déficits também pode ajudá-lo a se decidir por uma avaliação de seu filho, se não estiver seguro quanto aos motivos que podem fazer dele um menino de poucas palavras.

■ *Os meninos com DHDA não são capazes de explicar o próprio comportamento — que geralmente não é premeditado.* Conversar com os meninos sobre os comportamentos desnorteados do DHDA é sempre uma experiência frustrante. Nossas perguntas podem ser as mais óbvias: "Por que isso aconteceu?" ou "Por que acha que fez isso?" E as respostas são quase sempre as mesmas: "Não sei, eu simplesmente fiz." Embora acredite que os meninos

Explore os desafios do aprendizado e dos problemas de atenção ■ 207

são efetivamente capazes de assumir o controle do próprio comportamento, pelo menos num grau maior do que supõem, devemos reconhecer que não existe em geral um processo mental premeditado que leva a esses desvios de comportamento. Os gatilhos imediatos do comportamento típico do DHDA podem estar no ambiente, mas a vulnerabilidade a esses gatilhos está enraizada no neurodesenvolvimento. A consciência disso pode atenuar sua frustração na tentativa de se entender com um menino desatento ou hiperativo.

■ *O déficit de atenção tem um impacto considerável no desenvolvimento da linguagem expressiva.* Nos meninos, o DHDA costuma estar associado a um alto grau de impulsividade, que compromete o processamento refletido da fala e da linguagem. Nos grupos do tipo Mighty Good Kids™ que oriento, para meninos com DHDA, freqüentemente constato o problema nas primeiras sessões. Um menino reúne coragem para revelar algo importante sobre si mesmo, mas antes mesmo que acabe, outro menino reage com um comentário que não tem relação com o que está sendo dito e muitas vezes compromete a possibilidade de conexão emocional. O trabalho com esses meninos exige orientação e redirecionamento de suas formas de comunicação. Por mais difícil que isso seja, é uma boa oportunidade para aplicar o princípio da bidirecionalidade comportamental: ao pedir a esses meninos que se acalmem e tentem entender o que estão querendo dizer, os pais e os profissionais que os atendem estão estimulando a consciência interpessoal, tão importante para conquistas sociais decisivas como a amizade.

■ *A hiperatividade do DHDA vai de encontro ao foco necessário para a boa comunicação recíproca.* O processamento caótico da informação que acompanha o DHDA gera déficits sociais consideráveis. Os meninos com hiperatividade têm dificuldade para incorporar ao próprio comportamento as observações sociais e tudo aquilo que ouvem em conversas. Os pais dos meninos com DHDA estão acostumados a constatar as conseqüências sociais do problema. Embora muitos meninos com DHDA tenham inclinações sociais, muitas vezes é muito limitada sua capacidade de levar adiante, adequadamente, esses interesses e estruturar relacionamentos com os colegas de maneira construtiva. Para complicar a situação, a impulsividade e os atributos comportamentais a ela associados nesses meninos podem levá-los a ser rejeitados pelos colegas.

Os meninos muitas vezes se sentem ao mesmo tempo frustrados e perplexos com esse dilema. Aos 10 anos, John ficou muito inquieto quando lhe perguntei sobre suas relações com os amigos na escola. Disse que gostava dos outros garotos, e que eles também gostavam dele, mas sempre acabavam bri-

> **■ ■ ■**
>
> Alimentar a percepção visual, auditiva e cinestésica de seu filho o ajudará a aprender habilidades sociais pragmáticas. Os professores que orientam crianças com deficiências de aprendizado são em geral capazes de se comunicar em vários níveis para maximizar o potencial de aprendizado.

gando. A mãe de John observou que "os meninos realmente gostam dele, mas também ficam irritados com ele". John tinha dificuldade de respeitar os limites interpessoais e muitas vezes agia com excessiva impulsividade física com as outras crianças na escola. Quando ficava muito agitado, como ocorria com freqüência, invadia o espaço pessoal dos colegas, elevando a voz e acabando por afastá-los. Era difícil dar essa informação a John, pois sua impulsividade, a toda evidência, dificultava para ele a absorção e a retenção de informações nesse nível.

Incapacidade de gerenciamento executivo

A dificuldade de converter um conceito intelectual em uma mudança comportamental manifesta-se constantemente nos meninos com DHDA. Embora possam dispor dos recursos cognitivos para entender perfeitamente uma idéia, os efeitos da hiperatividade e da impulsividade dificultam a absorção dessa informação de uma forma que permita modificar o comportamento. É a essência do que se costuma chamar déficit de *controle executivo*. O controle executivo diz respeito às capacidades originadas no córtex pré-frontal do cérebro, que é uma parte do lobo frontal. Essa parte do cérebro é responsável por coordenar e facilitar a mecânica da atenção e da concentração. A relação do controle executivo com o conjunto do cérebro costuma ser comparada à de um regente que induz os músicos de uma orquestra a tocarem juntos. Além da atenção, estão entre as funções executivas importantes permitidas pelo córtex pré-frontal a capacidade de mudar o foco de atenção de uma coisa a outra (e de volta para a primeira, quando necessário), o planejamento e a organização, a memória de curto prazo, a regulação emocional e a capacidade de autovigilância. Para uma comunicação efetiva, são necessárias muitas dessas habilidades. Por exemplo, para levar a bom termo uma conversa, você precisa saber para onde está indo — deve planejar e organizar suas idéias e sua fala. Além disso, a capacidade de autovigilância é fundamental para avaliar como sua comunicação está afetando alguém. Uma importante parte do desenvolvimento de qualquer criança é o processo de se tornar mais reflexivo que reativo — um desenvolvimento que está no cerne da autoconsciência e, por extensão, do autocontrole. Esse desenvolvimento é exatamente o que os meninos com DHDA acham tão difícil, o que explica que suas formas de comunicação sejam com tanta freqüência impensadas.

Em certa medida, os meninos com DHDA são impulsivos porque não são capazes de ter consciência das conseqüências de seu comportamento; não associam necessariamente um ato no presente com um resultado no futuro. Outro desafio particularmente difícil para os meninos com DHDA, enfatizado nas pesquisas e nos textos do neuropsicólogo Russell Barkley, é o gerenciamento do tempo. Muitas dimensões do gerenciamento do tempo não parecem ao alcance desses meninos, entre elas o desafio de cumprir tarefas próprias de sua idade sem que estejam sendo constantemente lembrados. Aos 12 anos, Tristan é um bom exemplo disso. Ele foi contratado pelos vizinhos para tomar conta do cão enquanto estavam de férias. A mãe de Tristan ficou um pouco preocupada com a responsabilidade, mas ao mesmo tempo feliz pela oportunidade, que poderia ajudá-lo a amadurecer. Combinou-se, então, que ele veria como estava o cachorro antes de ir para a escola, logo depois de voltar e mais uma vez à noite. Certa vez, sua mãe, ao voltar do trabalho, o encontrou soluçando histericamente, dizendo que havia matado o cão. Ela correu para a casa do vizinho, e encontrou o animal vivo, mas meio inconsciente, correu, então, para o veterinário. Revelou-se que, embora desse diariamente ao cachorro o remédio que tinha de tomar, Tristan não o fazia no mesmo horário, como haviam enfatizado os donos. O animal acabou se recuperando, mas o mesmo não aconteceu com o relacionamento com os vizinhos. Mais tarde, a mãe de Tristan comentaria: "Não sei por que fui concordar em deixá-lo fazer isso. Ele não é capaz de fazer as tarefas domésticas de que o incumbimos, a menos que eu fique a seu lado, tomando conta." Aquela aparente tentativa de contribuir para o respeito próprio de Tristan dera errado. Ele provavelmente teria se saído melhor se fosse incitado a verbalizar com freqüência a maneira como estava entendendo as instruções recebidas

> ■ ■ ■
>
> Entre as funções de *controle executivo* do cérebro estão a capacidade de mudar o foco da atenção, o planejamento e a organização, além da memória de curto prazo, da regulação emocional e da autovigilância. Uma criança com problemas de controle executivo pode ser ajudada quando alguém age como seu "representante", dando orientações e fazendo lembretes. Seu filho vai precisar que você o lembre dos passos a serem dados nas saudações e despedidas, na conversa e nos cumprimentos: "Donovan, olhe para a Vovó quando se despedir, e ela também vai gostar se você lhe der um abraço."

210 ■ MENINOS PARTICULARMENTE DIFÍCEIS

para cuidar do cão. Se fosse convidado a articular esses passos de maneira seqüenciada, Tristan teria sido ajudado a transferir as instruções da memória de curto prazo para a memória de longo prazo — exatamente o que é necessário para lembrar de fazer alguma coisa.

Entra por um ouvido, sai pelo outro

O DHDA também tem uma relação muito direta com a falta de capacidade de processamento auditivo. Isso pode explicar a forte ligação entre o DHDA e certos tipos de deficiência de aprendizado (os pesquisadores estimam que algo entre 50 e 70 por cento das crianças com DHDA também têm alguma forma de disfunção de aprendizado, embora seja difícil estabelecer esses dados estatisticamente, em razão das divergências de critérios na determinação das deficiências de aprendizado), particularmente quando é necessário um processamento fonológico. Às vezes, o processamento auditivo é afetado por deficiência na memória de curto prazo, o que significa que, à medida que vão recebendo novas informações, os meninos não as retêm por tempo suficiente para que sejam devidamente codificadas e disponibilizadas para serem acessadas horas, dias ou semanas depois. "Entra por um ouvido, sai pelo outro" — é assim que a coisa se manifesta: Rashid é mandado à mercearia no outro quarteirão e esquece o que foi comprar; Alan não consegue lembrar onde deixou o dever de casa; Dante não se lembra da hora de ir para a cama. Este é um dos motivos de frustração para os adultos no convívio com tantos meninos. Os meninos são orientados a fazer alguma coisa, parecem compreender as instruções com clareza, mas no dia seguinte não se lembram dos passos ou da seqüência de atos a ser seguida para executar a tarefa. Os adultos, ao perceberem que os meninos são perfeitamente capazes de desempenhar aquela tarefa, às vezes se irritam, supondo equivocadamente que o problema está em sua atitude. Na verdade, pode ser difícil determinar se alguém "esquece de propósito" ou se uma das causas do problema é a falta de motivação. Todavia, a capacidade de lembrar seqüenciadamente de instruções é um componente central do controle executivo.

Os desafios sociais do DHDA

Nos últimos anos, as pesquisas começaram a centrar-se na maneira como o DHDA afeta a capacidade de comunicação. Em estudo publicado em 2002 no *Journal of Child Psychology and Psychiatry*, as psicólogas Cheryl

Explore os desafios do aprendizado e dos problemas de atenção ■ 211

Clark, Margot Prior e Glynda Kinsella constataram que adolescentes com problemas de controle executivo (DHDA) enfrentavam mais dificuldades de comunicação adaptada (pragmatismo) do que os colegas com diagnósticos de sérios problemas comportamentais. As pesquisadoras também constataram que a competência social de adolescentes com DHDA e distúrbios de comportamento era mais ou menos equivalente, evidenciando-se acentuadas deficiências em ambos os grupos. Essas constatações indicam que o DHDA é uma fonte de problemas tanto sociais quanto de comunicação.

Tara, professora recém-formada, contava-me a respeito de um menino em sua classe. "Neil é um desses meninos que realmente conseguem me tirar do sério, e eu me sinto muito mal com isso. Sei que tem problemas, mas basta ele entrar na sala, e eu já me sinto tensa. Ele está sempre com algum problema, interrompe o tempo todo, é muito carente. Ficou doente em casa durante uma semana, e parecia que a turma estava de férias — não é terrível? Eu adoro crianças. Não quero me sentir assim com ele."

Embora possam atrair a atenção negativamente, sobretudo por causa de um comportamento mal controlado, os meninos com DHDA não são apenas, é claro, "problemas a serem resolvidos". Temos de levar a sério o fato de que a hiperatividade determina a maneira como esses meninos pensam e se sentem a seu próprio respeito e dos outros. A hiperatividade pode transformar num verdadeiro desafio a desaceleração por tempo suficiente para reconhecer que as outras pessoas são importantes e dar-se conta de que elas também merecem atenção. TJ, menino indisciplinado de 9 anos, deixou os pais sem graça quando arrancou seu presente de aniversário das mãos da tia, rasgou a embalagem e imediatamente saiu correndo para brincar com ele no quintal. "Aconteceu tudo em poucos segundos! Quando vimos, ele já tinha ido!", exclamou a mãe.

No caso de outros meninos cujo DHDA é basicamente um problema de distração, o principal desafio é ajudá-los a dar a devida atenção ao meio social. Para esses meninos, as pessoas ao redor podem ter menos importância que seus interesses pessoais ou até um fascínio momentâneo, como pensamentos e observações passageiros. Veja-se o caso de Tyrus, que deixava os pais incomodados por praticamente ignorar os convidados, entregue sem descanso a seu jogo GameBoy. "Quando ele o trouxe para a mesa do jantar, foi a última gota, e eu resolvi trancar o jogo", disse o pai. Infelizmente, não é possível ou prático "trancar" todas as possíveis fontes de distração que meninos como Tyrus podem encontrar. Não é que seja necessariamente errado limitar o envolvimento de um menino com atividades de distração, mas o desenvolvimento de capacitações sociais suficientes não depende apenas da imposição de regras por parte dos pais. Também é necessário que haja interesse social. Nenhum de nós desenvolve algum interesse porque assim determina alguma autoridade. Os interesses sociais decorrem da experiência de vida e de nossa natural curiosidade sobre as pessoas. A neuropsicologia do DHDA parece ser um elemento de obstrução do tipo de consciência capaz de promover um saudável interesse social. Não

> ■ ■ ■
> A consciência dos outros fomenta um interesse social saudável e motiva a comunicação. Às vezes, a hiperatividade pode tornar um verdadeiro desafio desacelerar por tempo suficiente para reconhecer que os outros são importantes e dar-se conta de que também merecem atenção.

surpreende, assim, que a falta de curiosidade sobre as outras pessoas limite a motivação para se comunicar. Para os pais, pode ser útil ter consciência dos déficits sociais que freqüentemente acompanham o DHDA, ao avaliar as possibilidades de diagnóstico e tratamento.

Quando é necessário pedir ajuda

Questões relevantes ainda não foram respondidas a respeito da maneira como os pais e os profissionais podem e devem ajudar as crianças com DHDA. Minha preocupação aqui é o impacto que essa síndrome vem tendo no desenvolvimento social de tantos meninos, e, em última análise, o impacto que terá em sua vida adulta. Tendo em vista esse impacto, espero que o que você leu até aqui o tenha convencido a não ignorar o DHDA, na esperança de que seu filho possa superá-lo — ou não atacar apenas os problemas acadêmicos causados pelo DHDA.

No caso de certos meninos afetados pelo DHDA, a medicação faz uma grande diferença no desenvolvimento do autocontrole, do desempenho escolar e da auto-estima que resulta dos comportamentos pró-sociais. A gestão comportamental e o treinamento para a capacitação social ajudam os meninos a controlar seu comportamento e se entrosar na escola e em outras situações. Como tantos outros psicólogos, no entanto, aprendi que pode ser necessário pedir ajuda para levar um menino com DHDA a evitar a frustração potencialmente prejudicial e os devastadores problemas de auto-estima que podem ser causados pela síndrome.

Desde a sexta série, um "possível DHDA" fora observado nos boletins escolares de Colin, mas só no primeiro ano do ensino médio é que suas notas começaram a cair vertiginosamente. Pressionado na escola, o pai de Colin o trouxe para uma avaliação. Até então, resistira, por considerar que o filho acabaria superando o problema, e até que as notas de Colin começassem a

Explore os desafios do aprendizado e dos problemas de atenção ■ 213

cair drasticamente, sequer acreditava que houvesse realmente algum problema. Pedi-lhe que considerasse as questões sociais específicas levantadas pelo professor de Colin: sua tendência para "dominar" outros alunos, falando impulsivamente na sala de aula e dando a impressão de que raramente se interessava pelo que alguém estivesse dizendo. Um dos pontos mais baixos da avaliação, com a qual o pai de Colin acabou concordando, ocorreu quando acompanhei o menino de volta à sala de espera de meu consultório, depois de uma bateria de testes que ele considerara particularmente exasperantes. "Papai, não dá. Você não entende. Eu não consigo. Não tenho amigos. Sou meio anormal", disse ele.

— Mas está se esforçando? — retrucou o pai. — Sinceramente, não entendo qual é seu problema.

— Sim, estou tentando! O que você quer de mim? Esquece — resmungou Colin.

Sua auto-estima chegara ao ponto mais baixo, de tal maneira que queria desistir e afastar-se.

Tendo Colin passado pelos testes, seu pai e eu nos encontramos para avaliar os resultados. Falamos da dificuldade do menino de desacelerar os pensamentos e a comunicação. Nossa conversa centrou-se nas conseqüências sociais da situação de Colin, enfatizadas por afirmações feitas por ele em vários momentos da avaliação: "Os garotos acham que eu sou mau, mas não sou", "Estou farto de cometer erros" e "Você me ajuda a sair dessa?" Ao tomar consciência da maneira como o DHDA estava afetando seu filho emocionalmente, o pai de Colin empenhou-se a fundo em ajudá-lo. Concordou em conversar com médicos sobre os prós e os contras da administração de medicação, e nós conversamos sobre as maneiras como poderia oferecer exemplos e estímulos ao menino.

Para complicar a situação, o pai de Colin era solteiro e trabalhava muitas horas fora de casa. Para surtir algum resultado, as intervenções em matéria comportamental exigem um alto grau de envolvimento e persistência por parte da família. Felizmente, pudemos contar com a participação de dois professores, que começaram a acompanhar Colin nas questões comportamentais, como desatenção e impulsividade, e também nas metas sociais, entre elas elementos de comunicação pragmática.

Se seu filho tem DHDA, por favor tenha em mente a importância de conseguir a ajuda de outras pessoas — na escola, na comunidade e por parte de terapeutas que conhecem os problemas enfrentados pelos meninos com DHDA. Você provavelmente se sentirá frustrado ao tentar imaginar como diabos poderia estruturar as coisas, ajudar seu filho a seguir um "mapa de gerenciamento comportamental" e mediar suas interações sociais, quando ele não pára um minuto sequer, em sua agitação, e você não pode estar presente 24 horas por dia, sete dias por semana. Mas lembre-se, acima de tudo, de que a comunicação é uma forma de comportamento que se aprende, e o potencial de sucesso de seu filho dependerá ao mesmo tempo da presença de bons professores, pais e profissionais.

Nós temos como influir

Os meninos descritos na Parte II poderiam ser considerados exemplos arquetípicos de meninos de poucas palavras. São os mais vulneráveis a conseqüências tanto de curto quanto de longo prazo, e precisam de todo amor, inteligência e empenho que possamos reunir para ajudá-los a encontrar o caminho do sucesso social. Se não os acompanharmos com a devida atenção na infância, nós os estaremos deixando à deriva, num mundo que provavelmente reagirá a eles com exasperação ou hostilidade. O empenho que demonstrarmos influenciará profundamente sua qualidade de vida e também das pessoas que estiverem à sua volta, impedindo que os déficits sociais e de comunicação dos meninos de poucas palavras se transformem em limitações que perdurem ao longo da vida.

■ ■ ■

Na Parte III, começamos examinando atributos centrais da vida em família que podem fazer considerável diferença no desenvolvimento social saudável de seu filho. Descrevo toda uma série de estratégias específicas para, ao mesmo tempo, prevenir o surgimento de problemas e ajudar os meninos a desenvolver capacidades de comunicação que aumentem suas chances de sucesso social. Como veremos, há muitas coisas práticas que os responsáveis podem fazer diariamente a fim de lançar as sementes da consciência social e modelar a capacitação lingüística que conduza à aceitação social. Também nessa Parte, discutimos como trabalhar construtivamente com a escola e os professores de seu filho para extrair dele o melhor de que é capaz no contexto escolar — o ambiente de aprendizado social mais importante para uma criança. Finalmente, examinamos algumas sugestões sobre as circunstâncias em que você pode precisar buscar a avaliação de um profissional, assim como certos elementos específicos desse processo. Já discutimos bastante a psicologia e o comportamento dos meninos. A etapa final de nossa jornada o ajudará ainda mais a traduzir essa compreensão em soluções práticas capazes de influir duradouramente na vida de seu filho. Temos muitas idéias novas pela frente, e espero que você volte com freqüência a elas, à medida que seu filho se for transformando no jovem bem-dotado que efetivamente pode ser.

Parte III

Como influir de maneira duradoura

■ ■ ■

8

Dez compromissos com a comunicação dos meninos

■ ■ ■

Nem preciso dizer-lhe que a força e a criatividade das famílias estão bem no coração de uma boa criação para nossos filhos. Uso a palavra coração intencionalmente, pois a paixão pelos cuidados paternos é um complemento indispensável à liderança familiar inteligente e bem informada. Ao decidir ler este livro você já demonstrou entusiasmo pela realização do potencial de seu filho como ser social. Embora as famílias sejam sistemas dinâmicos que diferem de muitas formas, existem certos compromissos básicos que definem uma família eficaz. Sua família não adotará necessariamente esses compromissos do mesmo modo que outras famílias. De acordo com as circunstâncias e a individualidade de cada um, especialmente dos pais, cada família inevitavelmente descobre o ritmo que melhor se sincroniza com a dança de seus membros. Ainda assim, se você quer transformar o curso da meninice de seu filho e assegurar que ele se torne um homem social e emocionalmente saudável, devemos examinar a maneira como cada um desses compromissos pode ajudá-lo a construir as capacitações expressivas e sociais que o transformarão num adulto feliz e bem-sucedido.

1. Arranjar tempo

A vida muda quando você tem filhos, e assim também seu sentido do tempo. Em nosso mundo superocupado, frenético e sempre em movimento, arranjar tempo pode ser algo difícil. Mas sem tempo todas as nossas inten-

220 ■ COMO INFLUIR DE MANEIRA DURADOURA

ções poderão resultar em muito pouco. É arranjando tempo que demonstramos a importância de outras pessoas em nossa vida. Ao doar nosso tempo, dizemos a nossos filhos: "Você é importante para mim — você é minha prioridade." Às vezes, cometemos o erro de tentar encher nossos filhos com presentes, privilégios ou até experiências especiais, mas nada disso substitui a necessidade de que possam compartilhar de nosso tempo.

Arranjar tempo também significa mais que simplesmente fazer alguma coisa com seu filho. Significa estar a seu lado, percebendo o que ele pensa e diz, e reagir a ele de um modo que o faça sentir-se compreendido e importante; são capacidades que ele é capaz de "internalizar" e utilizar com outras pessoas.

Pode ser algo relativamente simples. Jenna costuma fazer compras num supermercado de primeira linha, que oferece aos clientes uma creche para crianças com mais de 3 anos e diz: "Reconheço que, quando Nick era bebê, eu ficava esperando o momento em que poderia deixá-lo na creche para fazer compras. Mas, à medida que ele crescia, eu o distraía conversando sobre o que estávamos comprando, deixando que ele me ajudasse a escolher os legumes ou a encontrar produtos de que precisávamos. Quando ele já estava em idade de ir para a creche, dei-me conta de que fazer compras é uma atividade divertida de que ambos gostamos. Ficamos conversando o tempo todo, e ele se orgulha muito de saber escolher produtos bons e embrulhá-los cuidadosamente nos sacos plásticos. É um excelente companheiro!"

Jenna encontrou uma maneira criativa de transformar uma obrigação chata num ritual agradável que podia ser compartilhado com o filho. E Nick também se beneficiou de muitas maneiras. Além de usar as compras para ensinar-lhe coisas básicas como cores e números ("Quer apanhar três maçãs verdes?"), Jenna ensinou a Nick que as pessoas gostam de alimentos diferentes (desenvolvendo sua capacidade de reconhecer que os outros podem ter um gosto ou uma perspectiva diferente) e que ele podia orgulhar-se de escolher produtos que agradariam a outras pessoas (consideração). Como "freqüentador assíduo", ele era bem tratado pelos empregados, que lhe faziam muita festa, dando-lhe a oportunidade de desenvolver sua capacidade de conversar. "Para um menino de 3 anos, ser chamado de 'o rei do biscoito' no balcão da padaria é o máximo", diz Jenna.

Uma das chaves para encontrar tempo para as crianças está no "enxugamento" da vida. Quando reduzimos as complicações e obrigações, sentimo-nos menos estressados ao dar às crianças o tempo de que necessitam. Criar uma filosofia familiar em que o tempo passado com as crianças é uma prioridade, e não uma possível alternativa ou um plano para o futuro, é fundamental para nosso êxito como pais. Como você separou um tempo para ler este livro, pode ser que eu esteja "ensinando o padre a rezar missa". Para muitos de nós, contudo, o trabalho disputa acirradamente nosso tempo e atenção. Embora a maioria de nós precise trabalhar para sustentar a família, a maneira como encaramos questões como a renda de que precisamos, a importância que temos para nosso trabalho e o tempo que devemos dedicar ao trabalho fora de casa também é determinada por outros fatores. Há casos em que essas percepções se formaram antes de nos tornarmos pais. Geralmente, os pais de primeira viagem descobrem com surpresa como a criação dos filhos toma tempo, mas também é gratificante. Mesmo quando você fica em casa com seu filho, atividades que antes eram rapidamente concluídas podem levar horas. Muitos de nós temos uma espécie de script mental sobre a maneira como deveríamos viver e qual deveria ser nosso trabalho. Mas esse script pode ter sido escrito em nossa infância ou formado ao acaso de nossas observações da família e dos colegas. Quando nos tornamos pais, é chegado o momento de rever cuidadosamente esse script.

É particularmente fácil para os homens deixar-se consumir pelo trabalho, recebendo uma quantidade desproporcional de gratificação e reconhecimento por atividades sem relação com a vida em família. Por melhor que seja esse reconhecimento, pode, às vezes, ter o efeito indesejável de nos levar a dar uma ênfase cada vez maior ao papel do trabalho em nossa vida. Talvez seja esse o momento de aprendermos a extrair um nível comparável de satisfação do trabalho na criação de nossos filhos. Que maior legado podemos esperar deixar? Por que será que nem sempre vemos o quanto nossos filhos precisam de nós ou a importância que temos para seu desenvolvimento social? Encontrar tempo para jogos de bola, passeios e pescarias é algo maravilhoso, mas também precisamos encontrar tempo para brincadeiras imaginativas em casa, reuniões de pais e professores, ajudar com o dever de casa, ensinar o que nossos filhos precisam saber sobre namoro e sexo e ajudá-los a descobrir quem realmente são.

Muitas vezes digo a meus clientes: "A vida não é um ensaio geral." Se puder refletir sobre a maneira como essa afirmação tem a ver com sua vida atual, talvez você reconheça, como a maioria de nós, que existem no emprego de seu tempo elementos que não refletem seus valores verdadeiramente mais profundos. Nos Estados Unidos, a atenção que dispensamos à questão do "gerenciamento do tempo" dá a entender uma convicção subjacente de que precisamos ser mais eficientes. Trata-se de uma interpretação equivocada de nossa situação social. A partir de certo ponto, a busca pela eficiência é ilusória, pois simplesmente não há mais tempo a inventar. A única maneira de ampliar significativamente o tempo da família é redefinir as prioridades.

Pense como o morador de uma aldeia

Você também pode redefinir sua vida em família. Para voltar a Jenna e Nick, que faziam juntos as compras, pense no que você costuma fazer na presença de seus filhos: atividades cotidianas como cozinhar, limpar, arrumar as coisas, fazer a manutenção do carro e do quintal, fazer compras, conversar com amigos. Quando estamos lutando contra o tempo, é fácil ter a impressão de que os filhos são um empecilho na corrida para concluir eficientemente todas as tarefas. Não raro, estamos correndo para fazer todas as coisas necessárias e poder então brincar com os filhos! Mas a divisão entre o mundo adulto das responsabilidades e o das crianças, às vezes, é artificial.

Imagine como as famílias enfrentavam as exigências do dia-a-dia alguns séculos atrás. Não estou sugerindo que você mande seu filho trabalhar no campo ou como aprendiz de artesão. Mas o fato é que, como ainda podemos ver em certos lugares do mundo, onde até as crianças pequenas têm suas responsabilidades, os meninos são naturalmente integrados à trama social de sua comunidade. Se você começar a pensar em seu filho menos como uma "responsabilidade" do que como um membro útil e em desenvolvimento de seu "clã", será mais fácil imaginar para ele um papel no qual a comunicação social se desenvolva organicamente.

Os meninos, sempre muito interessados no funcionamento das coisas, freqüentemente apreciam a oportunidade de participar do que você estiver fazendo. Seja dando banho no cachorro, fazendo compras para o aniversário de um amigo ou decidindo como economizar para as férias do próximo ano, se você incluir seu filho nas ações e discussões, estará contribuindo para fomentar seu senso de filiação e focalizar sua atenção nos interesses e metas comuns da família.

Naturalmente, tudo isso exigirá que você discuta e relate. Suponha, por exemplo, que sua mãe esteja se mudando da casa onde mora para uma residência de idosos. Você terá de ajudá-la a arrumar as coisas, pôr sua casa para vender e contratar a firma de mudança, ao mesmo tempo em que lhe oferece conforto emocional. A maioria de nós já teve de coordenar algo complicado assim em meio às atividades do dia-a-dia, e é o tipo da coisa que consome o "tempo das crianças". Mas, se você incluir seu filho no projeto, partindo do princípio de que ele já tem idade para ajudar (deixe que ele prepare as caixas, dobre e empacote, procure corretores de imóveis na Internet, encontre maneiras simpáticas de apresentar a avó aos novos vizinhos), terá muitas oportunidades de desenvolver sua capacidade de comunicação social nesse ambiente de tarefas concretas tão atraente para os meninos. E, uma vez que o tenha incluído no projeto, você poderá tratar de questões que não sejam tão práticas, porém sejam mais focadas nas emoções: como se sente com o envelhecimento de sua mãe, as lembranças que compartilharam na antiga casa, seus motivos de esperança e preocupação com sua nova moradia, maneiras delicadas de pedir-lhe que jogue fora os objetos inúteis acumulados na garagem ou até mesmo seu próprio relacionamento com seu filho.

Mais uma vez, o sucesso desse empenho de transformar as atividades da vida cotidiana numa oportunidade de conexão com seu filho depende em grande parte de sua capacidade de relatar a experiência para ele. Às vezes, quando estamos cansados ou ocupados, não queremos nos dar ao trabalho de explicar o que temos em mente ou o que estamos fazendo. Mas você não deve subestimar o interesse de um menino no funcionamento das coisas, especialmente quando se trata de preocupações dos adultos. "Estou limpando o porão porque quero instalar uma marcenaria" ou "Estou limpando a casa como um louco porque minha irmã sempre me chamava de palerma quando éramos pequenos, e não quero que ela venha dar lição de moral quando chegar" são comentários que podem servir de trampolim para uma discussão ou o fornecimento de exemplos. O principal é que, incorporando esses ensinamentos à sua vida cotidiana e incluindo seu filho em atividades que de qualquer maneira você teria de realizar, você não está "perdendo" tempo. Por que sair correndo para o lava-jato para poder levar seu filho ao parque aquático? Em vez disso, convide-o a lavar o carro com você e veja como ele é caprichoso no polimento. Brinque de guerra de água com ele. Conte-lhe como se sentiu quando teve seu primeiro carro. As mudanças que você busca talvez não ocorram do dia para a noite, mas você estará abrindo as portas para que aconteçam.

Não importa como sua família encara a questão do tempo, lembre-se sempre de que é justamente a questão que você não pode esperar para resolver.

2. Empatia

Venho enfatizando neste livro a importância de nutrir a empatia nos meninos. Ser empático nos cuidados paternos significa ver cada criança como o indivíduo único que é. Ao reconhecer a individualidade de seu filho, você lhe está proporcionando o reconhecimento por que anseia. E também fica na melhor posição possível para reagir às suas necessidades emocionais. Uma demonstração de empatia é respeitar o fato de que a maneira como seu filho se expressa lhe está dizendo algo importante so-

224 ■ COMO INFLUIR DE MANEIRA DURADOURA

bre quem ele é. Já vimos que o silêncio e a inibição podem ser tão evocativos quanto os estilos mais extrovertidos de comunicação. Isso não significa dizer que devemos ignorar os problemas de comunicação de nossos filhos, mas a empatia nos permite apreciar suas diferenças em relação a nós e ouvir profundamente de onde vêm.

A empatia também deve informar as decisões parentais. Na qualidade de pai ou mãe, você pode exemplificar a empatia enfatizando o valor da compreensão entre os membros da família. Quando seu filho percebe que suas intenções são autênticas e motivadas em benefício das relações familiares, diminui sua necessidade de se mostrar resistente ou defensivo. Quando articular o valor da empatia na família, tente fazê-lo de uma maneira que seja significativa para seu filho. Os meninos não costumam ficar impressionados com abstrações vagas como "Seja bonzinho" ou "É o que deve ser feito".

Monica e Jay trouxeram seus filhos, Cody, de 9 anos, e Blain, de 11, para me ver. A rivalidade entre os irmãos chegara a um nível tal que a família não agüentava mais. "Eles são impossíveis. Brigam o tempo todo. Nós ordenamos que parem com isso, tratamos os dois absolutamente da mesma forma, mas as queixas são constantes!", disse Monica. Meu interesse logo foi despertado quando ela disse que os tratava do mesmo modo, e eu perguntei por quê. "Bem, é que queremos ser justos", respondeu Jay. Na conversa que se seguiu, exploramos os méritos de tratar os dois meninos de maneira diferente — pelo menos sob certos aspectos. Se a empatia significa reconhecer e refletir a individualidade do outro, as tentativas bem-intencionadas de "ser justo" por intermédio de um tratamento igual podem desviar a atenção dos pais de sinais importantes que esses meninos estejam enviando sobre suas necessidades. A todo momento, tais necessidades são pessoais e intransferíveis. Blain era menos articulado que o irmão menor, de modo que a "programação" da família costumava ser mais influenciada pelas solicitações de Cody. Para simplificar, não importava para Blain que ambos ganhassem o mesmo *skateboard*, se na realidade ele nem mesmo desejava ganhá-lo. A intensa competição entre os meninos era fomentada por seu desejo de ser vistos e tratados como indivíduos, e não como "unidades" intercambiáveis. Perguntei a Monica o que aconteceria se ela fizesse algo especial só com Blain. "Acho que me sentiria culpada", disse ela, sorrindo.

"Como você se sentiria se o papai ou a mamãe fizesse algo só com o Blain?", perguntei a Cody. Ele pensou por um momento. "Acho que tudo bem, se ele não estivesse bem nesse dia ou algo parecido", respondeu. Cody entendeu que também haveria momentos em que receberia atenção individual, embora talvez de modo diferente. Fazemos a nossos filhos um grande

Dez compromissos com a comunicação dos meninos ■ 225

favor quando lhes ensinamos já nos primeiros anos da vida a complexidade de idéias como a de justiça.

Outro aspecto da empatia tem a ver com não permitir que nossa interação com as crianças seja determinada por sentimentos de frustração ou projeção. Emily me falava do relacionamento problemático de seu ex-marido com o filho de ambos, Randy. "Rob é vendedor. É um homem alto, bem-apessoado e articulado. Ele nunca disse isso, mas a verdade é que se sente decepcionado não só com o comportamento de Randy, mas também com sua maneira de ser. Randy nunca será aquele garoto legal que o acompanha ao clube. Nunca vai concorrer à presidência da classe. Ele é baixo, tímido e tem interesses muito diferentes. Rob não se dá conta da vulnerabilidade de Randy. Quando fala das coisas pelas quais *gostaria* que Randy se interessasse, está fazendo com que ele se sinta insignificante." É quase impossível encontrar uma forma empática de exercer a paternidade quando estamos tão empenhados em projetar nossos próprios valores e necessidades, e assim perdemos de vista a maneira de ser de nossos filhos, ficando conseqüentemente incapacitados para ajudá-los a dar o melhor de si. Ser pai ou mãe é, por definição, liderar. Para cumprir esse papel e orientar, temos de ser capazes de transcender as diferenças. Quando tentamos dar uma orientação predeterminada e indiferenciada, nos equivocamos, e, por extensão, desorientamos nossos filhos.

Ser empático como pai ou mãe também requer uma boa dose de energia. Em comparação com a simpatia, a empatia é muito mais ativa, exigindo que trabalhemos com afinco para entender o verdadeiro eu de nossos filhos. Embora você possa estar lendo este livro na crença de que os meninos devem ser criados com expectativas sociais específicas, espero que interprete as orientações nele contidas mais como princípios do que como um conjunto de regras. De acordo com as necessidades de seu filho ou de sua família, você provavelmente optará por intervenções ou seguirá recomendações que se mostrem relevantes para essas necessidades. O principal, contudo, é que entenda bem quais são as necessidades de seu filho e tente atendê-las de um modo que respeite sua individualidade. Se o fizer, estará agindo de maneira empática.

3. Disposição para agir

Pode parecer óbvio, mas um dos principais compromissos assumidos pelos pais é a disposição de fazer o necessário para criar bem os filhos. Isso significa agir com boas intenções, de modo que fomente o desenvolvimento

226 ■ COMO INFLUIR DE MANEIRA DURADOURA

saudável das crianças e das famílias. Na maioria dos casos, a *ação preventiva* é mais útil que a *reação*. Nossa disposição de agir deve começar quando nossos filhos ainda são suficientemente pequenos para que influenciemos seu desenvolvimento social e emocional. Também pode ser necessário que tratemos de resolver nossas divergências como responsáveis. Quando eles discordam em questões importantes, a solidariedade familiar — um importante alicerce da segurança emocional de nossos filhos — fica comprometida. Você pode ter resolvido alguns desses problemas antes do nascimento de seu filho, mas novas situações necessariamente haverão de surgir, exigindo que os pais se mostrem capazes de resolver problemas conjuntamente.

A escolha do momento adequado é importante. Embora você talvez saiba como agir, pelo menos na maior parte dos casos, em outras oportunidades já não será tão evidente a resposta à pergunta relativa a "quando". Se seu filho não conversa com os coleguinhas no pré-escolar, você pode decidir esperar um pouco até que ele se sinta mais à vontade nas brincadeiras com os outros. Se ele continua sem participar no jardim-de-infância, talvez seja o momento de intervir. Se seu filho tem uma discussão com um colega na quinta série, você talvez resolva deixar que ele enfrente sozinho a situação. Mas se o conflito descambar para xingamentos e empurrões, talvez você precise intervir. Naturalmente, os conselhos de um professor ou de outros pais podem ajudar em situações pouco claras, especialmente se seu filho não puder explicar plenamente a natureza de suas dificuldades, ou relutar em fazê-lo. Todavia, como você conhece melhor seu filho, provavelmente estará mais capacitado a decidir quando interferir. Uma boa regra é envolver-se quando seu filho não conseguir resolver por si mesmo o problema e estiver sendo prejudicado pela situação. Sua intervenção pode ser das mais brandas, oferecendo conselhos, por exemplo, ou das mais afirmativas, transferindo-o para outra escola; a arte de criar os filhos consiste em saber quando e como passar à ação e, inversamente, quando suspender as operações.

Os comportamentos negativos que só ocorrem de modo intermitente são os mais passíveis de gerar confusão, pois é difícil dizer se algo é uma anomalia (todas as crianças fazem coisas estranhas de vez em quando) ou o início de uma tendência.

Às vezes, o mais difícil de passar à ação consiste em ter de aceitar que determinada intervenção se faz necessária. Como os pais tendem a idealizar os filhos, pode ser difícil para nós ver e acreditar que eles precisam de ajuda. Quando esse é o caso, qualquer atraso pode ser prejudicial para o desenvolvimento da criança. Por exemplo, muitas crianças são trazidas à terapia meses ou até anos depois do momento desejável. Mas o desenvolvimento da criança é tão dinâmico que é possível perder uma oportunidade. Ed, em cuja

Dez compromissos com a comunicação dos meninos ■ 227

idade adulta foi diagnosticada dislexia, descreveu assim a situação: "Minha mãe tinha coração mole. Eu não me saía bem na escola, e ela ficava dizendo para todo mundo: 'Parem de ficar perseguindo o Ed, ele é bastante inteligente, ele é bom em outras coisas.' Eu achava apenas que era burro. Mas havia uma razão para eu não conseguir ler. As intenções dela eram boas, mas minha vida teria sido muito diferente se tivesse descoberto o problema mais cedo."

Estar disposto a passar à ação significa em parte não se deixar paralisar pelo medo da estigmatização. Uma das mudanças positivas do último quarto de século foi o fato de as famílias se sentirem muito menos estigmatizadas ao buscar cuidados médicos na área mental. Dê os passos decisivos para atender às necessidades de seu filho, e procure evitar a armadilha de pensar que "ele vai superar". Pode levar anos para que seu filho se dê conta do que você fez por ele, mas, quando isso acontecer, ele terá acesso a uma valiosa percepção sobre como cuidar dos próprios filhos.

Se você tem a desagradável sensação de que os problemas de comunicação de seu filho requerem atenção, mas não sabe o que fazer, os próximos capítulos podem ser de alguma ajuda, pois falaremos acerca do papel das escolas e de quando buscar ajuda profissional.

4. Manter uma atitude positiva

Uma atitude positiva é algo com que nossos filhos ao mesmo tempo aprendem e se beneficiam. Como "ser positivo"? No que diz respeito ao apoio ao desenvolvimento de nossos filhos em matéria de comunicação, assumir uma atitude positiva significa manter-se otimista frente às dificuldades ou à resistência à mudança. Embora nem toda criança seja capaz de tudo, nunca conheci uma criança incapaz de se aperfeiçoar. Ser positivo não significa forçar alguém a alcançar resultados incríveis pela simples força de vontade. Mas ser positivo efetivamente lhe permite aplicar os conhecimentos que tem de seu filho e ativar seu potencial de uma forma que o encaminhe para o êxito. Werner, um executivo do setor imobiliário, estava trabalhando com o filho, Leif, para que se mostrasse mais sociável e maduro em casa. "Ele tem 17 anos e só pensa em ir para a rua. Perdeu o interesse pela escola. Toda vez que ele se queixava, eu ficava tão preocupado que pudesse deixar as notas caírem que eu começava a fazer uma preleção sobre a importância de dar continuidade à sua educação. Ele começou a se fechar. Mudei um pouco a abordagem, e quando ele se queixava, passei a mostrar que me sentia da mesma forma quando estava na escola. Contei como havia ficado feliz quando finalmente concluí o ensino médio e fui para a universidade. Nossas conversas mudaram completamente: agora falamos de sua 'libertação' e fazemos planos para quando estiver na faculdade. Quando comecei a tratá-lo mais como um adulto, seu comportamento em relação a mim tornou-se mais maduro."

Assumir uma atitude positiva também significa sustentar uma perspectiva voltada à solução de quaisquer problemas enfrentados por seu filho. É fácil ficar desanimado depois de reiterados fracassos. Também é fácil desistir quando você sente que o sucesso parece chegar muito lentamente. Lembre-se, contudo, de que nossos filhos prestam muita atenção à maneira como reagimos a seus esforços. Um menino que perde três jogadas consecutivas numa partida de bola logo procura com o olhar seus pais, na assistência, para ver se ficaram desapontados. No mesmo sentido, é importante manter uma atitude positiva em relação aos esforços de nossos filhos na escola, ainda que não os consideremos suficientes. Não estou dizendo que se deva cobrir de elogios um esforço nada brilhante, mas é essencial identificar e comentar os avanços, mesmo quando forem pequenos. Manter uma atitude positiva é uma forma de demonstrar fé e confiança em nossos filhos. Pode parecer algo que os pais nunca dispensam mesmo, mas ao mesmo tempo é um princípio fácil de esquecer em meio a todo o estresse de nossa vida movimentada.

Para cultivar um clima positivo na família, naturalmente, é necessário que ambos os pais se mostrem empenhados nesse sentido. A cooperação entre os pais alimenta a energia emocional coletiva, tornando cada um de vocês dois muito mais forte do que poderia ser individualmente. Já vimos que o estado de ânimo decorre em grande medida do comportamento. Palavras e atos positivos têm efeito sobre toda a família. Quando você se dá ao trabalho de fazer comentários como "Gostei de ver como você..."; "Notamos que você..."; "Você está melhorando nisso...", está ajudando seu filho a sintonizar formas específicas de comportamento que você, como pai ou mãe, quer vê-lo adotar, e ao mesmo tempo sensibilizando a si mesmo para os êxitos por ele demonstrados — o que também é estimulante para você.

Ser positivo não é uma questão de estampar no rosto uma expressão de felicidade superficial. Não é uma filosofia à base de "fingir, pois acaba dando certo". Nossa atitude positiva deve decorrer da sintonia com a esperança e as expectativas descortinadas pela vida de nossos filhos. E haveria alguma necessidade emocional mais fundamental que devamos atender neles? Não pode haver maior ameaça ao bem-estar de uma família do que o desespero emocional, que leva à inércia por parte dos pais. Desespero e depressão são profundos estados de auto-absorção, e as famílias que se vêem nesse impasse emocional não estão em condições de oferecer liderança, resolver problemas ou planejar o futuro da maneira que é necessária numa família.

Dez compromissos com a comunicação dos meninos ■ 229

Se você notar que seu filho está enfrentando problemas de autoconfiança ou se encontra cheio de frustrações emocionais, procure tirar as coisas a limpo com ele. As crianças precisam ouvi-lo dizer as palavras de estímulo e confiança que para você parecem óbvias. Às vezes, dúvidas e preocupações são geradas em seu filho pelo que ele o vê fazer ou ouve dizer; eventualmente, ele pode interpretar mal suas palavras ou atos e achar que algo de muito ruim aconteceu ou que você está zangado ou chateado com ele. A disposição de manter uma perspectiva positiva começa com o compromisso individual de não permitir que seus próprios altos e baixos emocionais se tornem um elemento definidor na maneira como você interage com seus filhos. Os pais não precisam achar que devem esconder seus sentimentos, mas nossos filhos também não devem ser usados como caixa de ressonância de problemas e frustrações que pouco têm a ver com eles. Sua capacidade de transformar o reconhecimento positivo num elemento da vida cotidiana em família significará aquele estímulo de que seu filho precisa para um dia ter êxito por conta própria.

5. Manter-se informado

Embora no fim das contas todos nós assumamos a responsabilidade pelas decisões tomadas no interesse de nossos filhos, é interessante contemplar diferentes idéias e perspectivas, sendo possível aprender e realizar muita coisa quando se leva em conta toda a multiplicidade de possibilidades disponíveis. Entre elas estão informações oriundas de fontes tanto formais quanto informais. Das fontes formais podem fazer parte a leitura de livros, a busca em um site na Internet ou a consulta de um médico. Igualmente importante, contudo, é a maneira como aumentamos nossa percepção por intermédio de redes menos formais de informação. Entre essas possíveis atividades, estão: conversar com amigos, passar mais tempo na escola de seu filho trocando idéias com os professores e valer-se de sua rede de contatos sociais para compartilhar idéias e dúvidas com pessoas que podem oferecer percepções valiosas. Seu relacionamento com a babá de seu filho ou com o pai ou os pais do amiguinho dele pode representar um importante complemento para aquilo que você aprende com fontes profissionais. (Se você chegou até aqui neste livro, é provável que seja o tipo de pessoa que não hesitaria em buscar essas informações.)

A triagem da enorme quantidade de informações disponíveis para os pais é uma arte. Uma estratégia interessante é identificar algumas fontes confiáveis às quais você possa retornar repetidas vezes. Pode ser um boletim

230 ■ COMO INFLUIR DE MANEIRA DURADOURA

de informações sobre deficiências não-verbais de aprendizado ou talvez um site específico da Internet que você considere particularmente útil. Também pude constatar que um excelente princípio é buscar um consenso de opiniões. Quando você entra em contato reiteradas vezes com fatos ou idéias, em diferentes fontes, é provável que esteja certo de que têm algum valor. Por exemplo, você pode ler em diferentes fontes (livros, sites na Internet ou um boletim informativo) que as crianças com DHDA freqüentemente apresentam dificuldades em matéria de linguagem expressiva e capacitação social. Quando você começa a ouvir coisas assim com certa freqüência, provavelmente pode considerar que está descobrindo um fato importante que precisa ser avaliado com mais profundidade.

Finalmente, também é necessário permitir que seus cuidados paternos sejam moldados por novas idéias. Às vezes, certas percepções importantes parecem contrariar a intuição, como descobrir que os meninos podem compensar a ansiedade social com uma fala barulhenta ou autoritária ou que as observações cortantes dos meninos anti-sociais podem torná-los mais populares entre os colegas. E, às vezes, não sabemos o que achamos que sabemos. Veja-se, por exemplo, quantas crianças com comprometimento da capacidade de leitura eram consideradas desprovidas de inteligência antes de a dislexia passar a ser conhecida e aceita. Considero que hoje em dia pode haver disparidades semelhantes em nosso entendimento acerca das deficiências de aprendizado social.

Outro aspecto dessa necessidade de estar sempre informado é mostrar-se suficientemente afirmativo para conseguir a informação de que precisa. *No contato com profissionais habituados ao trato de idéias complexas, você deve absolutamente insistir em que sejam dadas explicações satisfatórias.* Se precisar de mais tempo para discussão, marque uma segunda conversa com o professor, o terapeuta ou o médico de seu filho. Toda profissão — educação, medicina, psicologia — tem seus próprios termos e ideologias. Você só poderá avaliar o mérito dos conselhos que recebe se tiver clareza sobre o que está sendo dito. Certa vez, ao avaliar um menino de 10 anos com deficiências de aprendizado, perguntei à mãe e a seu companheiro se os professores alguma vez haviam mencionado problemas de processamento auditivo. A mãe respondeu: "Havia algumas anotações sobre isso no boletim escolar, mas não entendemos direito o que queriam dizer. Como nossa relação com o professor dele não é muito calorosa, não me senti à vontade para simplesmente pegar o telefone e pedir mais esclarecimentos. Suponho que se tivessem notado algo realmente sério a escola enviaria uma carta."

A verdade é que, embora as escolas se mostrem quase sempre responsáveis pelo esforço de comunicação com os pais, não pode ser seguro presumir

Dez compromissos com a comunicação dos meninos ■ 231

que você está sempre na mesma sintonia ou que será informado de cada problema enfrentado por seu filho. Às vezes, os professores também vacilam com suas próprias percepções. Por exemplo, um professor pode hesitar em dizer que seu filho tem dificuldade de fazer amigos se você também não disser que identificou problema semelhante com ele na vizinhança.

Quando eu era um estudante aprendendo a administrar testes psicológicos, tivemos de preparar um relatório com base na aplicação desses testes. Lembro-me de uma longa conversa entre o professor e um colega. O professor perguntava insistentemente: "A que resultados você chegou? A que conclusão chegou?" A cada pergunta, meu colega continuava enumerando dados estatísticos. Finalmente, o professor perdeu a paciência: "Eu sei ler números! Mas o que *significam* esses números?" Um bom profissional não fornece apenas informações, mas também recomendações, ajudando-o a tomar uma decisão fundamentada sobre a melhor maneira de ajudar seu filho. O diagnóstico (seja ele "Jeff não é bom de cálculo" ou "Darrell tem DHDA") é apenas o começo.

Estar bem informado não é apenas reunir dados. É uma questão de processar a informação obtida em diferentes fontes para traçar um retrato confiável de seu filho. Uma questão de saber quais os recursos disponíveis para ajudá-lo, e de manter o controle das mudanças na situação de seu filho. Como pai ou mãe, você é o diretor-presidente que toma as decisões em sua vida. É um papel por demais importante para ser delegado, e também para ser exercido com base em adivinhações ou informações equivocadas.

Então, vamos começar. Você encontrará no fim deste livro uma lista de fontes de informação que poderá considerar úteis.

6. Ensinar

Grande parte de nosso papel como pais é atender às necessidades básicas de nossos filhos, desde a alimentação e o vestuário até as necessidades emocionais, como segurança e amor. Mas outro papel importante é o de professor. Como professores, transmitimos não só o "o quê" como também o "por quê". Quando explicamos não só o que queremos que façam, mas o motivo disso, estamos construindo a autoconsciência e a consciência social de nossos filhos. É surpreendente constatar a freqüência com que essa importante e estratégica intervenção dos pais vem sendo negligenciada na correria da vida cotidiana.

É particularmente fácil esquecer de explicar regras sociais que podem parecer-nos óbvias. Embora os adultos sejam capazes de associar automati-

232 ■ COMO INFLUIR DE MANEIRA DURADOURA

camente causa e efeito em atividades físicas ("Desça daí, você pode cair e se machucar!"), podemos esquecer de dizer, por exemplo, "Quando você fala mais alto que todo mundo, as pessoas podem ficar irritadas, por não poderem se expressar" ou "Se você interrompe o John quando ele está falando, ele pode achar que você não se importa com o que ele diz. Pode ficar zangado e resolver não ouvir também o que você está dizendo."

Isso não quer dizer que tenhamos de explicar cada ato nosso ou acreditar, equivocadamente, que nossos filhos devem estar em pé de igualdade conosco quando se trata de tomar decisões importantes. Isso não seria prático, e poderia comprometer nossa posição como figuras de autoridade. Mas dar informações de modo criterioso é algo que evidencia respeito por seu filho, fornecendo-lhe informações que o capacitarão a julgar de maneira equilibrada por si mesmo. Por exemplo, se sua chefe o afasta de um projeto antes que seja concluído e o incumbe de começar outro, você pode achar que ela é incompetente e se sentir irritado. Mas se ela é honesta com você a respeito da crise orçamentária do departamento, você pode dar-se conta de que a empresa precisa recuperar os prejuízos do primeiro projeto e concordar que é mais estratégico trabalhar no outro projeto. Além disso, a explicação fornecida por ela indica sutilmente certo respeito por sua necessidade de entender a decisão tomada. Você pode até apresentar suas próprias sugestões para melhorar a situação. Da mesma forma, podemos esperar um maior grau de percepção e consideração por parte de nossos filhos quando lhes fornecemos as ferramentas necessárias para participar do processo decisório da família.

É particularmente importante reconhecer a necessidade que as crianças pequenas têm de entender por que são solicitadas a fazer algo de determinada maneira. Matt e Paula encontravam enorme dificuldade para conseguir que seus três filhos, com 4, 6 e 7 anos, colaborassem nas tarefas domésticas. "Tínhamos como regra que todo mundo devia jogar a roupa suja no cesto. Mas ninguém obedecia", disse Matt. "Convocamos, então, uma reunião de família, e eu disse: 'Precisamos que vocês nos ajudem. A mamãe contribui lavando a roupa. É um trabalho muito pesado para uma pessoa só. Se todos nós contribuirmos jogando a roupa suja no cesto, ela não precisará entrar no quarto de todo mundo para buscar. E com isso ficará feliz, pois verá que nos preocupamos com ela.' Nosso filho menor levou a coisa a sério, e cobra dos irmãos quando eles esquecem. Foi simples de fazer, e funcionou." Ao fornecer respostas a respeito do "porquê", você faz de seu filho um parceiro, ajudando-o a entender o princípio por trás da mudança que pretende promover.

Os professores empenhados em obter resultados escolhem as palavras de um modo que possa contribuir. Junto à árvore de Natal de uma loja de

Dez compromissos com a comunicação dos meninos ■ 233

departamentos, ouvi as seguintes intervenções. Uma mãe, assoberbada, dizia: "Tire as mãos daí! Você vai quebrar isto!" Minutos depois, outra dizia ao filho: "Esses objetos são da loja enquanto não tivermos comprado. Quer apontar para os que o agradam?" O primeiro menino não pôde ser controlado e teve de ser afastado, protestando. O segundo não levou a mal a instrução e gostou de ser consultado. Suspeito que a segunda criança era freqüentemente chamada a interagir com pais que demonstravam respeito por ela. Por motivos práticos, os professores têm mais êxito quando estimulam a gradual construção das capacitações. Se você quiser que seu filho aprenda a fazer uma apresentação, terá de começar por ensinar-lhe uma simples fala do tipo "alô". Essa pequena possibilidade será transformada posteriormente numa apresentação mais completa, incluindo uma pergunta do tipo "Como vai?" ou "O que quer fazer hoje?".

No mesmo sentido, quando esperamos que nossos filhos adolescentes ajam de maneira consciente em relação à comunidade, temos mais chance de êxito se logo no início da vida lhes ensinarmos os princípios que estão por trás desse comprometimento social. Essa construção gradual também requer que reforcemos as mudanças positivas, ajudando nossos filhos a sentir orgulho daquilo que já realizaram. Além disso, ao pensar em voz alta, damos às crianças acesso a nossos pensamentos e à lógica que costumamos usar na solução de problemas ou no desenvolvimento de uma nova capacidade. Em conseqüência, ensinar é uma excelente maneira de desenvolver a capacidade de percepção em nossos filhos. Ensinar não é apenas relacionar uma série de capacitações; é também mostrar às crianças *como pensar*. Suponha que seu filho lhe diga que o vizinho rabugento lhe ofereceu trabalho nas férias de verão, e que, querendo ganhar tempo para pensar a respeito, ele respondeu que primeiro teria de consultá-lo. Você poderia responder: "Sei que a maioria das pessoas não gosta de esperar por uma resposta, mas você já notou que o Sr. Grimley às vezes se ofende com facilidade, e foi bom que tenha agido assim. Se decidir aceitar o trabalho, acho que não terá muitos problemas com ele, já que o entende tão bem." Quando ensinamos a nossos filhos como pensar de um modo que contribua para sua autoconfiança, nós os estamos ajudando a enfrentar os desafios da adolescência e da idade adulta.

Quando os pais são bons professores, aprendem a integrar princípios e idéias às conversas com seus filhos de um modo natural. Para isso, é necessário saber mudar de sintonia e prestar muita atenção à maneira como os meninos o ouvem. Podemos procurar deixas sobre a maneira como nos ouvem em suas expressões faciais, no contato visual e em qualquer outra indicação visível de sua compreensão. A instrução também é eficaz quando apresentada em forma de história.

234 ■ COMO INFLUIR DE MANEIRA DURADOURA

E o que talvez seja mais importante: os professores mais eficazes e interessantes também são estudantes ávidos de conhecimento. Se algum dia você ensinou algo a alguém, sabe do que estou falando. Quando ensinamos a outras pessoas, tendemos a aprender excepcionalmente bem o que estamos ensinando, pois somos obrigados a examinar cuidadosamente uma idéia para ser capazes de transmiti-la. Este é um dos motivos pelos quais, quando tento ensinar uma criança a melhorar o autocontrole na escola, muitas vezes sugiro que seja designada mentora de outra criança com problemas semelhantes: para desempenhar esse papel, ela terá de explicar os passos necessários para alcançar melhor autocontrole. (O desejo de reconhecimento e status de um menino também constitui um trunfo valioso para conseguir que *ele* aceite a responsabilidade do papel de "professor".)

7. Dê o exemplo

Uma importante maneira de ensinar é pelo exemplo. Os pais que são polidos, expressivos e sinceros ensinam os filhos a falar da mesma maneira. Isso não quer dizer que em nossas casas só sejam ouvidas declarações profundamente ponderadas e falas de grande expressividade. De vez em quando, todos nós nos expressamos de maneira cortante, esquecemos de nos explicar ou temos um ataque de mau humor. Quando cometemos erros, é importante transformá-los em oportunidades de aprendizado, sem receio de pedir desculpas. E as desculpas não devem ser apenas aquele obrigatório "Sinto muito". Ir mais longe que isso, explicando por que lamentamos o erro ou as conseqüências que tememos que venham a resultar de nossos atos ou palavras é algo que ajuda os meninos a pôr os pedidos de desculpas numa perspectiva social. "Lamento ter sido ríspido com você na loja. Realmente não acho que você precise de mais um videogame, mas uma parte de mim se sente mal por não poder comprá-lo agora. Espero que você não tenha ficado muito sem graça."

Quando tentamos ensinar os meninos a se mostrar mais conscientes em termos sociais, inclusive no que diz respeito aos códigos da comunicação, podemos encontrar oportunidades de fornecer um exemplo positivo em reuniões de família, nas férias e assim por diante. Suponha que você esteja reunindo toda a família para o dia de Ação de Graças. Seus filhos o verão arrumando a casa e preparando os pratos, mas o significado do feriado, do ponto de vista da comemoração familiar, pode passar despercebido, se você não articular algumas de suas idéias sobre os aspectos sociais da reunião. Por exemplo, seu relato poderia ser algo assim: "Estou fazendo o cozido de feijão do jeito que a tia Sara sempre fez para o tio Troy, pois ele sentirá falta dela. Como estamos todos muito animados por voltar a ver Frank, vou colocá-lo no centro da mesa, para que possa conversar com todo mundo. A vovó está meio triste porque seu novo apartamento é um pouco pequeno para nós todos, e é o primeiro ano em que ela vem para cá; como é que a gente pode fazer para que ela se sinta muito bem-vinda?" Todas essas idéias podem estar fervilhando em sua mente, mas se seus filhos já tiverem idade para não ficar "papagueando" sem querer o que você diz, terão todo interesse em ouvir sobre o jeito que temos de nos preocupar com os outros e a consideração pela família que motiva nossos atos. Infelizmente, esses temas com muita freqüência costumam ser reservados às meninas da família, quando chegam a ser mencionados.

Se você me perguntasse quais traços de comportamento eu mais gostaria de vê-lo exemplificando para seus filhos, eu diria empatia e sinceridade. A sinceridade orienta os atos induzidos pela empatia, e a empatia nos permite ser sinceros de uma maneira que apóia.

Como já vimos, pode ser útil relatar seus pensamentos falando alto, de um modo que expresse sua compreensão e apreciação dos outros. "Às vezes você fica calado na aula, mas espero que a gente possa encontrar uma forma de fazer seu professor entender o quanto você já avançou. Quer praticar comigo?" "Às vezes o papai chega em casa quando você está vendo seu programa de televisão. Eu sei que você não gosta de perder nem um minuto, mas ele está ansioso por voltar a vê-lo e eu gostaria que você lembrasse de dizer oi e olhar para ele, para que ele saiba que você o viu. Se você puder agir assim, não me importo que fique vendo o programa, e nossa noite vai começar bem melhor." "Não quero que Hannah fique aborrecida porque não a chamei de volta ontem, de modo que vou telefonar agora e explicar o que aconteceu." As crianças observam e ouvem mais do que a maioria dos pais imagina, e os exemplos que fornecemos são os padrões com que passam a contar para entender o que está certo e o que está errado.

Em muitas sessões de psicoterapia durante as quais observei a interação entre pais e filhos, comecei a me perguntar se não apagamos demais as fronteiras entre a vida dos adultos e a das crianças. Numa dessas sessões de família, eu estava trabalhando com um menino muito bonzinho, dotado de grande senso de humor. Estávamos brincando sobre o "Shrek" (um ogro de desenho animado que gosta de comer coisas nojentas, como ratos e comida estragada), e ele começava a ficar muito agitado. Não demorou, e as brincadeiras com o pai ("Quer um pouquinho de queijo fedorento?") começaram a passar do limite ("O pé do papai está fedendo tanto que meu nariz dói, Dr. Cox!"). Em vez de dizer "Já chega", o pai tentou impedir novos ataques verbais mudando de assunto: "Vamos falar agora do burrinho do Shrek! Ele é muito divertido!" Infelizmente, embora mudar de assunto possa ser uma estratégia verbal eficaz em certas circunstâncias, o pai desse menino não exercia autoridade suficiente para que sua sugestão fosse acatada. Quando explicamos ou demonstramos formas de comportamento socialmente corretas (nesse caso, indicar até que ponto as crianças podem recorrer ao humor com os adultos, e que não é adequado revelar informações pessoais embaraçosas sobre membros da família), nossos filhos se beneficiam de nosso exemplo.

Os pais são particularmente visados quando se trata de dar o exemplo. Isso ocorre porque muitos meninos tendem a imitar o comportamento e as preferências dos pais. Os pais são a principal fonte de informação dos meninos em matéria de virilidade. Quando evidenciam interesse e consciência social, estão reforçando uma atitude em relação aos outros que pode dar aos filhos as melhores oportunidades de liderança. Quando os pais são capazes de se mostrar vulneráveis (ao reconhecer erros, pedir desculpas, manifestar pesar), pelo menos no contexto da família, dão um passo gigantesco para livrar os filhos dos opressivos estereótipos masculinos associados ao estresse e ao isolamento social na idade adulta. Se você é pai, comece hoje mesmo este processo.

8. Colaborar

A colaboração é um dos ingredientes-chave das famílias que funcionam fluentemente e com alto grau de cooperação. Quando nossos filhos nos vêem colaborando com outras pessoas, estamos reforçando a importância da vinculação. Quando lhes mostramos como pedimos ajuda, aceitamos compromissos e aprendemos com os outros, estamos demonstrando o valor de integrar uma comunidade mais ampla.

Nas famílias em que os dois pais estão presentes, talvez não haja uma forma de colaboração mais importante que aquela que se verifica entre os dois. Ao falar de colaboração, estou me referindo a muito mais que a concordância que pode haver quando um dos pais se mostra decididamente dominante no que diz respeito a decisões ou escolhas importantes. Quando os pais colaboram ativamente, sua energia coletiva revitaliza tanto o casamento quanto a aliança para criar os filhos, ensinando-lhes o valor do respeito mútuo e da empatia.

Antes do nascimento do filho, Annette e Howard haviam se acostumado a uma paz precária na qual ele insistia em que sua vontade prevalecesse, e ela conseguia se esquivar com subterfúgios e negociações astuciosas. Annette tornava-se mais afirmativa quando se tratava do filhinho de ambos, praticamente afastando o marido das decisões sobre sua criação. Quando Rory completou 3 anos, ela passou a sentir necessidade de mais ajuda. Numa conversa bem característica da situação, Howard queixou-se: "Ela espera que o Rory comece a gritar e diz: 'Por que você não faz alguma coisa com ele?' E, quando eu tento impor disciplina, ela fica furiosa com qualquer coisa que eu diga." Annette retrucou: "Acho que você não entende que ele é pequeno demais para esse tipo de disciplina. Por que não aprende a falar com ele?" Rory tornara-se verbalmente agressivo, especialmente em relação a Howard, e gritava e se atirava no chão quando Annette o repreendia por sua linguagem. As crianças precisam ver que os pais estão unidos de forma colaborativa, e também precisam entender a hierarquia natural da vida, que confere aos pais — em conjunto, quando os dois estão presentes — autoridade sobre elas. Se seu relacionamento está polarizado de um modo que praticamente impossibilita a colaboração, mesmo quando se trata de seu filho, está na hora de recorrer à terapia.

As mesmas questões se manifestam em famílias que fogem ao padrão tradicional. A criação de um filho é algo tão exigente que a maioria dos pais busca ajuda dos parceiros, de outros membros da família e até de amigos. Os pais solteiros muitas vezes se mostram particularmente necessitados de descanso e ajuda, mas nem sempre é fácil o relacionamento com as pessoas que o ajudam a criar seu filho.

Tenha seu filho apenas um dos pais ou ambos, o fato é que seus próprios pais podem ser de grande ajuda, mas ao mesmo tempo esses relacionamentos podem ser particularmente delicados. Mais uma vez, a bondade é a chave desse esforço de colaboração. Seu filho poderá aprender lições valiosas de empatia e tato se perceber que você dá valor às sugestões de seus pais e até tolera conselhos espontâneos que podem parecer intromissão. (Naturalmente, isso não significa que você deva seguir conselhos que considere inadequados ou ignorar situações potencialmente prejudiciais para seu filho.) Mas quando você mostra a seus pais que está disposto a ouvir as idéias que têm a oferecer, eles podem surpreendê-lo com a sabedoria de suas considerações. Se seu filho for "farinha do mesmo saco", eles próprios podem ter enfrentado as mesmas questões; podem também lembrar quais os problemas que foram resolvidos naturalmente, quais as intervenções que funcionaram e como as situações evoluíram com o tempo.

Também precisamos estimular a colaboração entre os irmãos. Os mais velhos devem ser ensinados a ajudar os menores. Quando confiamos de maneira criteriosa em nossos filhos mais velhos, damos-lhes certo senso de reconhecimento e responsabilidade. Por exemplo, em vez de dizer a um menino pequeno "Por que você não é educado como seu irmão mais velho?", você pode perguntar ao mais velho se não poderia ajudá-lo a ensinar ao menor as melhores maneiras de cumprimentar as outras pessoas ou expressar gratidão. O diabo está nos detalhes: colaborar de um modo que não seja pesado ou humilhante para qualquer dos irmãos.

Além disso, estamos colaborando diretamente com nossos filhos quando os envolvemos no esclarecimento de nossas metas e expectativas. Ao tentar induzir uma mudança comportamental, o melhor é envolvê-los desde o início no estabelecimento dos resultados esperados. Quando os filhos são chamados a ajudar na definição dessas expectativas, são muito maiores as chances de que pais e filhos cheguem a um destino comum. Na maioria dos casos, os meninos se saem melhor quando discutimos as mudanças comportamentais como se fossem uma espécie de sistema. Esse contexto os convida a pensar de um modo seqüencial e lógico sobre as maneiras como poderia ocorrer a mudança. Em geral, quando colaboramos, reduzimos o isolamento e tornamos mais divertidas as práticas. É simplesmente mais fácil enfrentar os desafios mais complexos quando não nos sentimos sós.

Os pais também podem colaborar eficazmente em sua relação com a escola do filho. Os professores são uma excelente fonte de informação, pois têm a vantagem de observar seu filho como um ser social independente, distante da família. Têm à sua disposição, para comparar, muitas crianças e muitas horas de observação. Às vezes, é difícil para nós, como pais, fazer encaixar aquela criança que conhecemos, tal como se comporta em casa, com os boletins que recebemos da escola. Mas o fato é que todos nós somos uma combinação de nossos diferentes papéis, e é importante você entender o papel público e social que seu filho assume na sala de aula. Seu treinamento escolar certamente terá enorme impacto em seu desenvolvimento social e emocional. Não hesite em colaborar com a escola de seu filho para entender sua individualidade pública.

Os outros membros de sua comunidade espiritual também podem ajudar a apoiar e orientar seu filho. Se você professa uma religião organizada, os valores expressos e compartilhados em sua congregação podem constituir poderosa fonte de afirmação e direcionamento para seu filho. A experiência da prática espiritual em comum com outras pessoas é muito marcante, ainda que cheguemos a conclusões muito distintas e encaremos nossa fé de diferentes maneiras. Peggy, mãe solteira de um menino adolescente, relatou o seguinte: "Ty geralmente não quer ir à igreja comigo. Procuro não forçar, mas ele sabe o que eu recebo lá e também que a porta está sempre aberta. Dois meses atrás, um amigo dele morreu num acidente de carro.

Ele se isolou completamente. Não falava do assunto. Até que, na semana passada, quando eu estava indo para a igreja, ele entrou no carro comigo. Depois do serviço religioso, pediu para falar com nosso pastor. Não sei o que eles disseram, mas fiquei feliz porque ele tinha para onde se voltar quando precisou de ajuda." Naturalmente, muitas pessoas não pertencem a uma comunidade espiritual no sentido tradicional, mas ainda assim são capazes de alguma experiência de transcendência por intermédio da meditação, da arte, da música, da natureza ou qualquer outra maneira de deixar um pouco de lado o autocentramento e a auto-absorção que podem se transformar em obstáculos para nós. Uma pessoa do meu conhecimento descreveu assim seu jeito de acreditar: "Se Deus existe, é na natureza que me sinto mais próximo dele; acho que a floresta é minha igreja. Quando passeio pelo bosque com meus filhos, sinto o espírito da comunhão no silêncio, e embora nem sempre conversemos, os laços entre nós parece que se fortalecem." Prefira você entrar em espírito de adoração numa catedral ou à beira de um rio, expressar sua espiritualidade nos ritos imemoriais de sua fé ou por meio da militância social como humanista secular, procure introduzir seu filho em sua comunidade de fé ou serviço. Embora ele possa ou não vir a seguir seu caminho espiritual, aqueles que compartilham seus ideais e valores podem contribuir de maneira positiva para o desenvolvimento social e emocional de seu filho.

9. Perseverança

Nem tudo funciona da primeira vez que tentamos. Às vezes, é mais importante tentar por mais tempo do que com mais afinco. Nesse sentido, a perseverança está estreitamente relacionada ao emprego do tempo: pode ser necessário mais tempo do que você esperava para ajudar seu filho a desenvolver o nível de capacitação desejável para a comunicação social. A perseverança diária necessária para ter um bom desempenho como pai pode ser praticamente invisível para os que o cercam. Mas a longo prazo sua capacidade de perseverar pode surtir grande efeito. Janelle, cujo filho recebeu o diagnóstico de DHDA, decidiu deixar de lado a medicação e tentar trabalhar com ele em termos puramente comportamentais. Basicamente, ela teria de funcionar como uma espécie de sistema externo de "controle executivo" para ele, orientando e insistindo para que não "saísse dos trilhos" com as tarefas que tivesse de executar. "Ele tem 9 anos. Mas se eu não lembrar antes da escola que ele precisa dar alô para os outros garotos, ele vai passar batido por eles e se queixar depois de que ninguém falou com ele no almoço. Eu o ajudo a se lembrar das horas de jogo, dos telefonemas, de devolver os brinquedos que tomou emprestados. Dou pequenos toques, como 'Por favor, pare, vire-se e olhe para mim quando estivermos falando' ou 'Estávamos tratando de tal assunto, então vamos terminar'. Na sala de aula, os professores também o orientam. Trabalhamos com roteiros, uma agenda, recompensas e conseqüências. O que sempre procuro ter em mente é que existe um limite para o que ele pode fazer por conta própria, embora acredite que ele possa melhorar muito. Mesmo que o esteja lembrando de alguma coisa pela centésima vez, tento pedir-lhe com calma e educação. Há ocasiões em que preciso dar algumas voltas no quarteirão, de tão impaciente e irritada que eu fico. Mas sei que lhe estou pedindo que faça algo que é difícil para ele, de modo que, mesmo sendo frustrante, preciso perseverar."

Às vezes, as crianças entram no processo de mudança muito antes de os pais perceberem. As sementes da mudança podem ser plantadas inicialmente como uma idéia, um conceito muito básico que ajuda a criança a desenvolver certo ímpeto em direção a novos comportamentos. Quando perseveramos, são maiores as chances de obter ganhos de longo prazo e fazer frutificar as sementes de mudança que já foram plantadas. Quando perseveramos no empenho de ensinar e estimular o desenvolvimento social dos meninos, tornamos mais fácil para eles absorver nossa orientação e nossos cuidados. Pode levar meses ou anos para que se verifique alguma mudança. Mas, quando nossos filhos constatam que não desistiremos, que não cederemos à sua resistência ou à sua incapacidade de mudar com rapidez, nossa perseverança é um importante elemento de constância em suas vidas. Os meninos podem sentir-se mais seguros pelo simples fato de saber que nossos esforços não estão sujeitos às mesmas flutuações emocionais que sentem em seu interior. Bennett, um menino terrivelmente tímido de 11 anos, fora estimulado a dizer "oi" sempre que fosse apresentado a alguém. "Disse-lhe que, ao cumprimentar uma pessoa, ele faz com que ela se sinta reconhecida e até um pouco importante, e que é provável que essa pessoa tenha, assim, uma boa impressão dele", disse o pai. "Toda semana ele me acompanha. Sou vendedor de equipamentos de arco e flecha, e percorro lojas de artigos esportivos. Ele me acompanha, e nós nos divertimos muito. Quando visito algum ponto de venda, sempre o apresento ao gerente ou à pessoa que estiver atendendo. Há dias em que ele mal chega a sair do caminhão. Fica com dor de barriga ou algo assim. Se for um dia muito atarefado, reconheço que posso ficar impaciente com esse tipo de coisa, mas, quando o ouço relembrando os nomes das pessoas e sorrindo, sinto que está sendo bom." Os meninos sentem-se reconhecidos quando podem contar com nossa firme convicção de que haverão de progredir.

Dez compromissos com a comunicação dos meninos ■ 241

Há momentos no ciclo de vida de uma família em que a perseverança se torna extraordinariamente importante, e a adolescência é um desses momentos. Em períodos de rápida mudança e flutuação, é mais importante que nunca perseverar, para que os ideais e metas de longo prazo que temos em mente para nossos filhos não se percam nos conflitos cotidianos que se infiltram na vida em família. Perseveramos porque não podemos prever o futuro. Nossa perseverança é uma expressão de fé em nossos filhos, uma expressão de que vale a pena apostar neles. Ao mostrar a nossos meninos que não desistiremos, que enfrentaremos os novos problemas com criatividade renovada, estamos dando o exemplo de uma importante atitude em relação à vida, que haverá de acompanhar nossos filhos na idade adulta.

10. Conheça os valores de sua família

Nossos filhos precisam saber quais valores suas famílias representam. Cem anos atrás, não era incomum que as famílias européias estabelecessem um credo familiar, que constituía um elemento importante de vinculação da família por meio de uma missão específica. A idéia me agrada, pois a vinculação por meio de princípios compartilhados é um elemento importante para transformar a família numa equipe. Toda família precisa de uma bússola, e é este o papel a ser representado por seus valores centrais. Precisamos conhecer esses valores, pois eles definem todos os outros compromissos discutidos neste capítulo. Alguns elementos desses valores centrais estarão presentes na maneira como sua vida expressa os outros nove compromissos. Você terá de pensar criativamente em formas de aplicar esses seus valores a capacidades como as de ensinar, colaborar e dar exemplos.

Dê uma olhada nos pontos fortes, nos interesses e nos valores de sua família. Para onde aponta sua bússola moral? Edgar, dono de um restaurante e de um serviço de bufê, considerava-se um empresário bem-sucedido com papel de liderança em sua comunidade. Sua mulher e seu filho, Chase, de 18 anos, trabalhavam no restaurante. Edgar disse: "Nosso negócio vai bem. Certa noite, minha mulher e eu estávamos à mesa, discutindo como investir parte de nossos lucros. Estávamos pensando em abrir uma segunda loja. Discutíamos também o quanto de bonificação haveríamos de tirar e as conseqüências de pagar todos os impostos de uma vez ou transferir parte para o ano seguinte. Chase também estava à mesa, pois eu gosto de envolvê-lo nas discussões sobre negócios, porque um dia tudo isso será dele. Pedi, então, sua opinião. Ele pensou por um momento e perguntou: 'E o Davey? Vocês sabem por que ele nunca sorri?' Davey há anos é nosso lavador de pratos; é um personagem meio engraçado. Achei que Chase ia contar uma piada. Mas ele disse: 'Ele não sorri porque tem dentes horríveis. Só come sopa e alimentos macios, porque sente dor. Talvez a gente pudesse ajudá-lo a consertar os dentes, papai." Edgar fez uma pausa e sorriu. "Eu lhe disse que estávamos pagando a Davey um salário justo por seu trabalho, que nossas condições de trabalho eram boas e que os preços cobrados pelos dentistas eram muito altos. Cá com meus botões, eu estava pensando que Davey devia ter estudado até o fim do ensino médio e talvez tenha se mostrado mais responsável. Disse também que trabalhávamos duro para fazer nosso negócio prosperar e que merecíamos alguma recompensa por todos esses anos de trabalho. Falei dos impostos altos que pagamos e do fato de que um excelente ano de negócios pode ser seguido por um ano ruim. Chase não dizia nada. Lembrei-me de como era idealista em sua idade, e disse: 'Veja bem, não vou arrumar plano de saúde para todo mundo na empresa, pois simplesmente não podemos, mas vou ver se consigo ajudá-lo a melhorar os dentes. Mas não posso prometer nada, está bem?' Ele continuava apenas olhando para mim, sentado no mesmo lugar. Até que finalmente disse: 'Você doou milhares de dólares à igreja para a construção de um anexo. Entra em qualquer lugar e todo mundo o trata com respeito, e você se orgulha disso. Qual o problema, papai? Por que não podemos ajudar as pessoas que são leais conosco?' Durante essa conversa, em dez minutos passei do sentimento de ser um sucesso para o de ser um verme, pois uma parte de mim sabia que ele estava certo. Ele me lembrou que é realmente fácil falar, mas muito difícil fazer. O fato é que nossa família está em condições de ajudar as pessoas que trabalham para nós, pelo menos mais do que ajudamos. Tenho de dar crédito ao garoto por ajudar a redefinir as prioridades da família, e acho que todos nós nos sentimos pessoas melhores desse modo."

O que você considera essencial para ajudar seu filho a se tornar social e emocionalmente forte? Será que você vive de acordo com seus objetivos? Seja uma questão de estar disponível para ajudar os vizinhos ou levar uma vida responsável do ponto de vista ambiental, o fato de viver de acordo com os padrões estabelecidos por si mesmo, em termos individuais, familiares e comunitários, proporcionará estrutura e uma perspectiva moral à sua vida em família.

Juntando tudo

Os dez compromissos descritos neste capítulo são importantes considerações para toda família, embora certamente se manifestem de maneiras específicas às necessidades intransferíveis de cada uma delas. As famílias funcionam na dimensão do tempo. A competência social e a capacitação expressiva de seu filho evoluirão com o passar dos anos. Você estará servindo melhor às necessidades de comunicação de seu filho quando trabalhar no maior número de níveis possível. Não espero que você abrace esses compromissos como se fossem um mantra, mas gostaria que pensasse neles como os alicerces de apoio das estratégias específicas apresentadas a seguir, estratégias que você poderá usar para preparar a capacidade de comunicação e o desenvolvimento social de seu filho por toda a vida.

9

Leve os meninos a vencer a barreira: Construindo pontes para a comunicação social

■ ■ ■

Agora que você já olhou de perto a psicologia dos meninos e os obstáculos enfrentados por eles para superar o abismo da comunicação, certamente está em condições de ver como é essencial fomentar as capacidades de comunicação social de que eles precisam para ter uma vida plena e bem-sucedida. Para isso, é necessário ao mesmo tempo construir as capacitações práticas de que os meninos precisam para se tornar eficazes na comunicação e usar a comunicação para cultivar a consciência social de seu filho. As estratégias apresentadas neste capítulo podem ajudá-lo a prevenir em seu filho problemas sociais ligados à comunicação e também minimizar seus efeitos quando ocorrem. Talvez você já esteja usando muitas dessas idéias, e nesse caso poderá usar esta lista como ponto de partida para outras abordagens que lhe permitam atender às necessidades inerentes a seu filho. A enorme variedade de desafios de comunicação encontrada entre os meninos parece indicar que precisamos ser flexíveis e criativos. A melhor abordagem para determinado menino pode não ser a mais eficaz para outro. Ao mesmo tempo, certas estratégias são tão fundamentais para o desenvolvimento social e emocional que será possível melhorar a vida da maioria dos meninos incluindo-as na vida familiar.

Prepare a consciência de si mesmo e dos outros

A socialização — e com isso não me refiro apenas a conversas jogadas fora, mas a uma plena participação nas muitas e ricas interações que constituem a trama da vida de cada um — é uma questão de reciprocidade. O desenvol-

246 ■ COMO INFLUIR DE MANEIRA DURADOURA

vimento social inicial de seu filho (e também, na verdade, outros aspectos de seu desenvolvimento) depende da capacidade que ele demonstra de construir uma consciência de si mesmo e dos outros. Essa consciência é fomentada, em parte, por intermédio da comunicação. Isso quer dizer que você pode dar um grande impulso a seu filho simplesmente conversando com ele sobre ele próprio e as outras pessoas, a fim de ajudá-lo a formar uma identidade e se distinguir dos outros que fazem parte de seu mundo. Embora os psicólogos e os especialistas em desenvolvimento da infância tradicionalmente considerem que esse tipo de diferenciação deve ser promovido na primeira infância, acredito que também podemos aplicar essas idéias ao desenvolvimento social dos meninos mais crescidos.

Quem sou eu?

A autodefinição é o primeiro passo decisivo que os meninos devem dar antes de ser capazes de efetivamente se relacionar com os outros. Seu filho precisa desenvolver uma definição de si mesmo que vá além de seu corpo físico, capacitando-se para se reconhecer como pessoa dotada de sentimentos e pensamentos próprios. Esse processo pode ser lento, especialmente no caso de meninos mais inclinados para interesses físicos (cinestésicos) que sociais. Ao adotar idéias como as que são expostas a seguir, você poderá ajudar seu filho a se tornar mais consciente de si mesmo e capaz de refletir, começando a partir do momento em que ele se torne capaz de verbalizar e ao longo de toda a vida.

■ *Identifique as coisas de que seu filho gosta ou desgosta.* Observe e comente que ele tem bons brinquedos, atividades de que gosta e coisas que o incomodam. Fazer perguntas sobre esse tipo de coisa é como mostrar-lhe um espelho que revela o que vai em sua mente. Os meninos que aprendem a notar o que *eles próprios* gostam ou deixam de gostar mostram-se menos inclinados a se deixar levar pelas preferências dos outros. Assim, quando a tendência de seu filho pequeno para deixar claras suas idéias e preferências sem muitos rodeios lhe der vontade de contê-lo de algum modo, imagine como essa capacidade será útil quando você não estiver por perto para representá-lo ou dar apoio — por exemplo, quando seu filho já for um adolescente tentando decidir se deve ou não concorrer a um cargo na escola, embora os colegas considerem que é uma fria, se deve experimentar drogas por insistência dos amigos ou trapacear num exame porque "todo mundo" diz que só se deve tirar nota 10 para entrar nos melhores colégios.

Esse exercício estimula uma "mente observadora", uma mente capaz de fazer distinções, formar opiniões, gerar interesses e apreciar diferenças. Pense nos adultos que você conhece que podem ser considerados pessoas interessantes e informadas; posso apostar que têm mentes observadoras. Um menino que conhece as próprias preferências tem mais a dizer do que "não sei" quando alguém pede sua opinião. E os homens de muitas palavras são aqueles cujas opiniões *as outras pessoas* querem ouvir.

- ■ *Permita-lhe fazer escolhas razoáveis que combinem com seus planos.* Pergunte a seu filho se ele prefere caminhar até o parque ou o playground. Se você lhe der oportunidade de fazer uma distinção entre duas escolhas, estará contribuindo para aumentar sua consciência das próprias preferências. Se por um lado os pais podem estressar inadvertidamente as crianças pequenas com perguntas muito vagas (como, por exemplo, perguntar a uma criança de 2 anos "O que quer fazer hoje?"), as *pequenas* escolhas mobilizam a vontade dos meninos pequenos de uma forma estimulante. Por sinal, essa técnica parece reduzir a freqüência dos ataques de fúria. Você não está apenas ajudando seu filho a desenvolver a autoconsciência; também está lhe conferindo senso de controle e responsabilidade.

- ■ *Ajude seu filho a entender o que tem de único, como indivíduo, no seio da família.* Toda criança, por menor que seja, tem um papel a desempenhar. Quando seu filho que ainda está dando os primeiros passos se agarrar a você enquanto realiza tarefas domésticas, diga-lhe que ele é seu ajudante. Quando ele fizer algo divertido, diga-lhe que fez a família toda achar graça.

- ■ *Faça perguntas que estimulem a auto-expressão.* Você não precisa processar toda experiência emocional com seu filho, mas, de vez em quando, dê uma parada para ajudá-lo a articular os próprios sentimentos. Por exemplo, se dois irmãos estão brigando por causa de um brinquedo, e um deles se sente magoado ou zangado com o desfecho, você pode perguntar: "Você está triste porque não conseguiu o que queria? Não é justo que seu irmão de vez em quando brinque com seus brinquedos? Está com medo de não poder brincar de novo com esse brinquedo? O que podemos fazer para que se sinta melhor?" O renomado psicólogo Carl Rogers desenvolveu um tipo de terapia em que os sentimentos da pessoa são sempre reconhecidos e articulados. Rogers talvez tenha sido o primeiro psicólogo a reconhecer que todos nós precisamos ser ouvidos e que uma atenção empática pode ser extraordinariamente curativa. Da mesma forma, formular a seu filho perguntas refletidas e amorosas fará com que ele saiba que seus sentimentos contam, ajudando-o a se tornar sensível às próprias emoções. Quando os meninos se sentirem aturdidos com emoções muito agitadas, mantenha-se calmo e faça o possível para puxar conversa e entender sua frustração. A ca-

248 ■ COMO INFLUIR DE MANEIRA DURADOURA

pacidade de solução de conflitos por você exemplificada se tornará um reflexo mais natural para os meninos à medida que amadurecerem.

- *Estimule as atividades que oferecem oportunidades de auto-expressão.* É uma excelente idéia que os meninos ditem cartas ou e-mails sobre o dia que tiveram, enviando-os a amigos e parentes. Seu filho também pode, por exemplo, ajudá-lo a planejar um dia de brincadeiras com um amigo, escolhendo o que farão e o que comerão. Finja que ele é o pai e estimule-o a escolher um animalzinho de pelúcia para cuidar. Exorte-o a fazer perguntas ao animalzinho de pelúcia. Faça-o pintar um dia *triste* ou *alegre*, uma vaca *maluca*, um cachorro *importante*.

Quem é Você?

A consciência social de seu filho se expande exponencialmente quando ele reconhece que os outros são diferentes dele. Parece simples, mas na verdade é um salto incrível no desenvolvimento pessoal. Para que se concretize, é necessário que seu filho suspenda momentaneamente suas percepções para considerar o ponto de vista da realidade de outra pessoa. Esse salto ajuda os meninos a entender, por exemplo, que "ela (ele) não é apenas mais um corpo no planeta, mas uma pessoa com sentimentos e pensamentos que não são iguais aos meus". Indubitavelmente, você encontra diariamente adultos que ainda não chegaram a esse estágio de desenvolvimento — aqueles cujas necessidades são sempre mais urgentes que as suas, que partem do princípio de que você gosta das mesmas coisas que eles ou dão presentes totalmente desvinculados de seus interesses ("Sapatos de golfe? Que legal!..."). Não permita que seu filho venha a se tornar um adulto assim.

- *Estimule a curiosidade sobre os motivos de as outras pessoas se sentirem e agirem de determinada forma.* Se você apanhar seu filho observando outras pessoas, aproveite a oportunidade para entender sua perspectiva sobre o que está acontecendo ("Por que Ryan está rindo com Michael?"). Ajude-o a se sentir à vontade quando solicitado a manifestar sua opinião. Se você pedir sua opinião sobre as interações sociais do dia-a-dia, ele será capaz de voltar sua atenção para isso.
- *Ensine a seu filho como avaliar de um ponto de vista prático as idéias e os sentimentos dos outros.* "Se você escrever um cartão de aniversário para o papai, ele vai ficar contente." "Sherry machucou a perna; vamos animá-la um pouco." "Patty não pode ficar zangada se você pegar emprestados os brinquedos sem pedir?"

Construindo pontes para a comunicação social ■ 249

■ *Use metáforas eloqüentes para caracterizar as diferenças entre as pessoas*. Uma maneira divertida de usar o interesse de um menino por desenhos animados e histórias de ação é relacioná-los a aspectos de sua vida cotidiana. "Ele ficou tão furioso quanto Mr. MacGregor quando Peter Rabbit comeu seus legumes!" "Que faria o Super-Homem numa situação assim?" "O tio Greg mandou aquela aranha para longe com um piparote! Parecia valente que nem o..."

Aprenda a importância das diferenças

À medida que seu filho desenvolve um forte sentido de si mesmo e dos outros, pode começar a explorar a emoção dos relacionamentos. O conceito mais importante a levar em conta aqui é o de *contexto*: o que acontece quando você e eu estamos juntos em diferentes circunstâncias ou situações? De que forma isso afeta a maneira como nos sentimos e nos comportamos? Esse processo corre paralelamente ao que os meninos podem estar aprendendo na escola. Freqüentando a quarta série, seu filho pode descobrir que, ao adicionar água ao bicarbonato de sódio usado em padarias, obterá uma massa, mas se adicionar vinagre produzirá um minivulcão para a feira de ciências. É tudo uma questão de usar as combinações de maneira cuidadosa e estratégica.

■ *Estimule interações sociais freqüentes*. Dê a seu filho muitas oportunidades de praticar e observar a comunicação social. No caso de meninos menores, promova semanalmente oportunidades de brincar com outras crianças. Depois de alguma situação social (até mesmo algo tão simples quanto almoçar com um amigo ou encontrar um conhecido numa loja), pergunte-lhe a respeito e faça suas próprias observações: "O Eddy aparentemente foi apanhado de surpresa quando você disse que estava esquiando" ou "Eu vi que o Nigel estava com vocês — e que continua a dar uma de mandão com o Jerome. Ou será que o Jerome já o está enfrentando, agora que entrou para a equipe de luta?" Ele poderá, assim, desenvolver "scripts" cada vez mais complexos e uma maior percepção das coisas, que informará suas futuras interações sociais.

■ *Assinale as diferenças entre interesses individuais e interesses mútuos*. "Você e seu irmão gostam de brincar de trem, mas ele gosta de jogar futebol, e você, não. Às vezes, as pessoas gostam das mesmas atividades, outras vezes não." Você também pode comentar com seu filho na pré-adolescência: "Sei que você não tem muito em comum com seu primo James, mas quem sabe você não gostaria que ele lhe ensinasse a pescar, e aí você poderia mostrar a ele sua coleção de fósseis. Talvez ele saiba onde encontrar fósseis à beira do rio." Ajude seu filho a encontrar os caminhos e pontes que facilitam os vínculos sociais. Mostre-lhe pelo exemplo que, se procurar ir ao encontro de pessoas diferentes e ligar-se a elas, você pode encontrar interesses em comum.

- *Explique como os "semelhantes" combinam.* Geralmente, as preferências tendem a se manifestar em constelações. É uma idéia útil para os meninos, pois os ajuda a levantar hipóteses fundamentadas sobre o que pode ser do interesse de outras pessoas. Por exemplo, se o amigo de seu filho estiver de patinação, hockey no gelo e tênis, comente que ele gosta de atividades físicas e diga que seria simpático dar-lhe de presente de aniversário uma cartela de crédito na loja de artigos esportivos. Se seu filho está pretendendo passar a noite na casa de amigos, pergunte o que planejam fazer. Converse com ele sobre os hábitos alimentares de sua família e peça-lhe sugestões sobre o que poderia ser feito para o jantar de hoje. Esse tipo de associações conceituais é um importante ponto de partida para elementos de empatia como a consideração.

- *Freqüente lugares onde seu filho possa conviver com a diversidade e as diferenças.* Se você vive numa vizinhança homogênea, certifique-se de que seu filho tenha oportunidades de conhecer pessoas de outras culturas, raças, religiões e crenças. Ajude-o a entender que certos comportamentos

■ ■ ■

Certa vez um cliente mais velho descreveu sua infância da seguinte maneira: "Meu pai achava que a alguns quilômetros de distância de Boston ou Cambridge a civilização já começava a entrar em decadência. Ele não gostava muito de gente nem de religiões, mas nutria especial aversão pelos unionistas e os nova-iorquinos. Morreu subitamente quando eu tinha 15 anos, e, então, fui morar com um tio em Manhattan. De uma hora para outra, eu estava cercado de pessoas que meu pai me havia ensinado a detestar. Tinha um profundo sentimento de lealdade à sua memória, e assim passei alguns anos decidido a achar que as pessoas interessantes, amáveis e talentosas que eu conhecia deviam ser consideradas perigosas ou inferiores. Aos poucos, e com certo ressentimento, fui-me dando conta de que quase tudo que ele me havia ensinado estava errado, e não tinha a menor idéia de como consertar a situação ou travar novas relações. Até hoje fico muito ansioso quando tenho de conhecer pessoas, e sei que as pessoas, às vezes, me acham esnobe. Se não fosse minha mulher, que tem muito interesse pelas outras pessoas e uma enorme capacidade de conversar com qualquer um, eu estaria perdido."

considerados polidos em determinadas culturas podem ser rudes em outras. Mostre que a interpretação depende do contexto. Por exemplo, os meninos na casa dos 11 anos costumam se deliciar com a idéia de que em certos países é considerado rude *não* arrotar depois das refeições. Tente imaginar com ele se isso acontece porque o arroto é encarado como reconhecimento de que o anfitrião ofereceu uma mesa tão farta que o convidado não aguentava mais comer. Convide-o a dizer o que sente e pensa.

- *Use as histórias e os programas de televisão como ponto de partida para mostrar que as diferenças podem ser complementares.* Escolha histórias que enfatizem a cooperação. Se seu filho fizer um comentário depreciativo sobre algum personagem, tente ver com ele o que essa pessoa pode ter de bom e como suas características poderiam ser úteis em determinadas circunstâncias.

- *Mostre a seu filho como pode ser divertido tentar prever o que os outros farão ou pensarão.* "Como será que a mamãe vai arranjar essas flores?" "Você acha que o Charlie vai ficar surpreso quando vir sua nova bicicleta?" Faça muita festa quando os meninos efetivamente forem capazes de observar causas e efeitos. "Justine não gostava que você entrasse no quarto dela porque faz questão das coisas muito arrumadas, mas você tomou cuidado, e agora ela não se importa mais que você entre no quarto." Estimule seu filho a prever como as outras pessoas reagirão a seus atos e escolhas.

- *Ensine seu filho a discordar de maneira agradável.* Mostre-lhe que não faz mal que as pessoas não concordem o tempo todo. As crianças pequenas, às vezes, não sabem que as pessoas podem continuar sendo amigas e gostar umas das outras mesmo tendo divergências de opinião. Explique a diferença entre ser "mau" e discordar. As crianças maiores precisam aprender a afirmar suas diferenças sem menosprezar o ponto de vista da outra pessoa. "Sei que você está zangado com o Jim pelo que ele disse, mas talvez ele esteja com a razão em ficar zangado com o treinador. O que você teria feito nessa situação?"

O elenco de personagens da vida

À medida que seu filho começa a entender como as pessoas reagem individualmente às circunstâncias e às diferenças que apresentam em pensamentos e sentimentos, também pode começar a perceber as semelhanças entre as pessoas. Talvez você tenha notado que as pessoas mais velhas não costumam ficar surpresas com os outros. Isso acontece porque, com o tempo, já travaram conhecimento com muitas pessoas diferentes, e são capazes de enxergar aspectos dessas pessoas naquelas que encontram. Têm referenciais para fazer suposições fundamentadas sobre a maneira de ser de uma pessoa, pelo menos até que a observação direta prove algo em contrário. Esse tipo de conhecimento tem a ver com o estágio de desenvolvimento de uma pessoa. Talvez você conheça algum atilado menino de 14 anos capaz de observar que seu novo amigo está contando muita vantagem. Talvez você tenha lembrado de um colega da sétima série que acabou por se revelar um grande cascateiro. Em conseqüência, mostra-se um pouco mais cético quando novos colegas vêm contar grandes eventos sobre si mesmos.

À medida que aprendem a fazer distinções, as crianças desenvolvem a capacidade de analisar comportamentos e maneiras de pensar. É uma capacidade útil para aprender a julgar o caráter e saber como se relacionar com tipos diferentes de pessoas. Alguém que não tenha aprendido com as experiências passadas nem seja capaz de relacionar as características de uma pessoa com as de outra apresenta déficit de uma importante vantagem social. Aquilo que nós, como pais, presumimos talvez que virá a se desenvolver por meio da intuição talvez tenha de ser ensinado de forma mais pragmática no caso de muitos meninos.

- *Relacione pessoas importantes na vida de seu filho a personagens de livros e televisão.* A literatura e as artes fornecem excelentes oportunidades de aprender sobre o caráter humano. Compare os traços de personalidade de personagens fictícios com os de pessoas reais. Por extensão, utilize a capacidade de solução de problemas mostrada por personagens da literatura ou da televisão como modelo para ajudar seu filho a enfrentar desafios sociais e emocionais.

- *Pergunte a seu filho sobre as semelhanças e diferenças de seus amigos.* Observe que ele pode "agrupar" os amigos nas mais diversas combinações: os que gostam de piadas, os que são bons atletas, os que gostam de jogos de computador. Uma pergunta do tipo "Como é que garotos tão diferentes podem estar sempre brincando juntos?" pode induzi-lo a observar o que as pessoas têm em comum.

- *Discuta como as circunstâncias podem alterar o caráter ou o comportamento de alguém.* Isto é importante, pois, embora a análise e a classificação constituam um prisma útil para conhecer as pessoas, não nos devemos restringir a uma imagem limitada de alguém. "Ela era meio retraída, mas aquele emprego a encheu de confiança. Agora, é uma mulher mais extrovertida." "Tom não quer parecer emburrado, mas há dias está com dor de dente."

- *Pergunte a seu filho que tipo de pessoa gosta de ter como amigo.* Será que gosta de pessoas que têm os mesmos interesses ou que são interessantes

Construindo pontes para a comunicação social ■ 253

justamente por serem diferentes? Gosta particularmente de pessoas que se comportam de determinada maneira? Por quê?

Hierarquias naturais

À medida que seu filho identifica os indivíduos que preenchem sua vida, pode começar a entender as interações entre grupos e a formação de hierarquias sociais. Um aspecto importante acerca da compreensão e aceitação das hierarquias é o reconhecimento da maneira como ocorrem naturalmente no funcionamento de estruturas sociais básicas como família, escola e times. O ponto de partida para o desenvolvimento dessa consciência está sempre nos relacionamentos entre pais e filhos e na exigência de que as crianças respeitem a autoridade parental. Isso não significa que seu filho deve estar sempre alerta e sair imediatamente cumprindo cada comando seu como um cão obediente! Deve significar, isto sim, que ele reconhece que é sua a palavra final em questões importantes e caberá a você tomar decisões que dizem respeito ao bem-estar dele. Não há nada mais difícil que tentar recuperar a autoridade perdida ou estabelecer um controle parental se você nunca foi capaz de exercê-lo. E é fácil permitir que todas as pequenas oportunidades de estabelecer hierarquias naturais se esvaiam, conferindo aos meninos demasiado poder de ditar as regras. À medida que as crianças forçam cada vez mais os limites (na esperança de que alguém os restabeleça), leva mais tempo voltar a um comportamento razoável. Em minha experiência, dou a isso o nome de "síndrome do ditador". Os ditadores acabam ficando embriagados com o poder e não raro tentam potencializá-lo pelo simples prazer de exercê-lo. O resultado é o caos social, com a interferência da manipulação em todas as interações. Quero enfatizar que seu empenho de se impor como figura de autoridade não implica berrar, punir ou cair na rigidez. A verdadeira liderança permite-lhe tratar sempre seu filho com amor e compaixão e interpretar os obstáculos como problemas que ainda precisam ser resolvidos, e não expressões de resistência ou desafio. Acima de tudo, um líder seguro de si apóia e articula, mediante palavras e atos, os valores da família.

Quando um menino entende e respeita as hierarquias naturais, modificando seu comportamento de acordo com as circunstâncias, está dando os primeiros passos para aceitar o contrato social que une os indivíduos. Naturalmente, nosso objetivo não é estimular uma submissão automática à autoridade. Mas devemos trabalhar no sentido de criar meninos capazes de equilibrar os próprios interesses com as necessidades e regras dos grupos

254 ■ COMO INFLUIR DE MANEIRA DURADOURA

maiores. A seguir, encontram-se algumas maneiras de ampliar a consciência das hierarquias naturais:

- *Peça a seu filho que observe como as pessoas podem mudar de papel.* Comente que o professor dele gosta de andar de motocicleta nos dias de folga ou que a tia Barbara já foi "hippie". Diga que não faz mal chamar o vizinho pelo prenome, exceto nos treinos de futebol, em que deve sempre ser chamado de "Treinador".

- *Ensine a seu filho que o comportamento muda de acordo com as circunstâncias.* Entre essas circunstâncias estão os lugares em que nos encontramos ("Não gritamos no hospital porque os doentes precisam repousar"), as pessoas que estão em nossa companhia ("Tudo bem provocar seus amigos, mas a vovó não entende que você está só brincando") e a urgência da situação ("Foi bom mesmo você interromper o papai no telefone quando o Brendan se machucou").

- *Explore os motivos das hierarquias.* "Que aconteceria se houvesse um enorme incêndio e a brigada de bombeiros não tivesse um comandante?" No caso de um filho mais velho, você pode discutir por que a sociedade valoriza os mais velhos ou os motivos práticos para os professores estarem à frente de uma turma.

- *Explore possibilidades adequadas de protesto.* "Se você acha que a proibição de usar telefones celulares na escola está errada, que tal se todos os alunos escrevessem cartas pedindo ao diretor que mudasse a regra e dando bons motivos para isso?"

- *Dê a seu filho oportunidades de liderar.* Não é tão difícil respeitar a autoridade quando a própria pessoa tem uma chance de exercer certo grau de comando. Para uma criança pequena, pode ser interessante ficar incumbida de impedir que a família dê petiscos demais ao cachorro ao longo do dia, para que não fique doente. Uma de minhas técnicas favoritas no trabalho com meninos que apresentam problemas comportamentais na escola é incumbi-los do treinamento de meninos menores com o mesmo tipo de problema. Ensinar alguma coisa a alguém é uma maneira fantástica de aprender.

- *Ajude os meninos a entender que os privilégios freqüentemente são acompanhados de responsabilidades.* "Gostaria de ir com vocês, mas, quando concordei em trabalhar como bombeiro voluntário, sabia que eventualmente teria de trabalhar aos domingos." "Se você vai dar plantões como guarda nos cruzamentos de trânsito, terá de levantar mais cedo que os outros meninos — eles estão contando com você."

Construindo pontes para a comunicação social ■ 255

■ *Minimize as ordens.* É importante que seu filho conheça sua posição, mas se você estiver constantemente dando ordens ele poderá sentir-se fraco, humilhado ou irritado. Decida quais são as regras realmente importantes para você e, quando puder, apresente alternativas e soluções de compromisso. Sempre que possível, registre e recompense a obediência e o comportamento positivo. As oportunidades em que você dá uma "ordem" devem ser tão raras e surpreendentes que seu filho entenda que a situação é urgente e aja de acordo com ela.

■ *Não se desculpe por tomar uma decisão.* Acredito que as famílias devem funcionar de acordo com princípios democráticos, considerando as perspectivas e necessidades de cada um, mas com uma clara compreensão acerca de a quem cabe estabelecer as regras que orientam o comportamento familiar. Em termos práticos, não é o caso de transformar cada interação com seu filho num longo debate, nem de reforçar a ilusão de que o julgamento dele é tão fundamentado quanto o seu. Ao mesmo tempo, a melhor maneira de seu filho também desenvolver a capacidade de julgamento é ouvindo-o verbalizar seus motivos para tomar as decisões adequadas.

Hora de contar histórias

Para as crianças pequenas, as histórias são uma janela para um mundo maior que seu ambiente imediato. Através delas, as crianças expandem sua consciência acerca das diferentes pessoas e lugares, e também a compreensão de seus próprios potenciais e realidades. Infelizmente, à medida que crescem, diminui o interesse de muitos meninos por histórias. Você pode contribuir para manter vivo esse interesse conversando sobre livros e fazendo das histórias uma tradição na família.

Outro aspecto importante das histórias é que dão às crianças o senso da narrativa — de que as coisas acontecem em seqüências; de que existem causas e efeitos; de que as ações convergem. Acabamos conhecendo as histórias de cor: estimular essa sensibilidade para a narração ajuda os meninos a entender o ritmo, o andamento e as razões das interações da vida.

■ *Leia com seu filho.* Provavelmente, não há melhor maneira de desenvolver a capacidade de leitura de seu filho (consciência fonológica, vocabulário) e sua capacidade de comunicação social do que transformando a leitura em uma atividade importante em casa. Leia diariamente para seus filhos, e torne divertida essa atividade: aconchegue-se com eles, faça vozes engraçadas, deixe seu filho pegar livros por conta própria na biblioteca. Es-

256 ■ COMO INFLUIR DE MANEIRA DURADOURA

timule seu filho adolescente a ler livros sobre temas de seu interesse. Sempre que possível, leia-os também, a fim de poder conversar com eles sobre o que leu. Os pais muitas vezes se queixam da atitude de distanciamento adotada pelos filhos adolescentes, mas o fato é que a leitura em grupo é uma maneira muito mais espontânea de explorar sentimentos e idéias.

- *Ajude seu filho a experimentar diferentes papéis.* Estimule-o a projetar a imaginação na pele de um personagem. "Eu sou um helicóptero! Você é um jato!" Sentar-se no chão com seu filho e entrar em seu mundo de faz-de-conta são atitudes que estimulam um tipo de brincadeira que o ajuda a explorar diferentes papéis na imaginação. (É impressionante como seu filho pode se mostrar mais loquaz quando você lhe fizer uma pergunta imitando a voz de um boneco que tiver nas mãos.) As crianças mais velhas podem explorar papéis em apresentações: atuando, cantando ou dançando, ou ainda, se preferirem, escrevendo scripts, canções ou montando coreografias. No caso de adolescentes pouco afeitos a esses tipos de atividades, talvez você precise mostrar-se criativo. É possível que seu filho não queira freqüentar aulas de teatro, mas goste de fazer mímica ou aprecie algum jogo de mesa que requeira habilidades não-verbais. Talvez ele não queira inventar uma história para você, mas se disponha a fazê-lo para uma criança menor que os esteja visitando. Uma máquina de karaoke disponível ou uma longa e tediosa viagem de carro podem ser um bom pretexto para cantar com você.

- *Ao inventar histórias para seu filho, conduza a narrativa até um momento de suspense e peça-lhe que conte o passo seguinte.* É possível construir histórias inteiras com a participação de cada um. (Mãe: Era uma noite es-

■ ■ ■

Quando seu filho começou a ter problemas na escola, em vez de passar sermões, uma amiga minha decidiu contar-lhe histórias na hora de dormir sobre um menino chamado Carlos. Carlos enfrentava dificuldades semelhantes aos problemas de seu filho, e no relato das histórias ela experimentava diferentes soluções, algumas tolas, outras bastante eficazes. Seu filho começou a intercalar suas próprias intervenções nas "histórias de Carlos" — primeiro na forma de problemas enfrentados pelo personagem, mas depois com soluções que também poderiam ser usadas por Carlos. "Ficamos contando histórias sobre Carlos sem parar durante cerca de seis meses", disse ela. "Mas, à medida que a situação se acalmava na escola, ele pedia com menos freqüência que eu contasse as histórias. De vez em quando, ele ainda pede as histórias de Carlos, porém é mais como se quisesse visitar um velho amigo do que por precisar das histórias para ajudá-lo num problema específico. Agora ele já desenvolveu bastante sua própria capacidade de resolver problemas."

cura de tempestade. Filho: Um menino chamado Iggy tinha de encontrar um tesouro. Mãe:...) As crianças são muito compreensivas se você não se mostrar o melhor contador de histórias do mundo, e aprendem muita coisa ajudando-o a montar um relato. É uma excelente atividade para uma longa viagem de carro.

- *Escreva cartas.* Faça disso um hábito desde cedo — faça seu filho ajudar a escrever convites para festas e ocasiões especiais, envie cartões e bilhetes para parentes que moram longe e cartas de agradecimento. Divirta-se com isso e não seja rígido quanto à forma ou ao tamanho da comunicação de seu filho. Uma caixa de cartões em branco com figuras e símbolos interessantes sempre ajuda. Peça a seus amigos e parentes que respondam por correio a seu filho. Escrever cartas estimula mais a capacidade de escolha de palavras que os telefonemas, e é uma habilidade que ajudará seu filho quando ele começar a enviar e-mails.

Sinta e pense

O aprendizado é quase sempre estimulado pela emoção, pois ela aumenta nossa consciência perceptiva, permitindo-nos captar e absorver informações em vários níveis. É importante ajudar os meninos a identificar como aprender por caminhos ao mesmo tempo cognitivos e emocionais. E as primeiras emoções que seu filho precisa reconhecer são as dele mesmo.

- *Ajude seu filho a distinguir pensamentos de sentimentos.* Nós podemos pensar de uma maneira sobre as coisas, mas nos sentir de um modo completamente diferente. Os meninos com tendência a sistematizar as coisas podem recalcar seus sentimentos debaixo da bota da lógica e dos fatos. Com isso, perdem uma excelente oportunidade de conhecer e se relacionar com os outros. Se você sentir que seu filho está colocando seus sentimentos para baixo do tapete da intelectualização, mostre-lhe que não há nada de errado em demonstrar sentimentos. Por exemplo, se ele diz: "O Marc foi escolhido capitão do time. E está certo que tenha sido eleito, pois ele tem a maior média de pontos", você pode começar a conversa dizendo: "Percebi que você estava triste quando disse isso. Embora ele possa ter melhor preparo atlético, talvez não seja o melhor para manter o time coeso. Como você se dedica tanto ao jogo, fico pensando se não estaria desapontado por não ter sido considerado."

- *Enfatize que os sentimentos não têm de ser justificados.* Todos nós de vez em quando nos sentimos animados, com raiva, tristes, felizes, frus-

258 ■ COMO INFLUIR DE MANEIRA DURADOURA

trados, com ciúmes, orgulhosos ou vingativos. Podemos, às vezes, sentir-nos assim "sem motivo algum". Mas em vez de pedir aos meninos que não se sintam de determinada forma, tente limitar suas correções às interpretações ou pressuposições equivocadas. Em outras palavras, se seu filho está com inveja do irmão, você pode negar a falsa *impressão* de que você ama mais o irmão, ou então fazê-lo saber que não pode beliscar o irmão por invejá-lo. Mas, em vez de dizer "Não se sinta assim", talvez você possa reconhecer seu sentimento de inveja ou até falar de uma época em que também a sentia.

■ *Desempenhe com seu filho o papel de pessoas e animais, com ênfase na emoção.* É uma forma muito prática de aumentar o vocabulário emocional de seu filho. Por exemplo, usando um boneco, você pode dizer: "O elefante ficou *chateado* porque está sempre esquecendo onde deixou o amendoim." Faça o boneco do elefante resmungar: "Estou muito triste... onde ele está?", e continue choramingando enquanto o bichinho procura na caixa de brinquedos de seu filho, debaixo do cobertor e em outros lugares absurdos, mostrando-se cada vez mais agitado. Ao mesmo tempo em que acha graça, seu filho vai descobrir o que significa "estar chateado". Também vai se divertir escondendo o amendoim. Meninos mais velhos podem apreciar sua interpretação satírica de algum acontecimento do dia-a-dia, especialmente se você for capaz de se mostrar autodepreciativo de um modo engraçado. "E assim, decidido a atrair a atenção e mostrar como sou espirituoso, contei a melhor piada de meu repertório... e na hora H confundi tudo."

■ *Permita que seu filho explore toda uma série de diferentes reações emocionais à mesma situação.* Faça-lhe perguntas hipotéticas: "E se um monstro viesse e comesse os brinquedos de sua irmã?", "Se tivesse de encontrar o presidente, você ficaria mais excitado ou nervoso?", "Quando o Kevin venceu na queda-de-braço, ele estava feliz por ser tão forte ou preocupado por estar derrotando o pai?"

Linguagem e capacidade de comunicação

Aprender a distinguir entre si mesmo e os outros é um processo que pode ser facilitado pela crescente familiaridade com as palavras, a linguagem e a comunicação interpessoal. Existem várias maneiras pelas quais os meninos adquirem essa familiaridade, podendo todas elas ser promovidas pelos pais por intermédio da prática e do exercício de percepção.

Leitura

Como vimos no Capítulo 7, a leitura promove a destreza verbal e o desenvolvimento intelectual, que haverão de se traduzir diretamente no sucesso social e acadêmico ao longo da vida.

- *Faça da leitura uma prioridade para a família.* Sente-se perto de seu filho pequeno, para que ele associe o calor de sua presença física, o barulho da página sendo virada e o cheiro meio bolorento de um livro interessante ao prazer da leitura. Certifique-se de que todas as pessoas que cuidam dos meninos na família também participem dos hábitos de leitura com eles.

- *Torne sua casa convidativa para a leitura.* Encha a casa com materiais de leitura; deixe seu filho vê-lo lendo; certifique-se de que ele dispõe de um local tranqüilo e confortável para ler; e evite mostrar-se excessivamente crítico ou seletivo sobre o que ele lê.

> **■ ■ ■**
> **O dinheiro diz muita coisa...**
> Num levantamento das despesas, você gasta com livros para seu filho o mesmo que gasta com vídeos ou jogos de computador? Uma casa que tenha uma montanha de DVDs e nenhuma prateleira de livros é uma casa empobrecida.

- *Estimule a leitura de materiais de entretenimento que sejam voltados à ação e às emoções.* Embora você não deva escolher todos os livros de seu filho, estimule a escolha dos que apresentam enredos com forte teor narrativo, com muitos episódios de interação social e uma grande variedade de emoções.

Suba a escada da linguagem

Uma vez que os meninos tenham desenvolvido um vocabulário básico, é preciso ajudá-los a usá-lo. Há meninos com um repertório relativamente menor de palavras a seu alcance, mas que se saem muito bem em matéria de comunicação, pois entendem o significado das palavras com precisão e são capazes de usá-las de maneira flexível e criativa. Esse tipo de profundidade expressiva é pelo menos tão importante quanto a amplitude expressiva — saber muitas palavras. E, à medida que depositam mais palavras em seus bancos vocabulares, os meninos podem utilizá-las para entender e adquirir ainda mais palavras.

260 ■ COMO INFLUIR DE MANEIRA DURADOURA

- *Capitalize a compreensão vocabular.* Use uma palavra que seu filho conhece para ajudá-lo a aprender palavras semelhantes. Por exemplo: se estiver chovendo e ele disser "Que dia triste!", você pode comentar "É mesmo, que dia mais triste, tão sombrio e opressivo." Se ele conhecer a palavra *emergência*, você pode sugerir que use seu super-veículo de resgate "para atender àquela emergência e ao outro desastre que ocorreu lá perto". Devemos nos esforçar para colocar à disposição dos meninos ferramentas descritivas adequadas para que dêem a conhecer seus pensamentos.

- *Ajude seu filho a distinguir entre alternativas vocabulares semelhantes.* Seja específico em sua utilização das palavras, e se tiver uma tendência para superlativos expressivos ("Estou a mil!" "Mas que maravilha!"), não se esqueça de oferecer a seu filho alternativas mais nuançadas ("Não, não estou furioso, mas com certeza fiquei irritado.")

- *Explique a seu filho como o contexto influi na percepção e no significado.* Se um menino vem comunicar ao pai que teve quatro notas 10 no boletim escolar, o anúncio pode ser percebido de maneiras diferentes de acordo com o modo que ele o tenha feito: quando o pai acaba de descobrir uma vidraça quebrada por uma bola ("Desculpe, mas não sou tão mal assim"), quando o pai estiver comemorando o fato de seu irmão jogar muito bem ("Eu também sou bom") ou quando estiver passando por um dia difícil ("Anime-se, papai!").

Brinque com as palavras

Se brincar é o trabalho das crianças, brincar com as palavras deveria ser a maneira que elas têm para desenvolver as habilidades de linguagem que enriquecem a vida.

- *Promova jogos de palavras.* Cante, invente rimas, dê um apelido engraçado a seu filho, invente e defina palavras absurdas, monte quebra-cabeças, invente sotaques diferentes, faça trocadilhos terríveis. Quanto mais você se mostrar verbalmente hábil e interessante, mais probabilidade terá seu filho de notar e desenvolver também essas habilidades.

- *Cante.* As canções são poemas musicados. Entoe muitas can-

■ ■ ■
A senha da lata de biscoitos: os meninos terão direito de pegar outro biscoito se forem capazes de dizer um sinônimo ("Que outra palavra pode ser usada no lugar de 'grande'?" "Enorme!" "Muito bem, eis aqui um biscoito enorme para você!"), uma palavra que rime ("O que rima com dançar?") ou definir uma palavra absurda ("Que poderia ser um estrombálio?").

ções para seu bebê e ele poderá, assim, aprender muitas palavras. Desenvolverá também a memória e a consciência dos fonemas. Pude constatar que os meninos maiores nunca perdem o interesse em aprender coisas por intermédio da música, motivo pelo qual eu a utilizo com freqüência na terapia.

■ *Ensine seu filho a contar uma piada.* E, quando ele tentar contar-lhe uma, ria.

■ *Estimule o interesse por outras línguas.* Se você falar outra língua em casa, tente usá-la quando tiver de dizer coisas particularmente importantes ou interessantes.

Descreva o mundo

Você pode ser capaz de entender um programa de computador ou montar um barco seguindo as instruções do manual, mas é muito mais fácil quando alguém simplesmente explica e lhe mostra como fazer. Da mesma forma, podemos tirar nossos filhos de grandes embaraços, aumentar seu interesse pela comunicação social e evitar que criem bloqueios em certos campos da vida que parecem impenetráveis se nos empenharmos em descrever ativamente os acontecimentos, funcionando como seus "tradutores". Os meninos com tendência para perceber as coisas com imprecisão, por excessiva inibição ou por equivocadamente atribuírem intenções aos outros, só terão a ganhar se você lhes servir de guia na imbricação da linguagem com a vida.

Comentar em voz alta as habilidades de comunicação de seu filho pode parecer-lhe inicialmente meio canhestro, mas é algo importante. Serve não só para assegurar que ele esteja aprendendo essa capacidade de comunicação social, mas também para demonstrar que é um aspecto importante na definição de sua individualidade e que você está preocupado com seu sucesso. Seu empenho em explicar suas escolhas ajuda-o a desvendar o código de comunicação social.

■ *Pense em voz alta quando estiver buscando uma solução.* Seu filho começará a entender como você dá os sucessivos passos, desde a definição do problema até o exame de possíveis soluções e a escolha de uma reação aceitável. Melhor ainda se você falar da solução de um problema que envolva questões de comunicação ("Como eu vou recusar esse trabalho sem deixar o tio Joe sentido?").

■ *Pratique a identificação das emoções das outras pessoas.* Faça a seu filho perguntas simples como "Como o Jack se sentiu quando você propôs adiar o almoço que haviam combinado? Como é que você sabe? Como foi a expressão dele? O que ele disse?" Às vezes, os meninos relutam em entrar em conversas assim. Se ele perseverar e demonstrar interesse ao dar as respostas, não se esqueça de elogiar. Se tentar responder, mas não conseguir, ajude-o com dicas.

- *Elogie em público quando seu filho fizer bom uso da capacidade expressiva.* Elogiar em público não significa pegar o megafone na pracinha. Basta expressar sua admiração em voz alta, seja diretamente com ele ou na frente da família ou dos amigos, caso ele não fique muito sem graça. "Você foi educado com a Sra. Walker e respondeu às perguntas de um jeito simpático. Eu senti orgulho de você."

- *Observe como os outros fazem uso das palavras.* "O Bill costuma exagerar quando está muito animado." "A Sharon, às vezes, se repete quando está nervosa." "Você viu como o Joey começava a contar outra história de esqui toda vez que o Steve tentava entrar na conversa?" "O Sean é tão otimista que, se alguém roubasse sua bicicleta, ele provavelmente começaria a falar de sua animação diante da possibilidade de comprar uma nova." "Quando o pastor Paul fala de seu trabalho na clínica, a gente fica admirada, pois percebe que ele se dá de coração." Se seu filho se apega ao sentido literal das palavras, perdendo os influxos de ironia na conversa dos amigos, chame sua atenção para isto. "Não acho que o Dustin tenha gostado de acampar. Pelo contrário, acho que quis dizer exatamente o contrário. Você notou a expressão no rosto dele e o tom de sua voz?"

- *Discuta diferentes perspectivas da mesma situação.* Ajude seu filho a entender que as pessoas podem perceber os acontecimentos, interpretar os atos de alguém e ouvir as palavras de maneiras muito distintas. Estimule-o a discutir abertamente com você as possíveis interpretações. Mostre que não há nada de errado na necessidade de perguntar o que alguém realmente quis dizer ou o que significa algo.

Comunicação não-verbal

A linguagem corporal fala por si mesma ou pode, quando usada juntamente às palavras, confirmar, intensificar ou negar as mensagens verbais. Os meninos que sem querer transmitem significados negativos em sua comunicação não-verbal sofrem conseqüências imerecidas.

Como vimos no Capítulo 7, para a comunicação pragmática, é necessário aprender a usar códigos e convenções sociais. Esse tipo de aprendizado nem sempre é fácil, mas pode ser consideravelmente estimulado por um acompanhamento parental amoroso.

- *Interpretar capacidades pragmáticas de comunicação.* "Tente usar sua voz para demonstrar interesse em me conhecer." Fale com seu filho sobre as maneiras de vivenciar situações que ele enfrenta em casa e na escola. "Se você quiser entrar numa roda, espere que se abra um espaço entre dois meninos, em vez de sair empurrando." "Vamos tentar nos cumprimentar de novo, mas usando apenas os olhos."
- *Integre gestos e palavras.* Mostre a seu filho, por meio do exemplo, que a expressão não-verbal pode imitar as palavras. Os jogos de mímica podem ser uma boa saída para meninos rígidos ou impassíveis.
- *Enfatize o poder de um sorriso.* Em vez de dar uma ordem, "Sorria!", espere um momento em que seu filho sorria amistosamente de maneira espontânea e o elogie. Leve seu filho adolescente a fazer uma experiência: perceber como as pessoas reagem a ele num dia em que esteja sorrindo para todo mundo, em comparação com outro dia em que raramente sorria. Os meninos de mente mais analítica podem ser mais facilmente convencidos por dados assim.

Habilidades interpessoais

Começar numa idade precoce ajuda seu filho a adquirir desembaraço na interação com os outros. Um menino com facilidade no trato interpessoal tem consciência de seus próprios pensamentos e sentimentos e sabe que as outras pessoas têm os seus próprios, diferentes. Pode usar essa compreensão dos pensamentos e sentimentos para entender como é visto pelos outros e calibrar seus próprios atos e palavras. Em contraste, os meninos sem capacitação interpessoal suficiente em geral não têm consciência de seus próprios sentimentos, encontram dificuldade para entender os dos outros, não sabem como são vistos pelas outras pessoas ou enfrentam problemas para alterar seus atos e palavras de acordo com as circunstâncias. Você nunca ouviu falar de meninos assim? "Ele simplesmente não se dá conta da imagem que passa"; "Ele nunca sabe quando é a hora de parar!"; ou "Será que ele não percebeu que era o momento errado de dizer aquilo?"

- *Pratique saudações e despedidas.* Para preparar os meninos pequenos para apresentações e despedidas, pode ser de grande ajuda se você praticar em casa antes de ele enfrentar a situação. Manifestações de apoio, com

264 ■ COMO INFLUIR DE MANEIRA DURADOURA

elogios por algo em que se tenha saído bem, surtem mais efeito que pedidos ou exigências feitos no calor do momento.

■ *Ensine a seu filho como fazer elogios.* Quando ele lhe disser algo simpático, diga-lhe como você ficou feliz. Peça-lhe que faça comentários positivos sobre colegas da escola ou amigos da vizinhança. Se ele disser que não sabe, dê-lhe vários exemplos e mostre em casa como se fazem elogios.

■ *Oriente-o sobre a maneira de transitar nas conversas.* Ajude seu filho a entender o processo de troca nas conversas e como fazer a transição de um tópico de seu próprio interesse para uma pergunta sobre algum interesse da outra pessoa. Com isso, você estará enfatizando o caráter intrinsecamente social de toda conversa.

■ *Estimule os meninos a estabelecer relações de causa e efeito.* Contar histórias e ler são atividades que ajudam os meninos a desenvolver um entendimento teórico de causa e efeito. Ajude seu filho a aplicar essas lições, mostrando como seus atos provocaram reações em sua própria vida: "Quando você propôs que todo mundo passasse a jogar Banco Imobiliário, evitou uma briga entre suas irmãs, mantendo todo mundo ocupado. Muito bem."

Persistência no apoio

Para os meninos que consideram a comunicação algo desafiador ou sem interesse, a persistência de seu apoio e sua energia criativa são fundamentais. Lembre-se de que você está lutando para dar a seu filho uma chance de participar plenamente na sociedade. Se ele precisasse de sessões diárias de fisioterapia para caminhar, você não hesitaria. Pois se precisa de apoio diário para falar, você fará a mesma coisa, não?

■ *Dê a seu filho o feedback necessário em matéria de prosódia.* Deixe seu filho ouvir o som da própria voz. "Acho que você não percebeu que parecia entediado ao concordar em ir ao cinema com a Angela. Fico imaginando se ela continua com vontade de ir." A maneira como dizemos as palavras (prosódia) tem enorme influência em seu significado. Se você tem talento para a interpretação ou a mímica, dê a seu filho uma oportunidade de ver e ouvir como ele mesmo se comunica. Pergunte-lhe objetivamente: como ele acha que os outros ouvem sua voz?

■ *Estimule os meninos a descrever de modo mais elaborado seus sentimentos.* Se seu filho disser que está "chateado", pergunte-lhe se está decepcionado, chateado ou aborrecido consigo mesmo. Se ele hesitar em falar das próprias emoções, pode estar querendo evitar o mal-estar de lidar com elas, ou talvez não seja mesmo capaz de defini-las. Para descobrir o que acontece realmente, podem ser necessários muita paciência e um trabalho de detetive por parte dos pais. Examine a possibilidade de obter ajuda de um amigo ou de um terapeuta, se necessário.

- *Elogie-o por se revelar e por pensar com lógica.* Preste atenção naquilo que ele faz bem em matéria de comunicação e não se esqueça de mostrar que percebe quando tem êxito. Dê uma força ainda maior aos elogios explicando por que e de que maneira a auto-revelação ajuda. Dê também exemplos adequados de auto-revelação, enfatizando que os sentimentos difíceis, os erros e os períodos de ansiedade fazem parte de todas as fases da vida.

Enfatize os interesses naturais

Você poderá estimular seu filho a se mostrar mais desembaraçado socialmente e capaz de verbalização se souber capitalizar os interesses por ele demonstrados, seja por determinado livro, um personagem, um esporte, um jogo ou um hobby. Abra as portas para a conversa. Se ele ainda não se sentir capaz de falar de sentimentos e emoções, tente estruturar o relacionamento conversando sobre algo por que ele se interesse. Ao deixar claro que está interessado nas coisas que o interessam, você está transmitindo um sentimento de cuidado e atenção.

- *Relacione os interesses de seu filho a outras situações da vida.* Por exemplo, se ele pratica um esporte, faça um comentário comparando a dinâmica do time com uma disputa política. "Vocês não querem apenas vencer a partida; seu time está particularmente empenhado em derrotar esses caras porque acha que eles são uns trapaceiros. Por isso a mãe do Erin se candidatou ao cargo de vereadora e realmente quer ser eleita: ela acha que as pessoas que estão lá na Câmara não são honestas."
- *Use seus entusiasmos.* Se seu filho gosta muito de uma banda, de corrida de bicicleta na lama, de Jimmy Neutron ou de xadrez, use esse entusiasmo para ampliar seus horizontes emocionais. "Você está tão animado para ir ao show! Já pensou se entrasse para uma banda? Aparecer na televisão! Fico imaginando como as pessoas agüentam a pressão de um concurso." Às vezes, é mais fácil induzir seu filho a discutir sentimentos focando a atenção em seus ídolos.

Mentes, corações e espíritos fortes

Quando falamos da necessidade de que os meninos sejam fortes, usamos o adjetivo de várias maneiras. Queremos que eles sejam fisicamente saudáveis e emocionalmente capazes. E queremos que tomem sua vida nas próprias mãos e interajam com os outros de formas que sejam boas, úteis, corajosas e firmes, mesmo diante da adversidade. Costumamos enquadrar essas capacitações para a vida na rúbrica "caráter", dando o melhor do que está a nosso alcance para desenvolver um bom caráter em nossos filhos. Mas falar do desenvolvimento do caráter e da educação moral dos meninos pode infelizmente parecer exótico ou até antiquado. Esse tipo de abordagem pode estar associado a autoritarismo e aos regimes disciplinares muito estritos do passado. Nos Estados Unidos, em particular, tendemos a desconfiar de qualquer instituição — educativa, comunitária ou política — voltada a julgamentos de valor sobre o que é bom e o que está certo, e que se empenhe em incutir esses valores em nossos filhos. Gostamos da liberdade de decidir por nós mesmos o que é melhor para eles.

Nesse mesmo sentido, nossa sociedade e nossos filhos pagam um preço elevado quando nós, como pais, não somos capazes ou não nos dispomos a oferecer aos meninos um roteiro adequado para a responsabilidade na idade adulta. As crianças não crescem no vácuo, e se não lhes dermos alguma orientação, elas haverão de procurar na cultura como um todo — a rua, o entretenimento popular ou qualquer outra influência (boa ou má) que se lhes apresente. Ironicamente, muitos de nós, avessos a qualquer tentativa de que alguém determine o que é bom para nossos filhos, estamos convencidos da necessidade de intervir no caso dos filhos de outros. Este é um dos motivos pelos quais nossa sociedade tende a oferecer arremedos incoerentes de programas sociais, em meio a um animado debate sobre o papel da comunidade na formação da juventude. Você não pode ser um pai ou mãe responsável se não participar desse debate e se não souber o que pensa das necessidades sociais e emocionais de seu filho.

Acredito firmemente que os meninos capazes de se interessar pelos outros e se expressar têm muito mais probabilidade de ser felizes e bem-sucedidos. Esses traços derivam das raízes comuns da auto-estima e da autoconfiança. Tais capacidades são ativadas pelo estímulo e pelas oportunidades de prática fornecidas pelos pais. Quando os meninos têm uma consciência ativa de seus próprios sentimentos e certa percepção das motivações dos outros, podem fazer escolhas sobre a maneira de usar esse conhecimento para agir e se expressar. Embora as ações em interesse próprio não sejam necessariamente incompatíveis com o bem geral, a consciência social do menino o ajuda a mediar a tensão psicológica entre essas perspectivas. A vida de um menino está cheia de acontecimentos em que esse drama é representado diariamente; rivalidades entre irmãos, conflitos no playground, discussões com treinadores e companheiros de time e frustração com as regras familiares são apenas alguns exemplos dessa luta dos meninos para equilibrar seus desejos e necessidades pessoais com os dos grupos em que se inserem. Ajudar seu filho a desenvolver um caráter forte e saudável será para ele a melhor chance de encontrar a felicidade no equilíbrio entre as necessidades individuais e de grupo que a vida impõe, aumentando a probabilidade de que ele seja entendido e amado por sua família, sua futura esposa e seus filhos, e também pela comunidade.

Pratique a empatia

Como vimos, a empatia exige que vivenciemos os sentimentos dos outros e em certos casos tomemos as medidas adequadas. Um menino dotado de simpatia percebe quando um amigo se sente embaraçado, mas um menino com empatia conta uma piada sobre aquela vez em que ficou com "o cérebro parado" no meio de um discurso, para fazer o amigo rir e sentir-se melhor.

- *Estimule a identificação com os sentimentos de outras pessoas.* "Katie está estudando há meses para esse exame. Você não acha que ela deve estar aliviada por finalmente haver passado?" "Você é como seu pai: fica embaraçado quando é muito elogiado."

Ajude seu filho a entender como suas palavras e ações repercutem nos outros. "Você acha que o Elias ficou sentido quando riu da foto que ele mostrou?" Se um amigo ou um membro da família estiver triste ou não se sentir bem, pergunte-lhe o que poderia fazer para animar essa pessoa. Se você ficar feliz ou se sentir orgulhoso por causa de seu filho, conte-lhe o porquê.

- *Verbalize sua aprovação dos bons traços de caráter.* Não deixe passar a oportunidade de frisar quando seu filho se mostrar atencioso, bondoso, honesto, polido, responsável, amigável, extrovertido, perceptivo, maduro, confiável, perseverante, simpático, trabalhador, engraçado, corajoso, útil, efusivo, cuidadoso, adequado, sociável, atento ou coerente.

- *Faça um elogio específico para determinada ação.* "Você realmente é responsável pelo cuidado com o cachorro" é melhor que "Você é um bom menino", na medida em que associa o elogio ao comportamento que o suscitou. Certos pais estão constantemente elogiando os filhos de modo genérico, na tentativa de convencê-los de que a afirmação é verdadeira, como hábito irrefletido ou como uma forma de construir a auto-estima. É melhor informar a seu filho o que foi que ele fez que o torna "bom". As crianças são capazes de distinguir uma conversa do tipo "sentir-se bem" de um elogio cuidadoso e bem colocado. (É a diferença entre seu chefe dizer "Excelente trabalho, excelente trabalho de todo mundo" ou dizer "Steven, ninguém mais sacou como podíamos ficar com a conta. Você nos fez parecer brilhantes!")

- *Enfatize a importância de agir com base em sentimentos de empatia.* "Se o Douglas está se sentindo abandonado, por que você não o convida?" "Se está preocupado com a Sarah, telefone para ela e diga que terá seu voto."

As pessoas em primeiro lugar

Os meninos com tendência a ficar fascinados com seu mundo interior, que têm dificuldade para entender ou reconhecer os outros ou se mostram altamente inibidos podem acabar restringido tanto sua experiência social que tolhem a própria capacidade de estabelecer relacionamentos mais profundos. Ajudar seu filho a passar da auto-absorção para o envolvimento com os outros numa idade precoce impedirá que ele caia na rejeição ou no isolamento quando adulto.

- *Explore verbalmente o valor das amizades.* Fale das coisas que você pode aprender com um amigo e da maneira como os amigos se apóiam e se ajudam.
- *Apresente seu filho a pessoas amigáveis.* Quando seu filho estiver dando os primeiros passos no convívio social, dê um jeito de cercá-lo de adultos bons para com as crianças e de crianças amáveis e bem-comporta-das. Fique atento ao tipo de pessoa a que seu filho reage bem. Uma pessoa gregária e agitada, ainda que bem-intencionada, pode não ser a melhor companhia para seu filho.
- *Enfatize que são as outras pessoas que tornam a vida divertida e interessante.* "Howard vem nos visitar! Ele conhece alguns truques de mágica muito legais — e talvez faça uma demonstração aqui para nós!"

■ ■ ■ O poder da associação

Se seu filho gosta particularmente de determinada atividade (brincar no escorrega do playground ou visitar o zoológico, por exemplo), procure sempre convidar um coleguinha, para que ele comece a associar "divertimento" com a companhia de outras pessoas.

Construindo pontes para a comunicação social ■ 269

- *Dê exemplos de interesse social em casa.* Planejar festas, visitar vizinhos e jogar com outras pessoas são atividades que servem de aulas práticas sobre o valor da sociabilidade. Os pais muito ocupados muitas vezes se sentem sem tempo e energia para o convívio. Mas se você está sempre evitando sua família, queixando-se ou brigando com ela ou com seus colegas de trabalho, provavelmente não estará dando o melhor exemplo em matéria de socialização.

Enfatize o amor e a compaixão

Naturalmente, não preciso dizer-lhe que ame seu filho e o trate com compaixão. Mas as pressões sociais destinadas a assegurar que os meninos se tornem homens fortes e capazes de enfrentar um mundo difícil podem se interpor na maneira como demonstramos amor por nossos filhos. Não raro acabam sendo negadas aos meninos as manifestações físicas de afeto que costumam ser prodigalizadas às meninas. Os pais, particularmente, podem ceder com muita facilidade à tentação de suprimir abraços e beijos em favor daquela rara batidinha no ombro. Ou simplesmente não dizem "Eu te amo" com tanta convicção. Mostrar-se avaro de expressões de amor e compaixão por nossos filhos é o mesmo que deixá-los sedentos emocionalmente. E deixar a maior parte dos cuidados emocionais entregues às mães equivale a enviar a nossos filhos uma mensagem das mais danosas.

- *Fale de amor.* Nem todo amor é o amor romântico, e muitas pessoas confundem atração sexual com amor. Especialmente à medida que seu filho for crescendo, converse com ele sobre as diferentes maneiras como o amor é expressado e vivenciado. Isso é particularmente importante no caso de adolescentes com uma grande carga hormonal.
- *Converse sobre os motivos de as pessoas viverem em família.* Converse sobre as alegrias, gratificações, obrigações e desafios da vida em família. Se você contar com a sorte de ter encontrado a felicidade com um cônjuge ou parceiro, fale das coisas que fizeram o êxito de seu relacionamento. Se for divorciado, tente encontrar algo positivo para dizer sobre seu ex-cônjuge e procure fazer com que seu filho tenha uma relação saudável com o outro genitor. Se for solteiro por opção, não fale abertamente do casamento em termos depreciativos; no futuro, ele poderá ser uma boa opção para seu filho.
- *Ajude seu filho a tratar as meninas com respeito.* Pergunte-lhe que características buscaria numa parceira ideal. Certifique-se de que ele identifica e respeita a humanidade das meninas com as quais convive. Isso pode

ser difícil se houver um menino misógino em sua turminha ou se for excessiva a influência da cultura popular. Do mesmo modo, os meninos podem ser compelidos prematuramente a namorar e ter experiências sexuais, por pressão dos amigos ou interferência de meninas sexualmente agressivas. Ajude seu filho a não confinar à atividade sexual a definição de sua masculinidade, e também a desenvolver certas estratégias para se esquivar caso esteja sendo assediado por telefonemas e pressões quando ainda não estiver preparado.

Cultive a consciência

Fomentamos o desenvolvimento físico dos meninos por meio de exercícios e práticas, e suas capacidades acadêmicas por intermédio de lições e deveres de casa. Recorrendo a uma abordagem semelhante, podemos cultivar efetivamente a consciência de um menino de maneira cuidadosa e cumulativa. A consciência é uma bússola que permitirá a seu filho navegar com segurança em situações moralmente confusas e condições sociais nebulosas. O menino que foi levado a desenvolver sua consciência terá mais a dizer e mais coragem para dizê-lo quando for realmente importante. A consciência nos ajuda a abrir caminho em meio às escolhas difíceis, nutrindo a compaixão pelos outros — mesmo quando isso for difícil.

- *Discuta a diferença entre fazer a coisa "certa" e o que se quer fazer.* "Sei que você não quer ir à festa do Terry para ir à do Alec, mas o Terry pode ficar sentido, e você prometeu que iria."
- *Apresente seu filho ao conceito de ética pessoal.* "O Porter não aceitou a recompensa por ter devolvido a carteira que achou, pois de qualquer maneira ele a teria devolvido." "Seu pai e eu discordamos sobre a pena de morte, pois..." Pergunte a seu filho o que ele faria em determinadas situações difíceis: "E se você visse um homem com fome roubando comida?" "E se ele estivesse roubando a comida de um rei que açambarcasse a comida do povo todo? E se a roubasse de uma criança com fome? E se você fosse mandado para a cadeia por não denunciar?"
- *Faça revelações de caráter pessoal sobre escolhas difíceis que teve de fazer e as conseqüências em sua vida.* Pode ser de grande ajuda falar de seus próprios combates morais, especialmente quando seu filho estiver enfrentando algum problema. "Quando eu tinha sua idade, gostava muito de doces, e certa vez cheguei até a levar um de uma loja sem pagar. Eu sabia que estava errado, mas estava furioso porque minha irmã havia ganho doces por receber boas notas, e eu não. Minha mãe me obrigou a devolvê-lo

Construindo pontes para a comunicação social ■ 271

e eu tive de pedir desculpas ao dono da loja." As lições mais duras da vida são aprendidas com mais facilidade quando nos damos conta de que não as aprendemos sozinhos.

Envolvimento comunitário

Vivemos num mundo de proporções distorcidas. Tragédias ocorridas do outro lado do mundo entram em nossa casa por intermédio da televisão e da Internet, fazendo-nos sofrer por pessoas que estão a milhares de quilômetros de distância sem poder ajudá-las. Ao mesmo tempo, muitas vezes sequer tomamos conhecimento do nome de nossos vizinhos. Mas a importância de viver em comunidade é a oportunidade de travar conhecimento com outras pessoas, de ajudar e ser ajudado quando necessário. Independentemente da forma como você define comunidade — por intermédio da proximidade, dos interesses comuns ou de quaisquer outros elos —, a melhor maneira de introduzir seu filho nela é deixar que ele arregace as mangas e se envolva. O envolvimento do menino na comunidade confere perspectiva à sua vida e o ajuda a fazer contato com os outros, além do alcance mais íntimo da vida em família e entre os amigos. Eis a seguir algumas maneiras de apresentar seu filho à comunidade:

- *Explore as diferentes maneiras como a compaixão pode ser traduzida em atos.* Pergunte a seu filho como ele considera que sua família pode ajudar os outros, e, se possível, ponha em prática suas sugestões.
- *Demonstre interesse da família por organizações comunitárias.* Se seu filho o vir fazendo trabalho voluntário na escola dele, participando de uma corrida beneficente, doando sangue ou comparecendo a um comício, verá que sua vida não está limitada ao circuito casa-trabalho — que você faz parte de uma constelação mais ampla de relacionamentos.
- *Amplie o universo dele.* Alie-se a seu filho na consecução de alguma meta social importante. Capitalize seus interesses naturais. Se ele gostar de animais, você pode conversar com ele sobre o problema dos bichinhos de estimação perdidos e se inscrever com ele em alguma sociedade protetora de animais. Se ele for um mago dos computadores, faça-o criar um site para uma organização beneficente ou estimule-o a treinar pessoas idosas para o uso da Internet. Em certas situações, a simples disposição de ajudar pode transformá-lo num herói — ajudando os meninos a internalizar a auto-imagem de alguém que é capaz de ser útil. Para certos meninos, pode ser extremamente libertador desempenhar um papel importante fora de casa

ou da escola, especialmente se eles não se sentirem muito bem-sucedidos nesses terrenos.

- *Fale a respeito da comunidade na frente de seus filhos.* Fale do que está acontecendo na escola de seu filho, da próxima campanha presidencial ou dos motivos que levaram as entidades ecológicas de sua área a comprar uma fazenda nas proximidades. Talvez seu filho relute em conversar com você sobre seus sentimentos ou o que está fazendo, podendo, no entanto, mostrar-se mais loquaz quando você lhe pergunta a opinião. Um menino voluntarioso e teimoso pode gostar da oportunidade de conversar com você sobre temas mais polêmicos, e se a conversa se mantiver num diapasão de respeito, você poderá usar o debate para fortalecer seu pensamento crítico e sua destreza verbal.

Ponha a competição em perspectiva

Como já vimos, muitos meninos tendem a se mostrar mais confiantes e expressivos em situações de competição. Naturalmente, outros meninos se calam nesse tipo de situação — especialmente quando não se saem bem em comparação com os colegas. Mas a competição é um fato da vida, e, para os meninos, é determinante sob muitos aspectos. Para o melhor ou para o pior, boa parte de nosso senso de realização e autodefinição decorre do confronto com os outros. Ajudar seu filho a aprender a lidar com a competição pode fazer uma grande diferença no que diz respeito à sua capacitação expressiva e social.

- *Ponha a competição em perspectiva.* O melhor momento para fazê-lo é antes da competição, para que suas observações tenham algum peso, saia seu filho vitorioso ou não.
- *Cuidado com as mensagens ambíguas.* Um treinador que fique dizendo "vencer não é tudo", mas que nunca permite que as crianças menos dotadas joguem, está em contradição com o que diz.
- *Ensine seu filho a vencer ou perder com elegância.* No primeiro caso, estará sendo fomentada a empatia; no segundo, o autocontrole emocional e o respeito por si mesmo.
- *Cuidado com a tendência a querer viver por intermédio de seu filho.* Os meninos são muito sensíveis aos desejos que a seu respeito manifestam os genitores, especialmente, receio, os do sexo masculino. Certos meninos são capazes de se esfalfar na tentativa de agradar. Quase sempre nos lembramos dos meninos que tentam realizar os sonhos dos pais no campo dos esportes.

Construindo pontes para a comunicação social ▪ 273

Em meu trabalho clínico, tenho constatado fenômeno semelhante em meninos que se sentem compelidos a se mostrar excepcionalmente criativos, inteligentes, populares ou intelectualizados para agradar a um dos pais. Qualquer dessas pressões representa um fardo pesado, podendo ter efeitos de longo prazo, de geração a geração.

Estimule a experimentação

Todas as características e capacitações que contribuem para a comunicação social dos meninos podem ser desenvolvidas por meio da prática. Nossa tarefa, como pais e mentores, consiste em propiciar a maior variedade possível de situações que permitam aos meninos adquirir e desenvolver esses talentos.

Estímulo

Assim como seu filho pode precisar de um lembrete para estudar para a aula de piano, de ajuda em algum projeto na escola ou de aprender com você a atirar uma bola, os meninos, em geral, também precisam de estímulo dos pais para se tornar sociáveis e comunicativos. Ajude a minimizar os riscos da experimentação social sugerindo estratégias práticas para situações específicas: "Aposto que os meninos de sua turma conversariam mais com você se lhes mostrasse que está interessado neles." "Talvez fosse bom você convidar a Julia para almoçar antes de perguntar se quer ser sua parceira no baile."

▪ *Ajude seu filho a empreender atividades sociais.* Ajude-o a dar uma festa em sua casa ou abrir um clube. Se ele gostar de carros de corrida, poderá chamar os meninos da vizinhança para brincar em seu quintal. Você pode se oferecer para levar seu filho pré-adolescente com os amigos a um concerto. Se você costuma dar uma festa anual, por exemplo, sugira que seu filho adolescente "pegue uma carona" nela, convidando também seus próprios amigos — e quem sabe você possa reservar um espaço separado para eles se reunirem.

▪ *Estimule-o a convidar amigos.* Se ele quiser que você o leve a algum lugar, diga-lhe que convide um amigo: "Não seria divertido se você chamasse o Bret para vir conosco quando formos ao lago?" "Já que vamos ao shopping center, por que também não chama o Skylar?"

▪ *Estimule a curiosidade social por intermédio de viagens e novas experiências.* As crianças podem ser provincianas ou se mostrar rotineiras, exata-

274 ■ COMO INFLUIR DE MANEIRA DURADOURA

mente como os adultos. Amplie os horizontes de seu filho. Se puder vivenciar um ambiente e experiências estimulantes, ele sentirá maior necessidade e desejo de se comunicar.

■ *Estimule novas amizades.* Tome como princípio geral a necessidade de permitir que seu filho observe e reaja a um amplo espectro de expressões humanas. Mais especificamente, se ele tiver problemas de déficit social ou de comunicação, o contato com novos amigos não só lhe dará mais oportunidades de praticar, como também você estará aumentando as chances de ele encontrar um ou dois amigos compatíveis com seu temperamento.

Proporcionar oportunidades de experimentação social

A cada passo do desenvolvimento social, os meninos precisam testar suas capacidades incipientes. Inicialmente, a criação de oportunidades em casa (brincadeiras com os amigos e assim por diante) com o apoio da família pode fazer com que o processo pareça menos intimidador. À medida que seu filho crescer e se tornar mais desembaraçado socialmente, procure expandir seus espaços de experimentação social.

■ *Facilite as brincadeiras em grupo.* Se seu filho encontrar dificuldades para formar um grupo de garotos com o qual possa brincar (você vive numa região rural, não há crianças da idade dele no condomínio, e assim por diante), faça um esforço extra para assegurar que ele tenha amplas oportunidades de socialização em diferentes situações. Assim como os adultos tendem a ter grupos diferentes de amigos — colegas de trabalho, parceiros de tênis ou velhos amigos do colegial —, as crianças também vivenciam de formas diferentes as brincadeiras em grupo, dependendo do local: na escola, no time, informalmente, no quintal de casa. Procure observar quais situações funcionam melhor para seu filho.

■ *Apóie a participação em atividades que ampliem seu círculo social.* Um campeonato interescolar, um hobby que tenha uma convenção estadual, acampamentos de verão ou uma visita a parentes em outros estados podem ser boas vivências do que ocorre com diferentes pessoas em diferentes lugares.

■ *Discuta dinâmicas de grupo.* No caso dos meninos que enfrentam desafios sociais, a preparação prévia ajuda. Fale abertamente sobre o que acontece em grupos e sobre como se adaptar aos diferentes grupos, seja na escola, na vizinhança ou no local de culto da família. Converse sobre as pressões exercidas pelos companheiros nesses grupos e as estratégias para enfrentá-las.

Arrisque

Sem risco não pode haver crescimento. A cada etapa do desenvolvimento, seja dizendo suas primeiras palavras ou falando pela primeira vez em público na escola, os meninos precisam testar os limites de suas habilidades no terreno social. Às vezes, como adultos, é fácil esquecermos que cada uma dessas etapas pode gerar ansiedade. Os meninos não se podem prevalecer de uma perspectiva de adulto. Para eles, é mais difícil raciocinar desta maneira: "Bem, vou fazer o possível, e se der com os burros n'água, tudo bem. A vida continua, e ninguém vai se lembrar." O roteiro que passa pela cabeça de seu filho no momento em que contempla o próximo desafio social a ser enfrentado parece-se mais com este: "Puxa vida, não acredito que vou ter de fazer isso. Se der errado, todo mundo vai achar que sou um fracassado, e nunca mais vou me livrar dessa pecha!" Um gesto simples como pegar o telefone para chamar alguém pode levar certos meninos a tomar um verdadeiro suadouro. (Sugira-lhe manter junto ao telefone uma lista com "temas de conversa", para o caso de "congelar".) Qualquer que seja o desafio, cabe a você apoiá-lo. Quando deixam de assumir riscos, os meninos perdem a oportunidade de crescer, e sua auto-estima sofre com isso.

■ *Estimule seu filho a assumir riscos sociais adequados.* Ajude-o a flexionar os músculos sociais expandindo seu repertório de capacitações. Você pode, por exemplo, treinar seu filho a abordar novos amiguinhos no play-

■ ■ ■
Começar de novo

Depois que Leila ficou viúva, seu filho, Gary, começou a ter problemas ao se aproximar do ensino médio. Ele levou muito tempo para superar a dor e a raiva. Infelizmente, havia decidido aliar-se na escola aos "maus" meninos. Encontrava dificuldade para afastar-se deles, e, depois de consegui-lo, percebeu que os professores e os outros meninos continuavam a vê-lo da mesma maneira. Antes que começasse o ensino médio, Leila levou-o à psicóloga da escola, que lhe relatou os problemas que seu filho vinha encontrando, matriculando-o numa classe com muitos colegas que ele ainda não conhecia e um professor ciente de seu problema. Aos poucos, ele foi formando um novo grupo de amigos e recomeçando sua vida escolar. Será que a reputação de seu filho está limitando suas opções sociais? Será que ele precisa de ajuda para redefinir a própria individualidade?

276 ■ COMO INFLUIR DE MANEIRA DURADOURA

ground para se apresentar. No caso de meninos mais crescidos, pode sugerir que telefone para um amigo que ficou zangado com ele. Ajude-o a enfrentar um brutamontes representando para ele o modelo a ser imitado e praticando a autodefesa verbal.

■ *Descreva os fracassos sociais como um aspecto normal e esperado da vida.* "Da primeira vez que falei em público, também esqueci algumas coisas, mas consegui melhorar." "Que pena que a Tracey não deu bola para você! Parece mesmo que ela não gosta de garotos altos, bonitões e inteligentes."

■ *Ajude-o a reescrever o passado.* Se seu filho adquiriu má fama ou então feriu ou afastou outros meninos por conta de sua hostilidade, indiferença ou confusão, mostre a ele que o passado não precisa necessariamente definir seu futuro. Ajude-o a enfrentar o risco de redefinir sua individualidade e fazer as correções necessárias. Se ele estiver precisando de novos amigos, ajude-o a encontrá-los.

Sirva de alicerce

Se representar para seu filho um sólido alicerce de confiança em sua capacidade, você o estará ajudando a atravessar as turbulências da infância e da adolescência. Inversamente, as dúvidas e críticas de um dos pais podem ser devastadoras para um menino. Não permita que a frustração ou a ansiedade comprometa sua mensagem de convicção e crença no potencial de seu filho. Expresse sua confiança em seu filho tanto verbalmente quanto por seus atos.

■ *Seja um alicerce inabalável de confiança em seu filho.* Se sua confiança nele vacilar, busque a ajuda de alguém que possa restabelecer sua esperança e o ajude a seguir em frente. Nossos filhos nunca estão "prontos", e na maioria dos casos merecem o acolhimento e o apoio de nossa persistente confiança naquilo que são capazes de realizar.

■ *Seja cuidadoso no que diz aos outros sobre ele.* Certos pais costumam baixar a guarda quando falam do filho na presença de parentes, amigos ou até perfeitos estranhos. "Lamento, mas você não deve levar o Albert a sério; ele está sempre metendo os pés pelas mãos!" — não é propriamente o comentário amoroso que seu filho gostaria de entreouvir. Não pressuponha que um menino calado não observe ou seja pequeno demais para entender.

Liderança

Ajudar seu filho a desenvolver capacidade de liderança pode ser uma das providências mais benéficas e gratificantes a seu alcance como pai. Um líder é alguém que sabe o que quer e expressa suas idéias e emoções de um modo capaz de motivar os outros a segui-lo. Criar um líder de caráter firme pode ter efeitos exponencialmente positivos no futuro de indivíduos e comunidades — e talvez até de países inteiros.

Quando falo de líderes, não me refiro necessariamente a um político, a um diretor-presidente de empresa ou mesmo a uma pessoa particularmente "poderosa" no sentido tradicional. Refiro-me a alguém que se conhece, sabe o que quer e tem a capacidade, a coragem e o senso comum necessários para levar uma vida compatível com essa identidade e nutrindo relacionamentos positivos. Um menino pode ser articulado, ter bons sentimentos e ser cuidadoso, mas, se não for capaz de se valer de tudo isso na prática, quando a situação exigir, não poderá ser útil. Uma liderança positiva é a suprema consumação da firmeza de caráter.

- *Enfatize os méritos da liderança social e emocional.* Converse sobre as realizações alcançadas por grandes líderes emocionais e homens com o dom da comunicação: Benjamin Franklin, Nelson Mandela, Gandhi ou aquele que é um de meus exemplos preferidos: Ernest Shackleton, explorador marítimo da Antártica, que se recusou a deixar os companheiros para trás quando a adversidade se abateu sobre eles. Veja se seus atributos podem ser encontrados em pessoas de sua própria comunidade.
- *Convide os amigos de seu filho a integrar um grupo de intervenção social.* Seja uma "maratona de assistência" aos necessitados, um mutirão de limpeza do parque ou alguma outra causa que já seja promovida na família, ajude seu filho a expandir a própria capacidade de liderança no convívio com os amigos.
- *Dê a seu filho a oportunidade de influenciar positivamente o meio em que vive.* Talvez você tenha um parente que, na infância, ajudou a família trabalhando num período de vacas magras. Ou talvez se lembre com orgulho de um episódio em que, na juventude, tomou a iniciativa de ajudar alguém. Dê a seu filho a oportunidade de ajudar a família num momento de crise ou contribuir para a vida comunitária com alguma idéia brilhante.
- *Expresse seu orgulho por ele.* Quando seu filho assumir um papel de liderança e se doar aos outros, não deixe de lhe mostrar como ficou orgulhoso. Para a maioria dos meninos, é incalculável a importância da aprovação

de um dos pais no encaminhamento da auto-imagem. Quando a oportunidade se apresentar, mostre-se generoso em sua aprovação.

Fora de casa

Os sonhos que alimentamos para nossos filhos formam-se na névoa de nossa própria infância. Empenhados em ser bons pais, tentamos proporcionar aquilo que nos faltou, reproduzir o que valorizamos e reduzir tudo aquilo que lamentamos ou de que nos ressentimos em nossa própria juventude. Não podemos deixar de tomar nossa infância como referência na maneira como criamos nossos filhos, mas devemos distinguir entre nossas próprias necessidades e as deles ao assegurar a orientação moral, o apoio e os ensinamentos de que necessitam. Cada menino precisará de algo ligeiramente diferente de seu irmão ou amigo, dependendo de sua natureza.

Como se tudo isso já não fosse suficientemente complexo, também devemos encarar as situações que se apresentam no mundo fora de casa — a sociedade à qual estamos integrando nossos meninos. Para a maioria das crianças, a escola é o primeiro passo na direção de se movimentar de modo independente na sociedade. Como pais, sabemos que a escola é, em certa medida, um microcosmo da cultura como um todo. A escola cobre todo o período da meninice e a maior parte da adolescência. A capacidade de seu filho se sentir integrado na escola e enfrentar os desafios sociais inerentes à passagem de uma série a outra contribui, em grande medida, para a maneira como ele vê a si mesmo. Mas assim como sua própria infância representa um mapa incompleto para criar um menino, suas recordações escolares podem não ter muito a ver com as realidades sociais por ele encontradas. Que impacto terá a escola na comunicação e no desenvolvimento social de seu filho? A seguir, exploraremos diferentes maneiras como você pode trabalhar junto à escola em termos práticos para atender aos interesses de seu filho.

10

Trabalhe com a escola

■ ■ ■

A maioria dos meninos freqüenta a escola por pelo menos 12 anos depois do jardim-de-infância. Doze anos é muito tempo para qualquer coisa; como esses 12 anos cobrem um período de intenso desenvolvimento pessoal, de criança pequena a jovem adulto, seu impacto é enorme. A escola provavelmente servirá de introdução e referência para seu filho no que diz respeito à vida comunitária. Nos capítulos anteriores, abordamos sucintamente a maneira como a escola influencia o desenvolvimento social de seu filho. Aqui, examinaremos as oportunidades e desafios do trabalho junto às escolas para fomentar as capacitações sociais e de comunicação de seu filho.

O ambiente escolar

Não é raro que meninos que se mostram relativamente bem ajustados em casa, sentindo-se igualmente à vontade quando brincam com crianças da vizinhança, enfrentem desafios nitidamente muito maiores quando se trata da escola. Esquecemos com facilidade como o ambiente escolar é diferente da casa ou da vizinhança; embora a escola possa representar um oásis de ordem, rotina e segurança para certas crianças, para a maioria significa certo desafio, pelo menos no início. Uma das coisas que mais chamam a atenção numa escola é a quantidade de energia que flui e vibra nas salas e corredores. As crianças mais tímidas ou retraídas podem facilmente sentir-se intimidadas. Dependendo de variantes como o ambiente e suas próprias personalidades, os meninos de tendências raivosas ou agressivas podem se beneficiar da estrutura proporcionada pela escola e ver suas energias canalizadas de maneira positiva. Inversamente, seus piores impulsos podem ser ativados pelo desejo de competir num espaço mais amplo, com o estímulo ou a convivência dos colegas. Os meninos com deficiências de aprendizado podem enfrentar particular dificuldade com a agitação e as exigências do ambiente escolar. Até mesmo a presença pura e simples de muitos colegas e o volume e o ritmo das atividades podem ser motivo de nervosismo, confusão e, às vezes, até desânimo. Desenvolver um sentimento de confiança e integração numa situação tão dinâmica certamente será um problema para certos meninos. Os meninos de poucas palavras se mostram particularmente vulneráveis a reações de estresse, recuo ou confusão perante esses desafios, pois têm dificuldade para abrir caminho nas soluções básicas a que as crianças costumam recorrer para entender e se posicionar no ambiente escolar: as capacitações de comunicação social.

A maior parte da interação com os iguais ocorre na escola, numa escala que não costuma ser reproduzida fora da sala de aula. Na escola, torna-se necessário um acentuado grau de socialização, contemplando a aceitação de regras e a capacidade de entender as necessidades do bem comum. A escola é também o lugar onde muitas crianças têm pela primeira vez a experiência de ser julgadas pelos outros; a objetividade desse julgamento pode ser questionada, mas é raro o reconhecimento do *sentimento* de estar sendo julgado. Para certas crianças, será a primeira vez em que estarão sendo solicitadas a reconhecer que suas necessidades individuais nem sempre podem prevalecer sobre as necessidades do grupo. Elas passam a entender que integram um todo e que não poderão contar, da parte dos professores, com a condescendência demonstrada pelos pais em casa. Quando o aprendizado é fácil e a escola, divertida, todos esses fatos talvez não criem uma barreira emocional significativa para o menino. No entanto, quando o aprendizado é mais difícil e a integração social não ocorre automaticamente na escola, o ambiente pode parecer intimidante ou hostil.

Se você estiver preocupado com a capacidade de seu filho de enfrentar essas dificuldades sociais, faça o possível para passar algum tempo na escola, sentindo o ambiente, a fim de entender as dinâmicas sociais a que talvez os professores ou mesmo seu filho venham a fazer referência. Eis algumas das questões "globais" que merecem ser examinadas:

- Na linha contínua que vai do caos à ordem unida, qual o estilo ou grau de organização da escola?

Trabalhe com a escola ■ 281

- Como o sentido comunitário é desenvolvido na escola? São muitas as maneiras de "sentir-se integrado"?
- De que maneira a escola ajuda as crianças a se "socializar" em relação às regras e expectativas da classe?

Sua análise dessas questões não se deve centrar tanto na busca de uma resposta "certa", mas na tentativa de entender a personalidade da escola de seu filho. Entender a maneira como ela funciona o ajudará a treiná-lo para ter êxito nesse contexto. Lembre-se de que a vida está cheia de situações às quais devemos nos adaptar; freqüentar uma escola é uma importante introdução a essa realidade.

Tamanhos diferentes

O tamanho do grupo desejável para a integração difere de uma criança para outra. Enquanto umas podem sair-se excepcionalmente bem em grupos pequenos ou num relacionamento individual, outras se sentem melhor em grupos maiores. A atenção mais centrada dos grupos pequenos pode levar certos meninos a se sentir inibidos na comunicação. Ao sentir que o foco da atenção está diretamente voltado em sua direção, eles muitas vezes recuam ou se protegem com algum tipo de camuflagem. Mas o professor que percebe as necessidades especiais de um menino inibido poderá integrá-lo no grupo e também usar essa atenção mais focada para propiciar sua auto-expressão. Uma escola ou uma sala de aula com maior quantidade de alunos pode parecer muito agitada para estimular o foco social e a comunicação.

■ ■ ■

Entender o temperamento de seu filho e os tipos de ambiente de que gosta pode ajudá-lo a prever ou entender quais situações, na escola, poderão estimulá-lo em seu desenvolvimento. Numa festa de aniversário, seu filho já vai entrando com um sorriso no rosto ou precisa ser estimulado a dar os primeiros passos? No correr da festa, integra-se bem nas brincadeiras ou apresenta desvios de comportamento por estar muito excitado? Seu filho adolescente prefere uma festa ao ar livre com vinte amigos ou caminhar com um ou dois companheiros apenas? Atente para suas experiências na creche, na educação religiosa ou nas atividades recreativas que envolvem a companhia de outras crianças. Ele gosta de atividades em pequenos grupos ou de se misturar na confusão? Observe particularmente se seu estado de ânimo ou seu nível de desempenho varia em grupos pequenos ou grandes. O que você e as pessoas encarregadas de sua instrução puderam observar?

282 ■ COMO INFLUIR DE MANEIRA DURADOURA

Mas certos meninos gostam da diversidade, da multiplicidade de recursos e da intensidade de energia de uma escola maior. Uma escola maior também pode proporcionar maior quantidade de nichos em que seu filho pode vir a encontrar o sucesso.

Em grupos maiores, os meninos podem sentir-se perdidos numa multidão e, por isso, ansiosos. O súbito contato com situações de grande competição pode despertar o que há de pior em meninos muito afirmativos e habituados a comandar, seja em casa ou na vizinhança. Alguns ficam emburrados, enquanto outros aumentam sua assertividade de modo agressivo, na tentativa de ser notados. Os meninos tímidos ou retraídos podem desistir antes mesmo de tentar ou desenvolver maneiras pouco saudáveis de enfrentar o estresse da situação. Toby, de 11 anos, foi transferido de uma pequena escola local para uma escola pública maior quando seus pais se mudaram. "Ele sempre estava envolvido de alguma forma com a escola", explicou o pai, "e as irmãs contribuíram muito para tirá-lo da casca. Depois da transferência, contudo, suas notas caíram bastante. Quando conversamos com a professora, ela disse que Toby simplesmente fica olhando para longe e parece sair de cena. Depois de muitas tentativas de adivinhar e fazê-lo dizer alguma coisa, descobrimos que ele havia construído uma fantasia em que era um alienígena que tinha de se integrar aos outros. Acho que ele não tinha a menor idéia de como enfrentar a situação, de modo que simplesmente se fechou e se retirou para seu mundo de faz-de-conta, no qual podia sentir-se importante e especial." Os pais de Toby conseguiram transferi-lo para uma escola menor no ano seguinte. "Pesamos os riscos de uma nova transição em comparação com os benefícios de uma classe menor. A escola em que ele estava era excelente, e gostávamos muito de sua professora, mas não era um bom arranjo para o Toby."

Tente sentir o grau de adaptação de seu filho a diferentes tipos e tamanhos de grupos antes de ele começar na escola. As reuniões entre pais e professores geralmente começam a se realizar quando já iniciado o ano escolar, e, portanto, pode ser interessante conversar com o professor de seu filho antes do início do ano letivo, caso você tenha algum motivo de preocupação. Deanna, mãe de Harding, de 6 anos, tomou esta decisão: "Eu disse à nova professora que ele tende a ser tímido inicialmente e que, quanto mais o estimulamos a se integrar, mais teimoso e retraído ele se mostra. Ele se sente um pouco nervoso em situações novas e não gosta quando se sente cobrado. Em casa, descobrimos que, quando o ignoramos um pouco, ele abranda esse tipo de reação, e nós conseguimos, como quem não quer nada, trazê-lo à conversa, quase como se não estivéssemos percebendo que ele está participando. Ele parece esses gatos que não sentam no colo quando chamamos, mas logo se aproximam quando os ignoramos. Foi assim, inclusive, que eu expliquei a situação à professora, e ela sorriu, concordando com a cabeça, de modo que acho que ela entende meninos como Harding."

A colaboração dos professores

Embora possamos contar com nossas próprias observações e avaliações para ajudar os meninos a se mostrarem à altura de seu potencial social, não devemos subestimar a capacidade dos professores de atuar como nossos colaboradores nesse processo. Embora ninguém provavelmente conheça seu filho melhor do que você, o fato é que o professor o observa numa situação em que você raramente tem oportunidade de vê-lo (a sala de aula), além de ter um relacionamento diferente com ele. Assim, com mais um par de olhos, pode ser testada qualquer hipótese que você venha a ter sobre sua natureza ou suas capacidades. Brent, de 9 anos, era, segundo seus pais, "um verdadeiro terror" — rebelde, destrutivo e impertinente. Mas se saía bem na escola e falava muito do professor. Disse a mãe: "Eu mal podia esperar pela reunião de pais e professores. Perguntei, então, ao professor: 'Ele se comporta com você? Como consegue?', e ele respondeu que Brent era muito inteligente, gostava de tomar decisões e precisava de ocupação." Revelou-se, então, que o professor confiara a Brent a tarefa de moderador da classe, ajudando a resolver disputas que surgiam entre os colegas. "Percebemos que em casa Brent não tinha muitas oportunidades de liderança ou responsabilidade, mas, quando começamos a atribuir-lhe tarefas, ele passou a se mostrar mais feliz e cooperativo. Simplesmente nunca me havia ocorrido que ele queria se ocupar!" Não faltam nas escolas informações e talentos quando se trata de ajudar os meninos a alcançar eficiência em matéria de comunicação social. O feedback que está ao alcance dos pais na escola é capaz de economizar meses, senão anos, na compreensão dos desafios enfrentados por uma criança.

■ ■ ■
Se você tem um filho pequeno...
Pergunte a seu professor com quais crianças ele se dá melhor e convide-as para sua casa ou para fazer um passeio. Observá-lo em companhia dos amiguinhos lhe permitirá descobrir com quem seu filho se sente emocionalmente seguro e quais as características dos outros que suscitam reações nele. Talvez você precise mostrar-se mais discreto com seu filho adolescente, mas poderá fazer observações semelhantes se eventualmente andar com ele e os amigos no carro e tornar sua casa acolhedora, como um espaço para reuniões, lanches e um sistema de som.

284 ■ COMO INFLUIR DE MANEIRA DURADOURA

Uma das grandes vantagens da comunidade escolar é que ela oferece um lugar para que seu filho conquiste status e realizações à margem das situações acadêmicas. George Bartlett, diretor da Escola de South Kent, Connecticut, entre 1969 e 1989, costumava pedir aos alunos que participassem da manutenção do campus. O envolvimento nessas tarefas de utilidade comum "tornava-os importantes para a comunidade e contribuía para a formação de uma identidade própria". Chuck Canfield, professor de educação especial durante 15 anos e professor da quarta série durante dez anos no sistema educacional de Allentown, Pensilvânia, afirma: "Às vezes, eu ponho os meninos [da quarta série] em posições de certa importância, como fazer a chamada ou levar mensagens... existem muitas maneiras de fazê-los se sentirem importantes." Os meninos adoram ação e liderança, e um professor experiente não deixará de lhes dar oportunidades nos dois sentidos.

O professor certo

Determinado ano na escola pode ser muito diferente do outro. Quantas vezes não conversei com pais convencidos da "falta de habilidade" de seu filho, para constatar no ano seguinte que o professor certo — bem adaptado às necessidades do menino — é capaz de mostrar que o diagnóstico estava errado. Embora nem mesmo o melhor dos professores possa representar tudo para todas as crianças, um bom professor é capaz de extrair o melhor na maioria dos casos. Os professores que se entregam ao trabalho com paixão, envolvimento e percepção são verdadeiros tesouros. (Se nossa sociedade quiser promover uma variedade de exemplos a serem seguidos pelos jovens, precisamos reconhecer publicamente o talento e as realizações dos professores e profissionais correlatos, para contrabalançar a ênfase que costuma ser dada aos esportes e ao entretenimento. Queiramos ou não, nossos filhos serão atraídos pelos exemplos mais celebrados em nossa sociedade.) Se seu filho tem a sorte de ter um professor assim, aproveite a oportunidade de colaborar com ele ou ela para extrair o melhor de seu menino. George Bartlett falava da constante busca de professores que fossem capazes disso. "Não se trata apenas de pessoas que gostem de crianças: todas gostam de seus próprios filhos. O que é preciso é que gostem dos filhos de *outras* pessoas." Será que todos os professores de seu filho têm essa capacidade? Provavelmente não, mas em toda escola há professores dotados da sabedoria e da empatia necessárias para modelar de forma positiva o desenvolvimento social de seu filho. Participe ativamente de sua educação, converse com outros pais e visite a escola. Você poderá descobrir quais professores se destacam e

> ■ ■ ■
>
> Aprecie o que tem.
>
> Se o professor de seu filho não é o mais adequado para ele, mas as circunstâncias o impedem de transferi-lo, está na hora de se tornar criativo.
>
> - Tente, tente e tente de novo formar uma aliança positiva com o professor. Ainda que não concorde com seus métodos, e mesmo que ele não tenha uma "química" certa com o menino, mantenha abertas as linhas de comunicação.
> - Consiga apoio de outros profissionais da escola, como os conselheiros pedagógicos, ajudantes, treinadores ou o diretor. Se estiverem cientes dos desafios enfrentados por seu filho, eles poderão fazer muito para compensar uma vivência em sala de aula que não seja ideal.
> - Seja parceiro de seu filho. Reconheça as limitações da situação vivenciada por ele e mostre que também está envolvido e que o apóia. "Sei que a Sra. Smith é muito rígida, mas vamos pensar em algumas maneiras de lidar com ela", ou então "É uma pena que o Sr. Jones o ignore, mas não quero que você se comporte mal para atrair a atenção dele, e insisto em que continue levantando a mão. E também que se lembre dos temas tratados em classe, para que possamos conversar a respeito quando voltar para casa. Você terá muito a me ensinar!"

aumentar suas chances de encontrar os que melhor se adaptarão a seu filho. A Dra. Sue Straeter, diretora assistente da Escola Hillside, estabelecimento particular para crianças com deficiências de aprendizado no leste da Pensilvânia, considera que os pais realmente empenhados "precisam participar de reuniões, observar o filho em sala de aula, fazer as perguntas certas e ler os boletins diários enviados pelos professores".

Isso se aplica especialmente quando seu filho enfrenta desafios de aprendizado ou problemas afins de neurodesenvolvimento. Quando seu filho já começa em posição de desvantagem, é ainda mais importante ser seletivo na escolha dos professores. Não parta do princípio de que todo professor terá treinamento, motivação e recursos necessários para ajudar seu filho a enfrentar suas dificuldades. Edward, pai de um menino da sexta série cujas notas começaram a cair vertiginosamente, encontrara o professor. "Ed Jr. apresentou certas disfunções de aprendizado, que, no entanto, não são graves, de modo que ele pode continuar numa turma comum. Três vezes por semana ele tem aulas extracurriculares de reforço para a leitura. O professor é um cara legal, está na escola há anos, todo mundo gosta dele. Mas considera que os meninos com problemas especiais de aprendizado precisam de

286 ■ COMO INFLUIR DE MANEIRA DURADOURA

um estímulo extra e de uma atitude positiva para seguir em frente. Ficava dizendo a Eddie coisas do tipo "Se você prestar atenção, vai conseguir se sair melhor" ou "Embora não seja propriamente divertido, às vezes precisamos trabalhar duro". Eu concordo em termos gerais, mas o Eddie ficava envergonhado e frustrado com essas exortações. Eddie estava tentando dar o melhor de si, mas não achava que seus esforços fossem devidamente levados em conta, de modo que parou de se esforçar tanto. Acabamos decidindo que seria melhor para ele mudar de professor, e pedimos à escola que o transferisse para outra turma. A nova professora não tem a mesma experiência, mas parece funcionar melhor com ele. E estamos satisfeitos com a mudança de atitude dele."

Reuniões de pais e professores

Qualquer que seja o objetivo da reunião — desde as consultas preliminares ao início do ano letivo até as reuniões periódicas ou especiais —, é bom se preparar estrategicamente para o contato com o professor de seu filho. O professor provavelmente terá oportunidades limitadas de se reunir com você, e você não gostaria de lamentar um dia não se ter lembrado de perguntar sobre questões que considera importantes quando a oportunidade se apresentou. Tome notas sobre as perguntas que gostaria de fazer, digam elas respeito às observações do professor a respeito de seu filho, aos métodos adotados em sala de aula ou à filosofia, ao currículo e às oportunidades educacionais especiais da escola.

A primeira pergunta a ser feita poderia ser: "Em que meu filho se mostra especificamente mais forte?" Um professor inteligente sempre terá algo positivo a dizer sobre seu filho. Na verdade, os melhores professores começarão exatamente por este ponto, sem esperar que você pergunte a respeito. Pode ser uma surpresa agradável para você, ou então confirmar suas próprias observações. De maneira geral, a pergunta e sua resposta servirão de ponto de partida para novas discussões quanto às estratégias capazes de capitalizar esses pontos fortes. Também servirão para facilitar a tarefa do professor (ninguém gosta de ser portador de más notícias!) e acomodar sua reação quando houver no futuro algum feedback negativo. Ainda que discorde da informação recebida, é importante que você a receba. Indagar sobre os pontos fortes de seu filho também o ajudará a perceber a atitude global do professor em relação a ele. Se ele ou ela revelar dificuldade para identificar algum ponto forte, você deverá examinar algumas alternativas. Será que seu filho se mostra tão retraído na classe que o professor não o conhece bem?

Trabalhe com a escola ■ 287

Será que está se comportando mal? Será que o professor é inexperiente ou tem uma perspectiva desinformada sobre o comportamento dos meninos? (Mantenha a mente aberta: você está apenas se aproximando, e, às vezes, uma pessoa que se comunica muito bem com uma turma de crianças não se mostra igualmente eloqüente com os pais.)

Por outro lado, tome nota do que lhe diz o professor de seu filho. Se estiver preocupado com alguma coisa ou precisar de maiores esclarecimentos, não hesite em voltar a procurar o professor ou os membros da administração da escola, de acordo com a necessidade. O importante é alcançar alguma convergência de idéias quanto às necessidades de seu filho e as maneiras de atendê-las. Leslie, cujo filho, Christopher, está na terceira série, tivera uma reunião com o professor para tratar de alguns problemas disciplinares sem gravidade. "O Chris, às vezes, é muito difícil. Em termos curriculares, pode dar conta perfeitamente, mas socialmente ele é imaturo. Tem dificuldade para se articular quando precisa de explicações ou não está satisfeito, e tende a encontrar escapatórias no comportamento, em vez de pedir ajuda. No ano passado, teve um professor fantástico, que tinha um jeito de lidar com ele como se fosse uma discussão de homem para homem. Ele mostrava qual era sua expectativa — dizendo, por exemplo: 'Sei que você pode dar conta disso se o fizer passo a passo, então me avise quando estiver preparado para a próxima etapa' —, e Chris fazia o possível e o impossível para agradá-lo. Este ano, a professora é nova. Ela se esforça muito para firmar autoridade na classe e fixou uma série de regras novas. Quando ele perde o foco durante o trabalho e começa a devanear ou a puxar conversa, ela o castiga em vez de orientá-lo. Embora ela considere que está sendo atenta e estabelecendo padrões altos, Chris se sente perseguido. Não percebe que ela se mostra exigente porque quer o melhor para ele. Antes de nos encontrarmos, ela não se dava conta de que Chris estava reagindo emocionalmente. Mas devo reconhecer o mérito dela ao concordar com um período de teste para que ele se mostre mais cooperativo e mais responsável em seu comportamento na sala de aula."

Um professor que tenha uma atitude positiva e demonstre confiança em seu filho é um poderoso aliado. De maneira geral, exatamente como indicado no caso dos pais, o paradigma na sala de aula deve basear-se mais na recompensa do que na punição. Em muitas escolas, tende-se a assinar contratos (muitas vezes reais) com os alunos ou acompanhar seu comportamento por meio de diagramas. Esses diagramas e outras formas de lembretes visuais podem ser de particular valia no caso de meninos impulsivos ou com problemas de controle executivo, pois fornecem uma orientação visual no que diz respeito ao comportamento positivo. Os diagramas podem ser altamente individualizados: para determinado menino, a meta pode ser "reconhecer e cumprimentar os colegas de classe diariamente", ao passo que, para outro, pode ser "levantar a mão pelo menos três vezes por dia para responder a perguntas". Ao descrever sua filosofia pedagógica, George Bartlett dizia: "Muitos professores começam a contagem em 100 e daí vão subtraindo. Pois eu começo do 0 e vou somando — é assim que os pais deveriam pensar a respeito dos filhos. Dar ultimatos não funciona. É preciso mostrar às crianças que as respeitamos. [Quando a garotada se comporta bem] alguém precisa registrar, e alguém precisa *mostrar* que ficou registrado." Concordo enfaticamente com essa perspectiva. Como corolário disso, quando trabalho com as escolas para promover mudanças comportamentais, enfatizo que devemos nos preocupar muito mais em recompensar os meninos pelo que fazem certo do que em puni-los pelo que fazem de errado. Infelizmente, com as melhores intenções, certos professores solapam seus próprios esforços criando um sistema em que a criança começa o dia com X pontos e os vai perdendo a cada infração comportamental. *Não é uma abordagem eficaz para ensinar comportamentos positivos.* Em vez disso, devemos estimular a criatividade e encorajar as crianças a concentrar a atenção na aquisição de pontos positivos. Com isso, estaremos estabelecendo o paradigma da proficiência e da realização e as recompensas psicológicas positivas que motivam os meninos. Os meninos são muito menos motivados pela necessidade de proteger o que já têm do que pela idéia de obter maior reconhecimento. Você mesmo não se sente muito mais motivado a trabalhar por um aumento salarial do que pela manutenção do atual?

Quando você começa a achar que seu filho não está sendo bem entendido ou quando se dá conta de uma real falta de sintonia filosófica com o professor dele, é porque já está na hora de estudar alternativas. Se seu filho estiver se consultando com um psicólogo ou um terapeuta da fala e da linguagem, não hesite em perguntar se ele ou ela pode ser convidado(a) a participar das reuniões de pais e professores, se for do interesse de seu filho. Muitas vezes, quando há problemas a serem resolvidos, é vantajoso ter mais pessoas buscando idéias juntas numa reunião. Um dos motivos é que a *conceitualização* do que está acontecendo com seu filho terá enorme influência no tipo de intervenção a ser adotado. É importante aumentar as chances de percepção correta no momento de conceitualização do problema. Às vezes, as intervenções são decididas a partir de uma *pressuposição* a respeito do menino. Certifique-se de que você e os professores de seu filho tenham uma percepção sólida e um bom nível de concordância a respeito do que está acontecendo com ele antes de tomar qualquer decisão. Afinal de contas, se o diagnóstico for equivocado, suas intervenções estarão fadadas ao fracasso!

Durante uma teleconferência no início do ano escolar, eu conversava com vários professores, um conselheiro pedagógico, o diretor da escola e os pais de Russell, de 11 anos, sobre a melhor maneira de ajudá-lo na integração social em sua nova escola. Sua dificuldade na integração com os colegas havia levado a uma escalada de incidentes de mau comportamento. Russell dissera-me que se sentia "menosprezado" pelos outros meninos, mas não sabia explicar por que eles se comportavam assim. Disse-me ele: "Não vou mais permitir isso. Não me importa o que pode acontecer." Ele fora matriculado na nova escola em meados do ano anterior, e imediatamente encontrou problemas de adaptação. Russell e seus pais acreditavam que, com o início de um novo ano, ele seria mais facilmente assimilado no fluxo da vida escolar. Mas em nossa conferência surgiram algumas observações interessantes. Uma das professoras observou que Russell raramente fazia alguma tentativa positiva de interagir com os colegas. Disse também que o problema não era tanto que os outros alunos não gostassem dele, mas que simplesmente não sabiam qual era a dele. E explicou que os comentários de Russell freqüentemente eram "deslocados". Embora tivesse excelente vocabulário, ele muitas vezes falava como se estivesse acima dos colegas, o que contribuía para aliená-los. Ao ouvir as observações dessa professora, outros participantes da reunião deram-se conta de que haviam percebido um fenômeno social semelhante nas interações de Russell. Em conseqüência, nosso debate passou a centrar-se na necessidade de ensinar a Russell as habilidades verbais necessárias para ser aceito pelos outros alunos e de orientá-lo no sentido de treinar regularmente essas habilidades.

Quando surgir a necessidade de intervenções na escola, uma das estratégias mais eficazes é planejar um novo encontro, ao final do primeiro, para o acompanhamento dos resultados. Numa escola muito movimentada, as melhores intenções podem "escoar pelo ralo" ante o surgimento cotidiano de novas situações!

A escola certa

Se você pode escolher a escola que será freqüentada por seu filho, certamente levará em consideração uma série de fatores: rigor acadêmico, atividades extracurriculares, custo, transporte, número de alunos em classe, práticas e filosofia de ensino, para citar apenas alguns. Não esqueça de levar em conta a maneira como esses fatores influenciarão a capacidade de comunicação e o desenvolvimento social do menino. Marybeth e Tom matricularam am-

290 ■ COMO INFLUIR DE MANEIRA DURADOURA

bos os filhos na academia militar que fora freqüentada pelo pai. Acharam que a agressividade do mais velho seria canalizada de maneira mais positiva num ambiente fortemente estruturado, mas quem se beneficiou realmente foi o menor, ao superar sua timidez e se mostrar muito mais articulado e confiante.

> ■ ■ ■
> As pesquisas indicam que uma das melhores maneiras de assegurar o êxito acadêmico de um menino é a participação *do pai* na associação de pais e professores de sua escola.

O mais velho acabaria se adaptando melhor numa escola mista menor, de obediência quaker*, em que a colaboração era fortemente enfatizada, em detrimento da competição.

Já vimos que o tamanho da turma e da escola pode influenciar o desenvolvimento de seu filho. Eis alguns outros pontos a considerar:

- *Só meninos ou escola mista?* Embora seja menor hoje em dia o número de escolas só para meninos nos Estados Unidos, as que ainda restam costumam ser muito eficazes na motivação e na formação. Os pais, às vezes, constatam que seus filhos gostam de ser considerados o foco principal na sala de aula, e não motivo de perturbação! Os meninos muito inibidos ou passíveis de desatenção na presença de meninas podem ter muito a ganhar com essa oportunidade de concentrar a atenção nos estudos e ver os reflexos desse êxito em sua capacitação social e de comunicação. Inversamente, certos pais percebem que os filhos são igualmente bem atendidos ou melhor ainda num ambiente escolar misto que reflita o mundo lá fora.
- *Apoio social.* A escola oferece um ambiente e políticas educacionais que sirvam de apoio a uma capacitação saudável dos meninos para a comunicação? Oferecem programas de proteção contra a intimidação por parte de colegas, aconselhamento e solução de disputas?
- *O talento de cada um.* Certas escolas ganham fama de excelência em determinadas áreas, em detrimento de outras. Quando uma escola é conhecida por levar seus alunos às melhores universidades ou por um time de futebol invicto, cabe perguntar se também oferece oportunidades e recursos para os meninos que buscam outros tipos de realização.

---

* **Quaker** é o nome dado ao membro de um grupo religioso de tradição protestante criado em 1652, pelo inglês George Fox, em retaliação aos abusos da Igreja Anglicana. Os membros desta sociedade sempre pregaram a prática ativa do pacifismo, da solidariedade e da filantropia. Até hoje existem instituições de ensino que mantêm a tradicional educação Quaker, que enfatiza o respeito mútuo entre os alunos e a participação na escola, permitindo que eles dividam, inclusive, a responsabilidade do funcionamento da escola.

Trabalhe com a escola ■ 291

- *Comunicação expressiva e artes da linguagem.* A escola valoriza o desenvolvimento de um alto grau de capacitação para a comunicação? As artes da linguagem e da leitura são enfatizadas? Podem ser considerados aceitáveis os níveis de realização dos alunos nessas áreas? O jornal da escola, o anuário, as aulas de teatro e o programa do diretório acadêmico contam com o devido apoio?

Essas perguntas podem ser respondidas em reuniões com a administração, os conselhos pedagógicos e os professores. Se seu filho freqüenta uma escola pública, envolva-se ativamente na associação de pais e professores. Separe o tempo necessário para se reunir com os professores dele e entender sua filosofia pedagógica e o que pensam sobre os desafios específicos por ele enfrentados. Se a escola não atende a seus pedidos de informação — por mais "exclusivos" que sejam —, tome cuidado. Os pais não podem contar apenas com respostas genéricas para colaborar de maneira efetiva na educação do filho.

Educação especial para o aprendizado social

Entre as muitas alternativas que se oferecem aos pais na hora de escolher uma escola, as menos conhecidas talvez sejam as que atendem às necessidades das crianças com problemas específicos de aprendizado. A educação especial não se limita às crianças com disfunções de desenvolvimento; existem, por exemplo, escolas para alunos altamente dotados mas que apresentam deficiências de aprendizado. Se você acha que seu filho encontra problemas para se adaptar à escola, considere outras possibilidades em sua região que se encaixem em seu orçamento. (Muitas vezes achamos que o custo do ensino privado não está a nosso alcance; vale a pena investigar bolsas e empréstimos para a educação no nível elementar e no secundário, se for necessário para que seu filho realmente tenha uma educação de qualidade.) Na Internet é possível encontrar informações sobre escolas em praticamente todas as regiões do país; provavelmente também haverá guias e catálogos na biblioteca de sua área. Conselheiros particulares sobre questões acadêmicas também podem ajudar, embora, naturalmente, cobrem por seus serviços. A maioria das escolas particulares estará de portas abertas para mostrar-lhe suas instalações e marcar uma reunião com a equipe, em que você poderá ser informado sobre o currículo adotado e as maneiras como atendem às necessidades de crianças com desafios de aprendizado social.

Conseguir a avaliação necessária em caso de deficiência de aprendizado

Avaliação é uma expressão genérica que pode ter sentidos diferentes para pessoas diferentes. Pode abarcar desde uma avaliação feita por um professor experiente com base na observação até uma estimativa formal por um neuropsicólogo pediátrico especializado em disfunções do aprendizado. Seja qual for o tipo de avaliação, é importante que ela seja feita. Esse processo assinala o início de suas tentativas de se mostrar mais analítico em relação às necessidades de seu filho, dando início também ao processo de ativação das intervenções consideradas necessárias. Sue Straeter considera que as avaliações de disfunções do aprendizado freqüentemente identificam formas de comprometimento social cujo diagnóstico pode ajudar a escola a tomar as primeiras medidas necessárias no caso de uma criança com necessidades especiais. Ela observa que, valendo-se dos resultados da avaliação, as escolas particulares em que são oferecidos cuidados terapêuticos podem fazer aos pais sugestões que os professores de uma escola pública hesitariam em fazer.

Praticamente todas as escolas contam com os serviços de algum profissional que complete a avaliação formal de crianças com disfunções de aprendizado e/ou dificuldades de adaptação emocional. Geralmente, são psicólogos muito experientes na avaliação das capacidades e conquistas de uma criança e capazes de oferecer novas percepções a respeito de problemas comportamentais que interferem no aprendizado, especialmente o DHDA. Os pais de crianças que freqüentam escolas públicas nos Estados Unidos têm o direito de solicitar uma avaliação para eventual intervenção educacional especializada. Esse tipo de intervenção é chamado de *plano educativo individualizado*, ou PEI. O PEI identifica objetivos específicos que terão de ser perseguidos pela equipe da escola de seu filho para remediar o problema. Além disso, a escola estabelece como poderá avaliar os progressos na busca dessas metas e geralmente fixa um prazo para a avaliação desses progressos. Como o PEI configura um tipo de intervenção altamente formalizado, oferece vantagens consideráveis. Muitas vezes, os pais gostam de recorrer ao PEI porque sabem que receberão regularmente o feedback das escolas sobre o progresso de seus filhos. Às vezes, as escolas hesitam em reconhecer que um aluno pode precisar de um PEI porque as crianças mudam muito de um ano para outro e até mesmo num mesmo ano escolar. A primeira reação da escola pode ser assumir uma atitude de "esperar para ver", promovendo pequenas modificações na esperança de resolver o problema. Mas, infelizmente, certas escolas também hesitam em promover um PEI porque significa mais trabalho para os professores e o pessoal correlato, e eles talvez simplesmente careçam dos recursos necessários. Os professores se acostumaram a ter em classe muitas crianças com PEIs. Embora certamente seja desejável proporcionar a cada criança a educação ideal para seus problemas específicos, podemos imaginar como é difícil ensinar a trinta alunos, metade deles podendo apresentar alguma necessidade educacional especial. Como poderia um professor acompanhar diariamente todas essas necessidades na prática?

Por outro lado, as crianças hoje certamente parecem menos preparadas para acompanhar as aulas. Ao discutir as mudanças que tem constatado nos alunos ao longo dos últimos 26 anos e as maneiras que encontra para tornar suas aulas interessantes, o educador Chuck Canfield afirma: "Nós temos de enfrentar a concorrência dos jogos eletrônicos. As crianças têm mais dificuldade de concentrar a atenção, é mais difícil despertar-lhe o interesse... Eu preciso ser um verdadeiro ator!" Os professores preparados para enfrentar esses desafios — fazendo malabarismos com as diferentes necessidades dos alunos e ao mesmo tempo tentando interessar crianças cada vez mais excitadas e desatentas — são os verdadeiros heróis de nossa época. Raramente reconhecemos o extraordinário talento necessário para os professores que prestam esse valiosíssimo serviço e enfrentam com galhardia os crescentes e complexos desafios do neurodesenvolvimento das crianças, especialmente meninos.

Como vimos no Capítulo 7, as deficiências de aprendizado social são, às vezes, relegadas em benefício de disfunções de aprendizado mais específicas, envolvendo habilidades de leitura ou nas matemáticas. Todavia, as deficiências de aprendizado social podem redundar em déficits que comprometerão a capacidade do menino de concretizar seu potencial na idade adulta. Pode ser difícil intervir, mas é fundamental. Sue Straeter concorda: "Os problemas de aprendizado exigem uma preparação dos pais pelo resto da vida [...] ajudar as crianças é uma tarefa muito difícil."

As disfunções não-verbais de aprendizado e os problemas de aprendizado social podem ter um forte impacto no desenvolvimento dos meninos. Se seu filho enfrenta esse tipo de problema, não hesite em expor suas necessidades na escola, solicitando inclusive um plano detalhado para estimular esses aspectos do seu autodesenvolvimento social. Podem ser necessárias várias sessões por semana com um terapeuta da fala e da linguagem, capaz de oferecer assistência em termos de comunicação pragmática, ou então ele pode ser encaminhado a um especialista em leitura, para melhorar sua apreciação dos textos e, conseqüentemente, aumentar sua compreensão da linguagem

294 ■ COMO INFLUIR DE MANEIRA DURADOURA

expressiva. Quanto mais cedo for identificada a necessidade de intervenção, melhor para a criança.

A caminho do aeroporto de Atlanta, depois de dar uma palestra sobre o desenvolvimento social dos meninos, eu estava conversando com um motorista de táxi curioso com os detalhes de minha palestra. Depois de ouvir com atenção, ele contou sua história: "Quando eu estava na escola, ninguém ouvia falar de disfunções, como se diz atualmente. Mas, quando saí da escola, percebi que alguma coisa estava errada. Eu não aprendi todas as coisas que devia ter aprendido. Aqui neste táxi, já conversei com muita gente, e acho que finalmente consegui entender o que estão querendo dizer. Acho que sei que linguagem estão falando, e isso fez uma diferença enorme." Nossos filhos precisam de nossos cuidados e atenção, e, quando for o caso, de nossa interferência para receber a ajuda necessária nas primeiras etapas da escolarização. Por mais difícil que seja constatar a existência de uma deficiência de aprendizado, seria realmente trágico só descobrir muito depois de passado o momento ideal para intervir.

Haverá momentos em que a escola de seu filho, não obstante os melhores esforços, não será capaz de proporcionar a avaliação detalhada de que ele pode precisar. Se isso acontecer, será importante encontrar um psicólogo capaz de levar a efeito os testes necessários, que envolvam uma avaliação das habilidades de linguagem, da capacidade de percepção social e de quaisquer outros problemas correlatos de aprendizado enfrentados por seu filho. Examinaremos no próximo capítulo o que pode ser necessário nesse tipo de avaliação. Por enquanto, encare a avaliação como uma espécie de guia, destinado a dar orientações sobre o caminho a ser percorrido, o que acontecerá no percurso e o eventual ponto de chegada.

Como os sistemas educacionais variam muito, você terá de pesquisar como conseguir um tratamento especial nas escolas. Poderá encontrar ajuda sobre os primeiros passos a serem dados na associação de pais e professores, no comitê educacional comunitário ou nos organismos oficiais que tratam das deficiências de aprendizado.

Em busca do sucesso na sala de aula

Os meninos enfrentam todo tipo de desafios de comunicação, e até mesmo os problemas que já foram diagnosticados podem ser expressos de maneiras diferentes, refletindo o caráter pessoal e intransferível da mente e da personalidade de seu filho. Vejamos, por exemplo, dois meninos considerados portadores de "déficit de comunicação pragmática": um deles constante-

Trabalhe com a escola ■ 295

mente interpreta de maneira equivocada as intenções dos outros e, em conseqüência, se equivoca sobre os sentimentos e pensamentos dos colegas a seu respeito, com freqüência sentindo-se desaprovado sem uma razão concreta para isso. O outro se equivoca da mesma maneira ao atribuir idéias e sentimentos aos outros, porém é mais agressivo por natureza e manifesta sua confusão por meio de hostilidade ou de um comportamento socialmente inadequado. Embora o diagnóstico possa ser o mesmo, as intervenções seriam muito diferentes no caso desses dois meninos. É importante mostrar-se flexível e recorrer sempre que possível à criatividade e à colaboração das pessoas envolvidas. Do ponto de vista dessa flexibilidade, identifiquei cinco estratégias básicas que se revelam úteis na orientação para que esses meninos melhorem seus níveis de comunicação social.

1. Quando um menino enfrenta problemas de comunicação social, às vezes esquecemos de discutir a questão com a pessoa mais importante: ele próprio. Explique de maneira clara e com os necessários detalhes quais são suas expectativas: "Quero que me olhe nos olhos e responda a minhas perguntas amigavelmente" ou "Gostaria de ajudá-lo a me dizer o que o está incomodando antes que você perca o controle". Só quando deixar bem claras suas expectativas, você terá dado ao menino a oportunidade de obter sua aprovação.

2. Sempre que possível, providencie alguma referência de aprendizado visual que ajude o menino a entender o que se espera dele. Uma de minhas intervenções preferidas é pedir à escola que registre em videoteipe o comportamento da criança num dia particularmente bom, para que ela saiba exatamente o que significa "bom". Num menino que possa ver a si mesmo conversando e interagindo tranqüilamente com os colegas fica gravada uma idéia específica sobre a maneira de agir quando receber novas orientações do professor. (Embora esse tipo de intervenção requeira um esforço extra do ponto de vista logístico, pode revelar-se o caminho mais prático para ensinar certas capacitações sociais: uma imagem pode valer mil palavras.)

3. Peça aos professores e outros instrutores orientação constante ao longo do dia na escola. Isso significa cuidar de instruir o menino sobre a dimensão social do que está acontecendo, os tipos de transição que estarão ocorrendo e os desafios específicos que terá de enfrentar nos próximos trinta a sessenta minutos. "Keenan, seu grupo vai votar para escolher quem apresentará seu projeto à turma. Se você for escolhido, aceitará fazer a apresentação?" "Por que não escolhe o Chandler como parceiro, já que o esqueceu da última vez?"

296 ■ COMO INFLUIR DE MANEIRA DURADOURA

4. Mostre-se o mais positivo possível na aprovação dos êxitos de comunicação de seu filho quando ocorrerem. Quando receber um boletim favorável da escola, comunique a seu filho que o professor registrou que ele está fazendo alguma coisa bem. Os meninos adoram sentir-se orgulhosos de suas realizações e receber reconhecimento por alguma coisa digna da aprovação dos adultos. Deixe bem clara sua aprovação, associando-a a outras formas de reconhecimento amoroso, como um tapinha nas costas ou um abraço, quando indicado.

5. Se seu filho tiver passado por um problema e o plano de intervenção acertado em cooperação com a escola não estiver funcionando, mude-o! Não espere um ano inteiro da vida de seu filho para decidir se determinado plano vai dar certo. Não estou sugerindo que você desista se levar tempo para observar alguma mudança — as mudanças substantivas costumam ser graduais, e cabe esperar altos e baixos. Mas se a tendência global não for positiva, ou se não houver qualquer indicação de mudança ao longo de várias semanas, provavelmente será necessário adotar um plano melhor ou uma nova abordagem.

Apresento a seguir algumas intervenções específicas que, centradas na escola, podem ser úteis para seu filho, dependendo da natureza de seu déficit de comunicação. Seria interessante conversar com seu professor sobre a possibilidade de adotar algumas dessas estratégias:

- *Promover a formação de grupos na sala de aula.* Algumas escolas têm programas para ajudar as crianças a interagir, resolver conflitos ou fazer amizade.

- *Atentar para a narração social enquanto os meninos assistem a programas educativos ou interagem com os colegas no playground.* Os professores, às vezes, usam vídeos ou programas de computador concebidos especificamente para fomentar a capacitação para a comunicação social, enquanto outros preferem capitalizar situações que se manifestam na sala de aula para trazer à baila questões relativas à interação com os colegas e à comunicação com os outros.

- *Supervisionar atentamente as brincadeiras no recreio e em outros momentos nos quais os meninos interagem informalmente com os colegas.* Infelizmente, diminui o número de escolas que observam a prática do recreio, em razão de eventuais riscos e queixas. Todavia, dar às crianças o tempo necessário para "liberar a pressão" e conviver informalmente apresenta benefícios sociais consideráveis. Mas as atividades recreativas, as refeições e o trânsito pelos espaços comuns sem supervisão propiciam trocas sociais que podem mostrar-se particularmente prejudiciais aos meninos de poucas palavras, freqüentemente alvo ou sujeitos de atos de provocação ou intimidação.

- *Exemplificar, durante a aula, formas adequadas de comunicação, inclusive com correções da expressão verbal, quando necessário.* Certas escolas oferecem roteiros em matéria de solução de conflitos, solicitação de permissão e partilha.
- *Instalar a criança numa carteira mais à frente da turma para que se mostre mais atenta ao que o professor está dizendo e tenha mais facilidade para se expressar.*
- *Designar entre os colegas um mentor para ajudar em vários tipos de capacitação social, como apresentar-se, fazer novos amigos ou resolver conflitos.*

A passagem de uma série para a outra

Um dos aspectos que mais chamam a atenção no caso dos meninos com aparentes problemas sociais ou de aprendizado é a maneira como as características desses problemas podem mudar de ano para ano. Com a mudança dos grupos de colegas e dos professores, e também com o crescimento, pode ocorrer que um comportamento que constituía problema há apenas seis meses se resolva, ao passo que novos problemas vão surgindo. Por esse motivo, é interessante entender esses problemas no contexto geral do desenvolvimento da criança. De maneira geral, o desenvolvimento implica a convergência de toda uma série de características dentro de parâmetros amplos; o difícil equilíbrio reside em saber se o menino vai superar as expectativas (caso em que não será necessário intervir) ou poderá ser prejudicado pela inação. Às vezes, nos apressamos na identificação de uma síndrome ou "desordem" específica para etiquetar o comportamento de uma criança. Embora possa haver vantagens, na medida em que uma categorização costuma ser exigida para a obtenção de serviços escolares ou do governo, isso também pode criar obstáculos prematuramente para o entendimento psicológico de uma criança. Além disso, essas classificações às vezes estigmatizam os meninos de tal forma que o professor da série seguinte já parte de uma expectativa relativamente baixa em relação às suas potencialidades. Um professor confidenciou-me que tomou a decisão de não examinar os relatórios de avaliação fornecidos aos professores no início do ano escolar até travar conhecimento com as crianças. Embora não seja sua intenção ignorar informações importantes, ele não quer ser levado pelos relatórios a uma expectativa baixa em relação às capacidades de seus alunos.

298 ■ COMO INFLUIR DE MANEIRA DURADOURA

Na década de 1960, realizou-se em San Francisco, sob a direção do Dr. Robert Rosenthal, uma famosa experiência psicológica envolvendo um grupo de professores de nível básico. Eles foram informados de que determinados alunos deveriam apresentar um alto nível de desempenho acadêmico, de acordo com testes psicológicos anteriormente realizados, e de que caberia esperar deles excelentes resultados. Na realidade, esses alunos haviam sido escolhidos aleatoriamente. A experiência revelou que essas crianças efetivamente se saíram bem, não em decorrência de um alto nível de capacitação, mas porque os professores tinham essa expectativa. Esse fenômeno é chamado de "efeito Rosenthal", e ainda hoje tem ressonância entre psicólogos e educadores, pois demonstra que nossas crenças a respeito das pessoas informam a maneira como interagimos com elas em vários níveis. O estudo também demonstrou que as crianças são capazes de detectar nossas percepções e reagem em função delas.

Imagine que você dissesse à professora de seu filho: "Preciso alertá-la, pois foi diagnosticado um DHDA, mas gostaria que observasse meu filho e que depois pudéssemos conversar, para que me diga o que acha a respeito dele antes de levarmos em conta o que diz a avaliação." Imagine agora que você encaminhasse o relatório psicológico sobre seu filho à professora antes que ela o conhecesse, solicitando uma reunião com ela antes do início das aulas para discutir as intervenções a serem feitas em classe. Embora ambas as abordagens possam ser adequadas em diferentes circunstâncias, e mesmo considerando que você tem todo interesse em notificar o professor de seu filho sobre eventuais desafios de aprendizado que ele enfrente, é bom levar em conta a maneira como o momento e o contexto em que essas informações são transmitidas influenciarão a opinião do professor.

Estar atento à interação entre os colegas

Um dos procedimentos mais reveladores do desenvolvimento social de seu filho consiste em observar suas interações com os colegas. Na verdade, a escola pode ser o lugar ideal para avaliar a capacidade de interação interpessoal. Embora em sua maioria os pais não possam estar presentes na escola a qualquer momento, ao se oferecer para atuar como assistente na classe de seu filho, ajudar um assistente do professor ou simplesmente participar de atividades na escola, você poderá descobrir o que ocorre cotidianamente com ele em termos sociais. Relatava-nos um pai: "Eu estava ajudando numa rifa da escola. Um dos pais estava fazendo cartazes e me perguntou: 'Como se escreve *lacrosse*?' Imediatamente, dois garotos se voltaram para meu filho, dizendo: 'Conrad sabe! Ele sabe soletrar qualquer palavra!' Eu sempre achava que as outras crianças não prestavam atenção nele, mas aquilo me fez perceber que os colegas tinham certa admiração por ele e podiam mostrar-se amistosos se ele permitisse. Acho que o Conrad jamais seria capaz de me contar isso, ainda que se desse conta. Mas o fato de ter testemunhado o reconhecimento dos outros meninos já era para nós um ponto de partida."

Como os meninos recebem feedback e formam uma auto-imagem cumulativamente, os pais e professores podem ajudar observando como os colegas reagem a eles. Às vezes, os meninos não se dão conta dos sinais que estão enviando às outras pessoas, e em conseqüência não entendem necessariamente nem se sentem responsáveis pelas reações que suscitam nos outros. Mas o fato é que os meninos *recebem* feedback diariamente. Ao observar como os outros reagem a eles, podemos aumentar nossa percepção da maneira como os meninos se sentem a seu próprio respeito e estão construindo seu mundo social.

É muito útil, por exemplo, ouvir atentamente a linguagem utilizada pelos meninos no playground. Seu filho sabe como se comunicar com os colegas de uma maneira diferente daquela empregada com um adulto? Sabe relacionar-se de modo produtivo tanto com meninos quanto com meninas? Para uma criança, há poucas coisas mais frustrantes do que se sentir isolada de um grupo social. Quando isso acontece, os pais e professores podem ensinar aos meninos como "quebrar o gelo" em grupos sociais ou facilitar formas de interação social que lhes facilitem o envolvimento. Naturalmente, isso é mais fácil em escolas em que os professores dispõem de maior margem de manobra ou que tenham elementos para dar sustentação a essas formas experimentais de aprendizado. Dizia Chuck Canfield: "Costumávamos ter uma reunião diária de vinte minutos, aprendendo a fazer e receber cumprimentos, compartilhando e fazendo apresentações. Era uma maneira de fazer com que todos os tipos de crianças se integrassem ao grupo. Por conta das limitações de tempo, já não podemos fazer esse tipo de coisa." Nas muitas conversas que já tive com professores da rede pública, eles manifestaram a mesma preocupação. Numa época em que a necessidade de interação social é maior que nunca para as crianças, parece haver cada vez menos tempo para ensinar esses talentos e nutrir essa interação. Os pais podem ajudar a compensar essa tendência proporcionando oportunidades de socialização em grupo e ensinando essas habilidades em casa.

Cuidado com os brutamontes

Talvez o mais prejudicial tipo de interação com colegas que um menino pode enfrentar seja o confronto com os brutamontes. Em vista de seus déficits sociais e de comunicação, certos meninos infelizmente são alvo fácil para outros, capazes de fazê-los sentir-se ainda menos capazes e mais socialmente ansiosos. Infelizmente, em toda escola existem esses brutamontes, embora varie muito a maneira como essas instituições lidam com a questão. Existem muitos tipos de brutamontes; uns são extrovertidos e agressivos, outros tendem a se mostrar mais sutis e coercitivos. Independentemente de como se manifestem, eles inibem o desenvolvimento social de outras crianças. Com sua presença intimidadora, esses brutamontes tornam ainda mais difícil para as crianças a experimentação com a comunicação social. Eles aumentam a ansiedade do menino, tornando mais pronunciado seu medo do fracasso. Se seu filho lhe disser que está sendo provocado ou perseguido por alguém, leve-o a sério. Às vezes hesitamos em tomar alguma medida porque não sabemos o que fazer ou tememos piorar ainda mais a situação. Em outras ocasiões, minimizamos a dor e o trauma que esse tipo de brutalidade pode causar. Procure investigar a situação com profissionais da escola. Se disserem que seu filho está exagerando, peça a ele fatos mais concretos ou veja se você mesmo ou um representante seu (e aqui você pode ser criativo, fazendo-se representar por um coleguinha de escola que mereça confiança ou por um irmão) pode estar presente na parte do dia em que ele se queixa de estar sendo assediado. *Em hipótese alguma permita que seu filho continue freqüentando uma escola em que esteja sendo perseguido diariamente.* Embora a população escolar seja excessiva e os profissionais estejam sobrecarregados, *não há desculpa* para permitir que uma criança seja diariamente submetida a zombarias e maus-tratos. Até as simples agressões verbais podem ser tão terríveis que têm repercussões pelo resto da vida.

Como pais, nossa reação visceral pode ser ensinar nossos filhos a enfrentar os brutamontes. Quando nossos filhos sofrem, nós vivenciamos a experiência por conta deles, e podemos ficar muito enraivecidos. Podemos sugerir o que eles devem "responder" aos agressores ou, como acontece com certos pais, fantasiar que nossos filhos serão capazes de dar uma lição física no brutamontes. Com a melhor das intenções, podemos sobrecarregar ainda mais nossos filhos com a obrigação de defender nosso próprio orgulho!

Certos pais matriculam seus meninos em cursos de artes marciais ou lhes ensinam rudimentos de defesa pessoal. Embora esses institutos sejam naturais e humanos, raramente representam uma solução eficaz frente à ação de um desses brutamontes. Embora possamos iniciar nossos filhos na arte da

Trabalhe com a escola ■ 301

autodefesa verbal e ajudá-los a desenvolver a força interior e a confiança que tendem a afastar os brutamontes, essas intervenções levam tempo. Os brutamontes que ameaçam usar a força física freqüentemente intimidam porque são grandes, fortes e não podem ser facilmente vencidos. As crianças que ferem com palavras atacam aqueles que não são capazes ou não se dispõem a reagir a esses ataques. No curioso mundo social de uma escola, aquilo que um adulto consideraria uma forma eficaz de defesa verbal pode, às vezes, não funcionar, ao passo que uma provocação juvenil tem um efeito de fogo em pólvora e é captada pela garotada como um devastador cala-boca. Um menino pequeno não conseguia voltar à escola porque estava sendo chamado de "tartaruga", mas o apelido era usado para indicar sua posição de marginalidade social, e não para se referir à sua lerdeza ou aparência.

Muitas vezes esquecemos que nossos filhos estão sendo agredidos precisamente porque são vulneráveis do ponto de vista físico ou expressivo; uma intensa enxurrada de palavras indignadas para orientá-lo pode sair pela culatra. Na verdade, o que acontece com a maioria dos meninos é que eles sentem pressão ainda maior no sentido de se mostrar à altura das expectativas dos pais, e em conseqüência se retraem, relatando cada vez menos o que está acontecendo na realidade. Isso se você chegar de todo a descobrir — simplesmente não ocorre a muitos meninos informar aos pais sobre essas provocações na escola. Lembre-se de que os meninos preferem ter a sensação de estar controlando a situação, e quando se sentem humilhados, confusos ou assustados param de falar. Você talvez perceba a expressão taciturna e a depressão cotidiana, mas já não recebe informações específicas sobre o que está levando a esse estado de ânimo.

Então, o que os pais devem fazer? Você precisa reagir, mas é improvável que suas intervenções logo tenham êxito, podendo alienar ainda mais seu filho. É certo que, se seu filho estiver sendo provocado ou maltratado, você deverá ajudá-lo a adquirir as capacidades preventivas e defensivas (autoconfiança, pragmatismo social, destreza verbal e assim por diante) que contribuem para repelir os ataques. Embora você talvez se incline a entrar diretamente em contato com os pais do brutamontes em questão, muitas vezes não é uma boa idéia, e infelizmente pode ser perigosa, se você não os conhecer. Trata-se, no entanto, de uma situação em que pode ser prático fazer com que o professor ou a escola de seu filho interfira. O lado bom da questão é que as escolas estão cada vez mais conscientes dos riscos desse tipo de perseguição, e muitas instituíram programas para tratar o problema. Alguns professores mantêm um registro para denúncias anônimas de provocações ou perseguições, sendo realizadas reuniões em classe semanalmente. Chuck Canfield mantém esse tipo de registro e afirma que é importante

302 ■ COMO INFLUIR DE MANEIRA DURADOURA

ensinar as crianças a fazer afirmações do tipo "eu", e não "você" (por exemplo, "Estou com raiva" e não "Você está me deixando com raiva"), e que os professores mostrem concretamente que as provocações e perseguições têm conseqüências.

Claudette, cujo filho, na sétima série, era constantemente alvo de zombaria por sua estatura baixa, contou: "Luke estava sendo provocado, e tentava ignorar e recorrer ao bom humor para desarmar a situação, mas não funcionava. Perguntei se queria que eu fosse à escola, mas ele deixou muito claro que não queria que eu fizesse isso. Eu concordei, mas pedi que encontrasse um professor no qual tivesse confiança para que o aconselhasse. Ele, então, comentou o caso com o professor de educação física, pois em grande parte a zombaria ocorria no vestiário. Luke tentava minimizar a situação, mas deixou escapar que, quando os meninos voltaram a chateá-lo, o professor de ginástica entrou em ação; ao que parece, ele disse aos meninos que, ao insultar Luke, também o estavam insultando; disse também que, comportando-se daquela maneira, não respeitavam a si mesmos nem à 'minha ginástica'. Como os meninos respeitavam sua autoridade, sua reação surtiu grande efeito, e toda a escola tomou conhecimento do incidente. A situação melhorou muito para Luke desde então. Esse professor de educação física me salvou de uma boa!"

As provocações e perseguições freqüentemente são sistêmicas, e, como quase sempre em se tratando de um câncer, devem ser tratadas precocemente, pela alta direção da escola, com uma política de tolerância zero. Toda criança tem o direito de receber uma formação educacional sem medo de abusos físicos ou emocionais; é o tipo de coisa que não toleraríamos em casa ou no trabalho, e que não tem lugar em nossas escolas.

E se o brutamontes for seu filho?

Curiosamente, os meninos de poucas palavras podem ser tanto vítimas quanto protagonistas de perseguições. Como vimos, alguns desses meninos têm tendência para apresentar comportamentos raivosos e agressivos. Não é raro encontrar meninos que descarregam nos colegas sua frustração ou agressividade. Esse tipo de comportamento pode estar refletindo déficits de linguagem expressiva e a incapacidade de se mostrar assertivo de uma forma socialmente construtiva. Não se recuse a ouvir quando o professor de seu filho relatar que ele está provocando ou perseguindo outros colegas. Em vez de concluir que seu filho tem uma personalidade anti-social ou problemas de comportamento (caso não acredite realmente que isso seja verdade), procure investigar o que pode estar desencadeando nele esse tipo de comportamento. Pode ser que haja um "chefe de bando" insuflando os outros meninos, que participam com receio de se tornar a próxima vítima. É possível que o professor veja seu filho reagindo a um insulto ou a um ataque sem ter testemunhado o episódio que provocou sua reação. Mas investigue com honestidade e se disponha a aceitar a palavra das testemunhas. Se ficar caracterizado que seu filho está implicando com outra criança, converse francamente com ele sobre seu desejo de vê-lo agir de forma socialmente mais positiva, advertindo sobre as sérias conseqüências que podem provir da desobediência.

É particularmente importante que os pais mostrem aos filhos que podem ser ao mesmo tempo líderes fortes e pessoas boas, expressando seu desapontamento quando eles se tornam agressivos ou recorrem a táticas de perseguição para afirmar seu domínio no grupo de colegas. O desapontamento é um elemento fortemente motivador para os meninos. Não há nada errado em deixar claro para uma criança que você está desapontado com seu comportamento. Se seu filho tem uma relação boa e saudável com você, não verá nessa sua reação o fim desse relacionamento, nem um obstáculo insuperável. Pelo contrário, é mais provável que ele entenda que você se preocupa com as decisões comportamentais por ele tomadas e, em conseqüência, tente mudar seu comportamento de maneira coerente com os próprios ideais.

Ignorar a questão na esperança de que se resolva por si mesma é o mesmo que manifestar aprovação, o que pode ser oneroso, como constatou um pai que me procurou. Ele tomou conhecimento de que seu filho vinha perseguindo verbalmente outro menino porque a mãe deste telefonou para se queixar. Considerando que ela estava exagerando e ressentido com suas acusações, ele nada fez. Para sua surpresa, foi informado de que estava sendo processado, juntamente aos responsáveis pela escola. Embora a ação tenha sido afinal arquivada, ele teve gastos consideráveis com advogados e foi obrigado por decisão judicial a pagar avaliação e terapia para seu filho. Embora fosse possível evitar esses desdobramentos, pode-se considerar que foi um dinheiro bem empregado!

Os meninos que se sentem malsucedidos nas atividades curriculares, que são impulsivos ou têm dificuldade para "ler" os outros, assim como os que carecem de empatia ou das capacidades expressivas necessárias para gerir as próprias emoções, correm o risco de se desviar para esse tipo de comportamento persecutório. Assim como desejamos proteger nossos filhos dessas formas de perseguição, também deveríamos estar preocupados em evitar que se tornem brutamontes, experiência não menos prejudicial ao desenvolvimento emocional de um menino. Essas formas de agressivi-

304 ■ COMO INFLUIR DE MANEIRA DURADOURA

dade constituem um caminho perverso para os sentimentos de domínio e competência, interrompendo o desenvolvimento saudável do caráter e da empatia. Os pais precisam estar na linha de frente da defesa nessa batalha; e, nesse caso, a melhor defesa é um decidido ataque. Mostre a seu filho que a crueldade com os outros é inaceitável e pode levar à perda de privilégios, de bens e, sobretudo, de sua consideração.

Escolhas difíceis

Uma das situações mais difíceis enfrentadas pelos pais se manifesta quando, esforçando-se sinceramente para ajudar o filho a estar à altura de seu potencial em determinada escola, vêm a descobrir que por algum motivo é improvável que isso ocorra. Às vezes esperamos demais para considerar a possibilidade de transferência para outra escola, providenciar um plano educacional alternativo ou fazer o que for necessário para que o menino tenha chances de desabrochar. Não nos devemos deixar limitar por nossas próprias experiências na infância. Existe, hoje em dia, muito maior oferta de escolas, e os pais têm uma infinidade de opções quando se trata da educação dos filhos. Você pode transferir seu filho para outra escola no mesmo bairro, ou talvez ele possa passar a freqüentar uma escola particular. Até mesmo o ensino em casa é uma possibilidade, com certas ressalvas.

Meu ponto de vista pessoal é que só se deve optar pelo ensino em casa quando não houver outra alternativa. Embora possam assim ser atendidas certas necessidades individuais em circunstâncias especiais, o fato é que a maioria das crianças que estudam em casa perde a oportunidade da interação social com colegas *num ambiente comunitário*, o que é importante para sua experiência de vida e seu desenvolvimento emocional. Outras providências no sentido de promover a interação social, embora possam ser úteis, não se comparam com a diversidade de personalidades, perspectivas e experiências que a criança encontra na escola. (Infelizmente, para certas crianças educadas em casa, precisamente aí reside a questão, pois a intenção de certos pais é limitar seu acesso a idéias e ideais diferentes dos seus. Embora esse desejo possa ser bem-intencionado, não deixa de ser uma receita certa para a dependência ou a rebelião.) Se o domínio de uma massa de informações fosse o único objetivo da educação, poderíamos fechar as escolas. Mas o fato é que elas são verdadeiras pedras angulares de nossas comunidades; refletem e promovem nossos objetivos, valores e liderança. Como já vimos, muitos meninos encontram dificuldade para se relacionar com os outros, e é importante proporcionar-lhes o máximo de oportunidades de conhecer pessoas e descobrir que não estão sozinhos.

Quando então você pode saber que está na hora de partir para outra? O estresse da transferência de escola é uma realidade; há o risco de marcar passo em termos acadêmicos se os currículos forem diferentes; e freqüentemente devem ser levados em conta também fatores como transporte, custos e até local de residência. Quando você tem mais de um filho, a situação pode tornar-se ainda mais complicada. Mas se seu filho estiver infeliz, tiver adquirido certa aversão à escola ou não se mostrar capaz de vencer adequadamente certas etapas sociais ou acadêmicas, você não pode perder tempo — caso tenha esgotado as possibilidades de conseguir dele um bom desempenho na atual escola. Procure aconselhar-se com pessoas de sua confiança e deixe-se orientar por seu instinto e discernimento. Seu filho quer mudar de escola? Às vezes as crianças desistem de desfrutar do processo educacional e resistem à mudança de escola porque acham que não adianta nada. Ou então rejeitam a idéia de partir para outra porque consideram que um "mal conhecido" é melhor do que um desconhecido. Mas, como é freqüente acontecer, os meninos percebem que não estão se saindo bem e ficam agradecidos quando você os ajuda a fazer a transição. Certifique-se de estar levando em consideração o ponto de vista de seu filho.

Na base de muitas das intervenções e idéias discutidas neste capítulo está uma boa avaliação. No próximo capítulo, fornecerei orientações específicas sobre o momento em que se torna necessária uma ajuda profissional. Falaremos também dos componentes da avaliação psicológica, às vezes também chamada de psicoeducacional, e das maneiras como você pode ajudar seu filho.

11

Quando a ajuda profissional faz sentido

■ ■ ■

A esta altura, você provavelmente já tem condições de saber se é capaz de resolver sozinho as preocupações que acaso tenha com a capacidade de comunicação de seu filho. No Capítulo 7, fiz algumas sugestões sobre o momento em que talvez tivesse interesse em testar um eventual problema neuropsicológico dele. Além disso, todos os meninos cujas histórias você pôde ler aqui, assim como os questionários do Capítulo 1, podem ter contribuído para a formação de uma idéia da posição de seu filho no *continuum* das capacidades de comunicação e competência social. Se você considera importante uma avaliação profissional, verifique a seguir os tipos de ajuda profissional que estão disponíveis e como encontrar a pessoa certa para assistir seu filho. Ainda que considere que não precisa desse tipo de ajuda no momento, pode ser útil ler este capítulo, pois é possível que no futuro seja do interesse de seu filho contar com a colaboração de um profissional. Se você ainda tem dúvidas quanto à necessidade de recorrer a um profissional, os critérios expostos a seguir poderão ajudá-lo a encontrar a perspectiva certa.

Como saber se seu filho precisa de ajuda profissional?

Decidir se seu filho precisa ou não de ajuda profissional é uma avaliação algo subjetiva que provavelmente terá de se basear numa série de fatores. Os pais raramente desejam se precipitar e recorrer prematuramente a uma avaliação psicológica, mas também não querem perder tempo caso a ajuda profissio-

308 ■ COMO INFLUIR DE MANEIRA DURADOURA

nal seja importante para o filho. Desse modo, pode ser útil dispor de certas regras básicas para decidir se será o caso de trabalhar com alguém de fora da família para promover mudanças na comunicação e no comportamento social de seu filho.

Apresento a seguir algumas indicações bastante sólidas no sentido de justificar a ajuda de um profissional. Tenha em mente que quaisquer conclusões a que chegue ou medidas que decida tomar provavelmente serão determinadas por sua reação a uma série de diferentes questões e preocupações.

■ *O professor manifestou as mesmas preocupações que você quanto ao comportamento social de seu filho.* Você tem, assim, indicações crescentes de que o problema está bem enraizado. A perspectiva do professor pode ser particularmente valiosa, pois esses profissionais estão acostumados a conviver com crianças da idade de seu filho e têm uma boa idéia do que é "normal" em seu grupo.

■ *Você começa a constatar o surgimento de um problema de auto-estima, em conseqüência de déficits de comunicação social ou de inibição social.* É simplesmente inaceitável que a auto-estima de um menino seja afetada por problemas sociais ou de aprendizado ignorados.

■ *Você não consegue explicar o comportamento social de seu filho, ou então ele apresenta comportamentos intrigantes ou misteriosos.* Um dos principais objetivos de uma avaliação é fornecer explicações, e não apenas dados (voltaremos ao assunto mais adiante).

■ *Você intervém constantemente, mas obtém poucos resultados.* Um profissional pode orientar quanto às sutilezas dos desafios comportamentais enfrentados por seu filho. Se você constatar que suas iniciativas baseadas em idéias próprias ou em livros não permitem ir mais adiante, talvez esteja na hora de contar com uma avaliação detalhada. Entender os atos e as necessidades emocionais de seu filho permitirá a você saber como reagir a ele.

■ *Os problemas sociais de seu filho se agravaram tanto que você não sabe se ele deve permanecer na escola que freqüenta atualmente e está confuso quanto à importância de uma transferência ou a melhor escola a escolher.* As crianças costumam ser muito afetadas por qualquer mudança em seu ambiente, ainda que não sejam capazes de expressar esses sentimentos. Antes de promover uma mudança dessa natureza, é bom certificar-se de que explorou todas as alternativas para fazer funcionar a situação atual, desde que não haja risco imediato para a saúde ou o bem-estar emocional do menino. Às vezes, um especialista pode orientá-lo sobre a melhor maneira de apresentar a mudança a seu filho de uma forma encorajadora e que deixe claro seu apoio.

Quando a ajuda profissional faz sentido ■ 309

- *Você discorda seriamente de seu cônjuge ou de outras pessoas que cuidam de seu filho quanto à melhor maneira de reagir aos desafios sociais por ele enfrentados.* Os meninos sempre reagem bem quando percebem a solidariedade entre os pais ou entre os diferentes profissionais que lhes dão apoio. Quanto mais visível você tornar essa solidariedade, mais fácil será para o menino aceitar suas expectativas e empenhar-se em atendê-las. A terapia freqüentemente representa o salto qualitativo decisivo no empenho de aplainar as divergências e ajudar a família a adotar um comportamento de equipe.

- *Seu filho foi tratado pelo médico da família por problemas comportamentais como o DHDA, e o médico agora considera que os desafios por ele enfrentados nesse terreno já transcendem sua competência.* Um profissional de saúde mental pode ajudá-lo a decidir se seria interessante acrescentar à medicação uma terapia comportamental. Vários estudos têm indicado que a integração da medicação com uma psicoterapia comportamental é eficaz numa vasta série de problemas comportamentais e emocionais das crianças. Em termos ideais, seu filho deve passar por uma ampla avaliação antes de se submeter a qualquer medicação, para descartar outras possíveis causas dos problemas de comportamento e apoiar importantes decisões que devem ser tomadas quanto à medicação.

- *Você nota que uma das áreas de desempenho de seu filho está consideravelmente abaixo das outras.* Por exemplo, sua capacidade de compreensão do texto não se coaduna com a fluência na leitura; sua habilidade na matemática fica muito a dever à capacidade de leitura; ou então ele vai bem nas atividades acadêmicas mas apresenta déficits de aprendizado social. Seu filho pode apresentar alguma anomalia específica de aprendizado. Todos esses problemas requerem atenção por parte de um profissional capaz de determinar o motivo desse déficit e o que deve ser feito a respeito.

- *Seu filho, embora dê o melhor de si, não tem êxito.* Ele pode estar numa situação de alto grau de estresse e provavelmente se sente muito mal com essa pressão. Nada é mais capaz de fazer um menino se sentir tão rapidamente desamparado quanto não conseguir chegar a lugar algum, apesar de seus esforços.

Quem pode ajudar?

Quando seu filho apresenta um problema que aparentemente requer intervenção profissional, muitas fontes de orientação se oferecem à sua escolha. A pessoa ou as pessoas necessárias para ajudá-lo poderão variar de acordo

310 ■ COMO INFLUIR DE MANEIRA DURADOURA

com o caráter dos desafios enfrentados, seu local de residência e a capacidade de acesso aos recursos. Sua primeira missão consiste em saber quais são as alternativas que se apresentam.

Psicólogos

Embora costumem passar muito tempo oferecendo atendimento psicoterápico, muitos psicólogos também efetuam detalhadas avaliações diagnósticas, inclusive com a aplicação de testes especializados, quando necessário. Embora certos psicólogos se digam especializados no tratamento de crianças, existem muitos outros que tratam pessoas de diferentes idades, inclusive crianças e adolescentes. Procure se informar sobre a formação e o foco do atendimento clínico de um psicólogo antes de entregar-lhe seu filho para avaliação ou tratamento. Você vai procurar uma pessoa com experiência no trato com meninos da idade de seu filho e que conheça tanto a psicologia quanto a neuropsicologia do desenvolvimento social. Esse tipo de profissional qualificado muitas vezes é um excelente ponto de partida para investigar as necessidades de seu filho. O campo da psicologia abrange vários tipos de conhecimento, e a maioria dos psicólogos mantém relações de trabalho com outros profissionais da área. Um terapeuta competente será capaz de proceder a uma avaliação que o ajude a entender o alcance dos problemas de seu filho e os diferentes tipos de intervenção de que se pode beneficiar.

Psiquiatras

Os psiquiatras, em particular os que se especializam em questões infantis, são a melhor opção quando seu filho precisa de medicação para regulagem emocional ou do comportamento. Os psiquiatras são formados em medicina e podem receitar medicamentos, acompanhando a manifestação de efeitos colaterais e interações medicamentosas em seu filho. Infelizmente, há uma carência de psiquiatras infantis em muitas regiões dos Estados Unidos, o que torna necessário examinar outras possibilidades de intervenção médica. Em certos casos, os médicos de família ou pediatras prescreverão medicação psicotrópica (para o cérebro e a mente). Muitos psicólogos mantêm um relacionamento frutífero de colaboração com médicos dessa especialidade. (Pude constatar, com relativa freqüência, que os médicos e os pediatras colaboram quando se trata de consultas a respeito do comportamento ou tratamento de uma criança. A vantagem desse tipo de comunicação e do

Quando a ajuda profissional faz sentido ■ 311

trabalho de equipe não poderia ser superestimada quando é necessário um atendimento sensível e a tempo!) Todavia, certos clínicos preferem encaminhar questões de saúde comportamental das crianças para os psiquiatras infantis. A decisão de tratar ou encaminhar freqüentemente depende da familiaridade do médico com os medicamentos adequados, da quantidade de remédios necessários e da gravidade do problema a ser tratado. Não tenha medo de perguntar ao médico sobre a experiência que já acumulou nem de buscar uma segunda opinião, se tiver dúvidas quanto ao tratamento medicamentoso. Finalmente, ainda que tenha optado por recorrer a um psiquiatra, é provável que ele não esteja preparado para aplicar testes psicológicos nem tenha disponibilidade de tempo para levar a cabo a avaliação diagnóstica de que seu filho necessita. Você ainda vai precisar de um psicólogo para esclarecer questões de diagnóstico e acompanhar o progresso de seu filho ao longo do tratamento.

Pediatras especializados em desenvolvimento

Os pediatras do desenvolvimento são médicos que podem ser de grande ajuda quando existem indícios de problemas em algum aspecto do neurodesenvolvimento, tais como disfunção acentuada do desenvolvimento, deficiência de aprendizado ou DHDA. Os médicos dessa especialidade muitas vezes têm alto grau de capacitação nas questões específicas do desenvolvimento da linguagem e grande capacidade de avaliação da interação dos déficits de linguagem com outras funções cognitivas. O conhecimento e a orientação desses profissionais podem ser muito úteis, embora em certas regiões dos Estados Unidos infelizmente seja necessário esperar alguns meses para conseguir uma consulta. Em minha opinião, não é possível conformar-se com essa situação quando os problemas começam a se manifestar em seu filho ou você está ansioso e cheio de dúvidas.

Psicólogos educacionais

Os psicólogos que trabalham em escolas foram especialmente treinados para tratar as questões acadêmicas e comportamentais que afetam as crianças no período escolar. A maioria dos departamentos de ensino, senão toda a escola, tem acesso aos serviços de um psicólogo escolar, que pode ajudar a estabelecer a capacidade intelectual de seu filho e se ela está de acordo com suas realizações. Freqüentemente, as famílias recorrem aos psicólogos edu-

312 ■ COMO INFLUIR DE MANEIRA DURADOURA

cacionais pela primeira vez quando estão em dúvida quanto à possibilidade de uma deficiência de aprendizado em seu filho. Esses profissionais também se encontram na linha de frente do tratamento de formas problemáticas de comportamento na sala de aula, inclusive em questões comportamentais ligadas ao DHDA.

Patologistas e terapeutas da fala e da linguagem

Os patologistas da fala e da linguagem são muito úteis na identificação de problemas formais relacionados à produção da fala e à comunicação. Os terapeutas da fala e da linguagem estão muito familiarizados com os desafios de comunicação das crianças e podem se mostrar particularmente úteis no apoio ao desenvolvimento da capacitação para a comunicação pragmática, de cuja importância temos tratado ao longo de todo este livro. Se seu filho receber na escola uma avaliação de dificuldades de aprendizado, um dos resultados importantes poderá ser confiá-lo a um terapeuta da linguagem e da fala. No momento em que escrevo, o noticiário dá conta da escassez de patologistas da fala e da linguagem nos Estados Unidos. Muitos desses profissionais são recrutados para cargos de mais alta remuneração em hospitais e outros centros de saúde, tornando cada vez mais difícil sua permanência nas escolas. Nas próprias escolas também pode ser intensa a competição por seus serviços. Não se surpreenda se tiver de lutar por esse tipo de intervenção na escola de seu filho. Às vezes, as dificuldades de um menino com a fala vêm à tona já nos primeiros anos de vida, antes mesmo de começar a freqüentar uma escola. Nesse momento, será aconselhável entrar diretamente em contato com um terapeuta da fala e da linguagem, para que seu filho obtenha a ajuda necessária o mais cedo possível — o que será de considerável importância para seu grau de confiança social.

Terapeutas ocupacionais

Os terapeutas ocupacionais são úteis quando os meninos não evidenciam um desenvolvimento motor ou um processamento sensorial condizente com sua idade. Tais problemas muitas vezes se manifestam na mais tenra idade. Ajudar os meninos a desenvolver melhor coordenação e controle físico, especialmente quando parecem em desvantagem em relação aos colegas, é importante para sua auto-estima e autoconfiança. (A terapia ocupacional é claramente indicada quando são constatados problemas de desenvolvimento. Todavia, em casos de pressão para que a criança seja admitida em estabelecimentos pré-escolares muito procurados, alguns pais costumam procurar a terapia ocupacional para dar ao filho uma "vantagem" em matéria de capacitação motora. Embora esse tipo de intervenção intensiva possa apressar o desenvolvimento dessas habilidades, em minha opinião pode ser uma situação estressante, além de desnecessária, no caso de meninos que mais cedo ou mais tarde viriam mesmo a desenvolver seu potencial motor por conta própria.)

Conselheiros pedagógicos e outros profissionais da escola

Embora tenhamos falado no capítulo anterior sobre a função dos professores, é importante observar o papel a ser desempenhado pelos conselheiros pedagógicos quando seu filho enfrenta problemas com algum aspecto do desenvolvimento social ou emocional. Esses conselheiros muitas vezes são responsáveis na escola pelo estabelecimento de programas e intervenções especiais, fornecendo muitas informações sobre os recursos disponíveis para ajudar os meninos, seja em termos acadêmicos ou sociais. Também podem ser de ajuda imediata para os meninos cujas necessidades de desenvolvimento social são mais prementes no contexto escolar, freqüentemente trabalhando em colaboração com professores e pais em caso de problemas na sala de aula.

A escola de seu filho pode contar com outros profissionais que desempenhem papel ativo na ajuda a seu desenvolvimento. Seja um treinador, um bibliotecário, um assistente na sala de aula, um mentor pedagógico ou um pai ou mãe trabalhando como voluntário, é provável que haja sempre pessoas dispostas a ajudar seu filho de alguma maneira e capazes de fazê-lo. Às vezes, o mais difícil é descobrir que tipo de ajuda está disponível. De maneira geral, hoje os recursos são maiores do que quando você ou eu freqüentávamos a escola, embora também seja maior o número de crianças necessitadas desse tipo de ajuda.

Um "profissional-pivô"

Em muitos casos, os meninos poderão precisar dos esforços conjugados de diferentes especialistas. Quando isso acontecer, poderá ser vantajoso identificar um "profissional-pivô" encarregado de filtrar idéias, planos e formas de comunicação. Não é tão fácil assim, mas vale a pena tentar, para que

314 ■ COMO INFLUIR DE MANEIRA DURADOURA

você conte com alguém capaz de coordenar os esforços e interpretar as constatações e recomendações dos diferentes especialistas envolvidos. Cada um deles tende a enxergar determinado problema sob sua própria perspectiva profissional, descrevendo-o em termos usados no seu campo de ação. Queixava-se comigo a mãe de um menino de 8 anos: "Veja só esses relatórios: eu não tinha idéia de que ele tivesse tantos problemas." Na mesma criança, o psicólogo havia detectado um problema de processamento fonológico, o fonoaudiólogo identificara um distúrbio central do processamento auditivo e o professor observara um problema de compreensão da leitura. Basicamente, os três se referiam à mesma questão, sob ângulos ligeiramente diferentes. Pedi à mãe do menino que encarasse a situação da seguinte maneira: "Você está dirigindo e um pneu fura. Seu filho diz: 'O carro parou.' Seu marido comenta: 'Os pneus acabaram de ser checados.' Sua filha queixa-se: 'Vamos chegar atrasados.' Seu único problema é que o pneu furou, mas ele acaba de ser analisado de três maneiras diferentes."

Isso geralmente acontece quando os profissionais que avaliam seu filho não se comunicam. Naturalmente, são pessoas muito ocupadas, e muitas vezes é difícil para elas entrar em contato com outras que estejam trabalhando com seu filho. Além disso, elas só poderão se comunicar se você informá-las da ação das outras e autorizá-las a fornecer informações. Mas o fato é que essa coordenação é absolutamente necessária para uma abordagem conjunta. *Os pais que contribuem para organizar a comunicação entre os profissionais que assistem seu filho terão mais probabilidade de ver resultados efetivos.* Pude constatar que é interessante marcar reuniões periódicas, ou pelo menos uma conferência telefônica, com todos os indivíduos envolvidos no acompanhamento de seu filho. De outra maneira, os médicos e terapeutas que atendem com hora marcada e os professores à frente de uma turma muitas vezes podem ter dificuldade para uma conversa prolongada. Quando é viabilizado, esse tipo de reunião propicia uma abordagem integrada em matéria de ajuda a seu filho e compreensão de seus problemas, permitindo que o tipo de atenção necessário dê bons resultados.

Escolha a pessoa que vai ajudar

Ao decidir que você precisa da ajuda de um profissional, a próxima pergunta é: quem? É uma questão importante, pois há muitas pessoas capazes de ajudar de maneiras mais diferentes, mas que talvez não sejam necessariamente a fonte mais indicada de ajuda para seu filho.

A especialidade indicada

A primeira decisão que você precisa tomar é que tipo de profissional deve ser consultado. Se decidir que um psicólogo é uma boa idéia, ainda terá de determinar qual o tipo de psicólogo é mais indicado. Se os desafios de comunicação enfrentados por seu filho parecerem ser primordialmente de natureza emocional, como, por exemplo, recusar-se a falar com você ou mostrar-se excessivamente tímido entre os colegas, ele provavelmente aproveitará bem a ajuda de um psicólogo especializado em dinâmica familiar ou ansiedade social. Mas se seu filho tem um histórico de problemas de aprendizado ou está em processo adiantado de DHDA, talvez precise de alguém capaz de avaliar e explicar de que maneira esses desafios estão ligados a alguma dificuldade de comunicação que ele venha enfrentando. Exatamente como ocorre com outros profissionais, um diploma de psicólogo não é suficiente para dizer-lhe tudo o que você precisa saber. A maioria dos profissionais dessa área concorda em explicar sucintamente por telefone detalhes de sua formação e especialização.

O profissional adequado

Uma vez identificado o tipo de especialidade, você terá de descobrir como encontrar o profissional adequado. Uma boa maneira de se orientar são as recomendações de amigos e conhecidos. Converse com os pais dos colegas de turma de seu filho ou com o pessoal da escola. Os comentários das outras pessoas geralmente refletem opiniões positivas baseadas na experiência pessoal. As *Páginas Amarelas* podem ser uma fonte de fácil consulta, mas os classificados não dão muitas informações sobre a formação, a personalidade ou o grau de especialização do profissional. De acordo com a minha experiência, depois de alguns anos tentando acumular um excesso de informações pertinentes em cada anúncio nas *Páginas Amarelas*, resolvi desenvolver um site mais completo na Internet, como muitos outros clínicos. Outra observação a respeito da lista telefônica: o tamanho de um anúncio não tem relação direta com a qualidade do tratamento ou o grau de experiência do profissional. Embora muitas clínicas boas publiquem anúncios grandes, outros clínicos, não menos excelentes, são tão procurados em seus consultórios que minimizam a exposição publicitária — simplesmente já têm clientes demais.

316 ■ COMO INFLUIR DE MANEIRA DURADOURA

Outra maneira de encontrar um profissional competente é por intermédio dos sites na Internet e dos anuários das associações profissionais. Por exemplo, as associações de deficiências do aprendizado de seu estado pode ter uma lista de psicólogos especializados no tratamento de crianças. Os hospitais e universidades também podem ter essas formas de encaminhamento organizado. As companhias de seguros geralmente fornecem uma relação de psicólogos em seu quadro de atendimento; os critérios de inclusão variam muito, mas a maioria das grandes seguradoras atende a padrões mínimos de qualidade. Os organismos de licenciamento do exercício da profissão também costumam ter suas listas de profissionais.

Deve-se ter em mente que existem centros de atendimento médico mental tanto públicos quanto privados, além de organizações sem fins lucrativos e parcerias entre o setor público e o privado. Em todos os estados, encontra-se toda uma série de programas e recursos para atender às necessidades do público em matéria de saúde mental, e o acesso a cuidados de qualidade a preços acessíveis muitas vezes depende do lugar onde você vive. Uma distinção importante diz respeito ao atendimento em situação de internamento ou fora dele. A menos que você esteja enfrentando uma situação de crise, deve dar preferência a uma consulta ambulatorial sobre uma internação hospitalar.

A importância da adequação terapêutica

Para muitos pais, o fator decisivo para resolver se determinado profissional é indicado para o tratamento de seu filho é a percepção da *adequação terapêutica* no primeiro contato. Embora possa parecer trabalhoso e oneroso buscar mais de uma avaliação inicial, isso não procede, se você levar em conta as conseqüências que podem advir da contratação da pessoa errada. É importante sentir-se confiante e à vontade com a pessoa que ajudará seu filho. Você deve deixar esse primeiro encontro com a impressão de que o avaliador entende as questões que estão sendo apresentadas, forneceu pelo menos algum feedback quanto à provável causa dos problemas de seu filho e deu ainda outras indicações de dispor de um plano específico para descobrir as necessárias informações adicionais. Além disso, você deve ter a sensação de que ele ou ela é uma pessoa com quem pode conversar e que se mostra aberto(a) à discussão dos desafios enfrentados por seu filho de variadas perspectivas. Se você não achar que foi compreendido ou considerar que não é boa a sintonia entre seu filho e o avaliador, considere a possibilidade de buscar outro clínico. Por esse motivo, é importante levar seu filho à primeira entrevista. O fato de estar presente vai dar a você a oportunidade de ter uma impressão do avaliador e decidir por si mesmo se é uma pessoa com a qual poderá sentir-se à vontade.

Aponto a seguir alguns fatores a serem examinados na busca de um clínico para seu filho.

Caberá a você verificar se ele ou ela:

- Obteve a formação adequada numa universidade respeitada.
- Está autorizado(a) a exercer a profissão.
- Tem um local de trabalho de bom nível profissional.
- Está vinculado(a) a instituições profissionais (associações, câmaras de comércio, seguradoras, universidades).
- Tem experiência de trabalho com meninos da idade de seu filho.
- Dispõe de ferramentas adequadas de avaliação. (Certos testes psicológicos custam milhares de dólares. Um clínico que investiu em tais ferramentas e no treinamento necessário para utilizá-las provavelmente está comprometido com o trabalho com crianças.)
- Tem boas referências.
- Mostra-se disposto(a) a fornecer informações sobre sua formação, experiência e filosofia.
- Revela disposição para trabalhar em colaboração com você e outros especialistas.
- Relaciona-se bem com você e seu filho.

Tais fatores devem ter maior peso que a conveniência ou os custos na escolha de um clínico. Embora às vezes seja difícil superar problemas de localização, datas e custos, espero que você possa utilizar todos os recursos à mão para conferir a máxima prioridade à ajuda necessitada por seu filho. A probabilidade é que as conseqüências de uma inação a longo prazo sejam maiores que quaisquer obstáculos imediatos.

O que é uma entrevista de diagnóstico?

Suponhamos que você tenha decidido que um psicólogo avalie seu filho em vista de algum problema de aprendizado ou comunicação social. O primeiro passo será que você e ele, assim como o outro genitor, se possível, participem de uma entrevista de diagnóstico. Nesse encontro inicial, vocês terão de responder a uma série de perguntas sobre o que os preocupa no momento, o desenvolvimento de seu filho e a existência ou não de problemas específicos que precisem ser enfrentados na escola ou em casa. As respostas que derem ajudarão a determinar se seu filho vem tendo um desenvolvimento normal e servirão para contextualizar seu comportamento. Quanto mais sinceros e precisos puderem ser, melhor. É nessa entrevista que começará a se formar um diagnóstico, porém o mais provável é que ele não seja concluído nela. Isso acontece porque uma entrevista de diagnóstico, embora possa durar uma ou duas horas, não é suficiente para formar um quadro clínico completo do que está ocorrendo com uma criança em termos psicológicos. (Você notará que minha posição a esse respeito vai de encontro às políticas e expectativas de muitas empresas de seguros e planos de saúde. Mas uma das principais razões dos resultados terapêuticos aquém do desejável está no tempo insuficiente empregado na avaliação inicial do problema.) Leve para a entrevista de diagnóstico outras avaliações de que seu filho já tenha sido objeto, anotações com observações sobre o comportamento dele e quaisquer outros detalhes pertinentes registrados na escola, a fim de ajudar o clínico a formar o quadro mais completo possível dos trunfos com que ele conta e das dificuldades que enfrenta.

A entrevista de diagnóstico não deve ser o momento para começar a trabalhar nas questões terapêuticas. Embora devam ser apresentadas as preocupações existentes — por exemplo, a maneira como os membros da família interagem em casa —, não seria razoável esperar uma intervenção imediata quanto a esses problemas. Nesse momento, a atitude mais importante que um psicólogo pode ter por você é traçar um histórico conceitual do que está acontecendo com seu filho, para ser capaz de traçar e pôr em prática um plano fundamentado de intervenção. Há uma diferença importante entre uma *entrevista de diagnóstico* e uma *avaliação diagnóstica*. Quando falamos de avaliação diagnóstica, estamos nos referindo não só à entrevista inicial, mas também aos encontros subseqüentes, dos quais podem fazer parte testes e outros exames necessários para entender com precisão as dificuldades de seu filho. A avaliação diagnóstica pode ser um processo prolongado, não raro envolvendo várias horas de trabalho de seu filho com o examinador clínico. De acordo com minha experiência, não é incomum que a criança seja vista por mais de um clínico. Do nosso ponto de vista, isso é uma vantagem, pois então você poderá contar com as conclusões e percepções de diferentes pessoas, cada uma das quais certamente terá uma perspectiva ligeiramente diferente a respeito da psicologia de seu filho e dos fatores que determinam seu comportamento. Mais uma vez, o importante é que todos os profissionais que entrevistarem seu filho se comuniquem uns com os outros, para que se forme uma opinião consensual.

Antes da entrevista de diagnóstico, será interessante conversar com seu filho sobre o que deverá ocorrer. As crianças menores podem precisar de ajuda para entender a diferença entre um médico e um "médico que conversa". Com certeza devem ser evitados comentários ameaçadores ou depreciativos do tipo "Se você não entrar na linha, vou levá-lo a um analista" ou "Espere só até eu contar ao médico o que está acontecendo". Mensagens negativas mais sutis, como, por exemplo, "Se este comportamento não mudar, acho que vou ter de procurar alguém para tratar do assunto", também podem reforçar sentimentos de culpa ou ansiedade. Sugiro que você seja breve, discreto e positivo. Se você passar muito tempo "preparando" seu filho para o encontro que acontecerá, é provável que ele desconfie de estar "exagerando", e por outro lado você estará abrindo a porta para argumentações e recusas. A menos que ele manifeste muita preocupação, deveria ser suficiente algo do tipo: "Vamos conversar com uma pessoa que tem ajudado meninos com dificuldades como as suas. Vamos ver como funciona."

Os meninos mais velhos devem ser estimulados a fazer perguntas durante a entrevista e a se expressar livremente. Muitos meninos se mostram avesso ao processo de diagnóstico, que tende a focar neles a atenção, e talvez não se sintam à vontade ante a obrigação de articular respostas às perguntas. (Lembre-se de que, ao serem avaliados por problemas de comunicação, é provável que os meninos encontrem dificuldades de se comunicar num contexto como uma entrevista de diagnóstico!) Um clínico hábil pode muitas vezes minorar essa dificuldade. É importante que você demonstre seu apoio em todo o processo e se mostre otimista quanto ao possível resultado. Seu filho deve entender que você não o está levando à entrevista para puni-lo ou porque considera que algo está "errado" com ele, mas por desejar estar bem informado e ajudá-lo a alcançar o melhor de si mesmo. Se você se mostrar bem objetivo, seu filho não se sentirá necessariamente estigmatizado por estar indo ao encontro de um profissional de saúde mental.

Finalmente, depois da entrevista de diagnóstico, converse com seu filho a caminho de casa. Estimule-o a relatar suas impressões sobre o processo e o terapeuta. Isso o ajudará a saber se está havendo uma boa adequação terapêutica. Recomendo-lhe que ouça atentamente seu filho e confie nos instintos dele. Os meninos costumam deixar claro quando se sentem ligados à pessoa, ainda que não manifestem esse sentimento com todas as palavras.

E se ele não participar?

Ao mesmo tempo, você terá de usar seu instinto paterno ou materno para distinguir entre um nível insuficiente de adequação e um menino que de qualquer maneira se mostraria resistente a trabalhar com praticamente qualquer pessoa. Diante dessa última situação, considere a possibilidade de telefonar ao psicólogo para discutir a situação e tentar encontrar idéias para construir um melhor vínculo de trabalho. Isso deixa ainda mais claro que você não desanimará ante a atitude desafiadora de seu filho, servindo também para reforçar a idéia de que os problemas precisam ser resolvidos, e não evitados. Foi o que aconteceu quando fui procurado por Jennifer, mãe solteira e muito ocupada de um raivoso e relutante filho de 14 anos. Seus problemas eram suficientes para que ela considerasse incontornável a necessidade de uma terapia. "Sei que ele realmente precisa de ajuda, mas ele diz que não fará terapia." Jennifer e eu estudamos uma série de possibilidades, inclusive a de que um tio admirado por seu filho fosse conversar com ele em outros termos, falando da perda de privilégios ou oferecendo incentivos. Quando, finalmente, me encontrei com o filho de Jennifer, perguntei-lhe como conseguira levá-lo à consulta. "Fiz de tudo", disse ela rindo. "Bem, disse a ele que não lhe daria mais carona por aí se não parássemos aqui. Meu irmão também conversou com ele. Ele é veterano de guerra, o tipo do sujeito sem frescuras, e meu filho tem verdadeira adoração por ele. Ele lhe disse que não tinha problema se não quisesse fazer terapia por muito tempo ou preferisse mudar de terapeuta, mas que esperava que realmente tentasse antes de decidir que não queria. E acrescentou: 'Se você me olhar bem nos olhos e disser que fez o possível mas que não estava adiantando, não voltarei a tocar no assunto. Mas se não estiver dizendo a verdade, eu vou saber.' O melhor foi quando ele disse, como quem não quer nada: 'Mas se você resolver a situação, talvez já esteja com idade para passar uma semana comigo em minha cabana de caça.' Foi o bastante."

Considerando-se a natureza dos problemas de seu filho e a resistência por ele demonstrada a qualquer forma de intervenção, Jennifer fez a pressão necessária, com os recursos de que dispunha, para conseguir que ele tentasse a terapia. Mais tarde, ele haveria de agradecer-lhe. "Se eu tivesse esperado, provavelmente teria me dado mal", disse. Quando seu filho se recusa a aceitar a ajuda de que tanto necessita, sua primeira consulta com um terapeuta pode ser para esclarecer como envolvê-lo na terapia. Certos pais, especialmente os que têm filhos mais velhos ou raivosos, procuram inicialmente o terapeuta sem a companhia do filho. Isso lhes permite traçar uma estratégia sobre a melhor maneira de contribuir para uma mudança positiva em casa, a ponto de seus filhos se mostrarem receptivos às ofertas de ajuda.

O resto da avaliação diagnóstica: que tipos de testes podem ser necessários para seu filho?

Uma boa avaliação requer não somente uma aplicação competente dos testes, como também um alto grau de discernimento, a fim de estabelecer quais questões devem ser exploradas e que ferramentas de investigação serão mais úteis. Às vezes, os clínicos precisam investigar como detetives, aplicando os testes no sentido de descartar ou esclarecer supostos problemas. Por isso o avaliador talvez não seja capaz de lhe fornecer já no primeiro encontro uma lista exaustiva de testes a serem aplicados. Os psicólogos que aplicam protocolos de testes estereotipados talvez não estejam examinando seu filho com um grau ideal de especificidade, embora, em certos casos, como no das avaliações de âmbito muito limitado, isso possa ser suficiente. Além da ciência necessária para a aplicação dos testes, a arte da interpretação é decisiva: um clínico experiente saberá interpretar páginas e páginas de dados resultantes de uma avaliação, extraindo daí um perfil preciso e sensível do estado mental de seu filho. Apresento a seguir alguns tipos básicos de avaliação que podem ser necessários para seu filho, além de alguns exemplos de trechos de relatórios psicológicos, a fim de ilustrar o tipo de informação que você pode obter de uma boa avaliação.

Intelectual

Geralmente, é uma boa idéia recorrer a testes de inteligência quando está em andamento algum tipo de avaliação neuropsicológica ou cognitiva. Além de obter dados fundamentais sobre a inteligência de seu filho, esse tipo de teste o ajudará a contextualizar o comportamento social dele, no que diz respeito às suas capacidades cognitivas. Isso acontece porque os testes de "QI" são compostos por uma dúzia ou mais de subtestes, que fornecem informações muito específicas sobre os desafios e os avanços de aprendizado de seu filho. Isso talvez contribua para explicar os déficits específicos de aprendizado e ajude na seleção do currículo escolar, proporcionando um bom quadro clínico geral do funcionamento neuropsicológico de seu filho. Muitas das avaliações efetuadas em minha clínica começam com a aplicação da Escala de Inteligência Wechsler para Crianças (EIWC), o "procedimento padrão" em matéria de avaliação da inteligência infantil. Não considero que a EIWC seja a palavra final e absoluta quanto à capacidade intelectual das crianças, mas esse teste efetivamente fornece uma quantidade de informações sobre as áreas em que a criança pode mais facilmente ter êxito na escola e aquelas em que poderá precisar de intervenção especial. Também considero que, corre-

322 ■ COMO INFLUIR DE MANEIRA DURADOURA

tamente interpretada, a EIWC proporciona excelentes informações sobre a capacitação cognitiva social de seu filho.

Exemplo

De modo geral, o perfil de EIWC de Dale parece indicar que ele se sai melhor quando solicitado a resolver problemas com soluções inequívocas. Sente-se consideravelmente mais desafiado por tarefas que requerem sutileza de percepção e interpretação de conceitos verbais complexos. Também enfrenta dificuldade em capacitações de controle executivo ligadas a planejamento e organização. Isso parece explicar sua dificuldade de manter sua carteira organizada na escola e seus freqüentes atrasos com o dever de casa. Em sentido inverso, um dos trunfos de Dale é a capacidade de manter a atenção focada e trabalhar com diligência em problemas bidimencionais e tridimensionais. A toda evidência, ele se sente mais à vontade no terreno não-verbal. Finalmente, embora os dados da EIWC costumem ser muito confiáveis como indicadores da capacidade cognitiva, o desempenho de Dale aparentemente era afetado pelo cansaço (bocejos de vez em quando). Novos testes que venham a ser realizados poderão revelar um QI pelo menos vários pontos acima do sugerido pelos testes atuais.

Existem ainda vários outros testes intelectuais importantes, todos eles proporcionando informações relativamente semelhantes às obtidas com a EIWC. Certos pais hesitam em submeter os filhos a testes de inteligência, com receio de constatar que têm inteligência apenas mediana ou abaixo da mediana. Devemos ter em mente, no entanto, que os testes de inteligência, embora sejam valiosos do ponto de vista clínico, especialmente em termos de previsão do desempenho acadêmico, não são capazes de medir as muitas maneiras de conhecer que estão ao alcance das pessoas. Tampouco medem o valor de alguém, sua percepção ou sua capacidade de ser feliz e ter êxito. Cada um deles é apenas uma ferramenta entre muitas, e os resultados devem ser integrados numa perspectiva criteriosa. Cabe registrar que o estímulo do clínico e a disposição de seu filho, juntamente a outros fatores, podem influir nos resultados. (Devem-se adiar os testes de uma criança que esteja com insônia, doente ou agitada.) Por tal razão, esses testes às vezes são aplicados mais de uma vez ao longo do período escolar de uma criança.

Realização

Os testes de capacidade de realização focalizam menos as habilidades de seu filho do que seu efetivo grau de progresso, especialmente no que diz

Quando a ajuda profissional faz sentido ■ 323

respeito ao desempenho acadêmico. Há muitos anos, a maioria das escolas e agências governamentais vem definindo a deficiência de aprendizado como uma discrepância estatística entre a *capacidade* de uma criança e sua *realização*. Atualmente, este modelo para a determinação de uma incapacidade específica de aprendizado está mudando, mas a avaliação do grau de realização costuma ser útil, pois determina se uma criança está atuando num nível de acordo com sua capacidade. Certas baterias de testes de realização podem ser subdivididas em componentes extremamente específicos. Uma das minhas preferidas é a Bateria Psicoeducacional Woodcock-Johnson, que, por exemplo, quando se trata de avaliar habilidades matemáticas, pode examinar até quatro áreas específicas de matemática e análise quantitativa. Os testes de realização e progresso também podem ajudá-lo a entender o nível de compreensão oral de seu filho, sua compreensão da leitura e expressão escrita. Todas essas capacitações básicas estão relacionadas à comunicação social.

Exemplo

Apesar do bom desempenho de Bernard em outros testes do tipo Woodcock-Johnson, sua dificuldade para sintetizar fonemas ajuda a entender seus problemas de fluência na leitura, confirmando anterior diagnóstico de uma disfunção central do processamento auditivo. Ainda assim, a atual avaliação constata que Bernard é capaz de discriminar informações auditivas do ruído ambiente quando é diminuída a ansiedade do desempenho. A possibilidade de que fatores sociais e emocionais inerentes a uma sala de aula estejam afetando seu processamento auditivo deve ser levada em conta. Especificamente, não é incomum que as crianças se mostrem mais ansiosas em situações de grupo nas quais tenham menos controle sobre o ritmo da interação e o nível de comunicação recíproca.

Déficits de atenção

A compreensão e a avaliação do DHDA já evoluíram muito. Os atuais protocolos de teste são mais sofisticados, ajudando mais os examinadores a entender as nuances das manifestações do DHDA em determinado indivíduo. Freqüentemente, ao tentarem encontrar informações na Internet ou em livros, os pais lêem ou ouvem a seguinte afirmação: "Não há um teste específico para determinar a existência de DHDA." O que é ao mesmo tempo verdadeiro e enganoso. É verdade que não há um teste para DHDA no sentido de que não existe um teste sangüíneo ou de escaneamento cerebral,

324 ■ COMO INFLUIR DE MANEIRA DURADOURA

como poderia haver no caso de certas disfunções do metabolismo ou outras formas de patologia física. Em sentido inverso, existem efetivamente testes psicológicos de DHDA que ajudam um avaliador experiente a contextualizar a atenção, a concentração e o controle de impulsos de seu filho.

Atualmente, há dois tipos básicos de testes de DHDA. Há escalas que costumam ser preenchidas por pais e professores (e freqüentemente comparadas), levando em conta o comportamento do menino no decorrer da vida normal. E há também os chamados *testes de desempenho contínuo*. Trata-se de testes feitos em computador nos quais seu filho é convidado a reagir a estímulos num monitor, sendo avaliada sua capacidade de sustentar a atenção e controlar a impulsividade. Considero que a integração dos dois tipos de testes é extraordinariamente útil.

Exemplo

Depois de passar por testes neuropsicológicos de DHDA, feitos por computador, Patrick foi submetido à medicação específica (Concerta, 36 mg pela manhã). Os resultados indicavam que sua capacidade de concentração era normal em comparação com a dos colegas. Todavia, mesmo com a medicação, Patrick demonstrava um problema não-desprezível de impulsividade. Tal constatação também se refletia em escalas de graduação preenchidas pelo professor e por seu assistente, em ambos os casos indicando que Patrick parece motivado e manifesta uma atitude positiva, mas encontra grande dificuldade em permanecer sentado, esperando sua vez e falando no momento adequado, especialmente em momentos de interação com os colegas. No momento, os problemas de impulsividade de Patrick comprometem a realização de seu potencial acadêmico num nível compatível com sua capacitação. Patrick será enviado de volta ao pediatra para reavaliação de alternativas medicamentosas.

Além disso, como o DHDA é, na realidade, reflexo de um problema mais amplo e complexo de consciência executiva, muitas vezes é vantajoso aplicar testes psicológicos que examinem diferentes aspectos do *controle executivo*, tais como memória de trabalho, iniciação, planejamento e organização, assim como o auto-acompanhamento, examinado no Capítulo 7.

Capacitação cognitiva social

Identificar as habilidades do pensamento social é uma área da avaliação que exige alto grau de especialização em funções psicológicas relativamente sutis. Não raro, a identificação da capacitação cognitiva social é feita pela "leitura nas entrelinhas" dos dados de outros testes. A capacitação para o pensamento social diz respeito ao grau de precisão da percepção social do menino e à possibilidade de fazer inferências adequadas acerca das observações sociais. Prefiro utilizar uma constelação diversificada de testes, inclusive os que requerem interpretação de expressões faciais e linguagem corporal, a construção de histórias, a compreensão de situações sociais e a aplicação da linguagem social. Essas avaliações freqüentemente são encontradas em baterias de testes concebidas com outras finalidades, mas são muito úteis para a compreensão da capacidade de pensamento social. Gosto especialmente de utilizar testes de projeção em que a criança é convidada a construir histórias a partir de uma série de imagens com conteúdo e significados ambíguos. Tenho constatado reiteradamente que a capacidade de uma criança de detectar emoções nessas imagens e a maneira como relata o que está vendo constituem uma boa medida de sua capacidade de pensamento emocional mais abstrato. Reações muito concretas e simplistas costumam indicar que o mesmo ocorre com sua percepção social.

Exemplo

As histórias contadas por Yuri tendiam a evidenciar uma capacidade narrativa limitada. Suas projeções parecem indicar que é uma criança com certa capacidade para resolver problemas, mas inclinada a reprimir a observação de emoções fortes. Essa repressão pode refletir uma inibição resultante, nele, da freqüência das manifestações de raiva (e das cobranças dos adultos a esse respeito). A qualidade concreta da linguagem utilizada por Yuri em suas histórias também reflete uma linguagem expressiva insuficientemente desenvolvida, chamando a atenção para prováveis dificuldades sociais no relacionamento com os outros. Entre os temas psicológicos primordiais manifestados em suas histórias está a necessidade de qualificar as pessoas como "boas" ou "más". Esse tipo de perspectiva psicológica, embora até certo ponto seja esperado, considerando-se a idade de Yuri, muitas vezes está associado à inflexibilidade social e emocional. Os resultados parecem indicar que seria bom para Yuri aprender a ser mais receptivo e flexível na interação com os outros.

Os clínicos de meu consultório deliberadamente aplicam testes positivos quando já está bem adiantado o processo de avaliação, tendo os meninos desenvolvido certa relação com os examinadores e se sentindo à vontade. Os dados decorrentes desse tipo de teste podem revelar-se afinal um reflexo mais fiel daquilo de que seu filho é capaz, em termos de comunicação, do que o que pôde ser observado, por exemplo, na entrevista inicial.

Personalidade

Quando falamos da avaliação da personalidade de uma criança, estamos, na realidade, nos referindo a seu grau de adaptação social e emocional e à maneira como ele afeta sua interação com os outros. Existem diferentes formas de medir, algumas aplicadas por um profissional e outras preenchidas pelos pais ou pelas próprias crianças ou adolescentes. Os psicólogos em geral se interessam por fatores como a satisfação ou insatisfação da criança com sua vida, a maneira como se relaciona com a família e como encara a si mesma em relação aos colegas. Essa dimensão da avaliação está centrada na auto-imagem e também examina elementos básicos da situação mental de uma criança, como depressão e ansiedade. Esse tipo de informação pode ser obtido com o preenchimento de questionários, mas também por meio de testes muito úteis como o Rorschach (o famoso teste da mancha de tinta) e as mensurações projetivas correlatas, mencionadas acima. Mais uma vez, é por meio da integração dos dados do teste de personalidade que poderá surgir um perfil mais preciso de seu filho. A aplicação de diferentes testes de personalidade proporcionará o quadro mais abrangente e eloqüente de seu funcionamento psicossocial. Quando se faz necessária a contribuição dos pais num teste de personalidade, o fato de poder contar com *ambos* facultará ao examinador uma perspectiva global do grau de ajustamento emocional e social da criança.

Exemplo

O perfil de Harwick parece indicar uma criança de estilo interpessoal questionador, o que vai ao encontro dos relatos dos pais. Harwick é uma criança determinada que pode tornar-se desafiadora quando se sente estressada ou "muito visada". Embora demonstre relativamente pouco as emoções, os dados obtidos em testes indicam que se preocupa demais, o que contribui para seu atual padrão de isolamento social. Embora Harwick tenha obtido êxitos pessoais nos esportes e no desempenho acadêmico, parece nutrir sentimentos de inadequação que o impedem de correr riscos que poderiam aumentar sua autoconfiança. Harwick tende a ser visto pelos colegas como um menino indiferente e distante, embora anseie por um grau maior de vinculação social. Suas freqüentes visitas à enfermaria da escola para se queixar de cansaço, dores de cabeça e dores estomacais refletem sua necessidade de obter atenção. Harwick só terá a ganhar se puder aprender a conseguir a atenção dos outros de maneira mais direta e construtiva. A intervenção deve procurar ajudá-lo a avaliar com mais precisão as próprias capacidades, apoiando sua necessidade de assumir riscos sociais saudáveis.

E quais são as recomendações?

Um dos aspectos primordiais a ter em mente ao considerar a capacidade de um avaliador é que o benefício de uma avaliação dependerá do grau em que ele seja capaz de interpretar os resultados dos testes de uma forma significativa para o tratamento de seu filho. Pode parecer uma expectativa óbvia, mas freqüentemente está ausente das avaliações. Uma interpretação significativa ocorre quando o avaliador entende a dinâmica social e psicológica dos desafios enfrentados por seu filho, de tal maneira que as informações reunidas possam ser aplicadas de modo relevante. Existe atualmente no campo da psicologia um forte movimento no sentido dos tratamentos e procedimentos de avaliação de base empírica. Embora seja uma tendência digna de apreço, na medida em que procura assegurar a qualidade e a adequação das formas de tratamento propostas pelos psicólogos, não menos importante são o processo de avaliação clínica e a inegável arte da avaliação psicológica. Se não houvesse alguma arte nesse processo, seria simplesmente um algoritmo capaz de ser seguido por qualquer um, e os resultados seriam todos interpretados da mesma maneira. Na verdade, uma boa avaliação envolve um alto grau de interpretação, assim forma um sofisticado processo de entendimento e integração dos diferentes níveis de dados produzidos na avaliação. Um bom clínico freqüentemente põe em palavras algo que você já pode ter sentido, proporcionando-lhe novas percepções sobre a maneira como seu filho vê a si mesmo e vivencia seu mundo, seus trunfos pessoais e desafios, além de indicar as intervenções que mais provavelmente contribuirão para maximizar suas capacitações. Uma avaliação malfeita pode fornecer-lhe muitos dados, deixando, contudo, de lhe transmitir essas constatações de um modo relevante ou significativo.

O propósito de obter uma avaliação é saber o que pode ser feito para ajudar seu filho. Embora possa ser muito interessante aprender muitas coisas sobre o funcionamento de sua mente, em última análise, como pai ou mãe, você estará mais interessado(a) naquilo que pode fazer para ajudar. Por esse motivo, a seção de recomendações de uma avaliação pode ser a parte mais interessante para você. Ao se encontrar com alguém para discutir a possibilidade de proceder a uma avaliação, talvez seja interessante perguntar sobre a abrangência das recomendações que serão feitas na fase de conclusão. Também pode ser bom perguntar se essas recomendações serão muito específicas ou de caráter mais holístico, integrando vários aspectos do funcionamento social e emocional de seu filho. Qualquer que seja a natureza dessas recomendações, elas não devem ser genéricas, focalizando os trunfos e desafios específicos de seu filho. Devem também tratar das questões espe-

328 ■ COMO INFLUIR DE MANEIRA DURADOURA

cíficas que o fizeram procurar avaliação e tratamento. Também cabe esperar que as recomendações indiquem de que maneira todas as pessoas envolvidas com seu filho podem trabalhar de modo conjunto e coordenado para melhor ajudá-lo. Quando vejo avaliações recomendando encaminhamento para outros profissionais, em geral fico otimista, por perceber que o avaliador tem a mente aberta quanto às possibilidades de assistência. O objetivo de uma avaliação não é evidenciar a capacidade do examinador, mas identificar o que está acontecendo com seu filho e conversar sobre o que pode ser feito para ajudá-lo.

Vale a pena

Um dos principais obstáculos para que as crianças obtenham a avaliação de que precisam está em que, para a maioria das pessoas, o processo não só é trabalhoso como também dispendioso. As avaliações psicológicas podem custar até vários milhares de dólares e levar semanas ou até meses para ser concluídas, pois muitas vezes são necessários vários encontros entre seu filho e o psicólogo. Especialmente no caso das crianças menores, é muito difícil conseguir que sustentem a atenção e a energia necessárias para um desempenho de acordo com sua capacidade, numa sessão de testes durando o dia inteiro. Em conseqüência, a aplicação dos testes pode se estender por vários dias ou semanas, em blocos de uma ou duas horas. Além disso, o psicólogo terá de fazer a contagem de pontos e a avaliação e interpretação de todos os testes, para, em seguida, redigir um relatório que resuma suas constatações. O trabalho necessário para a integração dos diferentes tipos de dados consome muito tempo.

Embora o tempo necessário para proceder a uma avaliação seja longo, entendo que também é um grande benefício. Isto porque o tempo gasto com seu filho lhe permitirá conhecê-lo melhor, assim como ao funcionamento de sua mente. Em última análise, isso serve para adiantar o tratamento, pois ajuda o psicólogo a desenvolver um plano para atacar precocemente suas necessidades.

Outra vantagem de proceder a uma avaliação psicológica é que assim são estabelecidos dados básicos a respeito de seu filho, proporcionando elementos de comparação se ele precisar ser testado no futuro. Uma avaliação pode ser muito útil para as escolas, fornecendo as pistas a serem seguidas em eventuais intervenções em benefício do desempenho acadêmico do menino e de sua interação social em sala de aula.

Por outro lado, certos pais consideram necessária a avaliação de um examinador independente quando enfrentam dificuldades com a perspectiva

Quando a ajuda profissional faz sentido ■ 329

da escola a respeito das necessidades de seu filho. Saber o máximo possível a respeito do seu filho o deixa numa posição melhor para orientá-lo. Será mais fácil para você e para ele tomar decisões que levem em conta seus trunfos naturais, permitindo que você adapte ou aperfeiçoe de maneira criativa os campos em que ele se apresenta problemático. De posse de um bom entendimento das capacidades e do potencial de seu filho, você pode estimular seu envolvimento em atividades nas quais ele terá mais probabilidades de vivenciar o sucesso. E você poderá usar esses sucessos para construir sua autoconfiança e estimulá-lo a expandir talentos em outras áreas, como a comunicação social, que talvez sejam mais difíceis para ele.

Sempre que necessário, o fato de tomar a decisão de buscar ajuda profissional expressa preocupação com seu filho e seu compromisso em atender às suas necessidades de desenvolvimento. Sandra, mãe de um menino de 6 anos que enfrentava problemas de comportamento, assim resumiu a situação: "Eu estava hesitando em levar o Jay para conversar com alguém, e não era porque não quisesse buscar ajuda ou outro ponto de vista; minha preocupação era que minha mãe não ficasse pensando que eu não era capaz de cuidar dele. Ficava imaginando que ela diria: 'Nós nunca tivemos de levá-la a um terapeuta!' Mas me dei conta de que eu não estava ali para impressioná-la, mas para fazer o melhor possível pelo bem de meu filho. O psicólogo me aconselhou sobre a melhor maneira de me comunicar com minha mãe, que continua achando que os problemas de Jay deveriam ser resolvidos na família. Mas sabe o que mais? Até ela notou uma enorme diferença no Jay. Percebe que pode se sentir mais próxima dele."

■ ■ ■

Ao longo destas páginas, abordamos muitas maneiras de ajudar e apoiar nossos filhos. Existem profissionais à sua disposição quando você precisa tomar decisões que afetem o futuro de seu filho. Aceite a ajuda e o apoio das pessoas em quem confia e cultive um grupo para o qual possa se voltar quando tiver dúvidas e motivos de preocupação. Longe de representar algum tipo de fraqueza, sua capacidade de reconhecer quando é necessário obter ajuda profissional e sua disposição de agir de acordo com essa intuição constituem um sinal de sua competência e de sua força como genitor. O fato de envolver um profissional na vida de seu filho não o substitui nem diminui o valor de sua contribuição para o desenvolvimento dele. Mas poderá dotá-lo da compreensão e das ferramentas necessárias para influenciar decisivamente sua vida.

Epílogo
Os homens que virão a ser

■ ■ ■

Quando adultos, aprendemos que a vida é curta, marcada por experiências que ressaltam tanto sua beleza quanto sua transitoriedade. Em vez de nos entristecer, essa consciência intensifica nossa apreciação da vida; aquilo que já não existirá amanhã pode ser desfrutado hoje, nossa atenção se volta para as coisas mais importantes, aquelas que preservam seu valor ao longo das gerações. Talvez as coisas mais belas do nosso mundo sejam evanescentes ou cambiantes. A infância é uma delas, transformando uma pessoa diante de nossos olhos e lembrando-nos de que o tempo é precioso. Ao refletir sobre a melhor maneira de apoiar nossos filhos no caminho para a idade adulta, podemos ter em mente que essa época linda — quando estamos no centro do universo de nossos filhos, pelo menos por algum tempo; quando desfrutamos do terrível privilégio e da responsabilidade de criá-los para que se tornem homens — não durará.

"Quando a gente vê, eles já estão uns homens!"

"Eu daria qualquer coisa para que eles fossem pequenos de novo, só por um dia."

São coisas que todos nós já ouvimos os pais mais velhos dizer quando olham para trás e vêem como passou depressa seu tempo com os filhos. As solicitações de nossa vida de pais talvez não nos permitam sequer respirar e apreciar a oportunidade que temos diante de nós. Talvez o momento privilegiado para isso seja aquele em que, ao final de um dia exaustivo, paramos um pouco para contemplar nossos filhos dormindo e ficamos pensando. É uma cena muito freqüente na literatura e no cinema, pois capta idealmente nosso espanto diante do milagre da vida de nossos filhos — diante da maneira

332 ■ Epílogo

como as crianças nos fazem sentir, como se tivéssemos encontrado o significado da vida, nosso objetivo mais importante. Traduzimos essa percepção no esforço que empreendemos para criá-los da melhor maneira possível, a fim de encontrar uma resposta para a pergunta central explorada neste livro: como os meninos devem ser criados?

Somente começando com esta pergunta fundamental poderemos questionar nossas pressuposições e parar para examinar nossos valores, perguntando a nós mesmos quais lições da infância de nossos filhos haverão de perdurar. De que maneira apoiamos seu desenvolvimento social e emocional, construímos seu caráter, sua capacidade de amar e de ser amados? Que bens podemos oferecer-lhes que durem uma vida inteira e perdurem ao longo das gerações? Talvez essa nossa exploração o tenha ajudado a descobrir perspectivas ou encontrar respostas que tenham um fundo de verdade para você e sua família. Se seu filho estiver enfrentando algum problema, espero que você tenha encontrado alguma ajuda nestas páginas. E espero, em especial, que aja hoje mesmo em função daquilo de que se deu conta, para concretizar todas as potencialidades da vida em família e do desenvolvimento de seu filho.

Anos atrás, dizia-se que educar as mulheres poderia comprometer sua capacidade de gerar filhos; as mulheres não podiam votar sob a alegação de que não tinham raciocínio lógico. Tenho certeza de que muitos pais bem-intencionados da época aceitavam essas "verdades" e estimulavam suas filhas a se realizar nos campos limitados que estavam a seu alcance. Mas estou igualmente convencido de que havia pais que não apenas amavam como também *conheciam* suas filhas. Não permitiam que o consenso que prevalecia esmagadoramente na sociedade os cegasse para o fato de que suas filhas tinham um potencial muito maior do que geralmente se admitia, e com isso trataram de fomentar seu desenvolvimento intelectual.

Numa sociedade em que a educação é negada às mulheres, o capital intelectual de metade da população fica atrofiado. Em nossa cultura, o desenvolvimento social e emocional dos homens foi fraudado, e o impacto negativo se fez sentir em todos os níveis da sociedade, por meio de distúrbios familiares, desemprego, questões de saúde masculina, violência e crime. As perspectivas sociais não mudam com rapidez, mas podem evoluir a partir das mentes abertas e dos atos de coragem de uma minoria. Não seria esperável nem desejável reescrever os scripts da masculinidade da noite para o dia, mas podemos questionar se não estaríamos limitando nossos filhos ao aceitar pressuposições superadas quanto a suas capacidades.

Existem recursos sociais para que os homens evoluam do ponto de vista emocional e da capacidade de comunicação. Neste exato momento, estão abertas as portas para que nossos filhos alcancem novos níveis de consciência social e emocional, escapando da incapacitação e da alienação. Aqueles que "romperem as amarras" terão êxito, e os que continuarem a seguir velhos padrões correm o risco de ficar para trás. Lembre-se de que, quando falamos em mudança, é sempre uma questão de gradação. Até mesmo uma mudança modesta de nossa visão do que é ser um menino gerará enormes benefícios para nossos filhos. Assim como perder 15 por cento do peso corporal ou melhorar em 10 por cento o desempenho no golfe pode ter conseqüências positivas exponenciais, nossos filhos sentirão que sua vida está extraordinariamente diferente quando sua capacidade de comunicação social for melhorada em grau equivalente.

Não se iluda: o ímpeto dessa evolução social não tem a ver com o fato de ser politicamente correto, derivando, isto sim, de pura e simples necessidade. Quando tentamos analisar as formas de apoio de que os meninos necessitam, o objetivo não é comparar sua experiência com a das meninas ou negar que haja injustiças do outro lado da barreira dos gêneros. Não seria razoável nem mesmo possível reconfigurar o comportamento de um dos sexos exclusivamente a partir de decisões de caráter ideológico. Repensar a natureza dos meninos e dos homens nos quais queremos que se transformem é algo que deve decorrer de nossa própria consciência, que vai tomando forma, do que é ser um indivíduo bem-sucedido do sexo masculino. Ao analisar desse ponto de vista a infância dos meninos, estamos adotando uma perspectiva centrada na criança, pois o foco reside em saber como eles se sentem crescendo em nossa cultura. Para manter essa perspectiva centrada na criança, teremos de reconhecer devidamente como os meninos se sentem sendo meninos.

Ao examinar a maneira como a capacidade de comunicação social modela e destaca à identidade dos homens, enfatizei a psicologia dos meninos. Quando entendemos como os meninos pensam e sentem, estamos mais capacitados para tomar as decisões fundamentais que determinam seu desenvolvimento social e emocional. Curiosamente, os pais que participam desse processo estão lutando contra a maré da história. Quem traçou uma linha de alto a baixo da página e escreveu "meninos são" e "meninos não são" no alto de cada coluna? Quem decide quais as características que estão na lista? Vamos desfrutar de todas as coisas maravilhosas que os meninos são e estimular uma perspectiva mais integrada que realmente os liberte de estereótipos imemoriais. Esses clichês sobre a masculinidade limitam as possibilidades de crescimento pessoal e forçam os indivíduos do sexo masculino a se comportar de maneiras que já não atendem às necessidades de uma sociedade global e altamente interconectada.

334 ■ Epílogo

O que o futuro reserva para nossos filhos? Continuaremos a assistir ao surgimento de vocações que exigem a prática de formas sofisticadas de comunicação interpessoal? A atual epidemia de empobrecimento das formas de comunicação na comunidade empresarial continuará a se agravar? Como será que a tecnologia vai afetar a distribuição e a partilha das informações? Ao examinar essas questões, pense na maneira como deveria criar seu filho. Ele não só terá de atender às exigências dessa sociedade como também influenciará sua trajetória. Será que se tornará um líder? Nesse caso, terá de se capacitar para a liderança, e nós, como pais, temos de refletir essa capacitação.

A necessária revolução nas formas de comunicação dos indivíduos do sexo masculino apresenta imperativos tanto sociais quanto biológicos. Do ponto de vista biológico, nossa sociedade tem visto a saúde do homem ser afetada negativamente em conseqüência do estresse e de uma capacidade comprometida de enfrentar as situações. Sabemos, por exemplo, que os homens divorciados de meia-idade tendem a apresentar problemas de saúde muito mais dramáticos que as mulheres. Constatamos também que, na infância, os indivíduos do sexo masculino mostram-se muito mais vulneráveis a síndromes neurológicas como o DHDA, as deficiências de aprendizado e o autismo. Finalmente, na idade adulta, pudemos verificar o enorme impacto do estresse na vida dos homens, e, por conseqüência, na vida de suas famílias. Quando falamos da necessidade de construir a capacidade de comunicação, também nos referimos à construção da flexibilidade e à resistência psicológica. É por meio da comunicação que estabelecemos vínculos com as outras pessoas, forjando os relacionamentos que são a própria essência dessa flexibilidade na resistência. Se amamos nossos filhos, o que poderia ser mais importante que infundir-lhes a flexibilidade necessária para ter uma vida longa e saudável? Dessa maneira, talvez possamos começar a redefinir nosso conceito de força. Talvez passemos a incluir nele a idéia de uma vida espiritual e mental profícua, caudatária de uma vida social e emocional mais rica.

Essa evolução social deve ocorrer no contexto de uma transformação da consciência enraizada antes de mais nada na vida familiar. Como tentamos enfatizar ao longo deste livro, uma percepção mais clara da maneira como nossos filhos vêem as outras pessoas e de como seu comportamento determina a visão que os outros têm deles constitui o início dessa transformação na esfera da consciência. Embora existam muitas capacitações que queremos ensinar aos meninos, esse aprendizado só poderá começar quando nossa consciência, como pais, tiver sido transformada de tal maneira que nos tornemos capazes de entender quem são nossos filhos e de que maneira desejamos moldar suas personalidades. Às vezes, isso pode significar o rompimento de ciclos de disfunção de uma geração a outra. Ao olhar para trás e observar como a masculinidade tem sido expressada em sua família, tente identificar se havia homens social e emocionalmente à deriva. Não raro isolados e despreparados para enfrentar as mudanças emocionais da vida, esses homens lutam para encontrar algum significado em sua vida quando as fachadas do trabalho e do status desmoronam. São estas as conseqüências de uma vida voltada para a competição e a realização material. Haverá quem discorde dessas idéias, considerando-as um ataque às virtudes da realização, mas assim não é. O impulso para a realização é uma dimensão da virilidade que precisa ser mais redirecionada que mudada. Devemos a nossos filhos a oportunidade de ter acesso a aspectos complementares da força e da masculinidade. Isso pode ser *realizado* por intermédio da mudança de nossa consciência do que significa ser um menino ou um homem. E, na busca dessa realização, precisamos verbalizar e demonstrar essa consciência em transformação em nossa vida cotidiana.

Nos últimos anos, temos assistido a uma considerável mudança nos padrões de admissão no ensino médio, com a entrada de um número cada vez menor de alunos do sexo masculino. Até certo ponto, isso reflete as crescentes aspirações femininas, mas também parece resultar de uma relativa falta de preparo dos rapazes frente às exigências da educação superior. Acredita-se que essa defasagem terá aumentado consideravelmente por volta do ano 2010. Uma das maneiras de ajudar nossos filhos a realizar seu potencial é infundindo-lhes a confiança necessária para o êxito em ambientes sociais como a escola e o trabalho. Ajudá-los a se sentir à vontade em comunidades de comunicação, em que o conhecimento é obtido por meio da interação atenta com os outros, é uma de nossas tarefas primordiais como pais.

Existem sinais encorajadores. Em quase todos os quadrantes, os pais parecem mais envolvidos na criação dos filhos. Algumas gerações atrás, eles freqüentemente eram relegados ao papel de provedores e encarregados da solução de problemas e eventualmente da disciplina. Os pais de fato excepcionais eram como treinadores de time ou chefes de escoteiros. Embora estes ainda sejam papéis importantes e valiosos, hoje já vemos os pais mais envolvidos e integrados em todos os aspectos da vida familiar. Ouvindo os pais, posso ver como se preocupam, o que se reflete na formulação de perguntas pertinentes. Eles se perguntam sobre a realidade das síndromes neurológicas e comportamentais enfrentadas pelos meninos. Fazem perguntas diretas a respeito do que podem fazer e de qual deve ser seu papel. São sinais muito positivos, e, quando devidamente estimulados, os homens poderão ir além desse nível de curiosidade e apoio a seus filhos.

Ainda assim, nossa sociedade enfrenta sérios desafios. Entre eles, estão a persistência dos estereótipos, as perseguições na escola, o estresse cada vez maior e as questões de neurodesenvolvimento abordadas neste livro. Com quase toda certeza, tais questões não terão sido resolvidas em nossa geração. A pergunta que nos devemos fazer é até que ponto podemos mudar alguma coisa. Por exemplo, se uma escola for capaz de reduzir em margem apreciável as perseguições entre alunos, ou se nós, como sociedade, pudermos diminuir a necessidade de medicação por problemas de atenção ou comportamentais, ou ainda o índice de suicídios entre adolescentes, estaremos a caminho do sucesso.

Naturalmente, essas batalhas não serão vencidas apenas mediante a melhora dos padrões de comunicação. Mas a comunicação é o canal que nos liga reciprocamente e também a forma como nos vinculamos a nosso ser mais profundo. Discutimos aqui as maneiras de construir a autoconsciência dos meninos, mesmo quando isso signifique pedir-lhes que se livrem das máscaras que ao mesmo tempo os protegem e isolam. Se vamos pedir aos meninos que sejam vulneráveis, devemos encontrar e aceitar a vulnerabilidade em nós mesmos. Se vamos pedir-lhes que se esforcem para estabelecer contato, devemos entrar em contato com eles. Não podemos forçar os meninos a saltar o abismo da comunicação com nossos braços cruzados em atitude de julgamento ou desprendimento, e é possível que eles não o façam por livre e espontânea vontade. O milagre da meninice é que ela está cheia de possibilidades, e sua tragédia é que já terá chegado ao fim antes que você se dê conta do que aconteceu. Nossa missão, como pais, é voltar a mente dos meninos para essas possibilidades, os momentos de realização que infundem esperança, incutindo-lhes a força de caráter de que necessitam para enfrentar os desafios que terão pela frente. Apóie seu filho. Converse com ele. Faça-o rir. Diga-lhe o que vai em seu coração e em sua mente, liberte-o para a descoberta do que ele próprio tem no coração e na mente. Tornando os meninos mais conscientes de suas possibilidades, aumentamos a probabilidade de que seu potencial seja realizado. Neste século, assistiremos à realização de coisas que ainda sequer imaginamos. Mas quaisquer que sejam essas realizações, os líderes, para liderar, terão de ser capazes de se relacionar com as outras pessoas. A capacidade de comunicação não será apenas opcional para alcançar sucesso no século XXI.

Criar meninos emocionalmente saudáveis não é tarefa para espíritos tímidos ou fracos. É coisa para visionários, para pais capazes de enxergar os homens em que seus filhos haverão de se transformar. A criação de nossos filhos exige toda a energia de que somos capazes. Exige que mantenhamos a inteligência alerta, olhemos com percepção as coisas e nos perdoemos ao cometer erros. É ao mesmo tempo um trabalho e uma paixão. E nada que venhamos a fazer terá a mesma importância.

Fontes de consulta

■ ■ ■

Os seguintes sites e livros podem ser úteis no empenho de entender e criar meninos que enfrentam desafios de comunicação social. Muitas das idéias e estratégias analisadas nessas fontes são reciprocamente complementares, ajudando-o a integrar diferentes perspectivas no atendimento a seu filho.

Sites

Adam J. Cox, PhD
www.dradamcox.com

Meu site explora muitos dos temas discutidos neste livro, entre eles informações sobre a criação dos filhos, capacitação social e alfabetização emocional. Também desenvolvi uma *newsletter on-line* para que pais e professores comentem novos avanços da psicologia e da neurociência que sejam relevantes para o desenvolvimento social de crianças e adolescentes. Você encontrará descrições de temas de oficinas e informações sobre maneiras de programar uma apresentação em sua escola ou organização. Estou à disposição para me encontrar com pais e professores e ajudar a aplicar programas de treinamento em comunicação e capacitação social, em qualquer situação em que se revelem úteis.

338 ■ Fontes de Consulta

Livros

Alfabetização emocional

GOLEMAN, Daniel. *Inteligência emocional: A teoria revolucionária que redefine o que é ser inteligente.* Objetiva: Rio de Janeiro, 1996.

GOTTMAN, John. *The Heart of Parenting: Raising an Emotionally Intelligent Child.* Simon & Schuster: Nova York, 1997.

_____. *Inteligência emocional e a arte de educar nossos filhos.* Objetiva: Rio de Janeiro, 1996.

Capacitação social

NOWICKI, Stephen, & Duke, Marshall, P. *Helping the Child Who Doesn't Fit In.* Peachtree: Atlanta, 1992.

Diferenças de gênero de origem cerebral

BARON-COHEN, Simon. *Diferença essencial: a verdade sobre o cérebro de homens e mulheres.* Objetiva: Rio de Janeiro, 2004.

MOIR, Ann, & JESSEL, David. *Brain Sex: The Real Difference between Men and Women.* Delta: Nova York, 1992.

Meninos: mais elementos sobre seu comportamento e psicologia

GURIAN, Michael. *Boys and Girls Learn Differently!.* Jossey-Bass: San Francisco, 2001.

KINDLON, Dan, & Thompson, Michael. *Raising Cain: Protecting the Emotional Life of Boys.* Ballantine: Nova York, 1999.

MACMILLAN, Bonnie. *Why Boys Are Different and How to Bring Out the Best in Them.* Barron's: Nova York, 2004.

POLLACK, William. *Real Boys: Rescuing Our Sons from the Myths of Boyhood.* Holt: Nova York, 1998.

Problemas de atenção e aprendizado

BARKLEY, Russell A. *Taking Charge of ADHD: The Complete, Authoritative Guide for Parents (Revised Edition).* Guilford Press: Nova York, 2000.

LEVINE, Mel. *Educação individualizada.* Elsevier: Rio de Janeiro, 2002.

Rourke, Byron P. *Nonverbal Learning Disabilities: The Syndrome and the Model.* Guilford Press: Nova York, 1989.

Fontes de Consulta ■ 339

THOMPSON, Sue. *Nonverbal Learning Disabilities at School: Educating Students with NLD*. Asperger's Syndrome and Related Conditions. Routledge: Londres, 2002.

Questões de medicação

WILENS, Timothy. *Straight Talk about Psychiatric Medications for Kids (Revised Edition)*. Guilford Press: Nova York, 2004.

Questões de neurodesenvolvimento

GOPNIK, Alison, Meltzoff, Andrew N., & Kuhl, Patricia K. *The Scientist in the Crib: Minds, Brains, and How Children Learn*. Morrow: Nova York, 1999.

HEALY, Jane M. *Endangered Minds: Why Our Children Don't Think*. Simon & Schuster: New York, 1990.

Raiva e inflexibilidade

GREENE, Ross W. *A criança explosiva — uma nova abordagem para compreender e educar crianças cronicamente inflexíveis e que se frustram facilmente*, Integrare. São Paulo, 2007.

GREENE, Ross W., & Ablon, J. Stuart. *Treating Explosive Kids: The Collaborative Problem-Solving Approach*. Guilford Press: Nova York, 2005.

Bibliografia

■ ■ ■

BARKLEY, R. A. *TDA — Transtorno de déficit de atenção / Hiperatividade.* Artmed: Porto Alegre, 2002.

BARON-COHEN, S. *Diferença essencial: a verdade sobre o cérebro de homens e mulheres.* Objetiva: Rio de Janeiro, 1996.

BERRY, W. *A Place on Earth.* Farrar, Straus & Giroux: Nova York, 1983.

BLAKE, K. T., & Anderson, W. Social ability in children with dyslexia: "Refrigerator friendly" treatment suggestions. *International Dyslexia Association, Proceedings of 52nd Annual Conference.* NM: Albuquerque, 2002.

BLOOM, L. *The Transition from Infancy to Language: Acquiring the Power of Expression.* Cambridge University Press: Nova York, 1993.

BOHART, A. C., & Greenberg, L. S., Eds. *Empathy Reconsidered: New Directions in Psychotherapy.* American Psychological Association: Washington, DC, 1997.

BOHNERT, A. M., Crnic, K. A., & Lim, K. G. Emotional competence and aggressive behavior in school-age children. *Journal of Abnormal Child Psychology,* 31(1), 79-91.

Bruner, J. *Acts of Meaning.* Harvard University Press: Cambridge, MA, 1990.

CLARK, C., Prior, M., & Kinsella, G. The relationship between executive function abilities, adaptive behaviour, and academic achievement in children with externalising behaviour problems. *Journal of Child Psychology and Psychiatry,* 43(6) 785-796: 2002.

COHEN, N. J. *Language Impairment and Psychopathology in Infants, Children, and Adolescents.* Sage: Thousand Oaks, CA, 2001.

342 ■ Bibliografia

CONLIN, M. (26 de maio de 2003). The new gender gap: From kindergarten to grad school, boys are becoming the second sex. *Business Week*, pp. 74-81.

GARDNER, R. (19 de abril de 2004). Under pressure. *New York*, pp. 34-39, 108.

GESCHWIND, N., & Galaburda, A. M., Eds. *Cerebral Dominance: The Biological Foundations.* Harvard University Press: Cambridge, MA, 1984.

GOLEMAN, D. *Inteligência emocional: a teoria revolucionária que redefine o que é ser inteligente.* Objetiva: Rio de Janeiro, 1996.

GOPNIK, A., Meltzoff, A. N., & Kuhl, P. K. *The Scientist in the Crib: What Early Learning Tells Us about the Mind.* Morrow: Nova York, 1999.

GREENSPAN, S. I., & Benderly, B. L. *The Growth of the Mind and the Endangered Origins of Intelligence.* Perseus Books: Cambridge, MA, 1996.

HART, B., & RISLEY, T. R. *The Social World of Children Learning to Talk.* Brookes: Baltimore, MD, 1999.

HEALY, J. M. *Endangered Minds: Why Our Children Don't Think.* Simon & Schuster: Nova York, 1990.

KIMURA, D. *Sex and Cognition.* MIT Press: Cambridge, MA, 2000.

LANDY, S. *Pathways to Competence: Encouraging Healthy Social and Emotional Development in Young Children.* Brookes: Baltimore, MD, 2002.

LEVINE, M. A. *A Mind at a Time.* Simon & Schuster: Nova York, 2002.

LONEY, B. R., Frick, P. J., Clements, C., Ellis, M., & Kerlin, K. Callous-unemotional traits, impulsivity, and emotional processing in adolescents with antisocial behavior problems. *Journal of Clinical Child and Adolescent Psychology*, 32, pp. 66-80: 2003.

MACMILLAN, B. *Why Boys Are Different and How to Bring Out the Best in Them.* Barron's: Nova York, 2004.

MEUNIER, L. (23 de junho de 1996). Gender and language use. Online contribution to *Gender and Postmodern Communication*, www.awn.mtansw.com.au/relevant-articles.htm.

MOIR, A., & Jessel, D. *Brain Sex: The Real Difference between Men and Women.* Delta: Nova York, 1992.

MOST, T., AL-YAGON, M., TUR-KASPA, H., & MARGALIT, M. Phonological awareness, peer nominations, and social competence among preschool children at risk for developing learning disabilities. *International Journal of Disability, Development and Education*, 47(1), pp. 89-105: 2000.

NOWICKI, E. A. A meta-analysis of the social competence of children with learning disabilities compared to classmates of low and average to high achievement. *Learning Disability Quarterly*, 26, pp. 171-188: 2003.

NOWICKI, S., & Duke, M. P. *Helping the Child Who Doesn't Fit In*. Peachtree: Atlanta, 1992.

ORTIZ, J., & RAINE, A. Heart rate level and antisocial behavior in children and adolescents: A meta-analysis. *Journal of the American Academy of Child and Adolescent Psychiatry*, 43(2), pp. 154-162: 2004.

PETERSON, D. R. Science, scientism, and professional responsibility. *Clinical Psychology: Science and Practice*, 11(2), pp. 196-210: 2004.

REAL, T. *I Don't Want to Talk about It: Overcoming the Secret Legacy of Male Depression*. Scribner's: Nova York, 1997.

RESTAK, R. *The Secret Life of the Brain*. Dana Press and Joseph Henry Press: Washington, DC, 2001.

RODKIN, P., FARMER, T. W, PEARL, P., & VAN ACKER, R. Heterogeneity of popular boys: Antisocial and prosocial configurations. *Developmental Psychology*, 36(1), 14-24: 2000.

ROGERS, C. R. *On Becoming a Person*. Houghton Mifflin: Boston, 1961.

ROSENTHAL, R. From unconscious experimenter bias to teacher expectancy effects. In J. B. Dusek, V. C. Hall, & W. J. Meyer, Eds., *Teacher Expectancies*. Erlbaum: Hillsdale, NJ, 1985.

ROSSI, E. L. *The Psychobiology of Mind-Body Healing*. Norton: Nova York, 1987.

SALOVEY, P, & SLUYTER, D. J., Eds. *Emotional Development and Emotional Intelligence*. Basic Books: Nova York, 1997.

SELIGMAN, M. P. *Learned Optimism: How to Change Your Mind and Your Life*. Knopf: Nova York, 1991.

SHAYWITZ, S. *Entendendo a dislexia: um novo e completo programa para todos os níveis de problemas de leitura*. Artmed: Porto Alegre, 2005.

SYPHER, H. E., &APPLEGATE, J. L., Eds. *Communication by Children and Adults*. Sage: Thousand Oaks, CA, 1984.

VYGOTSKY, L. S. *Pensamento e linguagem*. Martins Fontes: Rio de Janeiro, 2003.

ZIGLER, E. & SINGER, D. G., & Bishop-Josef, S. J., Eds. *Children's Play: The Roots of Reading*. Zero to Three Press Washington, DC, 2004.

Sobre o Autor

■ ■ ■

Adam J. Cox, Ph.D, ABBP, é psicólogo clínico. Doutorou-se em Psicologia pela Universidade Lehigh, Bethlehem, Pensilvânia, e concluiu sua formação clínica no Friends Hospital, em Filadélfia. O Dr. Cox tornou-se psicólogo por caminhos não-tradicionais. Trabalhando como artista plástico em Nova York, abriu um estúdio e começou a ensinar pintura e desenho a crianças. Passando a conhecer melhor esses futuros artistas, descobriu sua própria paixão pela orientação de crianças, transformando essa vocação no foco de sua carreira. Ele é diretor clínico da Lehigh Psychological Services, instituição privada de saúde mental em Emmaus, na Pensilvânia, voltada a questões de família e pediatria. Empenhado na promoção da saúde mental infantil, o Dr. Cox pronuncia freqüentes conferências no país e no exterior. É consultado com freqüência pelos meios de comunicação americanos em questões de psicologia ligadas à família e à juventude. Entre essas publicações estão o *The New York Times*, o *Philadelphia Inquirer, Time, Family Circle* e muitas outras. Ultimamente, tem-se apresentado na televisão e no rádio na região de Filadélfia, participando do programa *Voices in the Family*, da National Public Radio.

Sites/endereços úteis

■ ■ ■

Comportamento Infantil

www.comportamentoinfantil.com

O site, idealizado pelo psiquiatra infantil Gustavo Teixeira, aborda comportamentos e transtornos infantis como dislexia, autismo, síndrome de Asperger, TDAH, depressão, fobia social, transtornos comportamentais na escola e mutismo seletivo, entre outros.

Observatório da Infância

www.observatoriodainfancia.com.br

O Observatório da Infância tem como objetivo oferecer uma tradução da linguagem teórica e acadêmica para a informação popular e prática dos direitos das crianças e adolescentes. O site, editado pelo pediatra Lauro Monteiro (idealizador da ABRAPIA — Associação Brasileira Multiprofissional de Proteção à Infância e à Adolescência), apresenta textos sobre importantes temas do universo infantil como violência psicológica, física e sexual, além de disponibilizar seções como "conte seu caso" e "casos exemplares", fomentando uma eficiente troca de informações entre pais.

Programa de redução do bullying nas escolas

www.bullying.com.br
O bullying, agressão que envolve majoritariamente os meninos, é explicado minuciosamente neste site, que disponibiliza o programa de redução do bullying nas escolas, realizado pela ABRAPIA. São apresentados indicadores de bullying, bem como conselhos valiosos aos pais sobre como lidar com este problema cada vez mais comum nas escolas.

Universo Autista

www.universoautista.com.br
O portal Universo Autista é uma comunidade virtual criada para integrar pessoas com o interesse de discutir a síndrome. É possível se cadastrar e entrar na comunidade gratuitamente. O site apresenta as últimas notícias e estudos sobre o autismo e ainda disponibiliza diversos artigos sobre importantes temas como a terapia ocupacional, psicopedagogia, método teacch, integração sensorial, educação inclusiva, psicomotricidade entre outros.

ABDA - Associação Brasileira do Déficit de Atenção

R. Paulo Barreto 91, Botafogo - Rio de Janeiro/RJ
www.tdah.org.br
(21) 2295-0921
A ABDA é uma entidade sem fins lucrativos que divulga e dissemina conhecimentos científicos e atualizados acerca do Transtorno do Déficit de Atenção com Hiperatividade (TDAH) por meio de cursos, simpósios e congressos. A associação congrega familiares, portadores e profissionais que se dedicam à pesquisa e tratamento do TDAH.

ADHDA - Ambulatório para Distúrbios Hiperativos e Déficit de Atenção (crianças e adolescentes)

Serviço de Psiquiatria da Infância e Adolescência - USP
Av. Dr. Ovídio Pires de Campo, s/n - São Paulo/SP
(11) 3069-6509 / 3069-6508
O objetivo do ambulatório é estudar o Transtorno de Déficit de Atenção com Hiperatividade sob vários aspectos: familiar, fonoaudiológico, pedagógico, psicológico e psiquiátrico.

ANDE-BRASIL - Associação Nacional de Equoterapia

Granja do Torto - Brasília / DF
www.equoterapia.org.br
(61) 3468 - 7092
A ANDE é uma organização de caráter filantrópico, terapêutico, educativo, cultural, desportivo e assistencial com atuação em todo o território nacional, que divulga e emprega o conhecimento da terapia com o auxílio de cavalos como instrumento terapêutico e educacional. Esta prática traz benefícios biopsicossociais para as crianças (e pessoas de todas as idades) com distúrbios ou síndromes evolutivas, físicas e/ou comportamentais e com dificuldades de aprendizagem e adaptação social por causas diversas.

Instituto Paulista de Déficit de Atenção

R. Apeninos, 930 - Conj. 63 - Paraíso - São Paulo / SP
www.dda-deficitdeatencao.com.br
(11) 5572-5734 / 5575-7018
Clínica especializada em diagnóstico e tratamento de TDAH, hiperatividade, ansiedade, depressão, problemas de comportamento e aprendizagem em crianças, adolescentes e adultos. Psicoterapia comportamental-cognitiva, coach comportamental, biofeedback, neurofeedback e atividades psicopedagógicas. Orientação para pais e professores e cursos online.

Índice remissivo

A

Aaron, sua história (competência social), 21
Ação, passar à, 226-227
Aceitar desafios, 43
Adolescência, 76, 86, 125
Afeto, 164
Agressão
    alfabetização emocional e, 156-158
    como mecanismo de adaptação, 52, 186
    exemplos de casos, 21, 157-159
    estresse e, 117
    inadaptação social e, 135-136
    passiva, 158
Aidan, sua história (agressão), 157-160
Ajuda profissional
    alternativas, 308-314
    decidir a quem recorrer, 317-318
    determinar sua necessidade, 307-309
    dialogar com profissionais, 229-231
    para depressão, 88-89
    recomendações e, 327-328
Alexitimia, 109
Álcool, uso do, 143
Alfabetização emocional
    aprendizado, 117-121
    competência social e, 194
    exemplos, 50-52, 80, 118
    importância, 331-336
    linguagem e, 110-111

necessidade, 92-93
    raiva e, 156-158, 168
Amal, sua história (auto-estima), 130
Ambiente privado, verbalização e, 60-62
Ambientes públicos, verbalização e, 60-62,
    148-149
Amor, ostentação de, 269-270
Anonimato, 88. *Ver também* Retraimento
Ansiedade
    como mecanismo de adaptação, 52
    exemplos de casos, 116-118, 141
    falar em público e, 149
    inadaptação social e, 133-134, 136
    medo de rejeição, 125
    Riley, sua história 117
    situações novas e, 137
    superar, 133-134, 139
Ansiedade social, 29
Aprendizado
    atividade física durante, 177
    capacidade de comunicação, 186-191
    estilos, 33-35, 207
    leitura e, 181-191
    memória e, 117-121
    uso de interesses naturais, 265
Aprendizado, deficiências de
    DHDA. *Ver* Distúrbio de hiper-
        atividade/déficit de atenção
        (DHDA)

352 ■ Índice remissivo

consciência fonológica e, 59
dificuldades sociais e, 182-185
distúrbio central do processamento
    auditivo, 188
dislexia, 116, 181, 183
dislexitimia, 110
educação especial e, 201
encontrar o professor certo, 284-286
escola e, 280, 291-295
exemplos de casos, 116, 181-182, 186-
    187, 193, 285-286
meninos e, 30, 183
não-verbal (DNVAs), 182, 197-206
raiva e, 186
Aprendizado vinculado ao estado, 118
Arrogância, 28-29
Arte, como forma de expressão, 150
Articulação. *Ver* Linguagem
Atitude positiva, 227-229
Atividades
amor, discutir, 247-248
competição, posta em perspectiva, 273-
    274
comunicação não-verbal, 262-264
consciência, cultivo da, 270-271
contar histórias, 255-257
correr riscos, apropriadamente, 275-276
desenvolver capacidade de liderança,
    277
empatia, prática da, 267-268
envolvimento comunitário, 271-272
envolvimento em, 126
estimular, 273-275
estimular a auto-consciência e, 246-248
estimular a consciência dos outros e,
    248, 249-251, 252, 259-255
estimular a observação, 263-264
habilidades interpessoais, 258-259
    pessoas em primeiro lugar, as 268-
    269
recomendações aos meninos, 115
sentir-se consciente, 257-258
solitárias, 129
vulnerabilidade, minimizar, 78
Autismo, 30-35
Auto-absorção, 175
Autoconsciência, 79-82, 184, 246, 247, 336
Auto-estima

ajuda profissional e, 307
comunicação e, 76
exemplos de casos, 130
linguagem e, 54-55
percepção do eu e, 103-104
protegê-la, 130
vulnerabilidade e, 77
Auto-expressão. *Ver* Expressão
Auto-imagem, 52, 103, 125
Autonomia, 160-161
Auto-perdão, 336
Autoridade
hierarquias naturais e, 158-161, 163,
    253-255
dos pais, 235-236
questionamento da, 158-159
Avaliação de capacidade cognitiva, 324-325
Avaliação de personalidade, 326
Avaliações
déficit de atenção/distúrbio de hiper-
    atividade, 323-324
Os desafios de comunicação enfrentados
    por meu filho estão afetando
    negativamente a vida em família?,
    44
de dificuldades de comunicação, 73-77
As dificuldades de comunicação estão
    comprometendo o desenvolvimento
    social e emocional do meu filho?, 43
escola e, 291-295
estabelecer a necessidade de ajuda
    profissional, 307-309
Faltam ao meu filho as aptidões de
    comunicação necessárias para o
    bom êxito social e acadêmico na
    escola?, 45
habilidades cognitivas sociais, 324-325
intelectuais, 321-323
de personalidade, 326
teste projetivo com gravuras, 116-117
testes de realização, 322-323

B

Baron-Cohen, Simon, 35
Barry, Wendell, 112
Batimento cardíaco, 176-177
Bebês, 56-57, 71, 110-112, 119-121

Índice remissivo ■ 353

Bernard, sua história (teste de realização), 323
Bidirecionalidade comportamental, 54
Bill, sua história (competência social), 90
Blain, sua história (rivalidade entre irmãos), 224
Bohnert, Amy, 157
Brain Sex, 35
Brandon, sua história (raiva), 157
Brincadeiras
    competição e, 161-162
    dificuldades para modular, 178-179
    favorecimento da capacidade de comunicação e, 41-42
    uso terapêutico, 58-59
    verbalização e, 60
Byron, sua história (código de comunicação), 139-140

C

Caçadores de emoções, 178
Capacidade, discrepância, 309-310
Capacidade de ouvir
    ativa, 83
    como sinal do desejo de se conectar, 135
    consciência fonológica e, 195-197
    crianças e, 160
    relacionamento e, 78
Capacidade de ouvir ativamente, 79, 83
Capacidade de processamento auditivo
    aprender a se comunicar e, 185
    DHDA e, 210-211
    deficiências de aprendizado e, 186-187, 190-194
    distúrbio central de processamento auditivo, 188
    questões de gênero e, 37
Capacidade física, 200
Capacitação interpessoal, 263
Caráter, 102-105
Cash, Johnny, 63
Cérebro, sua participação na comunicação
    capacidade de processamento auditivo e, 187-188
    capacidade de processamento da linguagem e, 194
    controle executivo e, 211
    diferenças de gênero e, 36

    distúrbios neurológicos, 30
    ligações neurológicas, 32
Chorar, 96, 109
Ciúmes, 164
Clark, Cheryl, 211
Cody, sua história (rivalidade entre irmãos), 224
Colaboração, 236-237, 283-289
Colegas
    comunicação e, 75
    comunicação social com, 126-127
    dificuldades de comunicação e, 52-54
    escola e, 2880
    interação na escola, 298
    problemas de relacionamento com, 129-130
    que não representam ameaça, 127
    semelhanças com, 129
Colin, sua história (DHDA), 212-213
Comparações com outras crianças, 41, 142-144
Competência social
    alfabetização emocional e, 194-195
    capacidade de linguagem expressiva e, 194-195
    consciência fonológica e, 189
    exemplos de casos, 21
    inibição e, 64-68, 128, 130-133, 135-136, 137-138
    maneiras e, 102-105
Competição. *Ver também* Hierarquias naturais
    autonomia *versus* reciprocidade e, 160-161
    como resultado do analfabetismo emocional, 335
    empatia e, 96
    entre pais e filhos, 112
    escola e, 280
    manter em perspectiva, 161-162, 282, 373
Comportamento, modelagem, 103-104
Comportamento, sua gestão, 212
Comportamento anti-social, 153-156, 173-178, 192, 288-289
Comportamento como escolha, 118-119
Comportamento perturbador, 159
Comportamentos de convívio, 200, 220

354 ■ Índice remissivo

Comunicação. *Ver também* Linguagem
    agressão passiva, 158, 159-173
    capacidade de processamento da
        linguagem e, 33-35
    código da, 139-140
    comportamento e, 102-105
    comunidade e, 68-69
    de emoções fortes, 168-169
    estímulo à, 113-116
    expectativas sociais de meninos e
        homens, 331-336
    forma/função, 26-27
    habilidades interpessoais e, 263-264
    influência da família, 89-92
    não-verbal, 32
    permitir a expressão, 46
    positiva, 227
    pragmática, 198-204
    questões de desenvolvimento, 72-76
    raiva e, 153-156
    silêncio e, 82-84, 172-173
    sinais de desejo de vínculo, 133-134
    vista como fraqueza, 97
Comunicação, capacidade de
    aperfeiçoamento, 38
    apreciação, 25-28
    aprendizado, 185-191
    importância de seu desenvolvimento,
        23-29
    participação do cérebro. *Ver* Cérebro,
        sua participação na comunicação
    perseguição e, 301
    prática, 138-140, 149, 198
Comunicação, dificuldades
    alexitimia, 109
    avaliação, 73-77
    causas/efeitos, 31
    deficiências de aprendizado e. *Ver*
        Deficiências de aprendizado
    defesas e, 28-29
    deficiências não-verbais de aprendizado
        (DNVAs) e, 182, 197-205
    detecção, 29
    dislexitimia, 110
    distúrbios neurológicos e, 30
    manifestações, 22
    problemas comportamentais e, 29
    responder a perguntas, 59

    retraimento, 72
Comunicação não-verbal
    capacidade de comunicação pragmática,
        199
    conexão neurológica e, 32
    estimular sua consciência, 262
    exemplos de casos, 101
    interpretação, 201-202
    reconhecê-la, 119-121
    respostas e, 103
Comunicação passiva-agressiva, 158, 169-
    173
Comunicação pragmática, 198, 199*s*
Comunidade, envolvimento na, 68-69, 233,
    271-272
Comunidade religiosa, 238
Condicionamentos na comunicação, 89
Conexão, 95, 133-134, 143, 222-223
Conferências pais-professores, 265-268
Confidencialidade, 78
Consciência
    das diferenças, 248-251
    das hierarquias naturais, 253-255
    de si mesmo, 79-82, 184, 246-248, 336
    dos outros, 248, 251-253
    dos sentimentos, 257-258
    executiva, 158
    social, 245-246
Consciência, cultivo da, 270-271
Consciência executiva, 158
Consciência fonêmica, 185
Consciência fonológica
    capacidade auditiva e, 195-197
    capacidade de processamento auditivo
        e, 185, 191-194
    competência social e, 189
    definição, 59
    DHDA e, 210-211
    exemplos de casos, 58-59
    importância, 192*s*
    leitura e, 189
    raiva e, 186-188
Conselheiros, 313
Conseqüências, 195, 287-288
Considerações de saúde, repressão das
    emoções e, 110-111, 115-116
Considerações evolucionistas, 77
Considerações fisiológicas, 176-178

Consumo de drogas, 168
Contato visual, 88, 199s
Contar histórias, 255-257. *Ver também*
Leitura
Controle, liderança versus, 101
Conversa, 199s
Corpus callosum, 36
Correr riscos adequadamente, 275-276
Cory, sua história (deficiências de
aprendizado), 182
Críticas, 78
Culpa, 41, 224
Cumprimentos, 200s
Curran, sua história (deficiências não-
verbais de aprendizado), 203
Curt, sua história (vocabulário emocional),
116

D

Dale, sua história (avaliação intelectual),
322
Daniel, sua história (falar em público), 148
Defesas
autodefesas, 29
exemplos, 106-107
inteligência, 128-130
psicológica, 76
raiva. *Ver* Raiva
retraimento. *Ver* Retraimento
Deficiências não-verbais de aprendizado
(DNVAs), 182, 197-206, 199
Déficit de controle executivo. *Ver* Distúrbio
de hiper-atividade/déficit de atenção
(DHDA)
Depressão, 22, 88, 167-168
Derek, sua história (consciência fonológica),
59-60
Desculpar-se, 234
Desenvolvimento, considerações de, 73-76
Desenvolvimento, pediatras de, 311
Desenvolvimento sexual. *Ver* Adolescência
Desenvolvimento social
avaliação, 325
comunicação e, 22
dificuldades, 182-185, 204-205
entender as regras de interação, 80
linguagem e, 59
meios de comunicação e, 25

pais e, 89
problemas, 115-116
superação das dificuldades, 130-133
treinamento, 212
Desenvolvimento vocabular. *Ver também*
Linguagem, aquisição de; Destreza
verbal
alfabetização emocional e, 100-101, 110
auto-imagem e, 52
construção, 259-260
diferenças de gênero e, 33
diversidade e, 114
exemplos de casos, 73-74, 116
importância, 47-48
leitura e, 190
refinamento da, 120
sensibilidade a palavras específicas,
62-64
Destreza verbal, 47-50, 117-118. *Ver*
também Desenvolvimento vocabular
DHDA. *Ver* Distúrbio de hiper-atividade/
déficit de atenção (DHDA)
Diferenças de gênero. *Ver também* Meninas
capacidade de processamento da
linguagem e, 188
cuidados paternos e, 72
interpretação da comunicação não-
verbal e, 119-120
pais e, 90
solução de problemas e, 79
verbalização pública/privada e, 60-62
vulnerabilidade e, 76-78
Discordâncias, 251
Dislexia, 116, 181, 183, 189
Dislexitimia, 110
Dissemia, 201. *Ver também* Comunicação
não-verbal
Distúrbio central de processamento
auditivo, 188
Distúrbio de hiperatividade/Déficit de
atenção (DHDA)
avaliação, 323-325
capacidade de processamento auditivo
e, 210
características, 206-208
como déficit de controle executivo,
208-210
como problema comportamental, 28

356 ■ Índice remissivo

desafios sociais do, 210-212
dificuldades sociais e, 182
exemplos de casos, 181-182, 207-208,
226-227, 324
impacto na capacidade de comunicação,
206-208
Jared, sua história, 39-42
medicação e, 212
risco nos meninos, 30, 334-335
tratamento, 212-214
Distúrbio obsessivo-compulsivo, 181
Distúrbios da expressão, 109-110
Diversidade, 249-251
Divórcio, 50-51, 83
Duke, Marshall, 201

E

Eddie, sua história (deficiências de
aprendizado), 286
Educação (de crianças). *Ver* Escola
Educação (dos pais), 229-231
Educação especial, 291
Elliot, sua história (prática das capacitações
para a comunicação), 138
Elogios, 200, 264
Emoções
aprendizado, 117-121
alcance, 79
consciência, 79-82, 257
importância, 115
intensidade, 79, 117
linguagem, 99-102
reprimidas, 110
Empatia
como comportamento adquirido, 97
como forma de conexão, 95-96
comunicação e, 115
deficiências não-verbais de aprendizado
(DNVAs) e, 199s
desenvolvimento, 223-225
parental, 223-225
prática, 267-268
sabotagem, 96-98
subdesenvolvida, 173
vocabulário emocional e, 100
Endangered Minds, 53
Enfrentar os problemas de comunicação,
27-30

Enrique, sua história (raiva), 153-154
Ensino médio, 335
Entrevistas de diagnóstico, 317-320
EQ. Ver Inteligência emocional (EQ)
Era da informação, 26. Ver também Meios
de comunicação
Erros, 146
Escola
acertar na escolha, 281-283, 289-291
alternativas às escolas públicas, 304-305
atenção na, 53
capacidade de processamento da
linguagem e, 33
competição e, 280
conselheiros pedagógicos, 313
deficiências de aprendizado e, 280
desafios para meninos tímidos, 140-146
dificuldades na transição, 144
educação especial, 291
ensino médio, 142-144
ensino superior, 335
estresse e, 148
Faltam ao meu filho as aptidões de
comunicação necessárias para o
bom êxito social e acadêmico na
escola?, 45
impacto no retraimento, 133
interação com os colegas, 298
mistas ou não, 290
mudanças de série, 297-298
mudanças na, 73
mudar de, 308
observação na, 203
perseguições na, 300-304
planos de educação individualizada, 292
presença dos pais, 146
professores. *Ver* Professores
psicólogos, 311
questões ambientais, 279-281
sucesso na, 23-24, 294-297
supervisão, 296
tamanho das turmas, 281
vergonha e, 144-146
Escolas mistas, 290
Escolas não mistas, 290
Escolas privadas, 304
Escolhas, 247
Espiritualidade, 238

Índice remissivo ■ 357

Esquemas de comunicação social, 108-109
The Essential Difference, 35
Estabelecimento de limites, 235
Estereótipos, 97, 98-99
Estimulação, busca da, 178
Estímulo à expressão, 113-116
Estresse, 220
Estudo em casa, 304-305
Ética, 270
Etiqueta, 102-105
Evan, sua história (competência social),
64-68
Exclusão social, 130
Exemplificação, 79, 82-83
Exemplificação de comportamentos, 223-
225, 234-236, 297
Exemplos de casos
Aaron (competência social), 21
Aidan (agressão), 157-159
Amal (auto-estima), 130
Bernard (teste de realização), 323
Bill (comportamento social), 90
Blain (rivalidade entre irmãos), 224
Brandon (raiva), 153
Byron (rivalidade entre irmãos), 139
Cody (rivalidade entre irmãos), 224
Colin (DHDA), 213
Cory (deficiências de aprendizado), 182
Curran (deficiências não-verbais de
aprendizado), 203-204
Curt (vocabulário emocional), 116
Dale (avaliação intelectual), 322
Daniel (falar em público), 148
Derek (consciência fonológica), 58-59
Eddie (deficiências de aprendizado), 286
Elliot (prática de capacitação para a
comunicação), 138
Enrique (raiva), 153-151
Evan (competência social), 64-68
Gary (perda), 270
Griffin (inibição social), 124-126
Hans (obsessões), 75
Harwick (avaliação de personalidade),
326
Jacob (relações com colegas), 129-130
James (defesas), 106-108
Jared (capacidade de expressão), 39-42
Jeremy (agressividade), 21

J.J. (consciência social), 136-138
John (DHDA), 207
Jordan (participação em grupos), 11
Joseph (resistência), 172-173
Keaton (inibição social), 130-133
Kelsey (raiva), 153
Kevin (inibição social), 128-129
Kieran (obsessão), 150-151
Kris (agressividade passiva), 169-171
Lee (deficiências de aprendizado), 116
Leif (comunicação positiva), 227
Leon (deficiências de aprendizado), 182
Luke (perseguição), 302
Lyle (estresse escolar), 145-146
Marco (vulnerabilidade), 164-165
Michael (deficiências não-verbais de
aprendizado), 202
Mitchell (inibição social), 135-136
Morgan (obsessão), 22
Nate (deficiências de aprendizado), 193
Neil (DHDA), 211
Noah (consciência emocional), 50-52
Owen (linguagem desrespeitosa), 160
Palmer (deficiências de aprendizado),
181
Patrick (DHDA), 329
Randy (expectativas parentais), 225
Riley (ansiedade), 117
Rodney (alfabetizacção emocional), 118
Royce (deficiências de aprendizado),
186-187
Russell (comportamento perturbador),
291
Ryan (consciência emocional), 80
Seth (desenvolvimento vocabular),
73-74
Terrell (ansiedade), 141
Terry (comportamento anti-social),
175-176
TJ (DHDA), 211
Toby (tamanho da turma), 282
Tony (deficiências não-verbais de
aprendizado), 201-202
Trevor (autonomia), 161-162
Tristan (DHDA), 209-210
Tyrus (DHDA), 211
Warren (ansiedade social), 133-134
William (vergonha), 144-145

358 ■ Índice remissivo

Wong (raiva), 154
Yuri (teste de capacitação cognitiva social), 325
Zachary (interações em família), 22
Exercícios. *Ver* Atividades
Expectativas, 112-113
Experimentação, estímulo à, 273-278
Expressão. *Ver também* Comunicação
  capacidade de, 38-43
  do eu, 25, 28, 41-42
  estímulo à, 112-116
  facial, 200s
  habilidade lingüística e, 194-195
  hostil, 171
  integração ao currículo escolar, 291
  papel da empatia, 223-225

F

Fala, tipos de, 113-114
Fala orientada para processos, 114
Família
  aceitação de hierarquias naturais e, 159-160
  clima positivo na, 227-229
  colaboração, 219-221
  compromisso com a comunicação dos meninos, 219
  credo, 241
  em competição com o trabalho, 219-221
  estrutura, 159-160
  experiências temporais e, 76
  impacto do retraimento na, 133
  inclusão das crianças, 222-223
  interações, 22
  Os desafios de comunicação enfrentados por meu filho estão afetando negativamente a vida em família?, 44
  papel da criança na, 247
  superação de problemas de comunicação, 38-43, 89-92
  valores, 241-242
Fantasia, interesse na, 150-151
Falar em público, 149
Fonemas, 185-186
Força, 165-167, 266-267
Fraqueza, comunicação como, 97

G

Gary, sua história (perda), 275
Genitores. *Ver também* Família
  adoção de um estilo de comunicação, 89
  colaboração entre, 236-237
  como líderes morais, 195
  como mestres, 119, 231-234
  como rede de apoio, 276
  como treinadores, 136, 140
  discordâncias quanto à intervenção, 309
  educação dos, 229-231
  envolvimento com os filhos, 87-88
  expectativas dos, 225
  expectativas injustas das crianças, 225
  pais, 237, 291, 303, 335
  papel na superação das dificuldades sociais, 130-133
  presença na escola e, 145-146
  reconhecimento dos êxitos dos filhos, 87
  responsabilidade compartilhada, 89-90
  responsabilidade pelas dificuldades de comunicação dos filhos, 85
  vulnerabilidade, 336
Gestos, 199s *Ver também* Comunicação não-verbal
Grupos, participação em, 96, 101

H

Hábitos de sono, 88-89
Hans, sua história (obsessões), 75
Harry Potter, 190
Harwick, sua história (avaliação da personalidade), 326
Healy, Jane, 53
Helping the Child Who Doesn't Fit In, 201
Hemisférios cerebrais, 36
Heróis, mito dos, 82, 83–84
Hierarquias naturais, 158-159, 162-164, 253-255
Hostilidade, 170
Humilhação. *Ver* Vergonha

I

Identidade, 85-87, 102-105
Ilusões. *Ver* Invenções

Impulsividade. *Ver* Distúrbio de hiper-
atividade/déficit de atenção (DHDA)
Inadaptação social, 135-136
Incentivos. *Ver* Recompensas
Indiferença, 22, 106. *Ver também*
Retraimento
Informação, aquisição da, 229-231
Inibição, 164-165
Insegurança, cuidados paternos e, 40-41
Inteligência, 129. *Ver também* Meninos
intelectuais
Inteligência emocional (EQ), 23-25, 195-
197
Inteligência social, 58
Interações entre irmãos
ciúmes, 164
colaboração, 237-238
deficiências não-verbais de aprendizado
(DNVAs) e, 204
empatia e, 224
rivalidade, 41-50, 224
Interesses, 147-151, 265
Internet. *Ver* Meios de comunicação
Interrupção, 135
Intervenção. *Ver também* Ajuda profissional
decidir por, 42, 225-227
ineficaz, 296, 308
momento da, 176
participação na, 319-320
perseguição e, 301
rede de apoio e, 132-133
Invenções, 13-133
Isolamento. *Ver* Retraimento

J

J. J., sua história (inibição social), 136-138
Jacob, sua história (amizades), 129-130
James, sua história (atitude defensiva),
106-108
Jared, sua história (capacidade expressiva),
39-42
Jeremy, sua história (agressividade), 21
Jessel, David, 35
Jogos, 161-162
John, sua história (DHDA), 207
Jordan, sua história (participação em
grupos), 101
Joseph, sua história (resistência), 172-173

Journal of Abnormal Child Psychology, 157
Journal of Child Psychology and Psychiatry,
210-211
*Journal of Clinical Child and Adolescent
Psychology*, 173
*Journal of the American Academy of Child
and Adolescent Psychiatry*, 176-177

K

Keaton, sua história (inibição social), 130-
133
Kelsey, sua história (raiva), 153
Kevin, sua história (inibição social), 128-
129
Kieran, sua história (obsessão), 150-151
Kinsella, Glynda, 211
Kris, sua história (agressividade passiva),
169-171

L

Lee, sua história (deficiências de
aprendizado), 116
Leif, sua história (comunicação positiva),
227
Leitura, 33, 188-191, 255-256, 259
Leon, sua história (deficiências de
aprendizado), 182
Lewis, C.S., 190
Liderança, 22, 225, 253-254, 277-278
Liderança moral, 195
Ligação mente-corpo, 176-178
Linguagem
agressividade e, 157
aquisição, 56-60, 113-114
auto-expressão e, 25, 54-56
capacidade de processamento, 33-35
consciência fonológica e. *Ver*
consciência fonológica
construção do vocabulário. *Ver*
Desenvolvimento vocabular
como determinante da identidade, 102-
105
deficiências de aprendizado e. *Ver*
Deficiências de aprendizado
das emoções, 109-114
desrespitosa, 160
destreza verbal, 47-50
dotar os meninos de, 99-102

360 ■ Índice remissivo

escolha de palavras, 47-50
estilo anti-social de comunicação e, 153-156
expressões alternativas, 155
formas de, 56
frases para meninos de aprendizado cinestésico, 34
leitura e, 259
questões de gênero e, 187-188
raiva e, 168-169
sensibilidade a palavras específicas, 62-63
terapia, 186-187
Limites, 166, 200s, 202
Linguagem corporal. *Ver* Comunicação não-verbal
Livre associação, 165
Loney, Bryan, 173
Luke, sua história (perseguição), 302
Luta, 106
Lutas de poder, 112
Lyle, sua história (estresse escolar), 145-146

M

Má-criação, 160
Maneiras, 102-105, 200s
Manipulação, 84, 195
Mapas de comunicação social, 108-109
Marco, sua história (vulnerabilidade), 164-165
Maslow, Abraham, 55
Mau humor, 88-89
Medicação, 212-213, 310-311
Medo. *Ver* Ansiedade
Meios de comunicação
comunicação e, 25
comunicação não-verbal e, 119-120
como concorrente da educação, 293
como ferramenta de comunicação, 296-297
como recurso para debater a diversidade, 250-251
era da informação e, 26
estereótipos e, 98
impacto na linguagem e, 53-54
leitura e, 190
Memória, 37-39, 117-118, 119-120
Meninas. *Ver também* Diferenças de gênero

capacidade de processamento da linguagem e, 33-35, 35-37, 188-188
como colegas de sala, 290
como colegas que não representam ameaça, 127
diferença em relação aos meninos, 25-28
memória e, 37-39
reação a avaliações e, 116-117
respeito pelas, 269-270
vulnerabilidade e, 77-78
Meninos intelectuais, 128-129
Mentores infantis, 295
Michael, sua história (deficiências não-verbais de aprendizado), 202
Mesada, 170
Mighty Good Kids™, 101, 207
Mitchell, sua história (inibição social), 135-136
Modulação da voz, 200s
Moir, Anne, 35
Morgan, sua história (obsessões), 22
Mudanças hormonais, 110. *Ver também* Adolescência
Música, 62-63, 64-68
Mulheres. *Ver* Meninas

N

Narrativa, como mecanismo de adaptação, 117
Nate, sua história (deficiências de aprendizado), 193
Negócios, sucesso nos, 24
Neil, sua história (DHDA), 211
Neurologia. *Ver* Cérebro, sua participação na comunicação
Neuropsicologia, 30-39
Noah, sua história (consciência emocional), 50-52
Novidade como causa de ansiedade, 137
Nowicki, Stephen Jr., 201

O

Observação. *Ver* Avaliações
Observações, estimular, 261-262
Obsessões, 21-22, 75, 147-151
Organização do tempo, 219-223
Orientação para metas, 114-115

Ortiz, Jame, 176-177
Owen, sua história (linguagem desrespeitosa), 160

P

Pais, 236, 290-291, 303, 335
Pais solteiros, 89-90
Paixões, 147-191
Palavras. *Ver* Linguagem
Palmer, sua história (deficiências de aprendizado), 181
Participação na intervenção, 319-320
Passagem de ano, 297-298
Patologistas da fala e da linguagem, 312
Patrick, sua história (DHDA), 324
Pediatras do desenvolvimento, 311
PEI. *Ver* Planos educativos individualizados
Universidade Estadual da Pensilvânia, 157
Pessoas, como prioritárias, 268-269
Pessoas, observá-las, 111
Percepção do eu. *Ver* Auto-estima,
Perda, 275
Perfeccionismo 146
Perguntas
    desligamento das, 129
    dificuldade para responder, 59
    duração das respostas, 116-117
    excesso por parte dos pais, 78, 83
    para propiciar a comunicação, 142
    para responder a perguntas, 66
Permissão de se expressar, 46
Perseguição, 195, 300-303
Perseverança, 239-241
Persistência no trabalho com crianças, 179
Piadas, 158-159
A Place on Earth, 112
Planos educativos individualizados (PEI), 292-293
Polidez, 102-105, 200s
Prática da capacidade de comunicação, 138-140, 149
Preferências auditivas, 62-64
Prior, Margot, 211
Priorização dos relacionamentos, 268-269
Problemas conjugais, 40
Problemas de comunicação, 28-29
Professores
    colaboração com os, 238, 283-289

encontrar o ideal, 284-286
obter sua ajuda, 75
reuniões pais-professores, 286-289
Profissionais de saúde mental. *Ver* Ajuda profissional
Pronúncia incorreta, 196
Psicologia, 30-39, 310
Psicólogos, 310
Psiquiatras, 310-311
Punição, 287-288

Q

Qualidades da fala. *Ver* Consciência fonológica
Questões de idade, 174, 185-186. *Ver também* Hierarquias naturais

R

Raine, Adrian, 176-178
Raiva
    alfabetização emocional e, 156-158
    autonomia versus reciprocidade, 160-161
    como dificuldade de comunicação, 22
    como escudo, 166-167
    como máscara da depressão, 167-168
    como máscara de vocabulário limitado, 50-52
    como mecanismo de defesa, 81-82, 105-108
    competição e, 161-162
    deficiências de aprendizado e, 187
    depressão e, 88-89
    embaraço e, 167-168
    estilo anti-social de comunicação e, 153-156
    exemplos, 153-154
    fisiologia e, 176-178
    hierarquias naturais e, 158-160
    linguagem e, 168-169
    persistência no trabalho com, 179
    sensação de força e, 165-166
    solidão e, 162-164
    vulnerabilidade e, 164-165
Randy, sua história (expectativas dos pais), 225
Reações, 103, 116-117
Realização. *Ver* Sucesso

362 ■ Índice remissivo

Reciprocidade, 160-161
Recompensas, 170, 174, 264-265, 288
Rede de apoio. *Ver também* Ajuda
  profissional
  comunidade espiritual e, 238-239
  os pais como, 276
  para conexão, 143
  para intervenção, 132-133
  professores. *Ver* Professores
  profissional-pivô, 313-314
Reforço, 170, 174-175, 264-265
Regras de comunicação. *Ver* Comunicação
  pragmática
Rejeição, medo da, 125
Relacionamentos, 268-270
Repressão das emoções, 110, 115
Resistência, 171-173
Resolução de problemas, 79
Responsabilidade, 254
Retraimento
  depressão e, 88
  como dificuldade de comunicação, 21,
    52-54, 72, 116-117
  como mecanismo de adaptação, 52
  estímulo e, 125-126
  falta de consciência social e, 126-128
  impacto na família, 133
  interações entre irmãos e, 91
  medo de rejeição e, 125
  na escola, 141-146
  obsessões e, 147-151
  silêncio e, 84-85
  superar, 105-108
Reuniões de pais e professores, 286-289
Riley, sua história (ansiedade), 117
Riscos, correr. *Ver* Correr riscos
  adequadamente
Rodney, sua história (alfabetização
  emocional), 118
Royce, sua história (deficiências de
  aprendizado), 186-187
Russell, sua história (comportamento
  perturbador), 289
Ryan, sua história (consciência emocional),
  80

S

Sair de sintonia, 186

Sarcasmo, 78
Segurança emocional, 160
Sentimentos, consciência dos, 257-258
Seth, sua história (desenvolvimento verbal),
  73-74
Shaywitz, Sally, 189
Silêncio, 82-84, 171-172
Sinais para conexão, 133-134
Sistematizadores, 35
Sociedade, 24, 331-336
Solidão, 97-98, 162-164, 193
Solitários, 97-98. *Ver também*
  Comportamento anti-social
Solução de problemas
  cuidados paternos e, 130-133
  expressão e, 113-114
  pensar alto e, 261
  questões de gênero e, 37, 79
Sons, reprodução de, 35. *Ver também*
  Consciência fonológica
Substâncias, uso de, 143-144, 168
Sucesso
  auto-estima e, 55
  avaliação, 38
  capacidade de comunicação e, 23-25
  como resultado de despreparo
    emocional, 334
  na escola, 294-297
  na vida pública, 99
  inviabilidade, 309
  reconhecimento pelos pais, 87
  vencer e, 97
Sucesso no trabalho, 23-25
Supervisão escolar, 297

T

Tamanho das turmas, 281-282
Temperamento e escola, 281
Tempo, gerar, 219-220
Terapeutas, 312
Terapeutas ocupacionais, 312-313
Terapia
  brincadeiras e, 59
  consciência fonológica e, 59
  diferenças de gênero durante a, 35
  questões fisiológicas e, 177
  terapeutas, 312
Terrell, sua história (ansiedade), 141

Índice remissivo ■ 363

Terry, sua história (comportamento anti-social), 175-176
Testes. *Ver* Avaliação
Testes de QI, 321-322
Testes de realização, 322-323
Timidez. *Ver* Retraimento
TJ, sua história (DHDA), 211
Toby, sua história (tamanho das turmas), 282
Tony, sua história (deficiências não-verbais de aprendizado), 201-202
Trabalho como concorrente da família, 220-221
Trevor, sua história (autonomia), 161-162
Tristan, sua história (DHDA), 209-210
Tyrus, sua história (DHDA), 211

V

Validação, 78
Valores familiares, 241-242
Vencer, importância de, 97
Vergonha, 141-145
Vocabulário emocional. *Ver* Desenvolvimento vocabular

Vocalizações pré-simbólicas, 57
Volume, 119
Vulnerabilidade
auto-expressão e, 28
como pais, 336
comunicação e, 76-78
esconder-se, 164-165
estilo de comunicação anti-social e, 156
exemplos de casos, 164

W

Warren, sua história (ansiedade social), 133-134
William, sua história (vergonha), 144-145
Wong, sua história (raiva), 154

Y

Yuri, sua história (testes de capacidade cognitiva social), 325

Z

Zachary, sua história (interações em família), 22

Este livro foi composto na tipologia Minion, em
corpo 11/13, impresso em papel off-white 80g/m2,
no Sistema Cameron da Divisão Gráfica
da Distribuidora Record.